权威·前沿·原创

皮书系列为
"十二五""十三五"国家重点图书出版规划项目

中国社会科学院创新工程学术出版资助项目

流通蓝皮书

BLUE BOOK OF COMMERCIAL SECTOR

中国商业发展报告
（2019~2020）

ANNUAL REPORT ON CHINA'S COMMERCIAL SECTOR (2019-2020)

组织策划／中国社会科学院财经战略研究院
　　　　　冯氏集团利丰研究中心
顾　　问／张家敏
总　　编／荆林波
主　　编／王雪峰　林诗慧
副 主 编／李晓怡　赵京桥

社会科学文献出版社
SOCIAL SCIENCES ACADEMIC PRESS (CHINA)

图书在版编目(CIP)数据

中国商业发展报告.2019-2020/王雪峰,林诗慧主编.--北京:社会科学文献出版社,2019.4
(流通蓝皮书)
ISBN 978-7-5201-4604-3

Ⅰ.①中… Ⅱ.①王…②林… Ⅲ.①商业经济-研究报告-中国-2019-2020 Ⅳ.①F72

中国版本图书馆CIP数据核字(2019)第059255号

流通蓝皮书
中国商业发展报告(2019~2020)

总　　编 / 荆林波
主　　编 / 王雪峰　林诗慧
副 主 编 / 李晓怡　赵京桥

出 版 人 / 谢寿光
组稿编辑 / 周　丽
责任编辑 / 王楠楠

出　　版 / 社会科学文献出版社·经济与管理分社 (010) 59367226
　　　　　地址:北京市北三环中路甲29号院华龙大厦　邮编:100029
　　　　　网址:www.ssap.com.cn
发　　行 / 市场营销中心 (010) 59367081　59367083
印　　装 / 三河市东方印刷有限公司

规　　格 / 开　本:787mm×1092mm　1/16
　　　　　印　张:23.75　字　数:355千字
版　　次 / 2019年4月第1版　2019年4月第1次印刷
书　　号 / ISBN 978-7-5201-4604-3
定　　价 / 128.00元

本书如有印装质量问题,请与读者服务中心 (010-59367028) 联系

△ 版权所有 翻印必究

流通蓝皮书编委会

策　划　张家敏　冯氏集团利丰研究中心董事、总经理

总　编　荆林波　中国社会科学评价研究院研究员、博士生导师

主　编　王雪峰　中国社会科学评价研究院评价理论研究室
　　　　　林诗慧　冯氏集团利丰研究中心副总裁

副主编　李晓怡　冯氏集团利丰研究中心高级研究经理
　　　　　赵京桥　中国社会科学院财经战略研究院

成　员　黄　浩　中国社会科学院财经战略研究院副研究员
　　　　　袁平红　安徽财经大学国际经济贸易学院副教授
　　　　　卢慧玲　冯氏集团利丰研究中心高级研究经理
　　　　　李立威　北京联合大学管理学院信息管理与电子商务系
　　　　　　　　　副教授
　　　　　洪　勇　商务部国际贸易经济合作研究院副研究员
　　　　　程　敏　山东省曲阜师范大学副教授
　　　　　陈善仪　冯氏集团利丰研究中心研究经理
　　　　　马彦华　商务部国际贸易经济合作研究院
　　　　　汤泳欣　冯氏集团利丰研究中心研究主任

总编简介

荆林波 中国社会科学评价研究院院长，研究员，博士生导师。邮箱：jinglb@cass.org.cn。

享受国务院特殊津贴专家，新世纪"百千万人才工程"国家级人选，并且获得"有突出贡献中青年专家"荣誉称号。经贸政策咨询委员会委员，国家标准委员会委员，多个部委特聘专家和地方政府顾问。曾经荣获孙冶方经济科学奖、万典武商业经济学奖等多项奖励。社会兼职：中国商业经济学会副会长、中国物流学会副会长、中国烹饪协会副会长、中国社会科学情报学会副理事长等。参与多项国家与部委的重大课题研究以及重要文件起草。

专著：《信息服务与经营模式》《第三只眼看网络经济》《中国商品期货交割》等。译著：《营销e术》《生产率：信息技术与美国增长复苏》（与冯永晟合作）。主编：《关于扩大消费的若干问题研究》《解读电子商务》《阿里巴巴集团考察——阿里巴巴经营模式研究》《阿里巴巴的网商帝国》《市场营销》《电子商务导论》《现代流通业：资本与技术的融合》《现代零售业战略与管理》《中国流通理论前沿》《消费者心理学理论与实践》《中国企业大并购》《中国商品市场发展报告》《中国贸易发展报告》《中国服务业发展报告》《中国电子商务服务业发展报告》《中国城市电子商务影响力发展报告》《中国餐饮产业运行报告》等。最新主编：《中国人文社科期刊评价报告》《全球智库评价报告》《中国智库评价报告》等。

摘　要

"流通蓝皮书"《中国商业发展报告》的前身是"商业蓝皮书"《中国商业发展报告》，该书是研究中国商业发展的第一部蓝皮书，是中国社会科学院财经战略研究院（原财贸所）与利丰研究中心合作的结晶。2012年，在流通业面临大变革和转型的背景下，为了探求"突破流通瓶颈、助推经济转型"的需要，编委会经过研究，将原"商业蓝皮书"更名为"流通蓝皮书"，并继续以《中国商业发展报告》的形式公开发布。综观"流通蓝皮书"《中国商业发展报告（2019～2020）》，除了已有的组织层次高、权威性强、编写组成员专业性强、结构合理、中英文全球发布的特点外，本期报告还具有以下特点。

一是精准把握新时代流通业发展大势。

新时代中国的使命是由富起来向强起来转变，旨在建设社会主义现代化强国。在新时代的历史方位和"四个全面"的战略布局下，面对社会主要矛盾、社会需求、历史任务的转变，生态保护、环境治理、民主法治、公平公开、创新高效的需求越来越强烈，创新引领的高效、高质量发展已经成为中国经济社会发展的新动力和新要求。与此同时，消费对经济增长的贡献日益提升，成为经济增长的第一驱动力，做大做强国内市场、增强和提升经济增长韧性的方向日益明确。在这些大背景的趋势和要求下，流通业各业态必然都面临创新的压力和高质量发展的要求。这样，无论是传统实体批发市场的转型升级、传统零售各业态的重塑，还是线上的电子商务的提升，都是为适应新形势的要求而进行的创新探索。可以预言，未来几年内，创新将是流通业发展的主驱动力，高质量、高效益将会逐步显现。

二是坚持问题导向性，强化商业需求侧基础。

流通是经济的血脉和神经，流通业的提升是经济高效、顺畅运行的体现

和保障，流通体系的任何环节存在问题都会影响流通效率，进而影响经济效率。本报告在坚持渠道业态研究的基础上，进一步强化了基于消费者行为的需求侧研究。在需求侧消费水平、消费规模、消费升级整体趋势的把握下，分析了中国消费者呈现的理性购物、线上购物、国际化、关注智慧化体验、关注绿色、品牌消费的特点；并对消费者的年龄结构、区域结构进行了分析。在此基础上，指出中国需求侧的变化趋势是消费代际更迭加速、"90后""00后"消费潜力较大，新生代、新技术、新需求、多元化是中国未来商业创新升级的主动力和发展方向。

三是关注流通市场热点。

近年来，业内关于消费升级、消费降级的争论日趋激烈。针对这一热点问题，本报告的总报告基于消费函数予以回应，并在厘清概念的基础上，在理论上从收入、财富、发展阶段、人口结构等方面予以综合分析。在理论综合分析的基础上，本报告指出，争议激烈的消费升级和消费降级的观点都不够全面，具有一定的片面性；事实上，中国消费的现实是消费分级，即消费结构的分化。消费分级既存在于不同发展程度的区域之间，也存在于不同发展水平的城市之间，也存在于同一城市中不同收入水平的消费者之间。从消费分级的视角考虑和研究中国消费市场，也许能够为中国商业的创新提供思路和方向，引导中国商业业态的分化和效率提升。

四是坚持全面系统性。

本报告秉承已有的结构和行文风格，在结构上包括总报告、产业分析、产业要素分析和专题分析四个部分。总报告紧扣消费升级、降级的热点之争，对其予以理论分析，提出消费分级的观点；并基于此观点展望了中国商业未来的发展趋势。产业分析部分对批发市场的转型升级，零售业、餐饮业及电子商务的发展现状及趋势进行了探讨和分析；并对零售业的并购进行了深入的探讨和分析。产业要素分析部分延续以前的结构对零售物流、电商物流和互联网金融业进行了专门深入的研究，分别分析了它们的发展现状、特点、存在的问题和发展趋势。在专题分析部分，本报告重点研究了百货业、大卖场及超市、便利店、奢侈品市场、进口电商等商业业态以及城市商业、服务消费和消费者行为等商业热点问题。在整体结构上,本报告秉承一贯的全面性、系统性、突出重点的结构要求及研究体系要求。

总之,基于新时代的大背景和创新引领、高质量发展的新要求,本报告在把握中国消费分级以及消费者行为分化、消费结构多元的现实条件下,坚持问题导向的研究思路,基于对需求侧变动趋势的研判来分析流通各环节存在的问题及其未来发展的趋势,为流通业供给侧的创新和供给质量提升提供了思路和方向。坚持立足现实、把握行业变动趋势、紧扣热点问题、结构全面系统是本报告的重要特点。期望本报告能够给读者和业内同行带来一些启发,也期望本报告在推动我国流通业创新、流通效率提升、促进流通业转型升级进而促进经济效率提升和高质量发展方面做出应有的贡献。

最后,诚挚地感谢业界前辈和专家学者们对本报告写作的支持!同时,也真诚地感谢流通各业态的企业家朋友对本报告调研工作的支持!向那些关注和支持我们的领导和业内同行致以深深的谢意!总之,在来自各方力量的支持和关照下,我们会继续努力,以求不辜负来自多方的厚爱!

关键词: 中国商业 消费分级 批发业 零售业 电子商务

Abstract

In view of exploring the transition and upgrading of China's distribution sector, the authoritative National Academy of Economic Strategy (NAES) of the Chinese Academy of Social Sciences (CASS) in collaboration with Fung Business Intelligence launches the Blue Book of Commercial Sector: Annual Report on China's Commercial Sector (2019 - 2020) to give readers a comprehensive account of the latest developments in the commercial sector of China.

The Blue Book of Commercial Sector: Annual Report on China's Commercial Sector (2019 - 2020) has the following distinctive features. First, the Blue Book analyzes the major trends in China's commercial sector. Consumption has been the main driver of China's economic growth; and domestic consumption is expected to further expand. Transformation of traditional retail formats and wholesale markets, retail formats innovations, as well as evolving e-commerce business models are some prevailing trends in the new consumption environment. Going forward, innovation is set to be the major driving force of the commercial sector.

Second, the Blue Book conducts a prospective study on China's commercial sector. Apart from analyzing various retail formats from the supply-side, the Blue Book also focuses on Chinese consumers' behavior from the demand-side. The Blue Book explores consumer behavior in online consumption, overseas consumption, smart consumption, green consumption, etc. Changes in consumption behavior led by the post-90s and 00s generations are also discussed.

Third, the Blue Book provides an account of the changing consumption environment in the general report. According to the report, China's current consumption environment cannot be characterized merely by "consumption upgrading" or "consumption downgrading" -instead, it rather shows a sign of consumption diversification. Different consumption behaviors can be observed in different regions, in different city tiers, and among consumers with different income levels. Analyzing the consumer market from a consumption diversification perspective can better present a holistic review of the commercial sector in China.

Fourth, the Blue Book provides a comprehensive overview of China's commercial sector, including a general report, industry analyses, business factor analyses, and special topics. The general report analyzes trends under consumption diversification. Topics covered in industry analysis include China's wholesale sector, retail sector, catering sector and e-commerce sector. It also covers mergers and acquisitions in China's retail market. The Blue Book provides in-depth and comprehensive analyses on the latest developments in business factor analyses including retail and e-commerce logistics market, as well as China's Internet finance market. The Blue Book also highlights the development of various retail formats in China including department store sector, convenience store sector, hypermarket sector, and shopping mall sector. Special reports on luxury market, cross-border e-commerce, China's commercial and city development, service industry and policy suggestions, as well as analysis on Chinese consumers are also included. The authors believe that the Blue Book can help businesses and investors gain further insight into China's commercial sector.

We would like to thank all the pioneer researchers, experts, and practitioners in the commercial sector for their help and support. In addition, we would like to give special thanks to our senior level leaders and colleagues for their encouragement, sound advice and help.

Keywords: Commerce; Consumption Diversification; Commodity Market; Retail Market; E-commerce

目 录

Ⅰ 总报告

B.1 中国流通：消费分级下的智慧变革 …………………… 荆林波 / 001
    一 中国消费：消费升级、消费降级还是消费分级？ ……… / 002
    二 中国消费：成绩与隐忧 ……………………………………… / 020
    三 智慧商务在中国的未来发展 ………………………………… / 024

Ⅱ 产业分析

B.2 中国商品交易市场转型升级发展报告 ……………… 王雪峰 / 030
B.3 中国零售业发展及相关问题分析 …………… 李晓怡 林诗慧 / 051
B.4 中国餐饮产业发展回顾与展望 ……………………… 赵京桥 / 073
B.5 中国电子商务发展现状与趋势分析 ………………… 黄 浩 / 096
B.6 中国零售业并购发展报告 …………………………… 王雪峰 / 120

Ⅲ 产业要素分析

B.7 中国零售物流的发展现状及展望 …………… 卢慧玲 汤泳欣 / 152

B.8 中国电子商务物流发展概况 …………………………… 李立威 / 167

B.9 中国互联网金融发展及趋势分析 ………………………… 洪　勇 / 183

Ⅳ 专题分析

B.10 中国百货业发展报告
………………… 中国百货商业协会　冯氏集团利丰研究中心 / 204

B.11 中国便利店发展现状及趋势 ………………… 李晓怡　林诗慧 / 227

B.12 中国大卖场及超市发展现状与趋势 ………… 李晓怡　林诗慧 / 238

B.13 中国购物中心发展现状及趋势 …………………… 林诗慧 / 252

B.14 中国奢侈品市场发展现状及趋势 …………… 陈善仪　林诗慧 / 270

B.15 中国跨境进口电商发展现状及趋势 ………… 李晓怡　林诗慧 / 285

B.16 中国城市商业发展报告 …………………………… 袁平红 / 298

B.17 中国服务消费现状、问题及政策建议 …………… 马彦华 / 323

B.18 中国消费者行为分析 ……………………………… 程　敏 / 337

CONTENTS

I General Report

B.1 China's Distribution Sector: Smart Revolution under
Consumption Diversification *Jing Linbo* / 001
    1. Consumption is Changing – Upgrading, Downgrading or Diversifying? / 001
    2. Opportunities and Challenges for China's Consumption Market / 020
    3. Development of "Smart Commerce" in China / 024

II Industry Analysis

B.2 Report on Transformation and Upgrading of China's
Commodity Markets *Wang Xuefeng* / 030
B.3 Development of China's Retail Sector *Christy Li, Teresa Lam* / 051
B.4 Development of China's Catering Sector and Forecasts
  Zhao Jingqiao / 073
B.5 Analysis on China's E-Commerce Market *Huang Hao* / 096
B.6 Report on Mergers and Acquisitions in China's Retail Market
  Wang Xuefeng / 120

Ⅲ Business Factors Analysis

B.7 Development of China's Retail Logistics Market

Winnie Lo, Iris Tong / 152

B.8 Development of China's E-Commerce Logistics Market *Li Liwei* / 167

B.9 Development of China's Internet Finance Market *Hong Yong* / 183

Ⅳ Special Topics

B.10 Development of China's Department Store Sector

China Commerce Association for General Merchandise, Fung Business Intelligence / 204

B.11 Development of China's Convenience Store Sector

Christy Li, Teresa Lam / 227

B.12 Development of China's Hypermarket and Supermarket Sector

Christy Li, Teresa Lam / 238

B.13 Development of China's Shopping Mall Sector   *Teresa Lam* / 252

B.14 Development of China's Luxury Market   *Tracy Chan, Teresa Lam* / 270

B.15 Development of China's Cross-Border Import E-Commerce Market   *Christy Li, Teresa Lam* / 285

B.16 Report on China's Commercial and City Development

Yuan Pinghong / 298

B.17 Analysis on China's Service Industry and Policy Suggestions

Ma Yanhua / 323

B.18 Analysis on Chinese Consumers   *Cheng Min* / 337

总 报 告
General Report

B.1
中国流通：消费分级下的智慧变革

荆林波*

摘　要： 本报告首先基于国内经济韧性提升和做强国内市场的新形势，对消费降级和消费升级的热点问题予以经济理论分析、发展阶段分析和人口年龄结构及其消费特征分析。在对该问题进行理论分析的基础上，提出当前中国消费既不是简单的降级，也不是简单的升级，而是由多种现实因素决定的消费分级的判断，进而提出消费分级促进了社交电商崛起的观点。其次，在中国经济由高速增长向高质量发展转变、消费已经成为经济增长第一动力的大形势下，出现了让人担忧的社会消费品零售总额增长降至个位数、影响或制约消费扩张升级的因素依然较多以及企业利润回落的局面。最后，在信息技术快速进步及商业应用

---

* 荆林波，中国社会科学评价研究院院长、研究员、博士生导师。

快速成熟的条件下,针对制约消费和不利于做强国内市场的影响因素,本报告描绘了智慧商务在中国的发展前景和趋势,以期能为中国商业企业的战略选择和制定提供有益的借鉴。

关键词: 消费降级 消费升级 消费分级 社交电商 智慧电商

2018年中国经济在巨大的内外部压力下取得了6.6%的稳定增长,显示了中国经济的较强韧性。2019年中国正面临"百年未有之大变局",如何做大做强国内消费市场成为人们关注的热点和重点。消费市场的做大做强,离不开流通业的支撑,如何看待中国流通业的发展?首先,需要分析中国经济中的消费变化趋势及其背后的诸多影响因素;其次,要正视中国消费的成绩与隐忧;最后,从智慧商务的发展趋势,探讨中国流通的变革方向。

一 中国消费:消费升级、消费降级还是消费分级?

2018年5月,"吃着方便面、就着榨菜、喝着二锅头,骑上摩拜逛一逛,回家拼多多"成为当下一部分消费者的真实写照。"消费降级"的说法一时兴起。

那么,什么是消费降级呢?消费降级是指迫于经济收入的压力和对未来预期悲观,消费者减少消费支出,被迫降低消费水平。严格来讲,单纯通过榨菜、方便面等消费的变化来推断消费降级是不科学、不全面的。理解消费降级,需要全面分析与消费相关的收入、消费人口、消费阶段等问题。事实上,中国的消费是在趋于多元化,而不是升级或者降级,消费分级更符合现实。

(一)关于消费与收入、财富的关系

约翰·梅纳德·凯恩斯早在1936年在他的代表作——《就业、利息和货币通论》一书中就明确提出可支配收入与消费之间存在相当稳定的关系。

这个关系可以表示为一个函数,称为消费函数。凯恩斯认为消费函数是一个较为稳定的函数。它的形状取决于总收入和人的基本心理法则,因而影响消费增长的首要因素是收入。

从中国居民收入变动的现实情况来看,2013年以来,全国居民人均可支配收入保持了一定的增长率。这是中国消费持续增长的核心动力所在。[①] 中国居民可支配收入及其增长的具体情况见表1。

表1 2013~2018年全国居民人均可支配收入及实际增长率

单位:元,%

年份	全国居民人均可支配收入	比上年实际增长率
2013	18311	8.1
2014	20167	8.0
2015	21966	7.4
2016	23821	6.3
2017	25974	7.3
2018	28228	6.5

资料来源:国家统计局,相关年份统计公报。

改革开放40年来,中国居民用31年的时间实现人均收入跨万元,用5年时间跨2万元,目前正向人均收入3万元大关迈进。2017年,全国居民人均消费支出18322元,比上年名义增长7.1%,扣除价格因素,实际增长5.4%。2018年,全国居民人均可支配收入比上年名义增长8.7%,扣除价格因素,实际增长6.5%,略低于国内生产总值增速(6.6%),实现了居民收入增长与经济增长基本同步。[②]

当然,存量财富对消费也有间接的影响,房产的财富效应与消费有较大

---

① 按收入来源分,2017年全国居民人均工资性收入14620元,增长8.7%,占可支配收入的比重为56.3%;人均经营净收入4502元,增长6.7%,占可支配收入的比重为17.3%;人均财产净收入2107元,增长11.6%,占可支配收入的比重为8.1%;人均转移净收入4744元,增长11.4%,占可支配收入的比重为18.3%。
② 未来两年内,全国居民人均可支配收入年均实际增长3.8%以上即可实现到2020年居民人均可支配收入实际增长翻番目标。

的关联。根据《中国家庭财富调查报告（2017）》，中国家庭财富中，房产净值占比为66%，是绝对主力。① 相比2015年，2016年全国居民房产净值增长幅度达17.95%，存量房地产会有财富效应，尤其是在房价上涨时期，城镇居民更多地从房产价格上升中获益，对高端消费有很明显的提振。对全国居民而言，房产净值的增长额占到家庭人均财富增长额的68.24%。与农村居民相比，城镇居民房产净值增长额在家庭人均财富增长额中的比重更大。

（二）消费阶段的分析

居民可支配收入增长的同时，中国居民人均消费性支出稳步提高。从2013年到2018年，每年增长1000多元。2018年，居民人均消费性支出比上年名义增长8.4%，实际增长6.2%（见表2）。

表2　2013～2018年中国居民人均消费性支出

单位：元

年份	中国居民人均消费性支出
2013	13220
2014	14491
2015	15712
2016	17111
2017	18322
2018	19853

资料来源：国家统计局，相关年份统计公报。

根据有关统计数据，目前中国服务消费占居民消费支出的比重已经达到49.5%。未来服务消费的占比还会进一步提高。图1展示的是2018年中国居民人均消费支出及其构成。

在研究中国消费问题的时候，我们过去曾提出过一个关于中国消费升级的阶段判断。根据现在的发展状况，现补充完善如下（见表3）。

---

① 根据经济日报社旗下中国经济趋势研究院编制的报告，家庭财富由金融资产、房产净值、动产与耐用消费品、生产经营性资产、非住房负债以及土地等六大部分组成，其中房产净值是指房产现价减去住房债务，非住房负债是指除住房债务以外的其他一切债务。

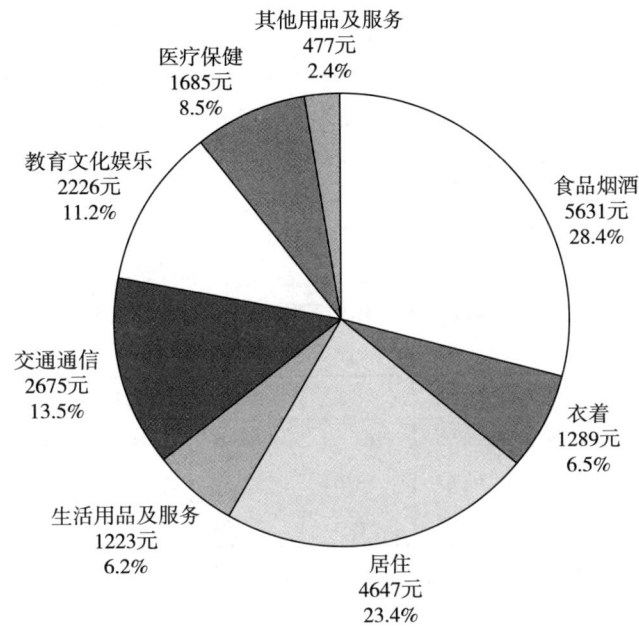

图1 2018年全国居民人均消费支出及构成

资料来源:《中华人民共和国2018年国民经济和社会发展统计公报》。

表3 消费不同阶段及其特征

	第一阶段	第二阶段	第三阶段	第四阶段	第五阶段
时间跨度	改革开放前	20世纪80年代	20世纪90年末期到21世纪初	2010~2030年	2030年以后
代表商品	自行车、手表、缝纫机	彩电、电冰箱、洗衣机	手机、电脑、空调、乐器与健身器材、相关体育消费	住房、汽车、旅游,从国内旅游到出境旅游	文化(包括终身教育)、健康、医疗、养老等
消费阶段	温饱型	由温饱型向小康型升级	由小康型向发展型升级	由发展型向享受型升级	享受型
消费级别	百元级	千元级	万元级	数十万元级乃至更高	
持续时间	30年左右	20年左右	10年左右	20年左右	数十年

体育消费和旅游消费是消费提升的重要内容和体现。下面,我们对体育消费与旅游消费的情况做分析。

1. 体育消费及其分析

根据人均GDP的状况，大致可以判断一个国家体育产业的发展阶段。我们认为，中国体育产业正处于高速发展时期。① 最近几年，中国体育产业规模不断扩大，保持了较高的增长速度，但是增加值占GDP的比例一直不高，2017年仍然不到1%（见表4）。

表4　2011~2017年中国体育产业增加值情况

单位：亿元，%

年份	2011	2012	2013	2014	2015	2016	2017
增加值	2689.06	3135.95	3563.69	4040.98	5494.4	6474.8	7857.7
增长率	21.12	16.62	13.64	13.39	35.97	17.84	21.36
占GDP比例	0.57	0.60	0.63	0.64	0.80	0.90	0.94

资料来源：根据国家体育总局公布的相关年份《全国体育及相关产业统计公报》整理。

与发达国家对比，中国体育产业增加值占GDP的比例仍然较低：大多数发达国家的这一比例超过2%，法国、美国与韩国在3%左右，而奥地利超过4%。②

当前，中国体育产业重要领域发展迅猛，有许多可圈可点之处，具体情况如表5所示。

表5　中国体育产业重要领域活力凸显

重点行业	基本状况	补充说明
足球	2017年全年各足球协会开展赛事约30万场。职业赛事、杯事和中国之队相关赛事现场观众人数超过950万人次，电视观众6.83亿人次	2017赛季，足球产业上游、中游和下游培训、用品市场收入规模超过360亿元

---

① 正如时任国家体育总局局长刘鹏所言，"按照国际通行的研究标准，当人均GDP达到5000美元的时候，体育产业将实现'井喷式'发展"。资料来源：《2014年全国体育及相关产业总规模达13574.71亿元》，http://news.xinhuanet.com/live/2015-12/23/c_1117556693.htm。
② 欧盟委员会：《欧盟体育经济影响研究报告（2012）》，2012。

续表

重点行业	基本状况	补充说明
篮球	中国篮球协会主办的中国"三对三"联赛、"我要上奥运"全国三人篮球擂台赛和肯德基三人篮球赛,覆盖全国30个省、自治区、直辖市,共计参赛球队92000支,参赛人数超过50万人	2014年调查,6~19岁人群观看篮球的人数占比最高,为36.2%,20岁以上人群最喜欢看的项目为篮球,人数占比为31.1%
马拉松	2017年全国共举办规模赛事(路跑赛事人数在800人以上,越野跑赛事人数在300人以上)1102场,涉及234个城市(覆盖全国70.06%的地级市),参赛规模498万人次,赛事规模7年增长50倍	据推测,2017年在北京等国内大型城市马拉松旅行参赛者的人均马拉松旅游消费为3000~4000元;2017年在千岛湖等旅游目的地马拉松旅行参赛者的人均马拉松旅游消费在2500元左右
户外运动	2017年中国泛户外人口(每年至少参加一次以上户外运动)已达1.3亿~1.7亿人,经常参加山地户外运动的人口达到6000万~7000万人	预计中国户外运动产业当前市场规模为2500亿元左右
冰雪产业	2017年总规模达到了3976亿元	滑雪人次达到1750万人次,滑冰人次增长到2000万人次左右
健身	当前中国拥有健身俱乐部约4500家,包括威尔士、青鸟、一兆韦德、美格菲、中体倍力等知名专业健身俱乐部品牌,吸纳会员总数超过600万人	以美国为首的北美市场共有健身俱乐部约3.6万家,会员数量达到5600万人,二者的绝对数量均是中国的8倍以上

资料来源:根据相关报告整理。

2014年10月20日,国务院颁布《关于加快发展体育产业促进体育消费的若干意见》(以下简称《意见》)。《意见》指出,到2025年,基本建立布局合理、功能完善、门类齐全的体育产业体系,体育产品和服务更加丰富,市场机制不断完善,消费需求愈加旺盛,对其他产业带动作用明显提升,体育产业总规模超过5万亿元,成为推动经济社会持续发展的重要力量。可以预见,中国未来体育休闲产业会进一步发展,特别是户外运动会快速提升[1],具体见图2。

---

[1] 张宇贤、李陶亚、杨白冰:《加快发展健身休闲产业 促进体育消费转型升级》,国家体育总局网站,2016年11月4日。

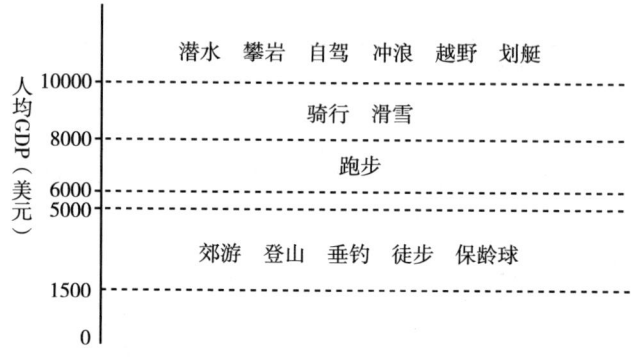

图 2　人均 GDP 水平与户外运动的类型

资料来源：《中国体育产业发展情况分析》，中国产业信息网，2018 年 1 月 15 日。

2. 旅游消费及其分析

根据联合国世界旅游组织对中国旅游发展的测算，中国旅游产业对国民经济综合贡献率和对社会就业综合贡献率均超过 10%，高于世界平均水平。[①] 旅游业当之无愧地位列中国"五大幸福产业"（旅游、文化、体育、健康、养老）之首。

中国的旅游业可以大致分为三种主要类型。

第一个类型是跟团旅游。最初是一部分先富起来的人开始接受旅游服务，如今旅游已经逐步成为越来越多人的休闲选择，甚至可以说，旅游已经成为人们一种重要的生活方式。根据国家统计局的数据，2017 年，中国人均出游已达 3.7 次。另外根据国家旅游局数据中心测算，2017 年中国旅游业综合贡献 8.77 万亿元，中国继续保持世界最大的国内旅游消费市场，对国民经济的综合贡献率达 11.04%，对住宿、餐饮、民航、铁路客运业的贡献率超过 80%，根据"十三五"规划，到 2020 年中国国内旅游人次预计将达到 62 亿人次。当然，跟团旅游也在发生转型升级，即从传统的拼价格到拼服务，从某些代表性景点旅游走向全域旅游。

第二个类型是自我定制旅游，反映出消费者旅游观念的彻底变革，从关

---

① 旅游直接和间接就业 8000 万人，其中直接就业 2825 万人，对社会就业综合贡献率达 10.28%。

注旅游本身走向关注旅游服务的内容、品质，关注旅游的体验。自助游成为主要的旅游形态，当前国内的自助游客比例高达93%，即使在出境旅游中，自助游客的比例也达到61%。如今，国内自驾游、乡村游等旅游形式成为出游常态。2016年国庆期间全国乡村游游客人数达1.29亿人次，在5.93亿人次的旅游接待总人次中占21.7%，乡村游成为长假出行的主要消费选择之一；2017年中国自驾游总人数达31亿人次，比2016年增长17.4%，占国内出游总人数的62%。[1]

第三个类型是出国旅游。1997年，中国出台了《中国公民自费出国旅游管理暂行办法》，揭开了出国旅游的序幕。2000年中国与韩国签署全面开放中国赴韩旅游协议，推动了赴韩国旅游；2004年，中国开放欧洲旅游；从2008年6月17日起，中国公民可通过团队形式赴美旅游，当年引爆了赴美旅游热潮。2017年中国出境旅游人数为1.29亿人次，中国已经连续多年保持世界第一大出境旅游客源国。按可比口径，2012年以来，中国出境旅游人次保持了年均增长9.17%，高于GDP的增长速度。根据"十三五"规划，到2020年中国出境旅游人次将超过2亿人次。

2018年中国旅游者已经遍及157个国家和地区，除了亚洲、欧洲等热门国家和地区之外，"一带一路"沿线国家成为新的增长点。此外，南极游成为旅游"新宠"，中国也成为南极旅游"超级大国"，2018~2019年，中国赴南极旅游的游客有望突破一万人次，占全球赴南极游客的20%左右。

与此同时，邮轮游正处于快速发展阶段。中国现有邮轮旅游发展实验区6个，2016年中国在线邮轮市场收入规模突破18亿元。根据有关分析，2017年中国母港邮轮突破1000艘次，[2] 2017年中国11大邮轮港以中国游客为主的母港出入境游客478万人次，增长11.40%。[3] 中国邮轮游客总数居全球邮轮游客数量的第8位。为此，各地纷纷出台了相关政策，鼓励邮轮游

---

[1] 据中国旅游车船协会自驾游与露营房车分会监测数据，2017年。
[2] 前瞻产业研究院：《2017—2022年中国邮轮旅游行业发展前景预测与投资战略规划分析报告》，2018年12月5日。
[3] 中国交通运输协会邮轮游艇分会等：《2017—2018年中国邮轮发展报告》，2018年10月。

相关产业的发展。2018年10月，上海印发《关于促进本市邮轮经济深化发展的若干意见》，"建设国际一流邮轮港口，统筹邮轮港口功能布局，将邮轮港纳入全市综合交通规划体系"①。2018年11月，天津发布了《天津市邮轮旅游发展三年行动方案（2018—2020年）》，提高天津邮轮旅游在国际上的知名度，未来邮轮旅游发展目标是到2020年，实现年进出港邮轮130艘次，年出入境游客80万人次。②青岛市在2018年11月出台了《青岛市扶持邮轮旅游发展政策实施细则》，对长期在青岛运营的邮轮公司，给予了明确的补助③；12月4日，青岛市发布《关于鼓励组织邮轮客源的办法》，对租赁和包租邮轮来青岛运营的出境旅行社和旅客票务代理商给予补贴。④2019年1月1日起，青岛将面向53个国家入境人员实施144小时过境免签政策，希望进一步助推相关旅游产业的发展。

（三）人口及其消费特征

最近10年，中国人口保持相对稳定的增长（见表6）。

2019年1月，国家统计局发布了2018年中国人口的状况。根据国家统计局人口和就业统计司提供的数据：2018年末，中国总人口为139538万人，接近14亿人口，比2017年末净增530万人。2015年，中国开始全面实施一对夫妇可生育两个孩子政策，对于此项政策会产生何种效果，学术界存

---

① 建设国际邮轮客运交通枢纽，完善港区及周边交通基础设施；推动发展"飞机＋邮轮""高铁＋邮轮""邮轮＋内河游轮"，积极发展空海、海陆、江海联运旅游产品；培育支持本土邮轮企业发展，支持国产大型邮轮制造，发展邮轮修造配套产业；支持邮轮口岸设立出境和进境免税店，研究在邮轮港周边布局免税店或离境退税店。
② 进一步巩固天津北方国际邮轮旅游中心地位，服务京津冀、辐射环渤海、面向中国北方，深入拓展邮轮旅游市场空间和提高渗透率，增加邮轮旅游航线，不断完善邮轮旅游产品体系及邮轮母港配套服务功能，延伸邮轮旅游产业链，建立健全工作机制，不断提高管理和服务水平。
③ 在单航次10万~40万元奖励的基础上，每满10航次，给予50万元补助，运营50个航次及以上的，给予300万元补助。
④ 年度累计组织登船出境人数5000人以上（含5000人）的，按招徕邮轮旅客出境人数每人200元标准补贴。

表6 最近10年的人口总量与不同性别人口状况

单位：万人

指标	2017年	2016年	2015年	2014年	2013年	2012年	2011年	2010年	2009年	2008年
年末总人口	139008	138271	137462	136782	136072	135404	134735	134091	133450	132802
男性人口	71137	70815	70414	70079	69728	69395	69068	68748	68647	68357
女性人口	67871	67456	67048	66703	66344	66009	65667	65343	64803	64445

资料来源：国家统计局，相关年份统计公报。

在较大的分歧。2016~2017年中国出生人口和出生率有较大幅度的增长，但是，2018年全年中国出生人口1523万人，比2017年减少200万人。

根据联合国中方案预测，中国人口将在2029年达到峰值14.42亿人，从2030年开始进入持续的负增长，中国社科院人口所在2019年1月发布的预测报告认为，2027年中国人口出现负增长。联合国中方案预测结果显示，中国的劳动年龄人口在未来很长一个时期内将持续地加速减少，到2050年将减少2亿人，总人口减少到13.64亿人，2065年减少到12.48亿人，即缩减到1996年的规模。

（1）城镇人口状况

最近10年中国城镇化率基本上保持每年1个百分点左右的增长速度，到2011年中国的城镇化率突破了50%，2017年达到了58.52%；2018年比2017年末再次提高1.06个百分点，达到59.58%（见表7）。①

表7 最近10年中国城镇人口与城镇化率的状况

单位：万人，%

年份	城镇人口	城镇化率
2008	62403	46.99
2009	64512	48.34
2010	66978	49.95
2011	69079	51.27

① 城镇人口增加主要受城镇区域扩张、城镇人口自然增长和乡村人口迁移三方面因素影响，分别影响城镇化率提高0.42个、0.25个和0.39个百分点。

续表

年份	城镇人口	城镇化率
2012	71182	52.57
2013	73111	53.73
2014	74916	54.77
2015	77116	56.10
2016	79298	57.35
2017	81347	58.52
2018	83137	59.58

资料来源：相关年份统计公报；国家统计局2019年1月发布的报告。

（2）老龄人口状况

中国的老龄化问题已经引起各方的关注，相关状况如图3所示。

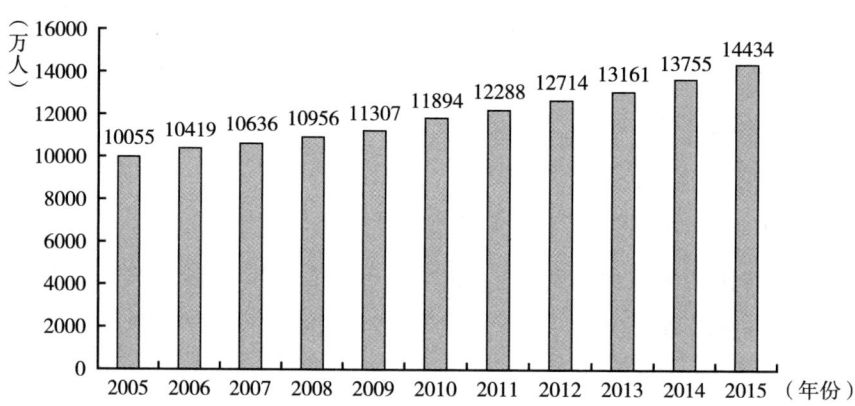

图3 2005~2015年中国65岁及以上人口变化趋势

资料来源：国家统计局，相关年份统计公报。

中国人口基数大，老龄化速度之快、规模之大全球独一无二（见表8）。2017年中国65岁及以上人口已达1.6亿人，预计到2050年老龄化率达到30%左右，65岁及以上人口将达到3.9亿人左右，也就是说，约每3.3个人中就有1个65岁以上的老人。

从衡量老龄化社会负担指标——老年抚养比来看，从2000年至今，老

表8 老龄化阶段渐进发展状况

国别	从老龄化过渡到深度老龄化	从深度老龄化到超级老龄化
法国	126年	—
英国	46年	—
德国	40年	36年（1972~2008年）
日本	24年（1970~1994年）	11年（1995~2006年）
中国	2001年65岁及以上人口占比超过7%，2017年占比达11.4%，预计中国将用约22年，即于2023年前后进入深度老龄化社会	预计于2033年前后进入超级老龄化社会，2050年65岁及以上人口占比达30%

注：65岁及以上人口比例在7%以上为老龄化，14%以上为深度老龄化，20%以上为超级老龄化。作者根据相关资料整理。

年抚养比加快提高，至2020年将上升至16.9%（见图4）。而加入少年儿童抚养比的总抚养比指标到2030年将超过50%。

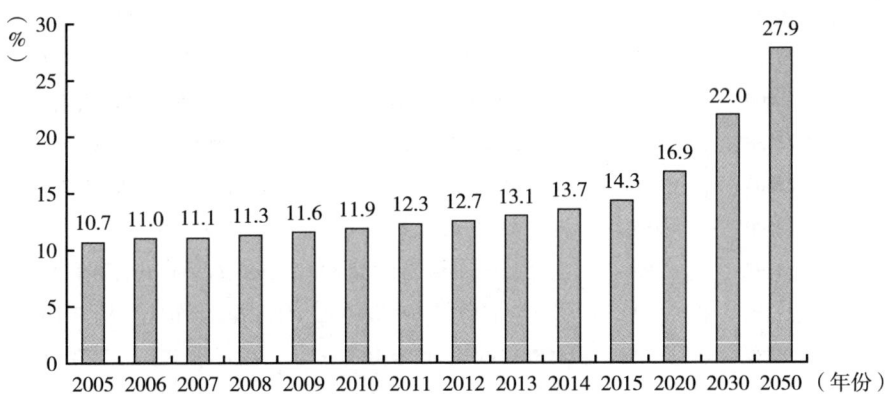

图4 中国人口老年抚养比预测

资料来源：国家统计局，相关年份统计公报。

（四）消费分级

消费的分级体现在多个方面，我们从中国的城市分级入手，进行城市的分析，接着对城市内部的分级做分析，最后从社交电商的崛起来佐证消费分级的客观存在。

1. 城市分级

中国最早在 1980 年对城市进行了分级，到 2014 年 11 月，国务院发布《关于调整城市规模划分标准的通知》，新标准按城区常住人口数量将城市划分为超大城市（城区常住人口在 1000 万人以上）、特大城市（城区常住人口为 500 万～1000 万人）、大城市（城区常住人口为 100 万～500 万人）、中等城市（城区常住人口为 50 万～100 万人）和小城市（城区常住人口在 50 万人以下）五类。而中国的一些城市体量之大，已经到了"富可敌国"的程度，表 9 展示了中国的部分城市在 GDP 和人口方面与相关国家的对比情况。

表 9 中国部分城市与相关国家的对比情况

城市	2017 年 GDP（亿元）	2017 年 人口（万人）	与相关国家 GDP 对比情况	与相关国家人口对比情况
上海	30133	2225	比利时 30754 亿元，第 26 位	尼泊尔 2231 万人，第 57 位
北京	28000	1970	伊朗 27939 亿元，第 27 位	布基纳法索 1975 万人，第 59 位
深圳	22438	1150	菲律宾 22922 亿元，第 33 位	比利时 1150 万人，第 79 位
广州	21503	1040	南非 21283 亿元，第 34 位	葡萄牙 1029 万人，第 88 位
重庆	19500	2851	丹麦 19767 亿元，第 38 位	也门 2825 万人，第 50 位
天津	18595	950	哥伦比亚 18984 亿元，第 39 位	阿联酋 954 万人，第 93 位
苏州	17319	620	爱尔兰 15897 亿元，第 40 位	尼加拉瓜 628 万人，第 110 位
成都	13889	720	越南 14365 亿元，第 44 位	保加利亚 704 万人，第 105 位
武汉	13410	774	卡塔尔 13258 亿元，第 45 位	塞拉利昂 772 万人，第 103 位
杭州	12556	640	希腊 12584 亿元，第 47 位	萨尔瓦多 642 万人，第 109 位

资料来源：作者根据中国城市统计数据与世界银行的统计报告整理。

2. 超大城市内部的分级：以北京为例

如今的北京，已经很难把它作为一个单一的市场进行分析，因为，如此庞大的一个城市，其内部人群的消费差异较大，导致出现了"北京五环内"与"北京五环外"这样的基本分化。北京各环路及其人口分布状况见表 10。

表10 2014年北京各环路及人口分布状况

单位：万人，%

区域	常住人口	常住人口占全市人口比例	常住外来人口	常住外来人口占外来人口比例
二环内	148.1	6.9	40	4.9
二环至三环	257.3	11.9	77.2	9.4
三环至四环	287.5	13.4	105.5	12.9
四环至五环	360.7	16.8	173.5	21.2
五环至六环	580.2	26.9	358.6	43.8
六环外	517.7	24.1	63.9	7.8
合计	2151.6	100	818.7	100

资料来源：根据相关资料整理；《生活在北京三环里五环外的区别》，https://house.focus.cn/zixun/9f5159a48da7c9c3.html。

中国证监会副主席方星海在2019年达沃斯会议上强调了中国高房价对于消费的挤压效应。[①] 这一点，在北京这样的高房价城市表现得尤为明显。

自2015年以来，北京城镇居民的居住消费支出远高于其他消费支出（见图5），也远高于其他城市居民的居住消费支出。与居住相关的诸如房款、租金、房贷等占居民消费支出比例过高，将进一步影响居民的消费支出结构，甚至挤压其他的消费支出。北京二手房均价情况见表11。据有关数据统计，2016年，北京市二手房网签量约为27.2万套，超过了2009年的26.7万套，创造了新的纪录，并且比2015年上涨了38%。[②] 而到了2017年，受一系列房贷、土地等相关调控政策影响，北京市二手房全年成交量骤降50%，仅13.6万套。

---

① 方星海表示，"在消费领域，去年中国的消费数据表现很好，但房地产市场却不尽如人意，因为我们的房价太高了，导致大量的家庭开销被压缩，消费也因此被拉低，因此我们亟须解决房地产市场的问题"。

② 资料来源：中原地产、伟业、我爱我家等市场研究机构的统计数据。

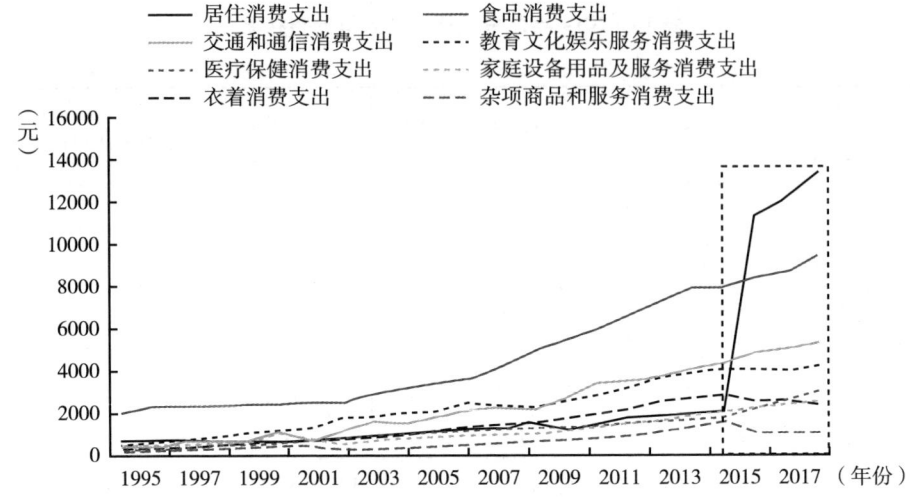

图5 北京城镇居民消费支出主要事项

表11 北京二手房均价

时间	二手房均价
2016年10月	56166元/平方米
2017年3月	67497元/平方米
2018年10月	61103元/平方米
2018年11月下旬	59500元/平方米

资料来源：根据相关市场机构的调研数据整理；王玉光：《北京的房价：底部在哪里？》，《财经国家周刊》2018年11月30日。

根据图6可以发现，2018年以来，二手住宅销售价格一直呈同比微跌状态，而且2018年上半年二手住宅销售价格跌幅大于新建商品住宅销售价格跌幅。北京上班族迫于高房价的压力，只能选择近郊居住，因此，出现了以居住几环来划分消费者的做法。

《北京城市总体规划（2016年—2035年）》确定北京市常住人口规模到2020年控制在2300万人以内，为此，需要调整人口空间布局。[①] 比

---

① 通过疏解非首都功能，实现人随功能走、人随产业走。降低城六区人口规模，城六区常住人口在2014年基础上每年降低2%~3%，争取到2020年下降约15%，控制在1085万人左右，到2035年控制在1085万人以内。

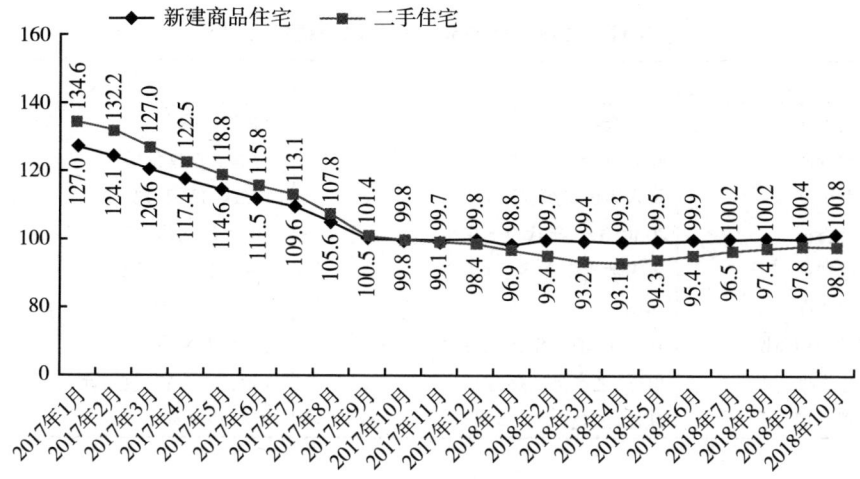

图6 北京市住宅销售价格同比指数

注：高于100说明房价同比上涨，低于100说明房价同比下降。
资料来源：北京市统计局2017~2018年相关统计。

如，北京城市副中心规划总面积约155平方公里，2019年1月11日，北京市级行政中心正式迁入北京城市副中心，北京市四大班子及其下属的相关30多个部门约1.2万人开始进驻办公。再比如，2017年5月，北京市对《北京城市总体规划（2016年—2030年）（送审稿）》进行了讨论，把东城区、西城区作为北京的核心区；2017年9月，首都功能核心区已经进入《北京城市总体规划（2016年—2035年）》。所谓的"首都功能核心区"是指全国政治中心、文化中心和国际交往中心的核心承载区，同时，也是中国历史文化名城保护的重点地区、首都对外宣传的窗口。

3. 传统一代与新生一代的对比

与此同时，消费的主力逐步转为"90后"，他们的交易额越来越大，参与人数越来越多，甚至成为购物狂潮中的主力军，数据显示，"90后"消费占比高达46%。而且，作为新生一代，他们的消费行为与传统一代存在巨大的差异（见表12）。

表12　传统一代与新生一代的消费行为对比

对比	传统一代	新生一代
消费理念	勤俭节约	炫耀性消费
消费导向	随大流,绝不出风头	个性化,自我张扬
消费限度	量入为出,储蓄导向	月光族,信贷消费
年龄特征	20世纪60年代以前出生	"80后",尤其是"90后"
家庭特征	大多数出生在多子女家庭	大多数是独生子女
价值取向	实用	时尚
产品使用周期	新三年,旧三年,缝缝补补又三年	定期更新换代
风险态度	保守,老产品的拥趸	冒险,新产品的使用者
消费心理	理性,成熟	冲动,不成熟

（五）消费分级的应用：社交电商的崛起

以云集微店为例。基于S2b2C模式，云集微店主要为微商卖家提供美妆、母婴、数码产品、健康食品等货源，用性价比＋精选SKU来吸引用户，并以招募微商店主和社交裂变的方式来完成获客和交易。

S2b2C由湖畔大学校长曾鸣于2017年正式提出。在他的论述中，S指一个大的供应链平台，大幅提升供应端效率；而b指一个大平台对应万级、十万级，甚至更高万级的小b，让它们完成针对客户的服务。因此S和众多的小b是紧密合作的关系，而不是简单的商务关系。在这一产业链中，S和小b共同服务于C，连接的核心在于S对小b的赋能，当小b服务于C时，必须调用S提供的某种服务（见图7）。

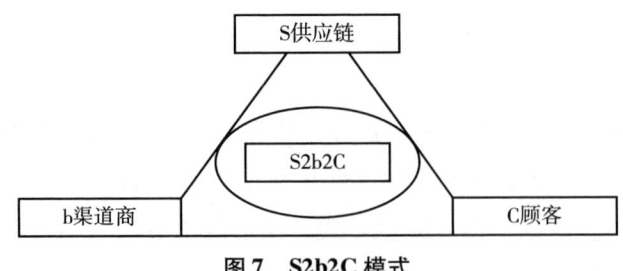

图7　S2b2C模式

资料来源：云集网站介绍及相关分析材料，2019年1月。

云集是由社交驱动的精品会员电商,其发展的主要历程如下。

2015年5月,共享经济背景下,云集App正式上线,把每月16日打造为云集狂欢日。

2016年,云集获当年社交电商领域最高A轮融资2.28亿元。

2016年6月,单月销售额突破1亿元。

2016年8月,云集注册店主数量突破50万。

2017年2月,云集注册店主数量突破100万。

2017年4月,单月销售额突破5亿元。

2017年5月,云集单品单日销售额突破1亿元。

2017年7月,云集注册店主数量突破200万。

2017年8月,云集月销售额突破10亿元。

2017年10月,云集VIP注册用户突破1500万。

2017年11月,云集"双11"总成交额破10亿元;11月11日单日成交额超过2.5亿元。

2017年12月12日,单日销售额破2.78亿元。

2018年1月12日,云集注册店主数量突破300万。

2018年1月14日,云集单日注册店主数量破3.8万。

2018年3月21日,云集斥资1亿元培养新农人,联手浙大启动乡村振兴千人计划。

2018年4月23日,云集完成B轮融资1.2亿美元。

2018年5月10日,云集举行核心伙伴战略合作升级大会,与达能、LG等百余家品牌及20多家物流服务商签订战略合作协议。

2018年5月18日,云集三周年庆单日成交额超5.88亿元,总成交额突破10.8亿元。

2018年8月15日,云集发布全新品牌形象,升级品牌战略。

2018年10月9日,肖尚略发内部信称,云集正面临从社交电商向会员电商转型的时期,这也将是未来"社交电商"的主流形态。

2018年11月，云集全球精选狂欢周，创8.7亿元单日最高销售额，总成交额突破25.9亿元。

据云集微店对外透露的营收信息，2015年至2016年，云集微店一直处于亏损状态，2015年亏损3265万元，2016年亏损311万元，该公司对此表示是"一直按照补贴市场、亏损经营的互联网创业模式在运作"。而到2017年，据路透社报道，云集微店实现收支平衡，并预计2018年实现盈利。2018年5月16日至5月19日是云集微店三周年大促，据介绍，该平台3天销售额为10.8亿元，单日销售额达5.88亿元，单日订单量达338万单。

社交电商中，还有一个引人注目的标杆企业，就是拼多多。拼多多发展的简要历程如下。

2015年9月，拼多多公众号正式上线；上线两周，粉丝数突破百万。
2016年1月，拼多多上线四个半月，付费用户数突破1000万。
2016年1月18日，平台单日成交额突破1000万元。
2016年11月，平台人均订单量突破200万，11月11日单日成交额（GMV）超过2亿元。
2017年9月，拼多多成立两年，平台用户数突破2亿。
2018年6月，拼多多平台用户数突破3亿。
2018年7月，拼多多正式登陆纳斯达克交易市场。

可以说，拼多多在短短的三年时间就实现上市，超过了之前阿里巴巴十年、京东六年的上市速度，也给其他社交电商以极大的鼓舞。当然，上市之后的拼多多仍然面临着众多问题，比如，假货、山寨产品的充斥，如何培育品牌商品，等等。

二 中国消费：成绩与隐忧

改革开放40年来，消费对经济增长的拉动作用不断增强，消费扩张升级潜能较大，但是隐忧仍然存在。从社会消费品零售总额来看，中国的消费从 1978 年的 1559 亿元增长到 2017 年的 366262 亿元，年均增长 15%。按照国家统计局的统计，社会消费品零售总额在 1992 年以前为社会商品零售总额。1992 年，社会消费品零售总额突破 1 万亿元，到 1996 年，社会消费品零售总额突破 3 万亿元。1998 年之后，中国社会消费品零售总额的增长速度开始逐步提高，2001 年增速首次突破两位数，除了 2003 年回调到个位数以外，一直到 2017 年，中国社会消费品零售总额的增长速度都为两位数，尤其是 2008 年曾经达到 22.7% 的高速增长（见表 13）。

2013 年以来，中国经济对世界经济增长的贡献率超过 30%，而中国消费发挥了举足轻重的作用，按照不变美元价格计算，2013～2016 年，中国最终消费对世界消费增长的年均贡献率达到 23.4%，位居世界第一。2018 年 4 月世界贸易组织发布的《全球贸易数据与展望》报告指出，中国经济从主要依靠投资向主要依靠消费转型，长期来看这将有助于中国经济更强劲的可持续增长，从而支持全球经济的持续增长。

表 13 社会消费品零售总额（1998～2017 年）

单位：亿元，%

年份	社会消费品零售总额	增长率及其说明
1998	33378.1	6.8
1999	35647.9	6.8
2000	39105.7	9.7
2001	43055.4(5 年实现从 3 万亿元到 4 万亿元的突破)	10.1
2002	48135.9	11.8
2003	52516.3(首次突破 5 万亿元)	9.1
2004	59501.0	13.3
2005	68352.6	14.9
2006	79145.2	15.8
2007	93571.6	18.2
2008	114830.1(首次突破 10 万亿元)	22.7(20 年最高增长率)
2009	133048.2	15.9
2010	158008.0	18.8
2011	187205.8	18.5
2012	214432.7(首次突破 20 万亿元)	14.5

续表

年份	社会消费品零售总额	增长率及其说明
2013	242842.8	13.2
2014	271896.1	12.0
2015	300930.8（首次突破30万亿元）	10.7
2016	332316.3	10.4
2017	366261.6	10.2

资料来源：相关年份《中国统计年鉴》。

十九大报告指出，我国经济已由高速增长阶段转向高质量发展阶段。消费在2018年以及未来若干年将成为中国经济增长的第一驱动力，成为中国经济稳定的压舱石。2018年前三季度，中国消费品市场保持平稳增长，总量持续扩大，结构不断优化，零售业态融合趋势明显，市场供给方式加速创新，最终消费支出对经济增长的贡献率为78%，比上年同期提高14个百分点；乡村消费品市场零售额同比增长10.4%，占社会消费品零售总额的比重为14.4%。根据2019年1月国家统计局发布的数据，2018年全年最终消费支出对经济增长的贡献率为76.2%，尽管全年的贡献率比前三季度有所下降，但是比上年提高18.6个百分点。

目前，人们担忧以下几个问题。

第一，社会消费品零售总额的同比增长速度下降到个位数。从2010年增长速度达到18.8%之后，社会消费品零售总额的增长速度一直处于下滑的态势，到2017年为10.2%。2018年前三季度，社会消费品零售总额同比增长9.3%。2018年4月，社会消费品零售总额的同比增速跌落到个位数9.4%，引起各界的广泛关注；2018年5月，进一步下滑到8.5%，尽管国家统计局做了相关说明，但是，社会消费品零售总额的增长速度双位数时代已经不复返；特别是2018年11月，该数据只有8.1%，再次引发各界的担忧。目前的统计数据显示，2018年1~12月，中国社会消费品零售总额增速为9%，实际增速为6.9%，与居民收入增长基本同步，并且高于国内生产总值的增速。2019年，中国社会消费品零售总额可望保持8%~9%的增速,只有这样,才能保证中国经济的稳中求进。

当然,在关注此数据的时候,我们必须清醒地认识到:我们用社会消费品零售总额来说明消费时,存在大量服务消费的遗漏。比如,我们快速增长的体育消费、文化消费、教育培训消费、信息消费、健康卫生消费。下一步,中国应当加强相关的统计工作,尽可能准确统计消费的整体状况。

第二,当前制约中国消费扩张升级的因素仍较多。居民过度加杠杆购房的挤出效应显现,消费升级内生动力不足。2004年,中国个人购房贷款余额只有1.6万亿元,而到了2017年,中国个人购房贷款余额上升到21.9万亿元,短短13年增长了12.7倍(见表14)。个人购房贷款余额占居民贷款余额的比例突破50%,2017年达到了54%。

表14 中国居民个人购房贷款状况

指标	2004年	2017年
个人购房贷款余额	1.6万亿元	21.9万亿元
房贷收入比(个人购房贷款余额/可支配收入)	17%	44%
住户部门债务收入比(居民债务余额/可支配收入)	29%	80%

国家统计局发布的70个大中城市商品住宅2018年10月销售价格变动情况表明,位列涨幅前十名的城市中,一半以上都是三、四线城市。易居房地产研究院于2018年11月底公布的《100城住宅价格报告》显示,三、四线城市1万元以上均价水平已持续了15个月。

服务类消费有效供给不足,无法满足居民多样化的消费需求。比如,中国人口基数大,老龄化速度之快、规模之大全球独一无二。因此,2017年中国65岁及以上人口已达1.6亿人,预计到2050年老龄化水平达到30%左右,65岁及以上人口大约将达到3.9亿人,也就是说,约每3.3个人中就有1个65岁及以上的老人。而截止到2018年9月,全国养老服务机构为2.93万个左右,床位有732.54万张,这与上亿规模的老龄人口不成比例。可见,中国养老配套服务的能力仍然十分薄弱。

企业盈利趋于回落,居民收入增长可能随之放缓,也会进一步影响居民

消费能力。40年来,中国用31年的时间实现居民人均收入跨万元,用5年时间实现跨2万元,目前正向人均收入3万元大关迈进。而2018年全年全国居民人均消费支出19853元,比上年名义增长8.4%,扣除价格因素实际增长6.2%。2018年12月27日,国家统计局发布的数据显示,2018年1～11月,全国规模以上工业企业利润总额增长11.8%,增速比1～10月减缓1.8个百分点,特别是11月当月利润下降1.8%。

三 智慧商务在中国的未来发展

2016年10月,马云在云栖大会上提出了新零售,引起了学术界和实业界的广泛关注,之后国美提出了"6+1"新零售战略,而京东集团则提出了第四次零售革命以及无界零售,这个观点也引起了再一次的旋风。腾讯也不甘落后,腾讯的提法是"智能零售"或者"智慧零售"。为此,腾讯做了很多投资,比如与家乐福、永辉、京东、苏宁等合作或者共同投资,这是最近比较热的话题。到目前为止,整个腾讯系在大零售涵盖意义下的所有投资,都非常鲜亮,而且范围广泛。

我们为什么要别出心裁地提出"智慧商务"呢?这是因为学术界有个WKID金字塔,即智慧—知识—信息—数据。我们经常说的"数据",是处在最底层的。这些最底层的大量数据,对于企业而言,就是如何进行"数据集成",就像沃尔玛平均每小时接待100万人次的消费者,积累的数据量就是2.5P。估计现在大多数企业的数据量已经是T级了。"数据"上去第二层是"信息"。对于企业而言,就是内部信息化和外部信息化的问题。第三层级是"知识",知识对应的是过去所说的E-commerce和E-business,IBM最早把这个词做了很清楚的界定,电子商务和电子商业在概念与内涵上都不一样。我们倾向于用电子商务而不是电子商业。最高层的是"智慧",人类之所以能不断地前进,就是由于能从最原始的数据中提取信息形成知识,进而进一步加工创新形成新的智慧,而它对应的是"智慧商务"。WKID金字塔如图8所示。

中国流通：消费分级下的智慧变革

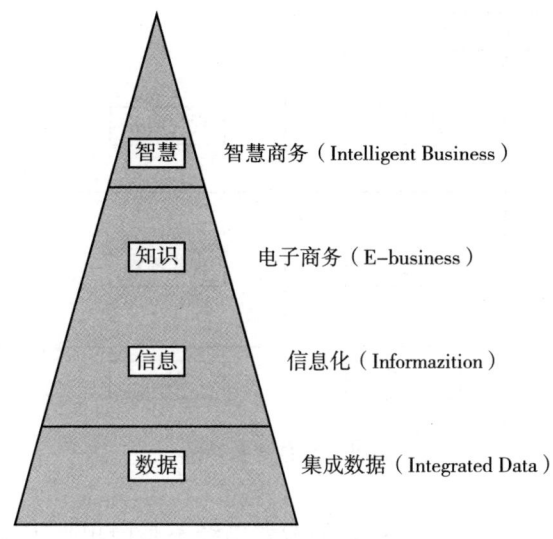

图8　WKID金字塔结构

再来看看"新零售"这个概念。我们不赞成用"新零售"，为什么呢？因为新和旧是相对时间，今天的零售对于昨天的零售是"新零售"，但是对于明天的零售就成为"旧零售"。所以，我们倾向于从功能角度，做"传统零售"与"现代零售"的区分。再者，从涵盖的业务内容来区分，可以划分出"零售"与"商务"，这里所说的"商务"，涵盖零售以及超越零售的所有相关增值业务，这样就形成一个矩阵。也就是说，我们将从传统零售走向现代零售，进而从智慧零售走向智慧商务，如图9所示。

智慧商务怎么做？我们认为有五个基点需要考虑。

第一，战略基点面临转化。这个战略的基点是从传统的商业、零售、百货所关注的商品品类、品质、品牌向服务转变，关注售后服务、关注线上线下的服务，最后进而关注体验。同样，在经营层面所说的"营销"（Marketing）关注的是4P。网商为什么对实体商家冲击比较大，首先从关注消费者成本价格入手，下一步将从4P转向4C，即关注附加值。所谓4C，即消费者（Consumer）、成本（Cost）、便利（Convenience）和沟通（Communication），是以消费者需求为导向的营销理论。现在的商务已经由"消费者请注意"

025

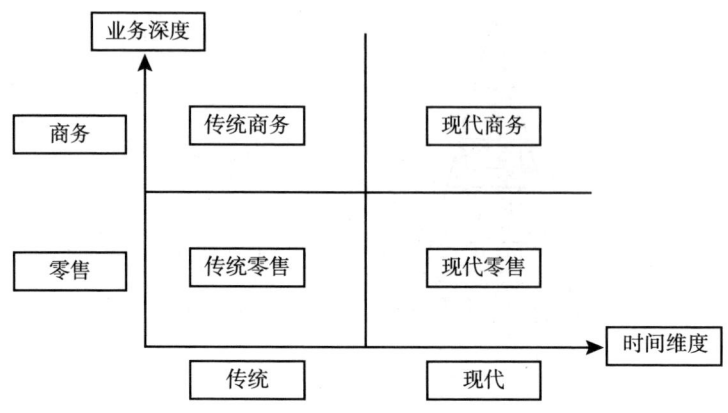

图9 智慧商务矩阵

转向了"请注意消费者"。当前,消费者已经不是简单地关注价格了,很多商品的线上价格比线下要高,但线上购买依然活跃,究其原因就是消费者追求的内容发生了变化。

总结2015年以来在跨界方面的变革,就像Windows的快速迭代,在零售业我们也看到了产品的快速迭代。比如体验为王,功能不一定最好,但体验一定最好,消费者实际上追求的点已经发生变化。具体地讲,零售、商务变得均与成本相关,这是传统经济学上所说的"交易成本理论"。现在线上、线下所竞争的,全部围绕搜索成本、信息成本、议价成本、决策成本、监督成本以及最后违约成本的处理。要做好企业,下一步该做什么?该做的是在展示上:是不是快速地展示——让别人更快地找到你?是不是在线下也能提供更好的退货服务?2018年为了响应消费者权益保护活动,线下企业已经开始提倡无理由退货,浙江、杭州一些企业已经实行了一段时间,北京的一些商业企业也开始推行了。再比如,服务至上,对于天猫线下店设置的服务场景,大家都感到很新鲜,包括女士卫生巾的免费提供、化妆品的应急需要等,很多方面都可以围绕企业的战略基点、中心消费者的需求变化开展创新。

第二,线上、线下的融合化。很显然,今天已经很难再找到一家百货店是纯线下的,也很难找到一家线上的网店没有线下的支撑和配送。线上、线下融合在中国乃至世界都是大势所趋。

当前，百度、阿里巴巴、腾讯和京东（以下简称BATJ）已经将业务延伸到线下。其中很重要的一个原因是BATJ代表的线上平台，获客成本已经达到很高的水平。例如，从天猫和京东过去三年每个季度获客成本的变化来看，一开始京东是70多元，后来涨到八九十元，到今天已经达250～260元；天猫也一样，为200元，接近300元。面对如此高的获客成本，BATJ显然没有办法持续保持业务量的增长，所以延伸到线下与实体合作。原因很简单，因为实体掌握着场地，掌握着场景，掌握着新的流量。这种流量的变现、转换率远远高于线上，只有这样才有利可图。

第三，业态的升级化。之前商务部将国内的商业业态定义为17种，但是之后这些业态不断创新。实际上到今天，业态种类已经远远超过教科书上所列种类。京东所提的第四次零售革命是一个混合的概念，不是一个业态的渐进概念。传统零售理论中有四大理论学说可以解读业态的变迁。下一步将是业态自身的革命。百货业态干什么？首先是自身的革命，告别"二房东"的模式，积极拓展百货的新业态，百货的奥特莱斯、百货的购物中心，混合的业态。比如，南京中央商场，以轻资产的模式加快转型；银泰被阿里巴巴收购了以后，开始推行全渠道，加大数据化的运用；还有中友百货更名以后，这几年也做得风生水起，其化妆品单品销售在国内首屈一指。还有两个企业值得关注，一个是天虹百货的多业态布局，尤其是它的虹领巾APP线上销售，过去需要十几个收银员，现在只需两三个收银员，顾客可以用手机扫码结账；再一个就是SKP，它的创新是，把传统的联营、租赁柜台、自营、直营全部整合在一起，实现了多种模式的混合经营，2017年的销售额达到125亿元，位居世界第二。

第四，平台化。今天的百货零售业领域内，实际上所有的企业都走向了平台化，需要考虑的是，通过合作能得到什么？能获取多少数据、能获得多少与消费者接触的界面、能获得多少上下游资源？这种平台的转化，使传统的零售理论没有办法解释当今百货零售这种业态。传统的零售理论把零售当作中介，是上下游的关系；但现在不是了，零售业成为打通上下游的渠道，

形成了平台。

零售企业要做什么？比如利丰，从供应链开始做，整合上下游，最后延伸到研发、贸易，延伸到终端客户。这就是共享价值链理论，一个企业如果只是单点的，只是抓住一个点是没有办法赢利的，只有把整个产业链全部连起来才有可能获得盈利。百货零售企业未来面临的场景就是怎么把平台延展出来，把产业链拉得更长，不一定是参与产业链的所有活动，但是要有联系能力、协同能力，让所有价值链的参与者都进来，最终走向定制化。

今天的百货业已不同往昔，比如，在成都已经开始有百货店卖门票了，商家买门票进去不是做服装，而是做服装秀，与顾客进行互动。百货零售企业最终走向平台化就是要构建连通 C2B 的能力，从设计开始，到大规模的生产定制、加工、协同、网络化的经营管控。

第五，大型化和垄断化的趋势会进一步加剧。这里面有两个力量在推动，一个是资本的力量，一个是技术的能量。当前，中国百货业四大龙头企业和八大企业的集中度不是在上升而是在下降。主要是因为这几年跌宕起伏，行业的整合加剧，导致了集中度的这种变化。但是从全球以及未来的角度来看，百货零售行业不会这样下去，一定会出现龙头企业。

当前，百度、阿里巴巴、腾讯已经开始对中国的购物中心、百货店乃至超市进行全面投资，如阿里巴巴持有居然之家 15% 的股份，腾讯下一步也会加盟像红星美凯龙这样的企业。还有很多中小企业，当你成为独角兽的时候，资本会在后面撬动你。资本和技术这两个杠杆会进一步融合，进一步推动行业的整合。2013 年麦肯锡全球研究所（McKinsey Global Institute）发布研究报告，公布了移动互联网、知识工作的自动化、物联网、云计算、机器人等 12 项可能改变生活、企业与全球经济的技术，并预言这些技术可扭转市场局面，创造出全新的产品与服务，带来新的商机。几年前，我们还觉得这离我们很远，但今天看这些技术已经离我们很近了。

不断涌现的高科技创业公司将推动零售业新一轮的洗牌。阿里巴巴的盒马鲜生单个店可能还没有实现盈利，但其开店的速度在加快，现在已经有 30 多家店了，而且在北京还要投资 20 家；京东的 7 Fresh 也开始营业了。

今后，将会有大量的企业参与其中的竞争。

总之，无论智慧商务走向哪里，商务的本质必须回归。本质是什么？一是以顾客为中心，从过去服务全体顾客走向服务有价值的顾客，而不是为所有的消费者服务，大多数企业是不可能为所有消费者服务的，一定要把目标顾客定位好，选择附加值高的、回报高的顾客，主流顾客。二是从关注成本走向关注效率，从过去简单的服务走向体验，这要求企业所有价值链条的整合要围绕服务和体验去做。三是现在所有的工作都是基于零售，但是基于零售一定要超越零售，一定是全商务链条的，只有价值链条的整合、平台化的运作，才有可能实现共赢，只有构建全商务链条，企业才可能走得更远。

最后，将最近行业内流行的话，就是大润发创始人说的一句话与大家共享，也供大家一同思考。他说：我用19年打败行业所有的竞争者，但是输给了一个时代，所以我希望企业家共同努力，要赢得这个时代给予的机遇，而不要输给这个时代。

产业分析

Industry Analysis

B.2
中国商品交易市场转型升级发展报告

王雪峰*

摘　要： 在新时代创新引领和供给侧改革的大背景下，本报告基于中国商品交易市场发展的新形势和新要求提出了中国商品交易市场转型升级进入了创新引领的发展阶段。整体上，中国商品交易市场已经形成了纵向多层次、横向多元化的立体式金字塔市场体系，市场配置各类资源的功能得以强化；且处于数量减少、结构调整、区域调整、质量升级的发展阶段，并呈现市场数量供给饱和、规模边际效应为负、平均摊位面积增加趋缓、数量扩张结束，以及积极探索线上线下融合、转型物流园区、升级智能商城的特点和趋势。

关键词： 新时代　商品交易市场　转型升级

---

* 王雪峰，经济学博士　中国社会科学评价研究院评价理论研究室。

一 中国商品交易市场转型升级的背景

(一) 新时代、新形势、新任务和新要求

习近平总书记在党的十九大报告中明确指出"中国特色社会主义进入新时代,我国社会主要矛盾已经转化为人民日益增长的美好生活需要和不平衡不充分的发展之间的矛盾"。新时代的主要使命是在富起来的基础上向强起来转变,建设社会主义现代化强国。在新时代这一新的历史方位下,面临社会主要矛盾、社会需求、历史任务及新任务转变的新形势,对政治、经济、社会、生态、民主和法治等都提出了创新和高质量发展的新要求。在全面建成小康社会、全面深化改革、全面依法治国、全面从严治党新形势的基础上,创新正在成为引领社会经济发展的主要驱动力,高质量发展已经成为中国社会经济各领域发展的必然要求。在新时代的大背景和四个全面战略布局下,生态保护、环境治理、民主法治、公平公开、创新高效的需求越来越强烈,传统的经济规模扩张及社会发展模式已经与新时代的战略布局和社会民众需求不相符;创新引领的高效、高质量发展已经成为新时代、新形势下的新要求。

(二) 新时代创新引领供给侧结构性改革发力

中国在 2010 年超过美国成为世界第一工业生产大国,世界经济大国地位确立。然而,伴随人口结构的调整,人口红利衰减;生产率相对于发达国家依然较低,经济长期稳定增长风险加大;与此同时,雾霾天气持续出现揭示出经济发展与资源环境承载力的矛盾日益突出;再加上世界各大国都加快了经济结构调整,以求世界经济再平衡。在国内外综合因素的影响下,2012 年以来我国经济增速呈逐年放缓态势;同时,供给侧质量不高、运行低效率,无法供给出合意的需求。在此背景下,党的十九大报告明确提出中国特色社会主义进入新时代,社会主要矛盾已经

转化为人民日益增长的美好生活需要和不平衡不充分的发展之间的矛盾。为了适应新时代、新思想、新目标、新使命的新要求，创新引领、化解过剩产能、优化产业结构、促进产业升级、促进供需匹配的供给侧结构性改革成为中国经济结构调整的必然选择。在这轮供给侧结构性改革和产业结构调整过程中，优胜劣汰的市场机制使一些行业必然面临冲击，一些企业将被淘汰、退出市场。

（三）中国商品交易市场发展的新形势和新要求

2012年以来，伴随网络市场的发展和消费者购物行为模式的改变，中国传统实体商业受到普遍的冲击。商品交易市场作为传统商业上游的重要节点也在网络新型市场的冲击下开始大量减少，6年减少了1万多家，降幅高达20.49%。随着网络市场对实体市场的冲击和经济结构调整的深化，亿元规模以上市场数量也开始逐年减少，6年减少了577家，降幅为6.97%。在市场数量减少的同时，亿元规模以上市场总营业面积在2015年达到高点后也开始减少，但市场平均营业面积继续增加，在2017年达到了6.43万平方米。亿元规模以上市场摊位数在2014年达到峰值后也开始减少，但摊位平均面积在小幅增加，达到了88.69平方米。市场单位面积成交额在2016年触底后，开始呈小幅反弹态势。整体来看，中国商品交易市场在数量上已经达到饱和状态，数量扩张阶段已经结束；市场规模边际效应已降至低点，甚至为负，市场规模扩张也基本结束；市场内的摊位面积增加趋缓，商户规模化经营动力趋弱。商品交易市场传统的扩张模式已经达到拐点，创新市场发展新模式、探求市场发展新方向成为当前商品交易市场转型升级和高质量发展的新要求。

（四）信息技术应用日益成熟，网络市场引领市场变革

信息技术已经广泛应用在各行各业和日常生活中，企业和个人用户对IT系统的依赖性都越来越强。无论是政府社会管理、企业生产经营，还是社会团体活动、个人日常生活都很难离开信息技术的支持。以网络应用为

例，CNNIC第43次报告①数据显示，截至2018年12月，中国网民规模达8.29亿，互联网普及率为59.6%；手机网民规模达8.17亿；网民中用手机上网的比例为98.6%；网络购物用户规模达到6.10亿，占网民比例为73.6%，其中手机网络购物用户5.92亿，使用比例达72.5%；网络支付用户达到6.00亿，使用比例高达72.5%，其中，手机支付用户为5.83亿，占手机网民的71.4%。2018年全年，全国网上零售额达到90065亿元，同比增长23.9%；其中，实物商品网上零售额70198亿元，同比增长25.4%，比社会消费品零售总额增速高出16.4个百分点。实物商品网上零售额占社会消费品零售总额的比重为18.4%，网络市场对经济交易活动的影响日益凸显，正在引领着市场变革的方向。

二 中国商品交易市场转型升级进入创新引领发展阶段

中国商品交易市场起源于集贸市场，其组织形态一般都经历了自发组织、有管理组织、组织提升、组织规范和现代组织几个组织提升阶段；其存在形态大都经历了露天市场、大棚市场、简单室内市场、室内市场及现代商场式市场几个形态升级阶段；其场内经营主体大都经历了小商贩、个体、企业法人、公司法人几个主体升级阶段；其经营形式大都经历了零星小买卖、小零售、大零售、批零结合、批发等几个转型提升阶段；其商品品类及质量大都经历了由品类少、质量差、价格低到品类多、质量不高、价格低，再到品类丰富、质量中档、价格适中，再到品类众多、质量层次不等、价位多样的阶段。整体上，中国商品交易市场历经了集贸市场恢复、商品交易市场起步、商品交易市场分化、商品交易市场规范提升、商品交易市场结构调整、商品交易市场分化提升几个阶段后，目前进入了商品交易市场创新引领阶段。

---

① 中国互联网络信息中心：《第43次中国互联网络发展状况统计报告》，2019年2月发布。

2013年以来,中国劳动年龄人口达到100557万人的高点后开始减少;与此同时,全国大范围雾霾天气的出现致使环保治理压力加大以及投资回报率下降等不利因素逐步显现。当前,各方面的压力都要求中国转变发展模式,提升经济发展质量,创新引领正在成为中国经济转型的必然要求和经济高质量发展的内在动力。党的十八大明确提出要实施创新驱动发展战略,各行各业都在努力寻求和探索各自创新提升的方向。党的十九大明确提出中国特色社会主义进入新时代,新思想、新理念、新目标和主要矛盾的变化,对中国经济提出了高质量发展的新要求。商品交易市场尽管随着时代的发展经历了多次的转型升级,但目前传统的转型升级模式似乎已经遇到了瓶颈。访谈中,我们发现中国很多市场经营管理人员处于探索、感慨、茫然和困惑状态。市场管理人员的这种困惑和茫然表明传统的提升模式已经遇到了瓶颈,创新引领模式正在孕育形成。

三 中国商品交易市场整体发展现状

随着经济体制机制的变革、立体式市场体系的形成,中国商品交易市场配置资源的能力得到极大的提升;但伴随经济增速放缓、供给侧结构性改革和转型升级及提质增效的推进,以及网络技术应用普及性的提高,中国商品交易市场也开始快速减少,其整体现状如下。

(一)市场数量整体减少,市场内部结构调整

在新时代背景下,经济结构调整和供给侧结构改革大力推进,创新发展、高质量发展成为大势所趋,商品交易市场传统数量扩张模式遇阻,市场数量开始呈减少态势。截至2017年底,全国共有各类商品交易市场51001个,相对于2011年的64141个,减少了13140个,年均减少2190个,降幅为20.49%,年均下降3.75%;相对于2015年减少了4025个,降幅为7.31%。从分类结构上看,消费品市场数量的减少占90%左右,生产资料数量的减少占10%左右。从消费品市场细分结构上看,农副产品、工业消

费品及消费品综合市场都大量减少，特别是工业消费品市场，减少数量最多、幅度最大。生产资料市场在2015年以前，只有工业生产资料市场数量减少；最近两年，除其他类外，所有类别的生产资料市场都在减少。从商品交易市场数量调整趋势看，未来五年内商品交易市场数会继续减少，具体数量变动情况见表1。

表1 2011~2017年商品交易市场整体数量变动情况

项目	2011年	2014年	2015年	2017年	与2011年比变动（个）	与2011年比变动比例（%）	与2015年比变动（个）	与2015年比变动比例（%）
市场数量（个）	64141	57474	55026	51001	-13140	-20.49	-4025	-7.31
消费品市场（个）	59256	53144	50866	47346	-11910	-20.10	-3520	-6.92
消费品综合市场	21513	21166	19612	17968	-3545	-16.48	-1644	-8.38
农副产品市场	28140	23616	23356	21862	-6278	-22.31	-1494	-6.40
工业品消费市场	8033	5405	5209	4892	-3141	-39.10	-317	-6.09
其他消费品市场	1570	2957	2689	2624	1054	67.13	-65	-2.42
生产资料市场（个）	4885	4330	4160	3655	-1230	-25.18	-505	-12.14
生产资料综合市场	667	868	1074	881	214	32.08	-193	-17.97
工业生产资料市场	3549	2233	2070	1786	-1763	-49.68	-284	-13.72
农业生产资料市场	402	672	468	426	24	5.97	-42	-8.97
其他生产资料市场	267	557	548	562	295	110.49	14	2.55

资料来源：中华人民共和国国家工商总局市场司。

（二）市场企业法人登记数量变动较大，法人登记率处于低位

2015年，在市场数量整体减少的情形下，市场企业法人登记数减少较多。譬如，2015年相对于2011年企业法人登记市场减少数量是整体减少数量的1.82倍；消费品市场中已登记企业法人市场减少数量是消费品市场整体减少数量的1.76倍；生产资料市场中已登记企业法人市场减少数量是生产资料市场整体减少数量的2.54倍。这意味着，在企业法人登记市场数量减少的同时，非企业法人登记市场在增加；或者已经登记的企业法人市场退出了企业法人登记。

最近两年，随着市场整体下行压力加大，尽管市场数量减少的趋势加快，但已登记企业法人市场数量开始增加。2017年相对于2015年，市场数量减少4025个，已登记企业法人市场增加了197个；其中，已登记企业法人的消费品市场增加343个，已登记企业法人的生产资料市场减少146个。在结构上呈现非登记企业法人市场关闭加快的现象，但市场企业法人登记率依然处于不到60%的低位。中国企业法人市场变动及市场法人登记率情况具体见表2。

表2 中国企业法人市场变动及市场法人登记率情况

项目	2011年	2014年	2015年	2017年
市场数量	64141	57474	55026	51001
其中:已登记企业法人市场	44229	29881	27614	27811
消费品市场	59256	53144	50886	47346
其中:已登记企业法人市场	40054	27233	25283	25626
生产资料市场	4885	4330	4160	3655
其中:已登记企业法人市场	4175	2648	2331	2185
市场企业法人登记率(%)	68.96	51.99	50.18	54.53
消费品市场企业法人登记率(%)	67.59	51.24	49.69	54.12
生产资料市场企业法人登记率(%)	85.47	61.15	56.03	59.78

资料来源：中华人民共和国国家工商总局市场司。

（三）市场数量调整深化，亿元以上规模市场减少

在市场数量整体大幅减少的情况下，亿元以上市场数量在2012年达到5194个的高点后也开始逐年减少。2017年底，亿元以上市场数量只有4617个，相对于2012年高点减少了577个，减少比例为11.11%；相对于2015年减少了335个，减少比例为6.97%（见图1）。亿元以上市场减少的数量和幅度均小于整体市场，其在市场整体中所占比例呈提升态势。这说明市场的规模结构调整已经由中小市场向亿元以上市场扩散，亿元以上市场调整的速度在加快，短期内大型市场关闭的局面不会扭转。

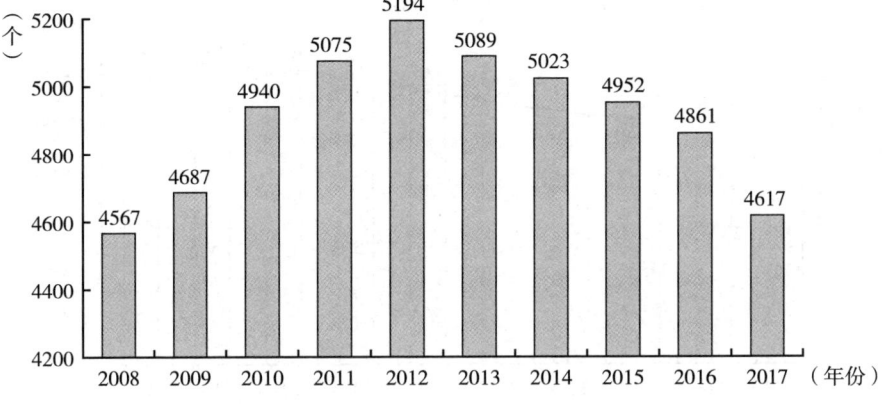

图 1　我国亿元以上市场数量变动情况

资料来源：中华人民共和国国家统计局。

（四）总营业面积减少，平均营业面积增加

多年来，在市场规模扩张模式的带动下，中国亿元以上商品交易市场营业面积持续增加。2015 年，市场营业面积达到了 30066 万平方米的高点后开始逐年下降，到 2017 年底减少到 29692 万平方米，且呈持续下降的态势。尽管亿元以上市场总营业面积在减少，但市场数量减少得更快，市场平均营业面积呈增加态势。这意味着，实力较弱的亿元以上市场受市场竞争挤压而关停，或者新建市场或改造市场规模的扩张。中国亿元以上市场营业面积及其平均营业面积变动情况见图 2。

（五）摊位数开始减少，平均摊位面积增加

2014 年以前，亿元以上市场的摊位数基本保持增长态势，且在 2014 年达到 3534757 个的峰值，然后，开始逐年减少；到 2017 年底，摊位数降至 3347936 个，相对于峰值减少 186821 个。在市场营业面积和摊位数都下降的情况下，摊位平均面积呈持续增加的态势，由 2014 年的 83.65 平方米增加到 2017 年的 88.69 平方米（见图 3）。这意味着小面积摊位市场关闭较多，或者市场经改造提升后摊位面积在增加。

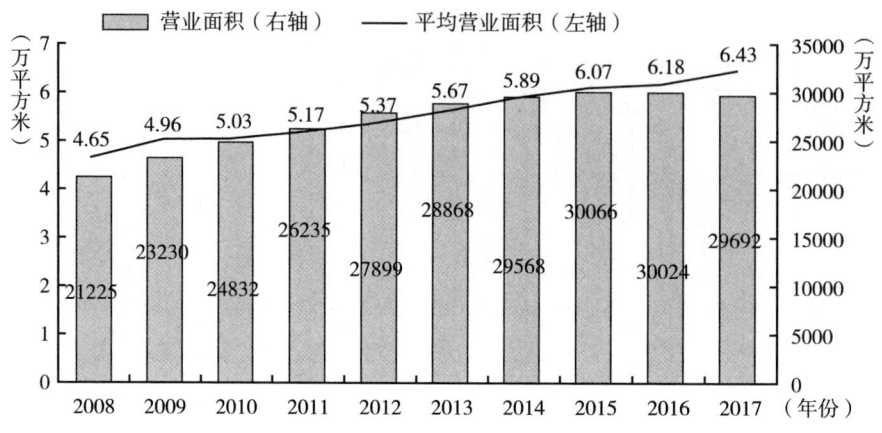

图 2　亿元以上市场营业面积变动情况

资料来源：中华人民共和国国家统计局。

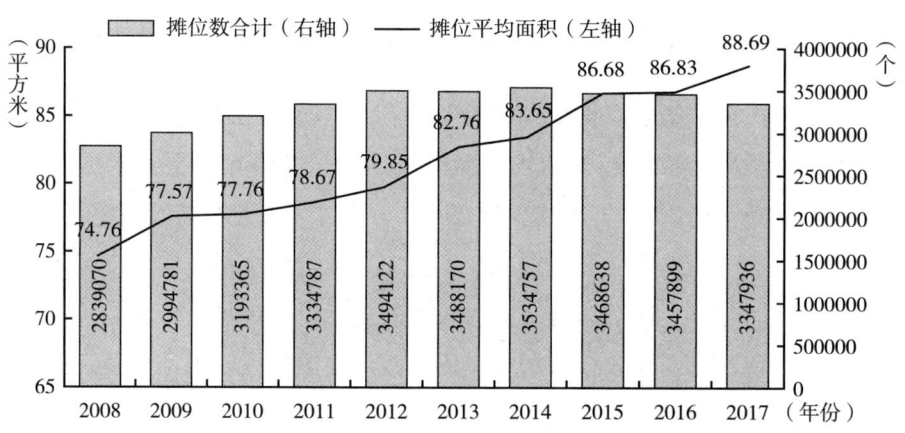

图 3　亿元以上市场摊位数量和平均面积变动情况

资料来源：中华人民共和国国家统计局。

（六）成交额小幅增加，单位面积成交额触底回升

2012年以前，商品交易市场成交额一直保持10%以上的增速，2012年提升到93024亿元；此后增速放缓，2015年出现小幅下降；然后触底回升，到2017年增加到108248亿元。市场平均交易额一直保持增长态势，但2013

年到 2016 年增速处于低位,2017 年增幅突破 10%,达到了 23.45 亿元。单位面积成交额在 2014 年出现首次减少,近两年再次呈现增长态势,到 2017 年增加到 3.65 亿元。在交易额方面,总交易额和单位面积交易额在近两年都呈触底反弹的态势,具体见图 4。

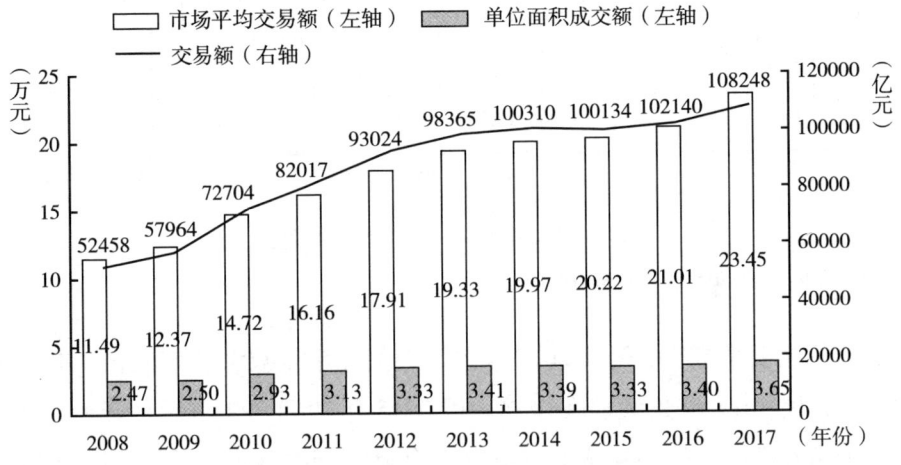

图 4　亿元以上市场交易额变动情况

资料来源:中华人民共和国国家统计局。

(七)综合市场数量占比增加,专业市场数量占比下降

2012 年,综合市场和专业市场数量均达到最高点,分别为 1392 个和 3802 个,其后,均开始逐年减少。2017 年底,综合市场数量减少到 1309 个,相对于高点减少了 83 个;专业市场减少到 3308 个,相对于高点减少了 494 个。专业市场减少的数量接近综合市场减少数量的 6 倍,造成综合市场占比略有提升的结构微调,具体见图 5。

(八)消费品和生产资料市场数量均减少,其他市场占比提升

亿元以上生产资料市场数量在 2011 年达到 821 个后开始减少,到 2017 年底减少至 654 个,7 年减少了 167 个。生产资料市场总量在 2012 年达到

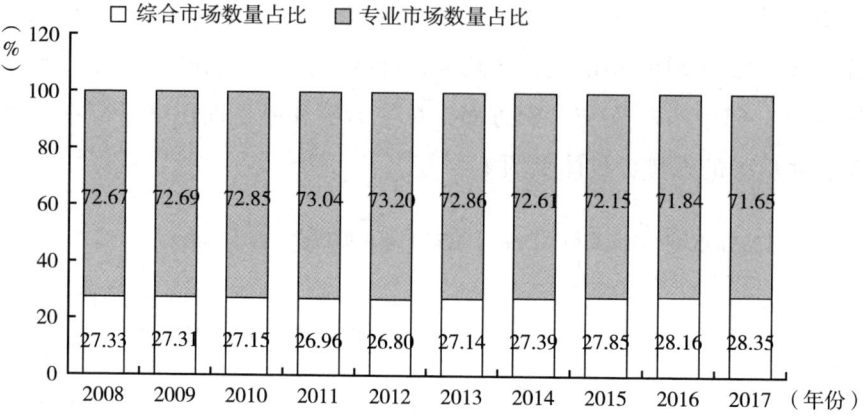

图 5　综合市场和专业市场数量结构

资料来源：中华人民共和国国家统计局。

4026个后也开始减少，降至2017年的3271个，7年减少了755个。其他类市场一直到2015年数量都在增加，但2015年达到399个后也开始减少，2017年降至378个，两年减少了21个。伴随不同类别市场数量不同幅度的减少，其结构也有了相应的微调。总的来看，生产资料市场数量占比呈下降趋势，消费品市场数量占比呈波动状态，近两年略有上升，其他类市场占比略有提升，具体见图6。

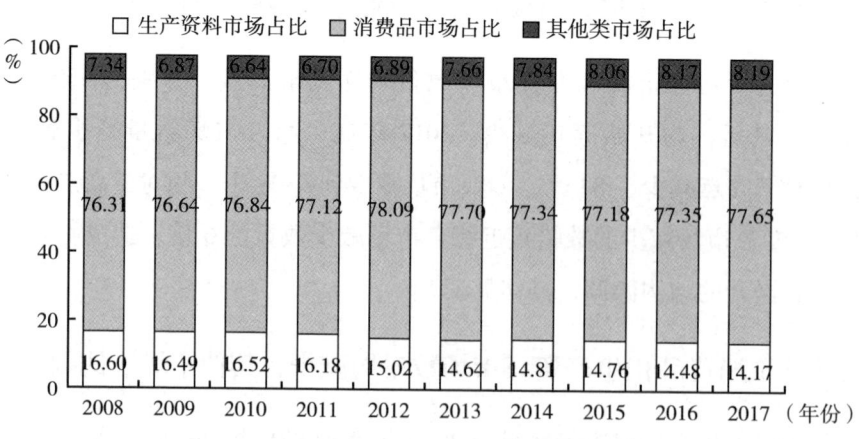

图 6　消费品市场和生产资料市场数量结构

资料来源：中华人民共和国国家统计局。

整体上看,中国商品交易市场数量在快速减少,市场企业法人登记率处于低位;总营业面积在下降,市场平均营业面积有所增加;摊位数开始减少,摊位平均面积有所增加;成交额小幅增加,同时市场内部结构调整加快。

四 中国商品交易市场区域发展情况

(一)四大区域市场数量均减少,东部市场减少较多

2013年以来,四大区域中的东部、中部和东北的亿元以上市场数量开始减少,只有西部区域市场数量还在增加。而自2015年以来,四大区域市场数量都开始减少。即使是西部地区,也只有新疆和宁夏的市场数量还在增加:宁夏在2016年增加了4个,2017年减少了3个;新疆2016年持平,2017年增加了2个至100个。近两年,东部地区亿元以上市场数量减少幅度较大。2017年,东部减少了184个,中部减少了5个,西部减少了40个,东北地区减少了6个。具体见表3。

表3 中国四大区域亿元以上市场数量变动情况

单位:个

年份	东部	中部	西部	东北
2005	44	-30	-20	-44
2006	348	129	57	23
2007	144	37	6	24
2008	160	92	96	65
2009	82	8	35	-4
2010	117	90	42	2
2011	61	45	25	2
2012	53	24	31	7
2013	-88	-22	28	-19
2014	-51	-33	30	-13
2015	-77	-5	26	-14
2016	-66	-15	-6	-8
2017	-184	-5	-40	-6

资料来源:中华人民共和国国家统计局。

（二）东北摊位数领降，东部减少数量多

2012年，在其他区域摊位数还在增加的情况下，东北地区摊位数减少了2342个，呈现东北区域摊位数领降的态势。2013年，东部地区减少摊位10856个，中部地区减少9425个，东北地区减少6894个；只有西部地区摊位数保持增加态势，增加了21344个。2014年，中部和西部的市场摊位数逆势增长，分别增加12802个和51908个。东部市场摊位数减少趋缓，只减少了7742个；东北地区市场摊位数减少压力进一步加大，减少了9384个。2015年以来，东部的市场摊位数减少加速，三年分别减少38740个、42778个和94122个；中部市场摊位数呈波动状态；西部市场摊位数在2017年出现拐点，开始减少，一年减少21952个；东北地区市场摊位数则减少趋缓。四大区域市场摊位变动情况见表4。

表4 四大区域市场摊位变动情况

单位：个

年份	东部	中部	西部	东北
2005	45910	-447	-2122	-23892
2006	188898	54939	29393	5647
2007	82827	31057	17388	20972
2008	35990	36198	50924	19570
2009	105332	27625	30316	-6171
2010	99378	41886	52066	772
2011	68610	37125	22708	6313
2012	81530	40612	38414	-2342
2013	-10856	-9425	21344	-6894
2014	-7742	12802	51908	-9384
2015	-38740	-24646	4775	-6313
2016	-42778	10253	19071	-8578
2017	-94122	10051	-21952	-1946

资料来源：中华人民共和国国家统计局。

（三）市场营业面积东部下降回调，中部增加，西部、东北开始减少

2013年，东部地区市场营业面积扩张结束并于一年内减少了185万平

方米。经 2014 年和 2015 年的小幅波动后，2016 年和 2017 年开始快速减少，两年分别减少了 473 万平方米和 343 万平方米。东部市场营业面积扩张结束并回调。中部地区市场营业面积仍延续增加态势，但面积增加趋缓。西部地区经过快速扩张，也在 2017 年开始减少，呈回调态势。东北地区市场营业面积基本稳定，但减少态势逐步显现，2017 年减少了 7 万平方米。具体见图 7。

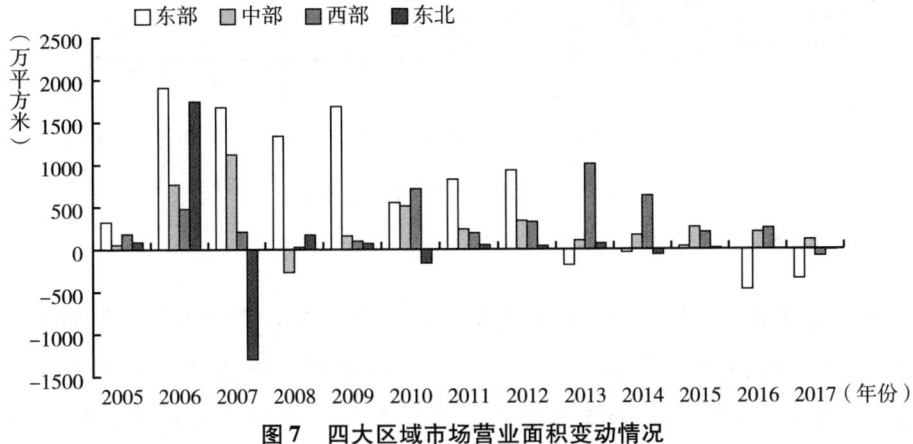

图 7 四大区域市场营业面积变动情况

资料来源：中华人民共和国国家统计局。

（四）市场成交额增长情况四大区域表现不一

经过多年的快速增长，东部市场成交额在 2010 年增速降至个位数，2013 年开始绝对减少，2016 年和 2017 年降幅分别为 2.72% 和 2.03%。中部地区在 2014 年以前都保持两位数的增速，但 2014 年猛然降至只有 4.36%，2015 年进一步降至 1.08%；2016 年和 2017 年恢复至 6% 以上的稳定增长态势。西部市场成交额增速在 2014 年降至个位数，2016 年出现负增长，降幅为 0.05%。东北地区在 2013 年突然由之前两位数增长降至 1.57% 的增速，然后一路下滑，直至 2017 年才出现 5.16% 的增长。四大区域市场成交额增速变动情况见图 8。

（五）市场平均营业面积东部下降，其他区域仍在增加

2016 年东部市场平均营业面积达到了 5.97 万平方米，2017 年下降到了

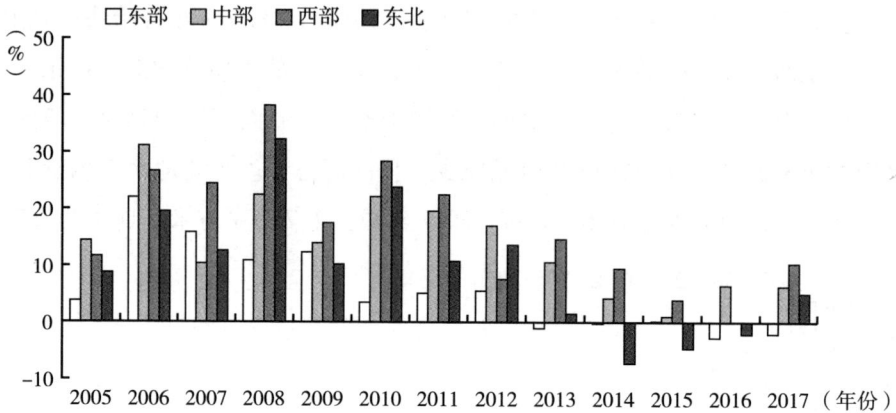

图8 四大区域市场成交额增速

资料来源：中华人民共和国国家统计局。

5.94万平方米，初步呈现市场营业面积减少的态势。中部市场平均营业面积在2015年突破5万平方米，并延续了增加态势，到2017年达到了5.84万平方米。西部地区在2015年突破8万平方米，到2017年达到了8.58万平方米。2011年以来，东北地区市场平均营业面积一直在增加，到2017年提升到了4.58万平方米。整体来看，东部市场营业面积扩张已经结束，但其他区域市场依然处在面积扩张阶段，但可以判断，营业面积扩张已经接近尾声。各区域市场营业面积情况见表5。

表5 四大区域市场平均营业面积变动情况

单位：万平方米

年份	东部	中部	西部	东北
2005	3.94	2.69	4.86	2.55
2006	4.00	2.95	5.71	3.29
2007	4.21	3.52	6.10	8.94
2008	4.61	4.93	6.53	4.21
2009	4.82	4.02	5.31	3.95
2010	5.27	4.19	5.15	4.18
2011	5.25	4.33	6.02	3.73
2012	5.41	4.38	6.09	3.85

续表

年份	东部	中部	西部	东北
2013	5.61	4.62	6.30	3.89
2014	5.72	4.84	7.58	4.27
2015	5.80	5.20	8.17	4.25
2016	5.97	5.52	8.15	4.47
2017	5.94	5.84	8.58	4.58

资料来源：中华人民共和国国家统计局。

（六）东部市场单位面积成交额最高、西部地区最低

2012年以来，在市场单位面积成交额方面，东部最高且基本保持增加态势；其次是东北地区，但东北地区市场单位面积成交额一直下降，由2013年的40243元减少到2017年的34830元。中部地区市场单位面积成交额保持相对稳定，为28000元左右。西部地区市场单位面积成交额最低，且呈减少态势，由2012年的22387元减少到2017年的18880元（见表6）。从市场单位面积交易额来看，东部市场单位面积交易效率最高，且在不断提升；相对于东部市场的高效率，东北地区市场单位面积交易效率在下降；中部市场尽管略有提升，但提升速度低于东部市场；西部市场单位面积交易效率下降。这意味着，东部市场在转型升级和创新方面进步较快；中部市场的转型升级和创新探索在加快跟进；西部和东北地区市场的转型升级和创新比较滞后。

表6 四大区域市场单位面积成交额

单位：元

年份	东部	中部	西部	东北
2005	23223	19403	10519	22716
2006	25823	21402	10613	22284
2007	25988	18924	10728	9042
2008	26947	14136	12272	19985
2009	27871	18760	16770	23421
2010	27083	20352	18993	24674

续表

年份	东部	中部	西部	东北
2011	32903	21586	19307	34013
2012	34625	24328	22387	36333
2013	37292	26322	22120	40243
2014	39211	28462	20193	39107
2015	39827	28651	19622	37714
2016	39596	27452	19707	35609
2017	41407	28113	18880	34830

资料来源：中华人民共和国国家统计局。

五 中国商品交易市场的发展特点和转型升级趋势

经过多年的发展，中国商品交易市场已经形成了纵向包含初级形态的村镇街边集贸市场、大棚市场、市县室内市场和城市商城等多层次，以及横向包括生产资料市场、消费品市场、综合市场和专业市场等多元的市场体系，市场配置各种资源的功能逐步强化。当前，从市场发展的整体来看，中国商品交易市场具有以下特点。

（一）市场数量供给基本饱和，市场数量扩张阶段结束

中国商品交易市场的发展经过了恢复、起步、规范、调整和提升几个阶段，进入了市场数量扩张结束阶段。尽管在20世纪90年代中期的规范期和21世纪初的结构调整期，商品交易市场的数量也出现过减少，但在那两个时期，中国商品交易市场依然处于高速扩张、市场数量供给不足的发展阶段，经过短期的政策规范和调整后，又会回到数量增加的正常发展轨道。2012年以来，伴随中国经济提质增效和经济发展方式的转变，特别是"三去一降一补"（去产能、去库存、去杠杆、降成本、补短板）五大任务和供给侧结构性改革的深入推进，中国商品交易市场的扩张发展模式也相应进入了结束阶段，商品交易市场数量开始大幅减少。各类商品交易市场数量都出

现了不同程度的减少；各区域商品交易市场数量大都出现了不同程度的减少，特别是东部市场大省，市场数量减少得更多，只有中西部部分省份的市场数量还略有增加。从新时代经济发展需求的角度看，市场供给数量进入饱和状态，启动了饱和淘汰机制。预计未来几年，商品交易市场数量将会继续减少，直到市场供给过剩的局面得到缓解。

（二）市场规模边际效应为负，市场规模扩张接近尾声

多年来，市场规模扩张是中国商品交易市场一种比较有效的发展路径。无论是老市场扩建、改建，还是规划新市场建设，还是对外品牌输出建设市场，新建、改建、扩建后的市场经营面积都要比老市场的经营面积大得多。整体来看，中国商品交易市场在数量增加的同时，市场规模也不断扩张，市场单体经营面积不断增加，2015年市场平均经营面积已经增加到了6.07万平方米，并且近几年已经出现了经营面积超过100万平方米，甚至150万平方米的单体商品交易市场。商品交易市场大型化、规模化、综合化一度成为前几年市场建设的方向和发展目标。尽管市场营业面积依然在不断增加，但市场单位面积交易额增量的增幅自2011年已经开始大幅下滑，到2014年和2015年实际为负增长，单位面积交易额绝对值也开始减少。其实，2013年市场规模扩张就达到了平衡点，市场规模继续扩张带来的规模收益将小于其成本。如果继续坚持扩大市场规模，必然引致市场单位面积交易额的减少。整体来看，中国商品交易市场的规模扩张正在接近尾声，市场规模扩张的边际效应已经成为负值，继续走规模扩张路线的市场以后将会面临较多的困难和较大的压力。

（三）平均摊位面积增加趋缓，商户规模化经营动力趋弱

在市场规模扩张的带动下，市场内平均摊位面积不断增加，2015年亿元以上市场内的平均摊位面积已经提高到了86.68平方米。在单位面积营业额增长的带动下，摊位平均营业额也不断提高，2015年提高到了288.68万元。但鉴于单位面积营业额增幅的下滑，甚至趋于零，市场平均摊位面积增

加必然增加了商户运营的成本。商户从自身经营成本和收益的角度衡量,对摊位面积增加带来的租金成本提高的接受度越来越低。因而,近年来,中国亿元以上商品交易市场平均摊位面积增加的势头趋缓。商户在摊位面积增加带来的租金成本上升以及市场单位面积交易额下降引致的经营收益下降的双重挤压下,对规模化经营的动力趋弱。

(四)市场企业法人登记意愿不强,企业法人登记率下降

市场企业法人登记是中国自2004年以来推进商品交易市场规范管理的一项重要举措,经过政府部门的大力宣传,特别是工商管理部门的有力推进,在2011年已经取得了一定的成效,市场企业法人登记率已经接近了70%,生产资料市场的登记率已经超过了85%。但近年来,随着市场发展进入饱和期、市场数量和规模的调整,已登记企业法人市场大量减少,2015年相对于2011年减少了16615家,而市场整体减少的数量也只有9115家。这说明,登记为企业法人的市场在大量减少,同时,一些非登记企业法人市场还在产生。其背后反映的是,市场开办主体的企业法人登记意愿不强。在已登记企业法人市场的大量减少和非登记企业法人市场增加的作用下,这几年市场的企业法人登记率在下降。2015年,市场的企业法人登记率已经由2011年的68.95%降到了仅50.18%。

(五)积极试水线上线下融合,融合教训比经验多

面对电子商务冲击和传统规模扩张逐步受阻的困境,绝大部分大型商品交易市场都不同程度地试图理解电子商务、参与电子商务,甚至伸出双臂积极拥抱电子商务。有的市场采取的是通过高薪挖掘信息技术和电子商务人才,自己组建电子商务团队或网络市场拓展团队,开拓自己的网络市场,试图基于已有的实体市场优势,打造一个全新的网上市场,并通过将二者紧密结合起来带动本市场的全新蜕变。有的市场采取的是通过与电商大佬合作(如阿里巴巴、京东)的模式,试图经由双方的合作寻求传统市场变革的路径。也有的市场采取自荐自推的保守模式,基本是每年都在可承受或可接受

的范围内对信息技术和网络平台进行部分投资，期望通过小步快走、自力更生的模式实现自我革新。还有的就是一些小型市场，自知在电子商务和市场竞争激化的环境中，生存和发展都比较艰难，因而采用了与传统市场或电商大佬结盟的融合模式或者采用了加入第三方搭建的网络平台的融合模式。总之，这几年，商品交易市场在试水线上线下融合方面，可谓"八仙过海，各显其能"；但成效如何？借用一位市场管理者的话就是"教训比经验多，付出比收获多"。

（六）转型物流园区，探索市场转型升级的新方向

在传统规模扩张模式遇到瓶颈的同时，业内实体市场近十年与电商融合的教训也很多。商品交易市场的方向在哪里？一度成为业内人士共同的困惑。信息技术和电商的发展到底能够将社会商业引向何处？实体市场该如何审视当前的形势？在现实中，一部分市场已经摆脱了已有的集贸市场——商场、商业城——综合体的传统升级路径和发展模式，开始探索信息技术和电子商务背景下的实体市场的新定位、新功能、新模式，开始向物流园区方向转型，如河南万邦农产品综合物流园区。事实上，传统的转型升级模式一直是商品交易市场软硬件升级的过程，但其本质是处在市场升级的量变阶段中。当前，我们面临的市场转型升级是质变跃升，会引致市场定位和功能的分裂或分化。

我们知道，传统实体市场是商流、物流、资金流和信息流的集散地，具有实现商品交易的整体功能，因而我们称之为市场，且是完整的市场。目前，电子商务或网络市场已经能够实现商流、资金流和信息流的集散，但对物流集散无能为力，因而，我们称之为虚拟市场，或者不完全市场，因为物流必须在线下才能实现。信息技术和电子商务对传统商业或商品交易市场的改变必然在资金流和信息流领域，物流也会在信息技术的推进下进行相应的变革，但电子商务无法推进物流的商业根本性的改变。本报告认为，商品交易市场的功能正在分化，交易过程中的信息收集、检索、交易条件谈判、交易达成以及资金支付将会逐步向网络市场转移，物流将从商业交易功能中分

化出来。可见，未来实体市场要么转型为网络市场，要么转型为物流园区，最成功的就是网络市场与物流园区的融合模式。

（七）转型智能商城，赋能展示新体验

商品交易市场经过多年的发展，传统的规模扩张和硬件环境改善已经没有多大空间；信息技术应用驱动的软服务智能化成为商品交易市场转型升级的新方向。市场智能导航、精准定位、采购需求推荐、消费需求分析，为市场采购和消费者提供了更便捷到位、优质精确的服务，提升了采购交易效率，增强了市场消费愉悦体验。义乌、华南城、四季青等知名商城均把智能商城作为未来升级的主要方向，基于数字化、智能化转型的智联商城已经成为趋势。

传统实体商品交易市场的主要功能是商品及信息的集散、展示和交易，随着网络市场的快速发展，实体市场的商品及信息集散和交易功能向网络市场分化转移。鉴于实体市场与网络市场各自满足采购和消费需求的优势，二者分工合作的局面正在成为未来市场的发展趋势。实体市场正在积极寻求与阿里巴巴、京东等电商平台巨头合作，整合各自优势；与此同时，实体市场利用贴近消费者、体验性强的优势，正在通过信息化为智能服务赋能，提供展示新体验。另外，实体市场也正在探求以展示为中心，培育和提升研发设计、品牌孵化能力，提升商品交易市场的发展质量。

B.3
中国零售业发展及相关问题分析

李晓怡 林诗慧*

摘 要： 2018年以来，对于中国零售业来说充满变化和挑战。在中美贸易摩擦为全球经济带来不确定性的影响下，中国的零售业销售增长将放缓。同时，在"新消费"时代，中国零售业正快速转型，品牌商和零售商正加紧转型升级和重塑业务，以适应中国消费者的新需求。另外，品牌商和零售商又要回归零售本质，专注商品质量。与此同时，中国政府也通过出台适应零售和电商行业增长与发展的政策与方针，优化消费结构，大力促进消费。本报告基于中国零售业的发展现状，分析其重要的发展趋势及机遇和挑战。

关键词： 零售 消费 连锁百强 社交电商

一 中国零售市场概况

（一）零售额增长放缓

自2014年以来，中国成为仅次于美国的第二大零售和消费市场，且与

---

* 李晓怡，冯氏集团利丰研究中心高级研究经理，香港中文大学工商管理学院学士、香港中文大学日本研究文学硕士；林诗慧，冯氏集团利丰研究中心副总裁，伦敦大学政治及经济学院经济系学士、香港理工大学管理系哲学硕士。

美国零售与餐饮业销售额的差距逐年缩小。消费连续五年成为中国经济增长的第一动力。2018年，消费对经济增长贡献率为76.2%，比上年提高了18.6个百分点。全年社会消费品零售总额为38.1万亿元，同比增长9%（见图1），保持平稳较快发展势头，月度同比增速则保持在8.1%~10.1%（见图2）。2019年1月，国家发展改革委等十个部门联合印发了《关于进

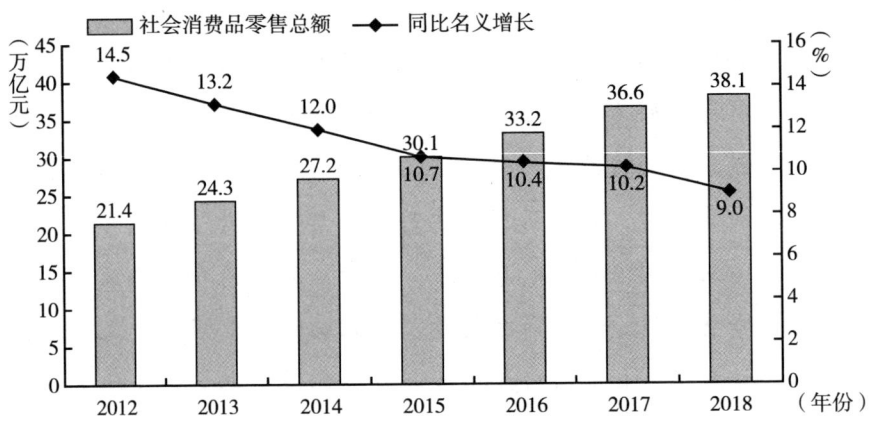

图1 2012~2018年中国社会消费品零售总额

注：个别年份同比增速为调整后数据。
资料来源：国家统计局，由冯氏集团利丰研究中心整理。

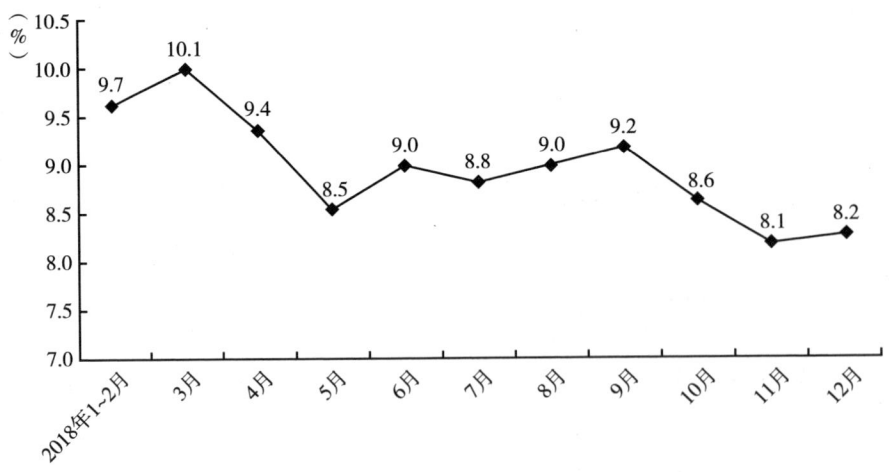

图2 2018年1月至12月社会消费品零售额分月同比增速

资料来源：国家统计局，由冯氏集团利丰研究中心整理。

一步优化供给推动消费平稳增长　促进形成强大国内市场的实施方案》，推出包括提升城市消费、促进乡村消费、扩大服务消费、创新流通方式、优化消费环境等多个方面的措施，将加快实施消费升级行动计划作为2019年重点工作。

2018年，中国商品零售额达到33.8万亿元，同比增长8.9%，其中限额以上单位商品零售额同比增长5.7%，达到13.6万亿元。2018年，餐饮收入同比增长9.5%，达4.27万亿元。其中，限额以上单位餐饮收入2018年的同比增长率为6.4%，显示大型餐饮企业的表现不如中小型餐饮企业（见表1）。

中华全国商业信息中心的数据显示，2018年全国百家重点大型零售企业零售额同比增长0.7%，低于2017年的2.8%。图3显示2018年全国百家重点大型零售企业零售额月度同比增长。

表1　中国社会消费品零售总额（按消费类型分）

单位：%

按消费类型	2016年增长	2017年增长	2018年增长
社会消费品零售总额*	10.4	10.2	9.0
商品零售额	10.4	10.2	8.9
其中：限额以上单位商品零售额**	8.3	8.2	5.7
餐饮收入	10.8	10.7	9.5
其中：限额以上单位餐饮收入**	6.0	7.4	6.4

注：*"社会消费品零售总额"指企业（单位）通过交易售给个人、社会集团非生产、非经营用的实物商品金额，以及提供餐饮服务所取得的收入金额。

**"限额以上单位"指年销售额在500万元以上且员工人数为60人以上的企业（单位）。

资料来源：国家统计局，由冯氏集团利丰研究中心整理。

2018年，在限额以上单位商品零售额方面，日用品类零售额同比增长13.7%，石油及其制品类零售额同比增长13.3%，粮油、食品类零售额同比增长10.2%，家具类零售额同比增长10.1%（见表2）。社会消费品零售额增速的下行主要受汽车类产品的拖累，汽车类产品零售额同比降低2.4%，增速为全部商品类别中最低。为了改善消费环境，2018年初，商务部提出进一步推动全面取消二手车限迁政策，2018年前10个月全国二手车交易量增长13%。

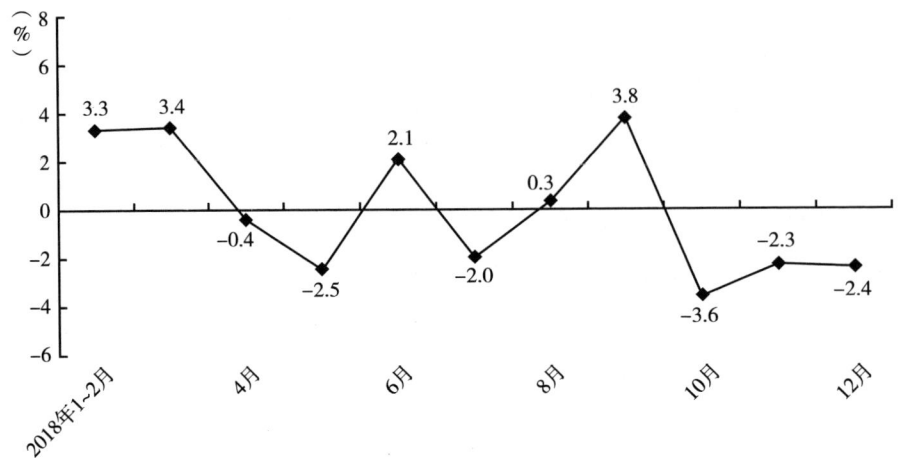

图3 2018年全国百家重点大型零售企业零售额同比增长

资料来源：中华全国商业信息中心，由冯氏集团利丰研究中心整理。

表2 2016～2018年限额以上单位商品零售额同比名义增速（按商品分）

单位：%

商品	2016年增长	2017年增长	2018年增长
粮油、食品类	10.9	10.2	10.2
饮料类	10.5	10.3	9.0
烟酒类	9.3	7.9	7.4
服装鞋帽、针织类纺织品	7.0	7.8	8.0
化妆品类	8.3	13.5	9.6
金银珠宝类	0.0	5.6	7.4
日用品类	11.4	8.0	13.7
家用电器和音像器材类	8.7	9.3	8.9
中西药品类	12.0	12.4	9.4
文化办公用品类	11.2	9.8	3.0
家具类	12.7	12.8	10.1
通信器材类	11.9	11.7	7.1
石油及其制品类	1.2	9.2	13.3
汽车类	10.1	5.6	-2.4
建筑及装潢材料类	14.0	10.3	8.1

资料来源：国家统计局，由冯氏集团利丰研究中心整理。

2011年开始,限额以上单位商品销售额增速逐年下滑,而限额以下单位商品零售额增速一直保持良好的增长态势,自2011年开始不断攀升。2018年限额以下单位和个体户商品零售额实现202196亿元,较上年增长11.2%;2018年限额以下单位和个体户餐饮收入实现33480亿元,较上年增长10.4%。

近年来,乡村消费品零售额的增长速度仍快于城镇,但差距逐渐缩小。2018年城镇消费品零售额为325637亿元,比上年增长8.8%;乡村消费品零售额为55350亿元,增长10.1%。

农村家庭收入的稳定增长促进了乡村消费品零售额的快速增长。2018年,城乡居民人均可支配收入分别达到39251元和14617元,分别同比增长7.8%和8.8%。农村家庭收入增长快于城镇家庭收入,但城镇居民人均可支配收入几乎是农村居民的3倍(见图4)。

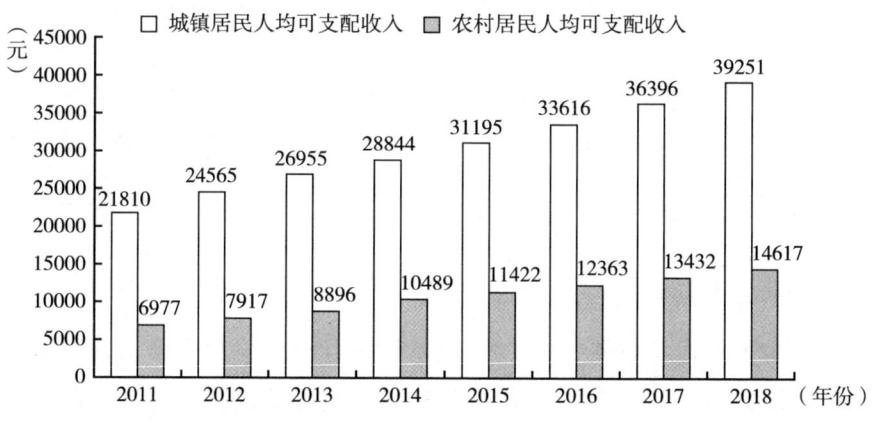

图4　2011~2018年城乡居民收入比较

资料来源:国家统计局,由冯氏集团利丰研究中心整理。

(二)网络零售市场增速放缓

经过数年的爆炸式增长,中国已成为世界上最大的网络零售市场。2018年,全国网上零售额达90065亿元,比上年增长23.9%(见图5)。其中,实物商品网上零售额为70198亿元,增长25.4%,占社会消费品零售总额的比重为18.4%。

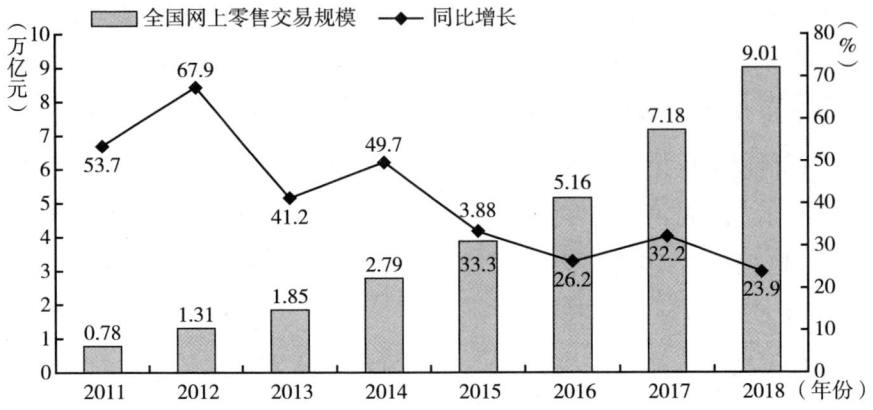

图5　2011～2018年中国网络购物市场交易规模

注：个别年份同比增速为调整后数据。
资料来源：2011～2017年数据来源于商务部电子商务和信息化司：《中国电子商务报告（2017）》，2018；2018年数据来源于国家统计局，由冯氏集团利丰研究中心整理。

中国拥有世界上最多的互联网用户和网购消费者。2018年12月，中国互联网用户数量达到8.29亿，互联网普及率达到59.6%，其中，网民使用手机上网的比例达98.6%；6.10亿人为网购消费者，5.92亿人通过手机网络购物。

1. 移动电商一马当先

移动商务的市场份额一路上升，2018年12月，手机购物的普及率达到72.5%。2017年，网上购物交易中有81.3%是在移动设备上进行的，手机购物的交易总额达到49345亿元。越来越多的零售商积极投资移动电商。未来几年，移动电商将会在推动电商发展中发挥更重要的作用。

2. 试水社交电商

社交电商企业通过高性价比的产品，吸引用户通过社交平台分享、拼单，降低电商引流成本。近年来，很多传统超市试水社交电商，如苏宁小店于2019年1月上线社区拼团服务，在全国招募100000名团长。苏宁小店将以"团长"为分发节点，通过微信群、小程序等工具，深挖社区场景。苏宁小店预计在2019年完成1100个前置仓的建设以支持该业务。另一个例子是永辉超市，据悉，永辉超市在深圳、上海、郑州等城市正在测试社区拼团新业务，通过永辉生活 APP 招募"社区团长"，在永辉社区团的指导下建立微信群、分发信息、活跃气氛等。系统会为社区团长生成专属链接，顾客通过对应的链接完成购买，交易完成后，社区团长可对应每件产品获得相应的佣金。

3. 农村电商成为网络销售增长的新引擎

随着城镇电商趋近饱和，中国农村电子商务已成为增长新引擎。中国互联网络信息中心数据显示，2018 年 6 月，农村互联网用户上升至 2.11 亿人，占互联网用户的 26.3%，比 2017 年 12 月的 27.0% 有所下降。中国持续的城镇化进程是令农村互联网用户数量占比下降的原因之一。中国电子商务研究中心数据显示，2017 年，农村网络市场的交易额达 12450 亿元，同比增长 39.1%，预计 2018 年农村网络市场交易的规模和增速均超过 2017 年，交易额超过 1.62 万亿元。

农村物流和基础设施的发展推动了农村电子商务市场的发展。近年来，一些龙头电商企业和互联网公司加大了在农村地区扩大销售网络的力度。例如，阿里巴巴在 2018 年 6 月宣布，计划在未来 3 年内，把农村淘宝的覆盖范围扩大到中国的 1000 个县和 15 万条村。另外，京东在 2018 年 6 月宣布，在未来 5 年内，计划新开 100 万家京东便利店，其中一半将设在农村地区。同时，商务部也提出，2019 年重点工作中的一项就是促进乡村消费，进一步健全乡镇和农村服务网点，深化电商进农村综合示范。

4. 《电子商务法》出台　进一步规范网络零售

如今，中国网络零售电商的发展逐渐步入全新阶段。中国电子商务领域的首部综合性法律《中华人民共和国电子商务法》于 2019 年 1 月 1 日正式实施，明确电商的责任和义务，为网购消费者提供了保障，促进了电子商务持续健康发展。随着违法成本的提高，电商企业的经营行为将更加趋于规范，竞争的焦点也有望由价格转向品质及服务等其他方面。

（三）日益壮大的中产阶级改变零售业格局

中国新中产阶级的稳步增长带来了经济结构性变革和消费转型升级。这一群体的消费行为较理性和精明,对于商品品质有一定的追求,对于高性价比的商品更加青睐,而对于品牌的追求也更加理性。中国的中产阶级消费者在零售和消费市场中的影响力越来越大。麦肯锡预测,到2022年,将有超过75%的中国城镇消费者年收入达60000~229000元。中产阶级①(尤其是上层中产阶级②)是中国的主要消费群体。2022年,上层中产阶级消费占城市个人消费的比例将超过56%,高于2012年的20%。此外,世界经济论坛在2018年1月发表的一份报告中预测,到2027年,中国将拥有世界上最多的中产阶级人口,中产阶级将重塑未来十年的中国消费市场。

二 中国零售业业态竞争格局

(一)连锁百强分析

1. 2017年连锁百强企业增长速度回升

2017年,中国连锁百强企业销售总额达到2.2万亿元,同比增长8.0%,低于全国社会消费品零售总额增速,然而,相比2016年同比增速(3.5%)有所回升,表明大型零售商的表现在过去一年有所改善(见表3)。

表3 2012~2017年零售连锁百强经营情况

单位:亿元,%

年份	连锁百强销售总额	连锁百强销售总额同比增长	社会消费品零售总额同比增长
2012	18700	10.8	14.5
2013	20391	9.9	13.2
2014	20964	5.1	12.0
2015	20628	4.3	10.7

---

① 按2010年的城镇居民家庭可支配收入定义,中产阶级年收入60000~229000元,包括上层中产阶级及大众中产阶级。
② 按2010年的城镇居民家庭可支配收入定义,上层中产阶级年收入106000~229000元。

续表

年份	连锁百强销售总额	连锁百强销售总额同比增长	社会消费品零售总额同比增长
2016	21140	3.5	10.4
2017	21825	8.0	10.2

注：*增长率为调整后数据。
资料来源：中国连锁经营协会，由冯氏集团利丰研究中心整理。

如图6所示，2017年连锁百强企业销售总额仅占社会消费品零售总额的6.0%，低于2008年的11.1%，中国的零售市场日益分散。

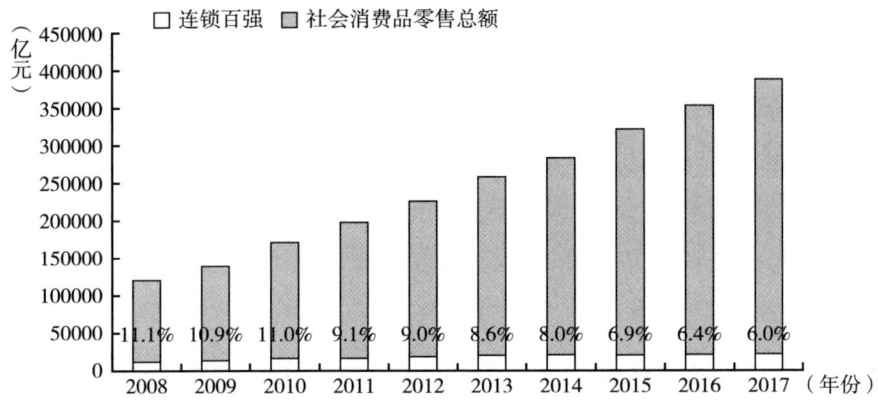

图6　2008～2017年连锁百强企业在全国社会消费品零售总额所占比重

资料来源：中国连锁经营协会，由冯氏集团利丰研究中心整理。

表4显示2017年中国连锁十强企业的零售额。苏宁易购以2433亿元的销售总额位居榜首，其次是国美零售和华润万家。2017年五强企业与2016年的排名一样。

表4　2017年中国连锁十强企业（按销售排名）

排名		企业名称	2017年销售额(亿元)	同比增长(%)	2017年门店数(家)	同比增长(%)
2017年	2016年					
1	1	苏宁易购集团股份有限公司	2433.43	29.2	3799	10.9
2	2	国美零售控股有限公司	1536.91	-6.7	1604	-1.5

续表

排名 2017年	排名 2016年	企业名称	2017年销售额（亿元）	同比增长（%）	2017年门店数（家）	同比增长（%）
3	3	华润万家有限公司①	1036.46	0.1	3162	-1.9
4	4	康成投资(中国)有限公司(大润发)②	954.00	2.3	383	4.6
5	5	沃尔玛(中国)投资有限公司	802.78	4.7	441	0.5
6	10	永辉超市股份有限公司	654.00	20.2	806	65.5
7	8	重庆商社(集团)有限公司	582.81	3.9	322	-0.6
8	7	联华超市股份有限公司③	564.60	-5.6	3451	-5.4
9	14	中石化易捷销售有限公司	519.50	48.0	25775	0.7
10	11	家乐福(中国)管理咨询服务有限公司	497.96	-1.3	321	0.6

注：①华润万家有限公司的销售额包含苏果超市的销售额。
②康成投资（中国）有限公司（大润发）的销售额不包含飞牛网的销售额。
③联华超市股份有限公司的销售额包含家乐福上海地区门店的销售。
资料来源：中国连锁经营协会，由冯氏集团利丰研究中心整理。

2017年，连锁百强中的21家企业销售额录得负增长，少于2016年的34家企业。连锁百强中的实体零售企业综合毛利率由15.6%上升至16.5%。不断上涨的劳动力和租金成本继续为连锁百强企业的经营带来压力。2017年，劳动力成本同比上涨8.0%，而租金成本和电力成本分别同比上涨5.6%和4.6%。

2. 小型商店持续最快销售增长

小型商店领先百强企业增长。在所有传统零售形态中，便利店在2017年销售增长最快，增幅达16.9%，商店数量同比增长18.1%。美宜佳便利店（排名54）继续成为便利店的市场领军者（不包括加油站便利店），2017年销售额达122.408亿元，同比增长30%，店铺数量为11659家，同比增长25.4%。

除了便利店，其他小型商店业态增长也有所加快。2017年，连锁百强企业共开设9197家新店，其中80%的新店是小型商店，只有3.7%的大型超市和1.0%的超级市场。与此同时，在同店销售增长方面，便利店的增长率最快，达6.0%，其次是百货商店（4.5%）、社区超市（3.8%）和购物中心（3.4%）。

3. 百强企业网络销售增长强劲，O2O提供巨大机遇，但与挑战并存

百强企业的线上销售增速从2016年的69.0%上升至2017年的78.9%，远高于全国网上零售额增长的32.2%和百强企业线下销售增长的8.0%。尽管网上零售额增长迅速，但规模相对较小，平均占实体零售企业总销售额的10.3%。在支付方式方面，移动支付的渗透率进一步提高，移动支付占交易总额的比例达27.2%。主流移动支付企业通过二维码收款，打通线上线下支付体系，随时随地满足用户消费需求。

O2O的整合是百强企业的重点，然而，整合的过程伴随着不少挑战，包括电商经营成本上升，尤其是配送和开发新客户的成本；资金有限；电商专业技能不足；O2O的供应链效率低下；等等。

（二）关店潮仍继续

中国的零售业在艰难的环境中经历着店铺关闭大潮。过去几年的过度扩张，伴随着租金和劳动成本的上升，为许多实体零售商带来巨大的挑战，迫使他们关闭不赢利的门店、改造门店或者暂停扩张计划。据联商网消息，2017年，中国有14家上市大型超市关闭了800多家门店，百货店关闭了45家。与此同时，一些外国企业也退出了中国市场。其中一个典型的例子就是马莎百货。2016年下半年，马莎百货宣布关闭中国内地的10家商铺，2017年12月将香港和澳门地区的零售业务出售给其特许经营伙伴Al-Fut-taim，2018年1月再关闭马莎百货天猫旗舰店，这意味着马莎百货全面撤出中国的零售业务。另一个例子是韩国的乐天玛特。乐天集团旗下零售超市乐天玛特在中国的93家门店分别在2018年4月及5月向物美集团、利群股份出售，余下未能出售的12家店铺，也在2018年内彻底关店，乐天玛特将彻底告别中国市场。继马莎百货、乐天玛特退出中国市场后，梅西百货也于2018年6月宣布停止运营，之后12月再宣布天猫国际Macys官方海外旗舰店关闭，意味着梅西百货彻底退出中国市场。

（三）主要零售业态分析

1. 百货店

中国百货业在过去一年呈稳定增长态势。国家统计局数据显示，限额以上零售业单位中的百货店销售额在2018年上半年同比增长4.6%。商务部的数据显示，2018年上半年5000家主要零售商的销售额同比增长达4.6%，其中，百货店增长1.6%。在新店开张方面，根据联商网在过去2年对中国80家连锁企业开店的统计数据，新开的百货店数量仍高于关闭或改造的百货商店，导致录得店铺数的净增长。

2. 超级市场及大卖场

中国的超级市场及大卖场增长近年来有所放缓，同时也面临快速增长的电商行业以及如便利店、社区商店及专卖店等小型零售业态的激烈竞争。自2017年，许多超级市场及大卖场开始改变经营模式以适应消费者的变化，销售额得以恢复较快增长。国家统计局数据显示，2018年，限额以上零售业单位中的超市零售额同比增长6.8%，高于百货店、专业店和专卖店等业态。

3. 购物中心

在新消费时代，购物中心逐渐成为一站式购物、社交、休闲、娱乐场所，也是消费者寻求生活方式体验的场地。近年来，购物中心开发商和运营商不断优化租户组合、改善硬件及相关配套设施，并积极利用大数据和科技，以提升购物体验。实体商业持续复苏，购物中心整体发展向好，开业数量持续增加，行业整体呈现蓬勃发展态势。据联商网统计，2018全年，全国新开业购物中心总数达533个，商业总体量为4811.35万平方米，项目平均体量约9万平方米；相比2017年，数量增加29个，增长速度为6%。

4. 便利店

便利店是中国增长最快的零售业态。据中国连锁经营协会统计，2017年便利店行业（包含加油站便利店）的销售总收入达1900亿元，同比增长23%；百强便利店企业2017年的销售增长率达到16.9%，门店数量增长了

18.1%,成为实体零售企业中增长最快的业态。随着小型零售业态在中国零售市场上的持续流行,便利店行业的增长势头预计将会继续。2017年,中国便利店的总数量从9.4万家增长到10.6万家,同比增长13%,表示行业的开店速度非常快。

5. 快闪店

过去几年,快闪店在中国发展迅速。根据中国商业地产研究机构RET睿意德的数据,自2015年来,快闪店在中国以超过100%的复合年增长率迅速发展;预计快闪店的数量在2020年超过3000家。快闪店由于一方面可以销售产品,另一方面可以提高品牌知名度、制造话题,也可以以较短时间和较少成本洞悉消费者的喜好,所以受到很多关注,且其开设成本也远低于开设长期租赁的商店。

三 中国零售业发展趋势

(一)新生代重塑零售格局

中国的新生代出生和成长在经济腾飞和财富快速积累的时期,而且大部分还是独生子女。他们多被父辈和祖辈捧在手心,在家庭消费中一直处于优先地位。鉴于他们没有经历过物质匮乏的困苦,他们在消费态度和消费习惯上比父辈及祖辈积极和慷慨得多,并呈现出个性化的偏好。除此之外,他们也是伴随互联网成长的一代,信息来源比较丰富,可谓互联网的原住民。在触手可及的互联网海量信息的影响下,他们的消费行为变得更加成熟和精明。他们渴望过更优质的生活,而不是仅满足基本生活需求。

1. 生活方式升级

中国的新生代消费者对优质的生活方式有着强烈的渴望。他们在消费行为方面更加精挑细选,并更愿意为品质买单,是比较挑剔的消费者。他们的健康消费、食品安全消费和品质消费等意识的提高和增强,刺激着中国商品向健康、安全和品质方面升级。他们更加注重健康的生活方式,对运动用

品、健康食品、绿色消费更加看重,这也推动着中国商品向体育休闲、健康、绿色的方向发展和提升。与此同时,他们对服务业,尤其是教育、健康、娱乐、餐饮和旅游的需求也急速提升,促使中国的教育、健身、娱乐、餐饮和旅游市场快速增长。

2. 追求个性化商品及服务

中国的新生代消费者在消费行为方面更加精挑细选,他们渴求更独特的商品,因而,小众品牌、限量版产品和定制化产品越来越受欢迎。

3. 追求更丰富及便利的购物体验

中国的新生代消费者越来越重视购物休闲体验,希望可以在购物的同时享受休闲和娱乐,因此很多购物中心、百货公司和零售商都引入各种体验式元素,打造寓零售、娱乐和社交于一体的场所,为新一代精明的消费者创造了独特的体验。

4. 社交媒体盛行

中国的互联网用户数量是全球之最,而社交媒体发展亦领先全球。根据《中国互联网络发展状况统计报告》,截至2018年6月,微信朋友圈的使用率达86.9%。中国新生代消费者是社交媒体最重要的用户。根据埃森哲2018年6月的调查报告,"95后"作为数字原住民,每天使用手机时间最长,对手机依赖度远高于其他消费者,25%的"95后"日均使用手机超过5小时,也因此带动了移动购物和社交购物的兴起。越来越多的零售商或品牌商利用社交平台来销售它们的商品,或者借助社交平台、直播平台如抖音等媒体实现导流。根据《2018中国网络视听发展研究报告》,截至2018年6月,手机视频用户数量达5.78亿,短视频用户达5.94亿,直播用户达4.25亿。短视频、直播等新社交平台成为零售商与用户互动、营销的新手段。

(二)推进自采自营、自有品牌模式开发

随着消费升级,消费者追求性价比高的商品,零售商开始注重提升商品的设计感、时尚度,并加大研发新产品的力度。最近几年,自采自营、自有品牌模式在中国零售业全面开花,商家积极探索自采自营、尝试买手制、引

入独家代理、开发自有品牌。自采自营和自有品牌模式在品牌的信誉、利润、特色、成本上都有诸多优势。加大特色品牌的采买比例、推进与国内外品牌及代理商的深入合作和实现自有品牌开发成为零售业转型变革的焦点。

这几年，很多大卖场及超市都在加强自有品牌业务，例如，2018年8月，永辉超市宣布计划对其自有品牌战略进行升级。永辉将根据产品的类别和采购原产地开发自有品牌，而不是将所有生鲜食品都放在自有品牌"彩食鲜"旗下。随后，在2018年12月，永辉再推出升级版自有品牌"永辉优选"，"永辉优选"涵盖了田趣、优颂、馋大狮、超级U选、Ofresh等子品牌，对应多个核心品类。2018年4月，沃尔玛中国也对其自有品牌进行重组，对13个自有品牌进行精简，整合成惠宜（日用品）、Marketside（烘焙食品）、George（服装）三大品牌。沃尔玛希望自有品牌的销量未来能占20%左右。事实上，发展自有品牌是提高差异化的手段之一，而且利润率更高。

另外，不少电商也推出自有品牌及自营平台，并严格把关商品质量，向消费者提供优质产品。例如，网易在2016年4月推出网易严选，2017年5月阿里巴巴上线淘宝心选，7月小米推出自有品牌小米有品，京东在2018年上线自有品牌京造等。它们有些通过ODM模式为用户提供优质产品，化身买手和品控员，挑选供应商，并监控整个生产过程，包括原料选择、产品设计、打样、规模生产、销售等，严格把控产品质量。同时，电商也通过线上的大数据了解消费者的需求和偏好，推出更适合市场的产品。

百货店方面，2018年4月，新世界百货自营新品牌"N+优品"首店落地北京，主营商品包括饰品、家居用品和零食三大类，家居类商品占比约为1/2，产品多为进口产品，大部分直采自日本、韩国。2018年12月，王府井集团也加码拓展自营商品，打造了首个以生活方式为主的自营集合店"尚府"，店内产品包括家居用品、日用百货、服装、时尚配饰等；同时，王府井集团开发的首个自有品牌"井品"也进驻该集合店，目前"井品"涵盖优选家居及无时尚系列经典款服饰。王府井集团一方面希望以集合店多品类特点提供更多商品选择，另一方面希望通过自营产品更好地掌握商品信息和资源。

（三）为消费者提供更多生活化的消费体验

良好而独特的消费体验对于消费者来说越来越重要，零售商们因此也开始重视并为消费者创造更多独特而充满乐趣的消费体验。许多百货商场和购物中心转型升级，引入创新的概念店及提供更多生活化的服务，同时通过会员制度提升消费者的黏性和忠诚度。一些购物中心则重新定位成一个社区和文化中心，同时给消费者提供一个集艺术展览、演唱会、社交活动于一体的场所。比如，2018年12月，深圳湾万象城开业，为了探索商业全新模式，项目内打造了三大特色主题区：东方美学生活区"MIXC COLLECTION"、全新食物场景探索"MIXC KITCHEN"、都市文化艺术空间"MIXC ART"，有超过10000平方米的空间与消费者进行"生活美学"的全方位对话。2018年4~5月，上海静安区的一批购物中心，包括静安嘉里中心、晶品购物中心、兴业太古汇，分别举行了一系列主题为"上海爵士百年庆2018浓情静安"的现场音乐会，并邀请到美国爵士乐队Dave Weckl到场助阵。2017年10月，在北京开业的合生汇就引入了许多零售商铺，特别是以生活化产品为主的商铺，整体布局及商品种类都很新颖，合生汇引入了室内滑雪中心Le Ski，Le Ski拥有大型滑雪训练装备，通过电子模拟器模拟下雪效果；另外，还有室内的儿童溜冰中心、大型儿童室内游乐场、武术学习中心等。这些商铺能够帮助合生汇从其他购物中心中脱颖而出。

（四）O2O继续主宰零售场景　智能科技应用更加广泛

目前，O2O策略仍然是大多数品牌和零售商的战略核心，很多传统零售商都积极实施数字化转型及部署O2O策略，从而保证线上、线下、移动端、社交媒体等全渠道无缝整合。同时，一些电商龙头企业也开始渗透至线下零售，接触更多线下消费者，为他们提供更好的购物体验。新科技的兴起有助于线上线下融合，进一步提升消费者的购物体验，其中，智能科技如即扫即付、自助结账、电子标签等的应用最为广泛。微信整合小程序、微信支付、扫一扫等产品推出了"扫码购"解决方案，消费者可以通过微信里的小程序"扫码购",把手机变成一把私人的扫码枪,随时扫码,便捷购物。据悉,现在"扫码购"已经应用于多个零售品牌商户,微信在 2018 年 6 月联合全国 4000 多家超市、便利店参与"不排队月"推广活动,参与的零售商包括沃尔玛、永辉、步步高、家乐福、华润万家等,鼓励消费者自助结账,边走边买。

另外,到家服务逐渐成为本地生活的标配。很多大卖场及超市已与第三方 O2O 本地生活方式服务平台(如京东到家、多点、美团外卖等)合作,提供 O2O 配送服务,一般在实体门店 3 公里范围内可实现 1 小时达,进一步缩短了零售商与消费者之间的距离。

同时,一些零售商也已经开始使用智能科技。优衣库于 2018 年 3 月在深圳开设了一家数字化体验店,结合线上线下体验,店内配置了智能试衣镜、智能屏幕以及 AR 海报等。2018 年 5 月,优衣库又在官方微信号上发布了一款全新的 AI 智能导购机器人"小优"。用户可以通过文字或者语音输入与"小优"互动。另外一家快时尚品牌 Zara 也于 2018 年 4 月在全球 137 家店铺推出为期两周的 AR 体验,消费者可以在店内的指定位置,利用手机观看 AR 模式下模特儿试穿最新款服装的效果。

高科技也带动了无人店的迅速发展。天虹、缤果盒子等企业从 2017 年开始就发力无人店,在入口处使用人脸识别科技,通过 RFID 赋能的货架以及人脸识别、手机支付系统等由顾客自行完成购物及付款过程。2018 年 7 月,GUESS 与阿里巴巴合作,在香港开设了一家 AI 智能服装概念快闪店,除了展示 GUESS 最新款系列,同时也配置了最新的零售科技,顾客可以利用店内的智能试衣镜或者智能试衣间试穿新款服装,消费者也可以在天猫旗舰店上购买该款服装。

2018 年 4 月,阿里巴巴在杭州开设了其第一家线下购物中心亲橙里,并将此作为其"新零售"试验田,把盒马鲜生、淘宝心选、天猫精灵等引入亲橙里,还设置了 AR 穿衣镜、智能导购大屏等诸多黑科技。同时,亲橙里也是探索智慧建筑和未来酒店的一个项目。

使用零售科技不仅帮助零售商提高消费者的购物体验,还可以进一步提

升运营效率,并且更准确地预测和管理库存。AI、云科技、大数据分析的运用使零售商可以基于消费者的购物记录,更好地预测消费者的喜好,从而更有效地管理库存,提高供应链运营效率,降低成本。

(五)拓展多样化的产品及服务,跨界合作成为基本操作

为了迎合消费者对新鲜和独特商品的需求,许多零售商已经开始通过扩展新领域、跨界合作以及与其他品牌联名等方式,丰富自身的产品和服务。在拓展业务方面,企业借助多种业态模式和业种的相互组合,适应市场变化,更好地满足消费者需求。例如,借助零售+餐饮、零售+娱乐、零售+文化、零售+医疗、零售+IP等,满足消费者生活各方面的需求,从过去大型零售商追求的"一站式购齐"转向"一店式全方位消费"。日本生活品牌Muji在2018年进军中国酒店业,分别于2018年1月和3月在深圳和北京开设了Muji Hotel。Muji Hotel还与旗下的Muji零售店、Muji Café以及Muji Books合作,为中国消费者提供了更多样化的服务和产品选择,也为其自身创造了新的营收来源。

在跨界合作方面,通过品牌商之间的合作,可以丰富各自的产品,实现品牌双方在产品、营销和运营方面的合作,拓展市场,从而更易获得消费者的关注和讨论。例如,2018年10月,旺旺和原创设计独立潮牌塔卡沙TYAKASHA正式发布了"TYAKASHA × 旺旺联名系列",产品包括帽子、T恤、卫衣、毛衣、包包、裤子、袜子等,全系列以红白黑三色及旺仔图案为主。2019年1月,喜茶跨界联名太平鸟推出卫衣;2018年5月,喜茶也曾与欧莱雅跨界合作,推出"HEYTEA COLOR"口红礼盒,口红色系对应喜茶的三款热门产品,分为莓莓色、莓果色、西柚色。

(六)快闪店备受关注

过去几年快闪店爆发式增长,睿意德的调查显示,2015年起,中国境内快闪店的数量就以超过100%的年复合增长率快速增长,预测2020年店铺数量将超过3000家。快闪店已经成为越来越受欢迎的商铺模式。商家可

以利用快闪店销售商品，提高品牌知名度，并收集顾客信息进行市场分析，而开设一家快闪店的成本也比长期租赁实体店的成本低得多。

一些品牌已经将快闪店与创新的内容相结合，推动品牌产品的销售以及品牌自身知名度的提高。香奈尔就是其中一个例子。香奈尔2018年4月在上海的K11开设了一家游戏厅式的快闪店，这家"香奈尔游戏厅"是继东京、首尔、台北店之后的第四家游戏厅快闪店。COCO Game Center里面设置了多个可以实际操作的游戏机，如"ROUGE COCO GAME"复古像素游戏、"THE BEAUTY RIDE"赛车、"THE BUBBLE GAME"抓娃娃机等，现场还有专门的卡座，沙发上也有快闪店主题风格的抱枕，顾客可以在这里免费试用各款化妆品。

对于一些需要通过线下渠道接触消费者的电商而言，快闪店也越来越成为主要"武器"。它们开设快闪店大多是为了试水新科技、新概念、新款式等。阿里巴巴和京东都推出过不同种类的快闪店。阿里巴巴近几个月就在全国范围内开设了多家天猫智能快闪店。店内设有数字化购物墙、面部识别系统、无现金支付方式、游戏化的折扣专区等。京东在2018年3月到5月期间，也开设了不同种类的Joy Space快闪店，比如在广州开设的Joy Space快闪超市、在上海开设的专售欧莱雅化妆品的Joy Space快闪店等。2018年5月，服装电商韩都衣舍与韩国卡通IP"Spookiz"的创始人Keyring Studio联手，在杭州的银泰百货西湖店开设了一家为期四天的太空快闪店，消费者可以即场或者线上购买联名款的商品，另外快闪店内还配置了许多游乐设施，包括体感游戏、VR游戏等，以提高消费者的购物体验。

（七）政策牵头提高消费

消费将是推动中国未来经济增长的主要动力，为了扩大国内消费，政府也相继推出了一系列扶持政策。2018年9月，中共中央办公厅和国务院就颁布了《完善促进消费体制机制 进一步激发居民消费潜力的若干意见》。该意见强调构建更加成熟的消费细分市场，壮大消费新增长点；健全质量标准和信用体系，营造安全放心消费环境；强化政策配套和宣传引导，改善居民消

费能力和预期。2019年1月,国家发展改革委等十个部门联合印发了《进一步优化供给推动消费平稳增长 促进形成强大国内市场的实施方案(2019年)》,推出包括提升城市消费、促进乡村消费、扩大服务消费、创新流通方式、优化消费环境等多个方面的措施,加快实施消费升级行动计划2019年重点工作。这些方向性的政策指导及消费扶持政策将有助于推动消费稳定增长。

在鼓励国内消费的同时,政府也采取减税、免税、举办博览会等多种措施积极扩大进口。国务院于2018年5月宣布中国将对包括服装、化妆品、清洁用品、家电、健身产品、部分保健品等消费品大幅降低进口关税,于2018年7月1日生效。2018年9月底,国务院又颁布了针对机械、电子装备、纺织品的关税减免,于2018年11月1日起施行,据悉,此次关税减免使总体的关税水平由之前的9.8%降低到了7.5%。此外,2018年11月,中国举办了首届国际进口博览会,吸引了全球172个国家、地区和国际组织参会,3600多家企业参展,展览总面积达30万平方米,超过40万名境内外采购商到会洽谈采购,以一年计,进博会累计意向成交578.3亿美元。国家主席习近平表示,中国将进一步降低关税,提高通关便利化水平,削减进口环节制度性成本,加快跨境电子商务等新业态新模式发展,预计未来15年中国进口商品和服务将分别超过30万亿美元和10万亿美元。对于零售业而言,扩大商品进口有助创造新供给,有助于整个零售行业加速升级转型,从低价竞争转到高性价比竞争,从而扩大国内整体消费总额。

四 中国零售业面临的挑战

(一)中美贸易摩擦为经济增长埋下隐患

2018~2019年,世界的目光仍会聚焦在中美贸易摩擦上。贸易摩擦不可避免地会在一定程度上影响中国经济发展,进而影响消费者信心和消费支出。零售业整体也将遭受一定的冲击,社会消费品零售总额将继续面临个位数增长的局面。

（二）高昂的运营成本将继续影响零售业盈利能力

中国零售业的运营成本持续飙升，很大程度上源于高昂的租金和人力成本，以及维持可持续发展产生的高额支出。引入信息技术、运营理念和新的业务模式是零售企业生存和发展面临的必然趋势。这促使品牌和零售商不得不增加对新科技、数据分析的投入，以求能够在复杂多变的环境中占有一席之地。这些费用必将加重零售企业的财务负担，影响公司的盈利能力。

（三）不断变化的消费者需求为零售商的供应链带来挑战

新时代的中国消费者不但追求物美价廉的商品，而且更希望能拥有个性化的产品和服务，并且对于购买的便利性和快捷性有了更高的要求。在此背景下，建立快速灵活的供应链体系至为重要。零售商为了适应消费需求的变化和要求，不得不优化供应链的运作，推进供应链数字化，向供需精准匹配的方向努力。目前，许多运营商仍然处在重塑供应链的探索阶段，离满足消费者的需求和适应市场的变化还有很大的距离。在这种形势下，零售商必然需要继续增加投入以适应市场的变化；但现实是，已有的新的配送方式，比如到家服务、到店自取等方式也为零售商的供应链增加了不少压力。

（四）业务转型前途未卜

虽然零售商在转型升级上投入巨大，但只有为数不多的企业取得满意的结果；大多数企业还未获得盈利，或者模式未能持续。的确，部分零售商将重点放在了硬件升级上，投放了大量资金进行店铺升级改造，但是忽视了对产品的关注，忽视了为目标客群选择合适的产品种类；也可能忽略了为顾客提供个性化的服务和独特的产品，而没有对应消费者的真正需求。

五　结论

对于中国零售业而言，2018年仍然是转型升级之年，是向高质量供给

迈进的一年,是创新发展的一年,也是充满挑战的一年。随着新一代消费者进入消费市场,消费者消费习惯的组合结构发生了变化,消费行为的组合结构也在调整,整体消费在升级。消费者消费习惯结构在向高质量商品升级,消费者行为结构更加趋向于追求便利的购物过程和全渠道的消费体验,包括实体店、网店、移动端、社交媒体等无缝结合。零售商和品牌商需要通过创新业务模式,适应消费市场的变化和满足消费者的需求。2019年至2020年,经济发展过程中长期积累的矛盾和风险将进一步凸显,消费市场承压较大,消费增速仍有可能进一步放缓。我们认为零售商可以进一步扩大业务范围和收入来源,同时在其他国家寻找更多的机会;预期未来一年大宗商品和服务将继续受到负面影响,中国零售业在未来几年的销售增长将维持个位数。

B.4
中国餐饮产业发展回顾与展望

赵京桥*

摘　要： 本报告从中国餐饮产业运行分析、产业运行特点、产业发展展望三个部分来了解中国餐饮产业的发展，全面介绍了过去三年来，中国餐饮产业在转型调整时期，整体运行情况、区域发展情况以及百强榜企业经营情况，总结了产业发展的六大特点，并对未来餐饮产业迈入高质量发展阶段进行了展望。

关键词： 转型升级　高质量发展　结构调整　跨界融合

一　2016~2018年中国餐饮产业运行分析

（一）产业总体运行

2018年是中国改革开放四十周年。中国餐饮产业在这四十年中，从1978年50亿元收入规模的传统服务业快速成长为超过4万亿元收入规模的世界第二大饮食服务产业，年复合增长率达到了惊人的18%。尽管在"十二五"期间餐饮产业因受到宏观经济、政治和社会等因素影响增速放缓，但进入"十三五"后，在供给侧结构性改革战略指引下，餐饮产业从过去

---

* 赵京桥，经济学博士，中国社会科学院财经战略研究院服务经济与餐饮产业研究中心执行主任，长期关注我国餐饮产业的发展。

粗放型发展方式向集约型发展方式转变，通过产品结构调整、商业模式和业态创新、技术进步和管理提升等多种方式推动产业结构的优化和产业发展质量的提升，不断满足人民群众美好生活的餐饮需求。可以说，"十三五"是餐饮产业转型升级、迈向高质量发展的重要转型时期。

从"十三五"前三年产业运行情况来看，中国餐饮产业继续保持了"十二五"末的回暖态势，2016年、2017年餐饮收入分别达到35799亿元和39644亿元，增速分别达到了10.8%和10.7%，连续三年保持了两位数以上的增长；但2018年，受国内外政治、经济因素影响，在宏观经济下行压力较大、整体消费增速趋缓的形势下，餐饮收入增速有所放缓，回落至9.5%，但全年餐饮收入仅用三年时间便实现了从3万亿元到4万亿元的突破，2018年达到了42716亿元（见图1），是改革开放初期的近780倍，显示出在人民生活水平逐步提高、消费升级的长期趋势下，中国餐饮产业的基础性消费产业地位和居民持续稳定的社会化饮食消费需求。

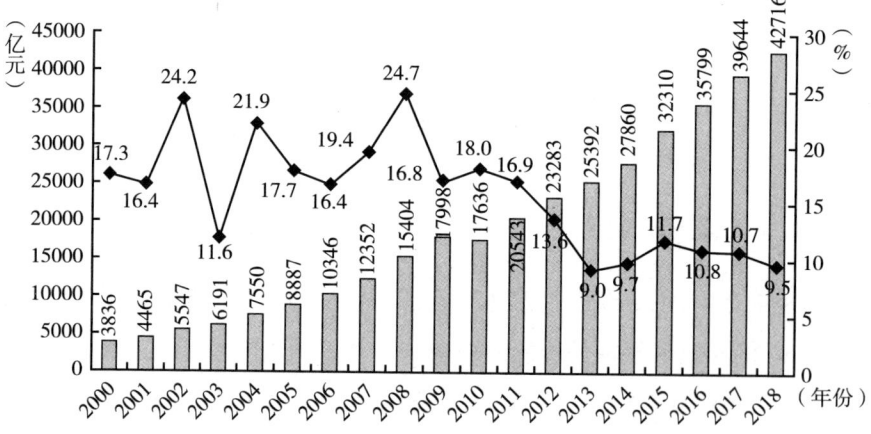

图1　2000~2018年中国餐饮收入增长情况

注：2009年之前（包括2009年）数据为住宿与餐饮业零售总额；自2010年开始数据为餐饮收入统计数据；部分增长率为调整后数据。
资料来源：国家统计局，www.stats.gov.cn。

从餐饮产业增长速度来看，尽管2018年增速下滑至9.5%，但是餐饮收入增长速度依然高于社会消费品零售总额增速。这是自2015年餐饮收入增速重新超过社会消费品零售总额增速后，连续四年增速领先社会消费品零售总额增速（见图2）。这显示出，在汽车、家电等家庭周期性消费品增速放缓后，餐饮消费增长对整个社会消费增长起到了稳定作用。自2015年以来，餐饮收入在社会消费品零售总额中的比重呈现稳定上升趋势，在2018年达到了11.21%的水平（见图3）。餐饮收入增长对社会消费品零售总额增长的贡献率从2016年开始，连续三年都超过了11%。

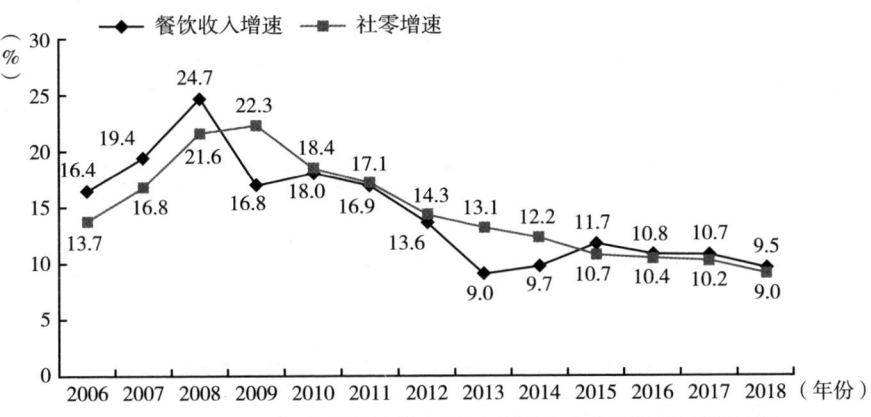

图2 2006~2018年中国餐饮收入增速与社会消费品零售总额增速

资料来源：国家统计局，www.stats.gov.cn。

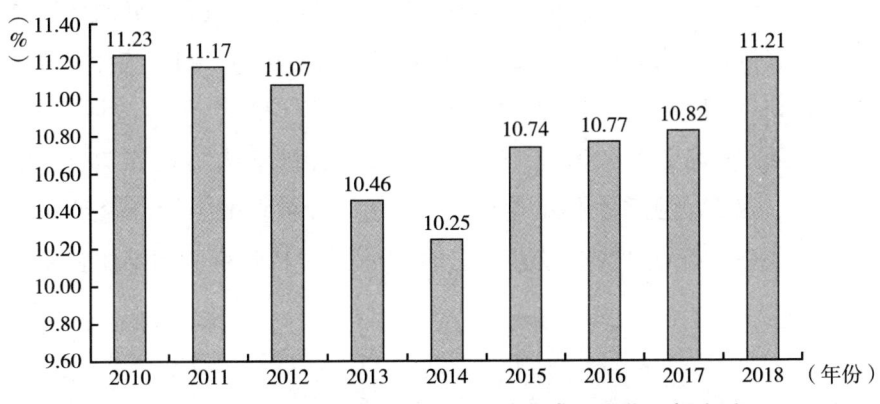

图3 2010~2018年餐饮收入占社会消费品零售总额比重

资料来源：作者根据国家统计局（www.stats.gov.cn）数据计算。

从住宿和餐饮业增加值来看,自 2013 年住宿和餐饮业增加值增速快速下滑之后,"十三五"时期,住宿和餐饮业增加值增速企稳回升,到 2017 年,产业增加值达到 1.5 万亿元,增速高达到 10.0%,2018 年,产业增加值增至 1.6 万亿元,增速为 9.1%(见图 4),显示出住宿和餐饮业在转型升级过程中,产业附加值持续提升。

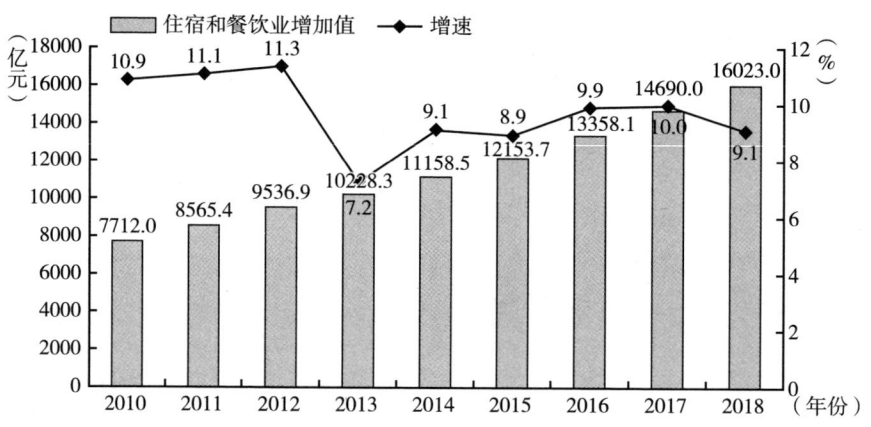

图 4　2010~2017 年中国住宿和餐饮业增加值增长情况

注:2017 年数据为商务部公布数据。
资料来源:国家统计局,www.stats.gov.cn。

从餐饮产业的就业情况来看,餐饮产业在创造就业机会、解决低技能劳动人口和农村转移人口就业上发挥着越来越重要的作用。国家统计局统计数据显示,到 2017 年,住宿和餐饮业统计就业人口持续上升至 2954.7 万人,比 2016 年的 2488.2 万人增长 18.7%[①],占统计就业人口的 5.7%(见图 5)。其中,私营企业和个体就业是住宿和餐饮业就业的主体,达到 2688.8 万人,占住宿和餐饮业统计就业人口的 91%,占私营企业和个体就业人员的 7.9%。

---

① 统计数据为住宿和餐饮业私营企业和个体就业人员与住宿和餐饮业城镇单位就业人员之和。

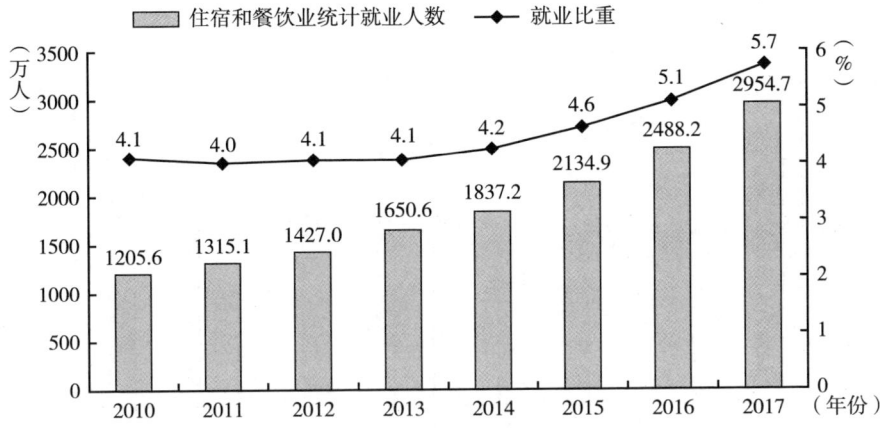

图5 住宿和餐饮业统计就业人口及占比

资料来源：作者根据国家统计局（www.stats.gov.cn）数据统计。

（二）月度运行情况

从三年的餐饮月度收入来看，2016~2018年餐饮平均月度收入分别为2981亿元、3305亿元和3560亿元。2016年餐饮收入月度同比增速基本保持平稳，维持在10%以上，4月为当年最低点2596.4亿元，10月为全年最高点3491.5亿元；2017年，4月餐饮收入同样是全年最低水平，为2885.9亿元，到10月达到3851.8亿元的全年最高月收入水平，从月度同比增速变化来看，2017年上半年和下半年具有不同的趋势，上半年同比增速呈现上升趋势，但是下半年增速回落趋势明显；进入2018年，4月和11月分别是全年的最低收入月份和最高收入月份，分别达到了3024.5亿元和4525.0亿元，从月度同比增速来看，2018年上半年增速降至5月的低点8.8%，尽管6月的世界杯刺激了餐饮市场的增长，但是下半年总体增长压力依然较大（见图6、图7、图8）。

（三）区域运行情况

从各省份餐饮收入规模来看，"十三五"期间，广东、山东和江苏依然

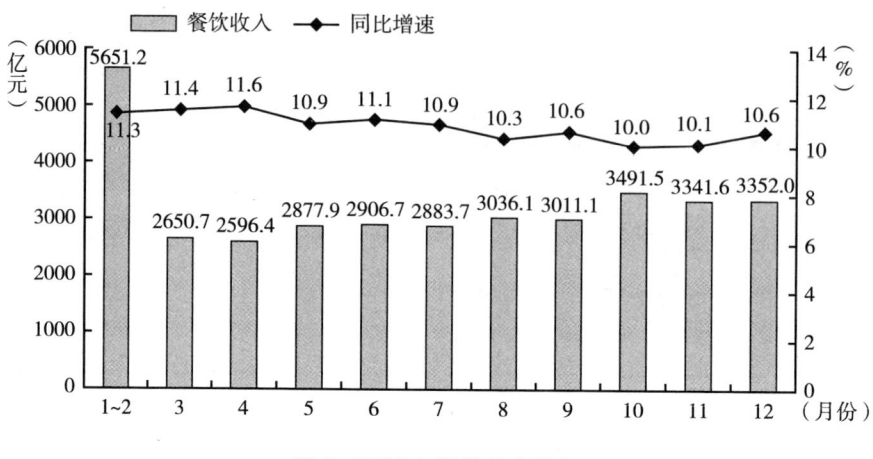

图 6 2016 年餐饮月度收入

资料来源：国家统计局，www.stats.gov.cn。

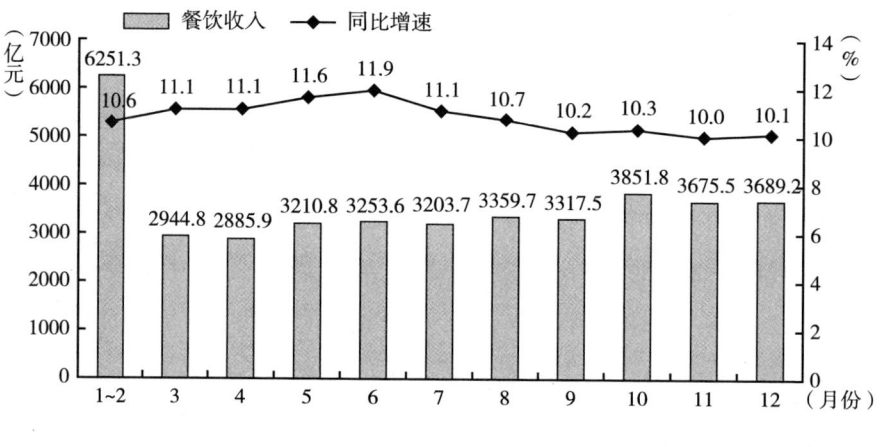

图 7 2017 年餐饮月度收入

资料来源：国家统计局，www.stats.gov.cn。

是我国餐饮收入规模最大的三个省份。由于广东在 2016～2018 年仅保持了 9.2%、5.9%、5.6% 的较低速度增长，而山东则保持了 10% 以上的增速，山东在 2018 年餐饮收入达到了 3995.28 亿元，超越广东成为我国餐饮收入规模第一大省；河南在"十三五"期间，积极推广豫菜，三年间实现餐饮收入增速 12.7%、12.9% 和 11.7%，其餐饮产业迅速迈入 3000 亿元收入规

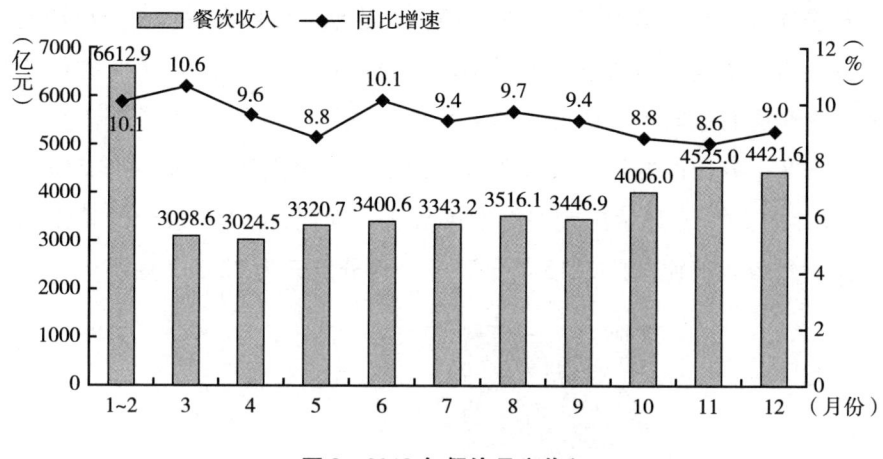

图8　2018年餐饮月度收入

资料来源：国家统计局，www.stats.gov.cn。

模水平，河南成为中西部地区餐饮收入第一的省份；湖北餐饮产业近年来快速发展，收入规模进入前十；而辽宁的餐饮收入三年来增长速度都低于全国平均水平，分别为7.7%、3.2%和7.3%，排名下滑明显，如继续保持缓慢增长态势，将很快被河北超越（见表1）。

表1　全国餐饮收入前十省份

单位：亿元，%

排名	2015年	2018年	2018年餐饮收入	2018年增速
1	广东	山东	3995.28	10.9
2	山东	广东	3884.59	5.6
3	江苏	江苏	3428.96	9.7
4	河南	河南	3018.53	11.7
5	浙江	四川	2807.4	12.50
6	四川	浙江	2716	12.5
7	辽宁	湖北	2066	—
8	湖南	湖南	1921.6	4.3
9	河北	辽宁	1730.8	7.3
10	福建	河北	761（上半年）	11.6（上半年）

注：2018年排名中河北省为根据半年餐饮收入水平估计，增速为2018年上半年增速；湖北餐饮收入根据往年估计，增速参照社会消费品零售总额增速，仅供参考。

资料来源：根据各省份统计公报整理。

从餐饮区域收入结构来看，东部经济发达地区依然是餐饮产业更加发达的地区，占据了全国餐饮收入十强中的六位，整个东部地区11个省份的餐饮收入占全国餐饮收入的比重达到了51%，比2015年占比略下降1个百分点；中部8个省份的餐饮收入占全国餐饮收入的比重从2015年的25%上升至2018年的27%，显示出较好的发展势头；而西部12个省份的餐饮收入占全国餐饮收入的比重比2015年下降1个百分点，为22%（见图9）。

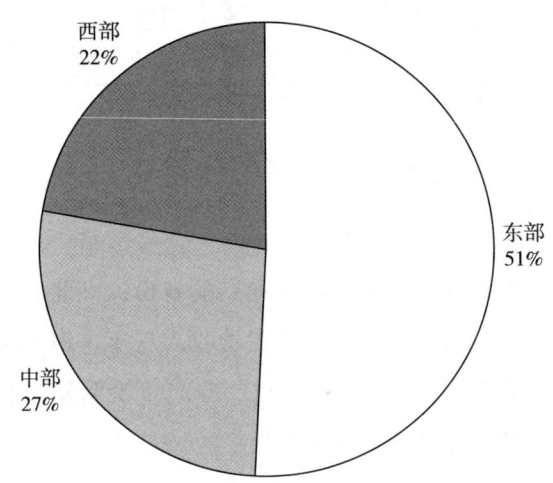

图9　2018年中国东、中、西部餐饮收入分布

注：东部地区：北京、天津、河北、辽宁、上海、江苏、浙江、福建、山东、广东、海南；中部地区：山西、吉林、黑龙江、安徽、江西、河南、湖北、湖南；西部地区：内蒙古、广西、重庆、四川、贵州、云南、西藏、陕西、甘肃、青海、宁夏、新疆。

资料来源：根据各省份统计公报整理。

从增长态势来看，东部省份中，由于餐饮收入基数较大，整体增速略低于全国平均水平，其中上海增速全国最低，为4.2%；广东、辽宁、海南相较于"十二五"末都显示出增速放缓态势，北京的餐饮收入增速尽管低于全国平均水平，但是相比2015年3.3%的增速，已经呈现出较好的增长态势；浙江是东部地区中增长速度最快的，达到了12.5%。中部地区增长速度整体高于全国平均水平，体现出较强的餐饮消费能力和潜力；但内部分化严重，江西增长速度最快，达到了15.9%，是全国餐饮收入增长最快的省份，而湖南、吉林增长乏力，增速仅为4.3%和6.5%，比2015年增速分别下滑了

7.6个百分点和11.2个百分点。西部地区依然保持快速增长,但增速有所放缓,西藏自治区是西部地区餐饮收入增长最快的,增速达到14.8%,四川和陕西餐饮收入增速居西部地区第二、第三位。辽宁、黑龙江、吉林东北三省的餐饮收入增速下滑态势明显,2018年增速均低于全国平均水平。

(四)2015~2017年餐饮百强企业运行分析①

在行业转型调整期间,中国餐饮百强调查数据显示,大型企业在经历严峻市场挑战后,逐步以需求为导向,向大众化餐饮转型,营业收入回暖较为明显。2015~2017年,餐饮百强企业营业收入分别达到了2210.5亿元、2181.7亿元和2861.7亿元(见图10),按可比口径分别增长2.4%、7.4%和11.2%(见图11)。其中,2017年11.2%的可比口径增长速度是自2013年百强调查以来首次超过全国餐饮收入增长平均水平。2015~2017年,餐饮百强企业营业收入占全国餐饮收入的比重分别为6.8%、6.1%和7.2%(见图12),这也是自2012年以来百强集中度首次回升,其重要原因在于金拱门(麦当劳中国)在2017年参与了餐饮百强企业调查,大幅提高了百强榜企业的营收水平。

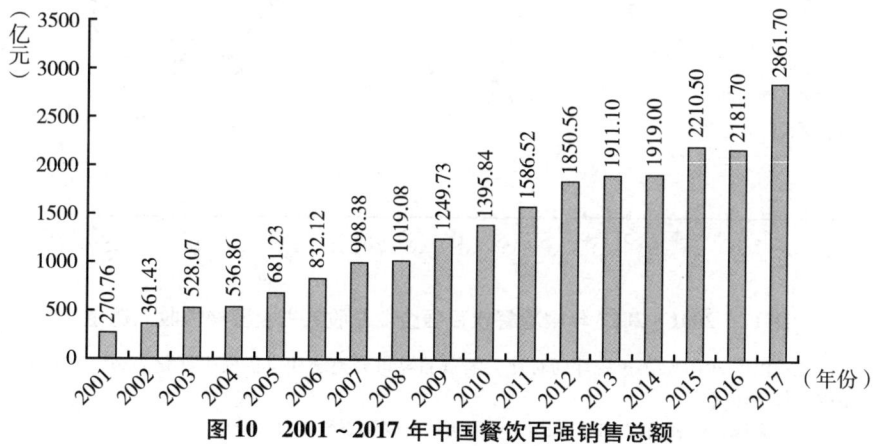

图10 2001~2017年中国餐饮百强销售总额

资料来源:作者根据2001~2018年的餐饮百强调查数据整理绘制。

---

① 中国餐饮百强数据是中国烹饪协会与中国商业联合会、中华全国商业信息中心联合采用问卷调查方式对中国大型餐饮企业进行调查得出的。

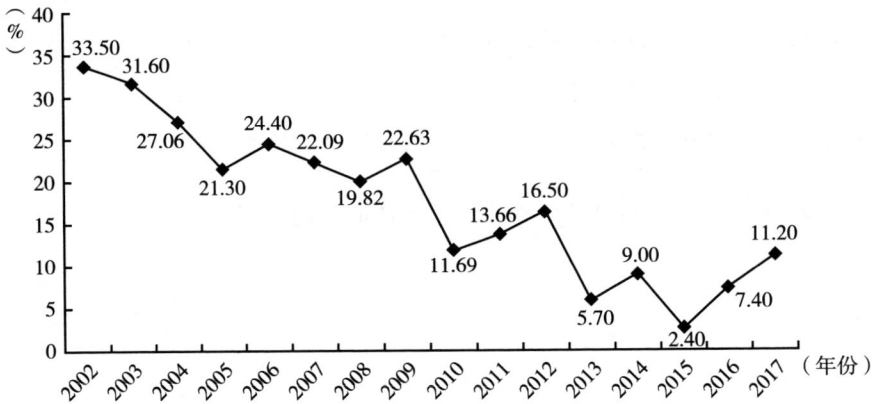

图 11　2002～2017 年中国餐饮百强销售总额同比增长速度

注：由于百强企业发生变化，2002～2008 年、2013～2017 年增长速度为可比口径。
资料来源：作者根据 2002～2018 年的餐饮百强调查数据整理绘制。

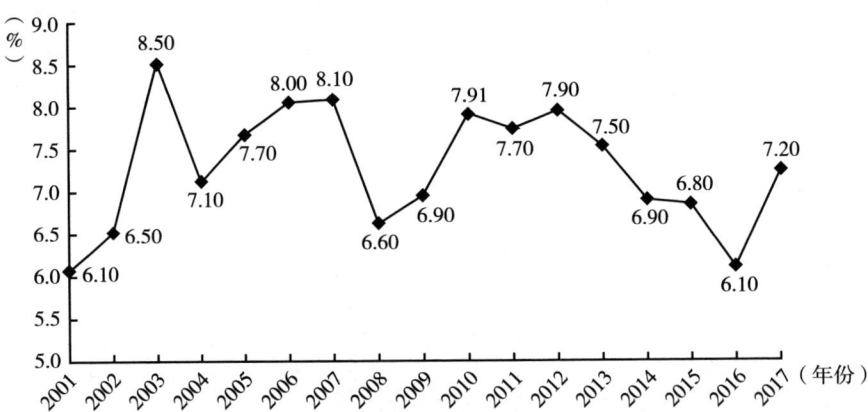

图 12　2001～2017 年中国餐饮百强企业总收入占全国餐饮收入比重

注：由于 2010 年国家统计局对社会消费品零售分类统计口径发生变化，2010 年以后数据不包括住宿业。
资料来源：作者根据 2001～2018 年的餐饮百强调查数据整理绘制。

近年来，我国大型餐饮企业实力进一步增强。自 2015 年以来，参与调查并入围百强的餐饮企业营业收入全部为 5 亿元以上，入围的营业收入门槛进一步提高；在 2017 年餐饮百强调查数据中，营业收入超过 50 亿元的超大型餐饮企业已经达到8家，比2016年增加4家；营业收入超过10亿元的餐饮企业已经超过60家，成为餐饮百强企业的主力军（见图13、图14）。

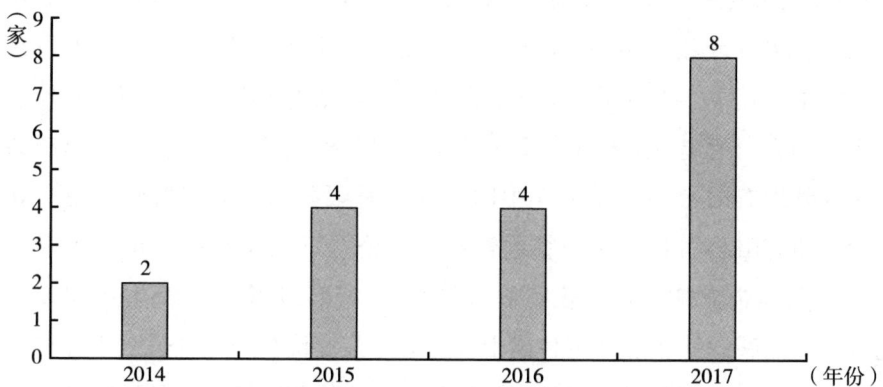

图13　2014~2017年中国餐饮百强企业中收入超50亿元家数

资料来源：作者根据2014~2018年的餐饮百强调查数据整理绘制。

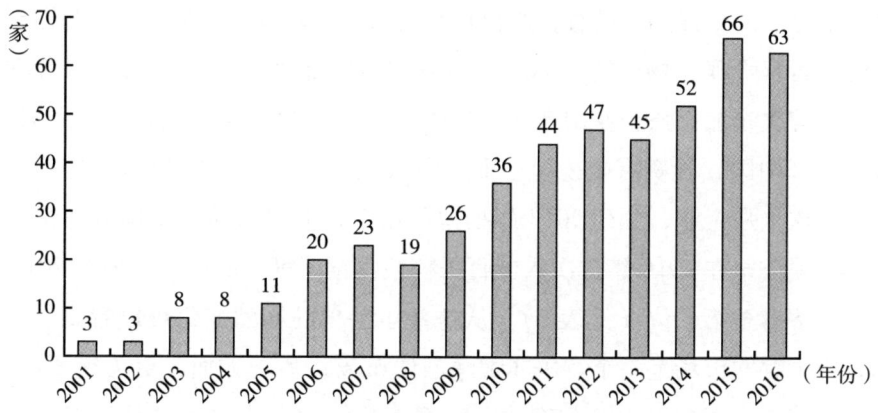

图14　2001~2016年中国餐饮百强企业中收入超10亿元家数

资料来源：作者根据2001~2017年的餐饮百强调查数据整理绘制。

从2014年到2017年餐饮十强变化情况来看，百胜中国（原百胜餐饮集团中国事业部，在百胜集团与春华资本和蚂蚁金服达成协议、分拆中国事业部后，更名为百胜中国控股有限公司）多年来屹立榜单岿然不动，稳居第一；河北千禧鹤饮食有限公司尽管没有参与2016年百强调研，但在2014

年、2015年和2017年分列第二、第三和第三位,是餐饮收入规模最大的本土百强餐饮企业;天津顶巧餐饮①、四川海底捞和福建佳客来食品股份有限公司②近三年来一直处于十强榜单中,分列2017年十强榜的第四、第五和第八位。2014年榜单中的第四到第十名餐饮企业均已不在2017年十强餐饮企业榜中。其中,香港稻香集团、浙江两岸食品连锁有限公司因没有参与百强企业调查而退出百强榜单,而内蒙古小尾羊餐饮连锁有限公司、重庆刘一手餐饮管理有限公司、味千(中国)控股有限公司、浙江凯旋门澳门豆捞控股集团有限公司和真功夫餐饮管理有限公司近三年来排名持续下滑,在2017年百强企业榜中分列第15位、第13位、第31位、第26位和第23位。随着这些品牌餐饮企业被更替出十强榜单,又有诸多新面孔进入十强榜,其中有被中信资本控股与美国私募股权基金凯雷投资集团收购的国际知名快餐企业麦当劳的中国业务,即金拱门(中国),位列2017年百强榜第二位。事实上麦当劳中国一直是规模仅次于百胜中国的第二大餐饮企业,但由于没有参加过去的百强企业调查,在很长时间内并没有被纳入统计,成为迟到的榜眼。运营管理"杨国富"麻辣烫等餐饮连锁品牌的上海鑫绪餐饮管理有限公司首次参加百强企业调查便一鸣惊人,进入2017年十强榜,位列第六。汉堡王(中国)投资有限公司、重庆顺水鱼饮食文化有限公司也是第一次进入餐饮十强企业,分列2017年榜单的第九位和第十位。重庆五斗米饮食文化有限公司在2016年首次入围百强榜便占据了第三的位置,但在2017年榜单中下滑至第七位(见表2)。从这些年榜单的剧烈变化可以看到,一方面,中国餐饮市场是一个竞争非常激烈的市场;另一方面,更为重要的是,中国餐饮市场正在发生深刻变化,消费者从温饱向小康和富足消费水平转化,从标准化、工业化产品需求向个性化、定制化产品需求转变,在这样的消费升级和产业转型升级背景下,传统品牌餐饮企业必须加快调整步伐,适应市场的变化,满足新时代的餐饮消费需求。

---

① 天津顶巧餐饮服务咨询有限公司在2011~2013年一直是十强榜第二,但没有参加2014年百强调查。
② 福建佳客来食品股份有限公司是2013年十强餐饮企业。

表 2　2014～2017 年餐饮十强变化

排名	2014 年	2015 年	2016 年	2017 年
1	百胜餐饮集团中国事业部	百胜餐饮集团中国事业部	百胜中国控股有限公司	百胜中国控股有限公司
2	河北千喜鹤饮食股份有限公司	天津顶巧餐饮服务咨询有限公司	天津顶巧餐饮服务咨询有限公司	金拱门（中国）有限公司
3	四川海底捞餐饮股份有限公司	河北千喜鹤饮食股份有限公司	重庆五斗米饮食文化有限公司	河北千喜鹤饮食股份有限公司
4	香港稻香集团	四川海底捞餐饮股份有限公司	四川海底捞餐饮股份有限公司	天津顶巧餐饮服务咨询有限公司
5	内蒙古小尾羊餐饮连锁有限公司	佳客来（福建）餐饮连锁管理有限公司	福建佳客来食品股份有限公司	海底捞国际控股有限公司
6	重庆刘一手餐饮管理有限公司	重庆刘一手餐饮管理有限公司	重庆朝天门餐饮控股集团有限公司	上海鑫绪餐饮管理有限公司
7	浙江两岸食品连锁有限公司	浙江两岸食品连锁有限公司	重庆刘一手餐饮管理有限公司	重庆五斗米饮食文化有限公司
8	味千（中国）控股有限公司	内蒙古小尾羊餐饮连锁股份有限公司	北京黄记煌餐饮管理有限责任公司	福建佳客来食品股份有限公司
9	浙江凯旋门澳门豆捞控股集团有限公司	北京黄记煌餐饮管理有限责任公司	山东凯瑞餐饮集团	汉堡王（中国）投资有限公司
10	真功夫餐饮管理有限公司	真功夫餐饮管理有限公司	内蒙古小尾羊餐饮连锁股份有限公司	重庆顺水鱼饮食文化有限公司

资料来源：作者根据 2014～2018 年的餐饮百强调查数据整理（部分企业由于没有参加百强调查而未能入榜）。

二　中国餐饮产业发展主要特点

（一）大众化餐饮继续推动产业结构调整

民以食为天，中国近 14 亿人口的大众化餐饮需求是中国餐饮产业最大的市场，也是中国餐饮产业供给侧改革最直接的动力。

近年来，大众化餐饮呈现快速发展态势，占全国餐饮收入市场份额已经超过了85%，引领了中国餐饮产业的转型升级和行业回暖。主要有三个方面的原因：一是随着中国居民收入的持续提高、生活条件的持续改善，外出就餐比例和人均就餐支出不断提高，这带来了大量的大众化餐饮的市场需求；二是党的十八大以来，以习近平同志为核心的党中央坚定推进全面从严治党，制定和落实中央八项规定，坚决反对形式主义、官僚主义、享乐主义和奢靡之风，餐饮公务消费、奢靡消费迅速萎缩，扭转了餐饮产业发展方向，传统高端餐饮加速转型和淘汰，加快了餐饮产业结构调整，同时，公务消费的大众化，进一步提升了大众化餐饮需求；三是商务部在2014年发布《关于加快发展大众化餐饮的指导意见》，从政府层面提出了餐饮产业的发展方向，提出大众化餐饮的市场份额要达到85%。

从限下企业餐饮收入来看，2018年餐饮收入已经超过3万亿元，达到了3.35万亿元，同比增长12%，近六年来一直保持增速高于全国餐饮收入平均增长水平（见图15），占全国餐饮收入比重从2012年开始逐年上升，至2018年已经达到了78.4%（见图16）。

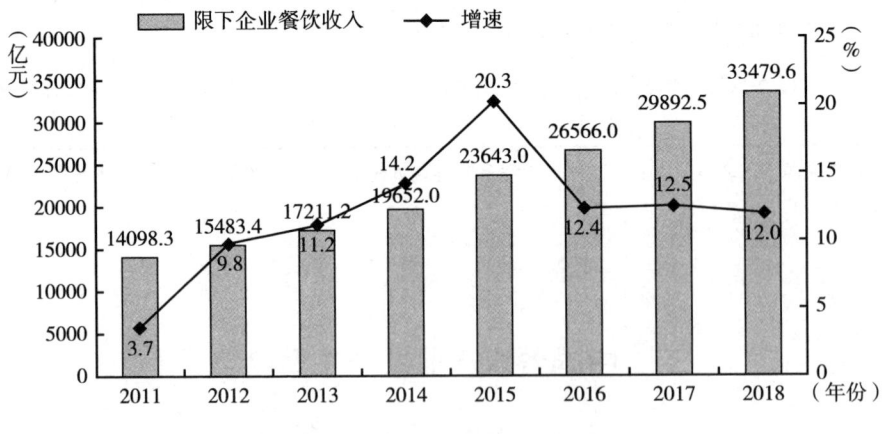

图15　限下企业餐饮收入情况

资料来源：作者根据国家统计局（www.stats.gov.cn）数据统计和计算。

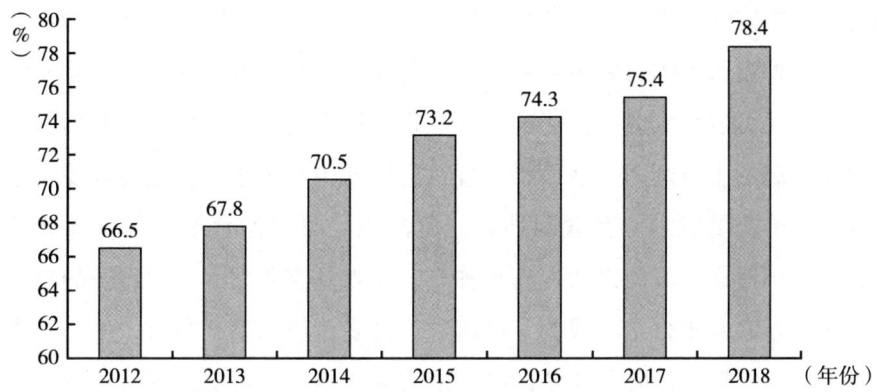

图16　限下企业餐饮收入占全国餐饮收入比重

资料来源：作者根据国家统计局（www.stats.gov.cn）数据统计。

大众化餐饮的引领作用不仅体现在市场份额、规模和增速上，而且体现在整个产业的发展方向上。大众化餐饮的发展，使得餐饮产业发展更具活力，更加理性和更具可持续性，也使得餐饮产业可以真正发挥其基础性民生消费产业的社会和经济贡献，满足新时代人们美好生活的饮食消费需求。

伴随居民收入水平提高、消费水平提升，消费者对餐饮的需求从温饱型向小康型转变，对餐饮的安全、品牌、品质、健康、营养、环境等各方面都提出了更高的要求；而且伴随我国人口结构的变迁，餐饮消费群体也在发生着结构性变化，餐饮消费需求呈现多元化、年轻化、时尚化、个性化发展趋势。低价、同质、低端等过去的大众化餐饮标签已经逐渐被健康、品质、年轻、个性、特色、文化、休闲等多种标签所取代。因此，大众化餐饮的内涵也伴随着消费的变化产生了动态变化，发展大众化餐饮并不是引导发展低价低端餐饮而否定高价高端餐饮，而是发展多层次大众化餐饮市场，满足各种类型的居民餐饮消费需求。

（二）O2O模式推动外卖市场发展迅速

在"互联网+"战略引领下，具有线下体验、实物消费特征的餐饮产业迅速成为互联网平台企业、部分品牌餐饮企业发展O2O模式的重要产业，从而推动中国餐饮外卖市场快速发展,这也已经成为餐饮产业发展的重要动力之一。外卖服务本身并不是一种服务创新,而是传统餐饮市场的重要服务模式之一,可以扩大餐饮门店的服务半径,提高餐饮门店的产能利用率,提高餐饮门店的服务能力,从而提高餐饮门店的盈利水平。但是传统外卖服务具有较高的交易成本。互联网外卖,尤其是互联网外卖平台在资本的推动下,在全国餐饮市场得以快速布局推广,使得具有典型小和散特征的餐饮企业迅速被互联网平台组织成为互联网餐饮外卖市场的生产节点,提高了供需的匹配效率,极大地降低了传统外卖的交易成本。平台的出现是餐饮外卖市场的重要商业模式创新,极大地推动了外卖市场的发展,同时也对餐饮门店、传统外卖企业乃至餐饮企业的经营模式带来了巨大影响。

艾瑞咨询、美团等企业以及多个研究机构各自发布的报告显示,到2017年,中国在线外卖市场规模已经超过了2000亿元,是2011年的近10倍,发展势头强劲,2018年,中国在线外卖市场规模达到2500亿元(见图17);2018年,在线外卖用户超过4亿人,比2015年增长近3亿人,渗透率达到49%,在线外卖服务已经成为网民的高频应用之一(见图18)。

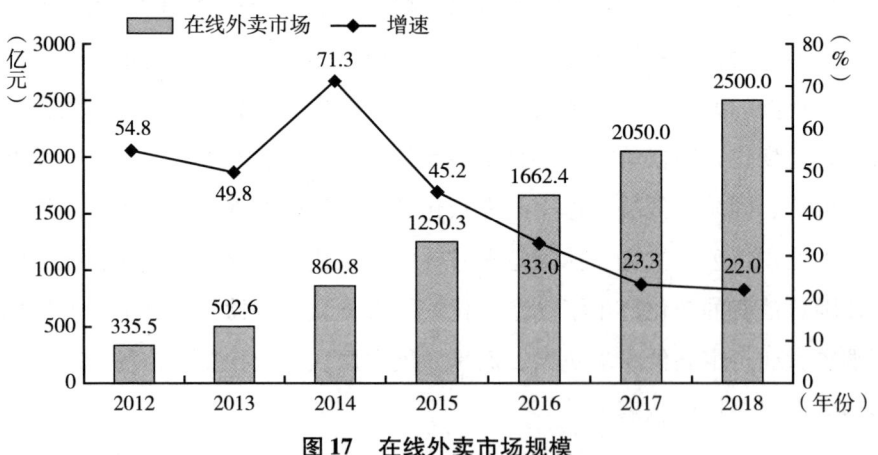

图17 在线外卖市场规模

资料来源:作者根据多家机构发布报告整理。艾瑞咨询:《2018上半年中国在线外卖市场监测报告》,2018年8月21日,http://www.iimedia.cn/62229.html;智研咨询:《2018年中国在线外卖市场规模预测及行业发展趋势》,http://www.chyxx.com/industry/201804/630304.html;中商产业研究院:《2018年中国在线餐饮行业分析及预测》,http://www.askci.com/news/chanye/20180918/1624311132310.shtml。

中国餐饮产业发展回顾与展望

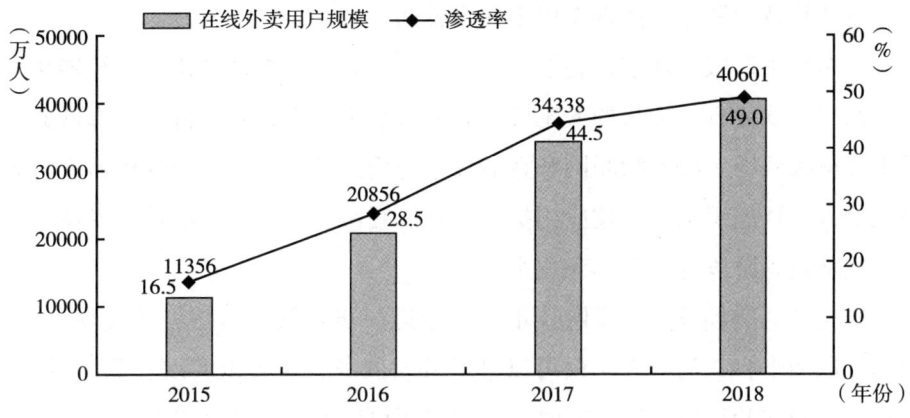

图18 在线外卖用户市场规模

资料来源：中国互联网络信息中心：《2016年中国互联网络发展状况统计报告》《2017年中国互联网络发展状况统计报告》《2018年中国互联网络发展状况统计报告》，http://www.cnnic.net.cn/hlwfzyj/hlwxzbg/。

餐饮外卖服务作为一项高频互联网应用已经成为互联网巨头获取用户资源、提高用户价值、巩固市场地位的重要领域，受到了互联网巨头、投资资本的重点关注；短短几年时间内，在线外卖市场竞争格局从最初的百家争鸣已经演变成阿里集团旗下的"饿了么"和腾讯主导的"美团点评"两大巨头占据90%以上市场份额的双寡头竞争格局，各类小平台、餐饮企业自有外卖平台只能依靠自身品牌逐步积累用户生存。在这种竞争格局下，小而散的餐饮企业在巨头平台面前成为弱势群体，在逐步提高的佣金条款下并不具有谈判能力。因此，如何合理地构建符合各方利益的互联网平台治理机制是未来在线餐饮外卖市场健康发展的关键。

（三）餐饮科技加快发展

伴随信息技术等科技发展和应用成本的降低，餐饮产业作为劳动密集型产业也开始享受科技带来的红利。餐饮与科技的加速融合，有利于餐饮产业的商业模式创新、业态创新和产品服务创新发展，有利于餐饮产业的服务效率和服务水平的提高，有利于推动产业步入高质量发展新阶段。

餐饮科技发展主要体现在以下几个方面。

一是在生产服务环节，餐饮＋物联网＋智能技术推动餐饮产业智能化发展。面对餐饮业日益增长的人工成本和租金成本压力，利用科技来降低成本是重要解决路径。随着物联网和智能技术应用的日益普及，厨师机器人、服务机器人、智能识别等科技应用推动了智能餐厅、无人餐厅的快速发展，当前已经从概念阶段进入实际应用水平。

二是在消费环节，互联网技术的应用进一步降低了消费者的交易成本。通过互联网平台，消费者不仅可以享受外卖服务，还可以实现互联网排位、点菜，消费体验得以提高；同时，消费者还可以通过互联网平台对餐厅进行售后评价，对餐厅服务形成有效的激励和约束机制。

三是在产品环节，餐饮＋3D、虚拟现实（VR）、增强现实（AR）技术推动产品和服务创新发展。3D技术、VR和AR技术的发展推动了餐饮就餐环境、菜品的创新，使消费者在获得味觉享受的同时，体验身临其境的视觉效应。

四是在供应链、企业信息化等内部管理环节，一方面，云计算的发展推动了SaaS软件的快速发展，极大地降低了中小餐饮企业的信息化成本，提高了中小餐饮企业的运营效率；另一方面，基于SaaS软件积累的供应链数据和消费者数据，大数据技术的发展，可以为餐饮企业提供更好的决策支持，同时推动了餐饮产业的数字化，为产业治理和发展提供数据支持。

此外，农业、工业领域的新科技也在餐饮产业得以引入和应用，进一步提高了餐饮产业的科技含量。

（四）餐饮产业跨界融合成为热点

餐饮的体验特征使得餐饮业态成为近年来跨届融合的重要领域。阿里的"盒马鲜生"、永辉超市的"超级物种"、京东的"7－Fresh"、百联的RISO都把餐饮业态引入零售门店，通过餐饮为用户提供更好的线下体验服务；大量的购物中心、百货店也在积极调整业态结构，提高餐饮业态比重，通过餐饮来吸引线下流量，这都使得餐饮业跨界融合处于行业风口。不仅是零售业在引入餐饮业态，餐饮业自身也在积极引入零售业态，通过零售化来提高门店效益。

从零售业和餐饮业的发展来看，这种跨界已经具有一定的产业发展历史，比如便利店中提供的快餐服务、海鲜市场中提供的产品加工就餐服务、餐饮门店中提供的非即时烹饪食品销售服务等。但过去的跨届依然处于跨界组合阶段，在当前的跨界中两者互补和联系更加紧密，真正实现了融合。

总之，餐饮业体验特点和基础性消费特点使其成为各个领域吸引客流的重要业态，同时餐饮业也通过与其他产业的融合，促进自身的创新发展。

（五）餐饮竞争加剧优胜劣汰

在整个产业从粗放增长向集约化高质量发展的调整时期，产业结构性调整必定带来更加激烈的竞争，加速优胜劣汰。尤其是在人流向商业中心聚集、信息流向互联网平台聚集的时代，消费者与以往相比拥有更多的选择权，每个餐饮企业既拥有更多更好的发展机会，同时也面临更多更激烈的竞争。

近年来，越来越多高学历背景的非餐饮从业人士带着资本和新兴的餐饮消费理念加入餐饮产业的创业中，为整个餐饮产业发展带来了新的理念和竞争。网红餐饮便是近些年餐饮产业发展非常典型的例子。

网红餐饮是利用互联网传播效应和粉丝经济迅速发展的新兴餐饮品牌。互联网新兴餐饮品牌的崛起为中国餐饮产业发展带来了新生力量，其对消费者餐饮需求的敏锐嗅觉、对餐饮服务的全新理解和诠释、对互联网传播渠道的熟练应用以及对互联网消费者的尽心维护，为餐饮产业发展带来了新理念和新元素，并带动了一批非餐饮人士跨界创业进入餐饮产业，活跃了整个餐饮市场。

但同时也存在大量网红餐饮仅仅依靠互联网营销炒作，并不注重产品的

安全和品质、企业和供应链的管理，最终昙花一现，在市场竞争中迅速湮灭。餐饮产业属于进入门槛较低、经营门槛较高的产业。即便是在互联网时代，餐饮市场的竞争优势最终仍体现在产品和服务品质上，如果仅仅赢得了消费者的眼球而没有俘获得消费者的胃和心，是无法在如此激烈的市场竞争中树立竞争优势的。

（六）餐饮产业重获资本青睐

中国餐饮产业的广阔市场空间、稳定增长能力和巨大发展潜力使得资本对餐饮企业的关注度重新提高。

在IPO方面，2017年6月，广州酒店在中国A股成功上市标志着中国证券市场大门对餐饮企业再次开启。在过去十年多时间里，餐饮企业与资本经历了从蜜月到寒冬的过山车式剧烈变化。在这期间，诸多餐饮企业在国内IPO排队中被叫停或退出排队，部分餐饮企业，如乡村基、小南国、唐宫、呷哺呷哺、海底捞选择在境外上市。广州酒家的上市和上市后的表现给了资本市场更多的信心。当然，餐饮企业在A股上市依然面临很多挑战，在广州九毛九退出IPO后，当前国内仍在排队IPO的餐饮企业还有同庆楼。

从风险投资的进入情况来看，餐饮项目在近两年再次成为风险投资的关注领域之一。三年里，诸多新兴餐饮品牌，比如西少爷、遇见小面、喜茶、美奈小馆、松哥油焖大虾、好色派沙拉、米有沙拉、大虾来了等数十个项目获得了风险投资。相比于过去的餐饮项目，这些创业人往往并没有餐饮从业背景，但是具有较优越的教育背景和风投资源，项目的商业运作相对以往更加规范，商业模式更加明晰，可复制性更强。其中，瑞幸咖啡（Luckin Coffee）是发展最为快速的新兴饮品连锁企业。成立于2018年2月的瑞幸咖啡，借助互联网的力量，抓住咖啡市场快速发展的机遇，迅速扩张，并分别在7月和12月完成A轮2亿美元和B轮2亿美元融资，投后估值分别达到了10亿美元和22亿美元，成为餐饮市场上的"独角兽"。

三 中国餐饮产业发展展望

（一）迈入高质量发展新阶段

中国共产党第十九次代表大会的胜利召开，标志着中国特色社会主义建设进入新时代。中国社会主要矛盾为已经转化为人民日益增长的美好生活需要和不平衡不充分的发展之间的矛盾。这要求餐饮产业要从过去以满足人民温饱为主的追求规模的粗放式增长，向满足人民美好生活需要的追求高质量发展的集约式增长转变。

改革开放四十年来，餐饮产业围绕政府消费以及温饱消费，抓住了餐饮产业市场化和餐饮需求社会化的发展机遇，实现了粗放式的高速发展，复合增速达到了18%，规模已经超过4万亿元水平。但是从产业自身来看，产业发展质量依然不高，产业规模虽大，却产业化程度低，产业分工水平低；企业虽多，却缺乏具有国际竞争力的品牌；产品虽丰富，却创新能力弱，同质化严重。

在政府扩大消费需求、加强食品安全监管、鼓励大众化餐饮发展等政策环境下，在市场机制调节下，餐饮产业要加快转型升级速度，步入高质量发展新阶段，必须紧紧围绕消费需求，做好五个方面工作：一是继续发展大众化餐饮，增强内生增长动力；二是不断提高产业化水平，推动产业规范化、连锁化、标准化发展，构建现代化的餐饮产业分工体系；三是培育高质量的餐饮企业，增强企业的品牌竞争力；四是加快以信息技术为代表的科技在餐饮业的应用，提高餐饮业的产业效率和创新能力；五是通过加强政府监管、加大企业食品安全管理投入、提高企业供应链管理水平、健全食品可追溯系统来提升餐饮业食品安全风险控制水平。

（二）抓住消费升级的长期趋势

在建设现代化社会主义国家的长期进程中，消费升级将是一个长期发趋势，是人民日益增长美好生活需要的最直接体现。而消费领域的深刻变化，必将引导餐饮产业的发展。

十八大报告提出，到2020年，实现城乡居民人均收入比2010年翻一番。十九大报告提出，"坚持在经济增长的同时实现居民收入同步增长、在劳动生产率提高的同时实现劳动报酬同步提高"。改革开放以来，我国居民收入水平实现了长足进步，到2018年，全国居民人均可支配收入达到了28228元，实现名义增长8.7%；随着收入的提高，居民人均消费支出也在不断增长，2016年居民消费水平指数持续攀升至1820.5（1978＝100）（见图18）。此外，随着收入的提高，居民在工作和休闲的时间分配上也发生了重要转变，休闲时间分配比例逐步提高。由此，生活水平的提高，进一步提升了对社会化餐饮、休闲餐饮的需求，对餐饮的安全、健康、品质提出了更高要求。

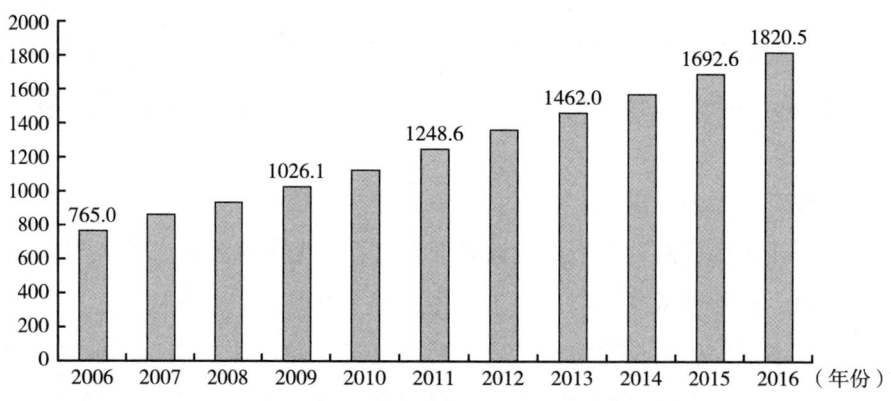

图19　居民消费水平指数（1978＝100）

资料来源：作者根据国家统计局（www.stats.gov.cn）数据绘制。

从恩格尔系数的长期趋势来看，改革开放以来，我国恩格尔系数一直处于长期下降趋势，显示出我国的消费结构处于长期升级的过程，食品消费比例在逐步降低，而教育、医疗、文化、娱乐等服务类消费比例在持续提升。到2017年，我国恩格尔系数步入30以下区间，在2018年进一步降低到28.4（见图20），这意味着我国消费结构按照联合国对恩格尔系数的划分标准，已经进入富足型消费区间。因此，餐饮产业必须抓住消费升级的长期趋势，从满足温饱的物质需求阶段向满足精神文化和服务消费需求阶段转变。

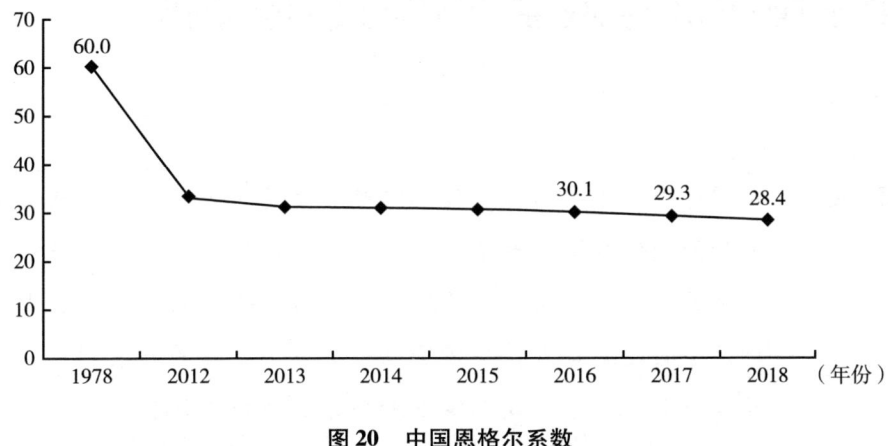

图20　中国恩格尔系数

资料来源：作者根据国家统计局（www.stats.gov.cn）数据绘制。

（三）加快餐饮产业数字化进程

数字经济是新时代的重要特征和发展趋势。信息技术的广泛和深入应用，特别是以智能手机为代表的智能终端技术，以传感器为代表的物联网技术，以云计算、大数据为代表的互联网信息技术，以及以电子商务、网络社交为代表的网络应用，加快了全球社会、经济的数字化进程。数字经济正在变革和主导经济发展。

餐饮业相对于零售业、金融业、交通运输业等服务业来说，数字化发展相对落后，但是发展空间巨大。加快餐饮业数字化进程，是发展数字经济的国家战略需要，也是建设现代化餐饮业、提高餐饮业运行效率和创新能力的需要，更是深入、动态了解消费需求，更好地满足美好生活需求的需要。此外，餐饮业数字化形成的海量数据资源也是国家社会、经济领域的宝贵数据资源。

从当前的餐饮业发展来看，从生产端到消费端、从原材料到最终产品的各个环节正在开始数字化进程，数字餐厅、数字供应链、餐饮服务平台的出现和高速发展，体现了传统服务业对数字化进程的巨大需求。

B.5
中国电子商务发展现状与趋势分析

黄 浩*

摘　要： 中国电子商务的增长速度已经趋于平稳，但各种创新及其带来的问题仍然影响着中国商贸流通领域的发展。本报告从区域差异、农村电商、消费转型等方面阐述了电子商务在中国近两年的发展特点，分析了电子商务法出台的政策影响，以及二手电子商务、线上线下融合等创新模式的发展趋势。最后，针对电子商务不正当竞争、消费者保护和个人隐私等问题，提出了具有针对性的政策建议。

关键词： 电子商务　农村电商　消费者保护　数据隐私

一　中国电子商务发展现状

（一）电商交易规模持续扩大

截至2018年6月，我国互联网用户达到80166万人，是全球网民最多的国家，网络普及率达到57.7%（见图1），高于全球互联网普及率。在庞大的网民基数带动下，网络购物的用户持续增加，渗透率持续提升，成为居民生活的一个组成部分。网购用户数量达到56892万人，网购渗透率达到

---

* 黄浩，博士，中国社会科学院财经战略研究院副研究员，主要研究领域为互联网经济、电子商务、信息化等。

71%（见图2）。2017年，我国电子商务交易额为29.2万亿元，2014~2017年均增长21.2%，电子商务对企业生产的渗透日益深入（见图3）。网上零售快速发展，"网购"成为中国的新名片，中国网购在全球网购中占据了重要地位。2017年，中国网络零售额达到7.18万亿元，比上年增长32.2%（见图4）。其中，实物商品网上零售额5.48万亿元，增长28.0%，占社会消费品零售总额的比重为15.0%；在实物商品网上零售额中，吃、穿和用类商品分别增长28.6%、20.3%和30.8%。① 2018年1~6月，我国网上零售额达到40810亿元，其中，实物商品网上零售额31277亿元，增长29.8%，占社会消费品零售总额的比重为17.4%；在实物商品网上零售额中，吃、穿和用类商品分别增长42.3%、24.1%和30.7%。

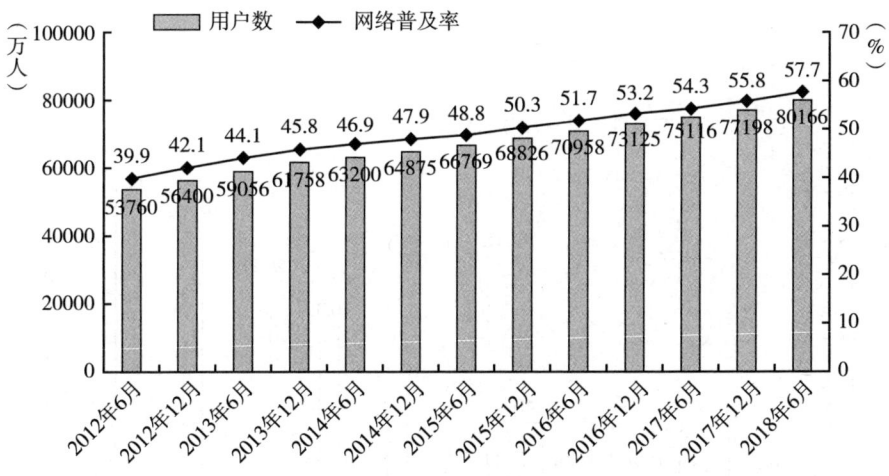

图1 中国的网络用户数量与网络普及率

资料来源：根据CNNIC公开数据整理。

---

① 《2017年全国网上零售额增长32.2%》，http://www.cs.com.cn/gppd/hyyj/201801/t20180119_5674397.html。

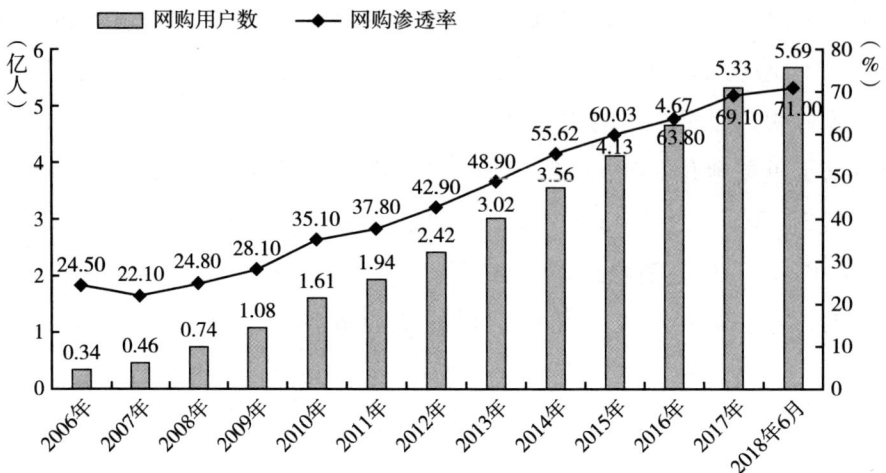

图2　中国的网络购物用户情况

资料来源：根据CNNIC公开数据整理。

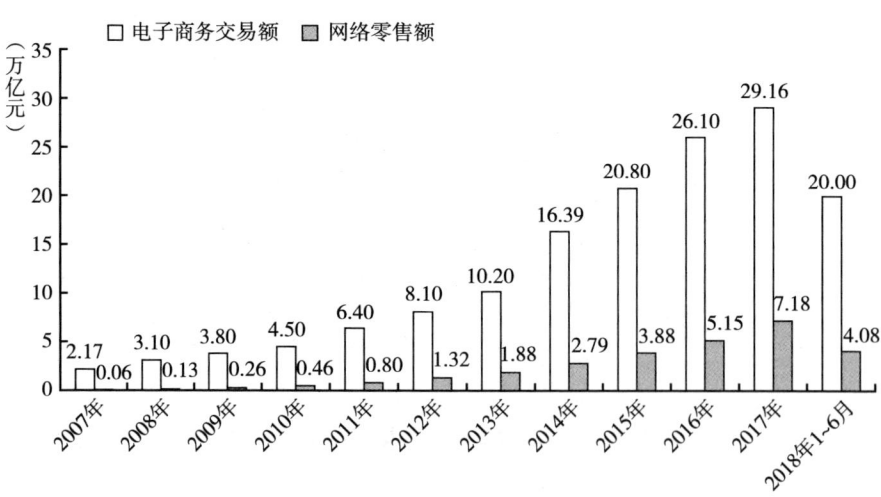

图3　中国的电子商务发展情况

资料来源：根据国家统计局公开数据整理。

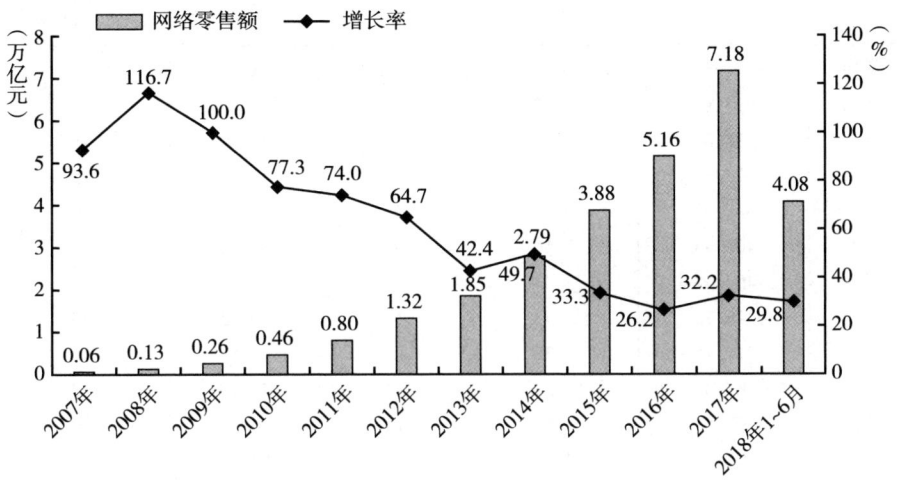

图4 中国的网络零售额及增长情况

注：图中增长率为调整后数据。
资料来源：根据国家统计局公开数据整理。

（二）电子商务消费额的地区差异仍然显著

从电商平台数据来看，电子商务消费额的地区差异仍然显著。根据电商品台数据，2017年各省份电商平台消费额占比较大的为广东、北京、江苏、上海、四川、浙江和山东，合计占比达60%；而吉林、内蒙古、新疆、甘肃、海南、宁夏、青海、西藏占比均低于1%，合计占比不超过5%。这反映了电商销售在各省份之间存在明显差异。从增速来看，增速排名前五的省份为海南、青海、河南、云南和西藏，增速均超过50%，说明电子商务在落后省份加速发展（见表1）。

表1 2017年各省份电商平台消费额占比及增速

省份	消费额指数	占比（%）	占比排名	增速（%）	增速排名
广东	1839.32	15.72	1	32.07	27
北京	1660.17	14.19	2	30.76	29
江苏	916.18	7.83	3	40.79	22
上海	779.04	6.66	4	22.25	31

续表

省份	消费额指数	占比(%)	占比排名	增速(%)	增速排名
四川	617.89	5.28	5	40.12	23
浙江	613.04	5.24	6	31.99	28
山东	578.38	4.94	7	46.99	15
河北	440.83	3.77	8	42.74	19
湖北	408.98	3.50	9	38.89	25
河南	402.40	3.44	10	58.39	3
福建	319.73	2.73	11	30.63	30
辽宁	317.96	2.72	12	43.65	16
安徽	303.37	2.59	13	42.80	18
陕西	302.56	2.59	14	50.17	10
湖南	301.81	2.58	15	50.02	11
天津	238.88	2.04	16	32.32	26
重庆	220.90	1.89	17	41.18	20
广西	220.22	1.88	18	49.29	12
江西	185.44	1.58	19	47.63	14
山西	158.96	1.36	20	41.09	21
云南	128.74	1.10	21	55.42	4
黑龙江	127.67	1.09	22	39.26	24
贵州	120.56	1.03	23	50.24	9
吉林	104.38	0.89	24	43.47	17
内蒙古	99.36	0.85	25	52.54	7
新疆	85.75	0.73	26	53.53	6
甘肃	75.80	0.65	27	48.30	13
海南	71.42	0.61	28	67.28	1
宁夏	29.62	0.25	29	50.79	8
青海	18.94	0.16	30	60.02	2
西藏	11.91	0.10	31	54.73	5

资料来源：根据电商平台数据整理。

从东、中、西部及东北地区①电商平台消费额来看，2017年，电商平台消费额占比最高的是东部地区，占比约为65%；中部和西部地区各占15%；

---

① 东部地区包括北京、天津、河北、上海、江苏、浙江、福建、山东、广东、海南；东北地区包括黑龙江、吉林、辽宁；中部地区包括山西、安徽、江西、河南、湖北、湖南；西部地区包括内蒙古、广西、重庆、四川、云南、贵州、青海、甘肃、宁夏、新疆、西藏、陕西。

东北部地区占比不到5%。考虑到区域省份数量不同对网上消费额总量的影响，从不同区域各省份平均消费额来看，全国各省份平均消费额指数为377，东部地区超过全国水平，达777；东北、中部、西部地区各省份平均消费额指数均低于全国水平，分别为183、293和161（见图5）。从各省份平均年增长率来看，西部地区增速最快，超过50%；东部地区增速最慢，约为38%；中部地区和东北地区增速居中，分别约为47%和42%。由此说明，我国电子商务消费存在区域差异，但电子商务在落后地区发展势头足。

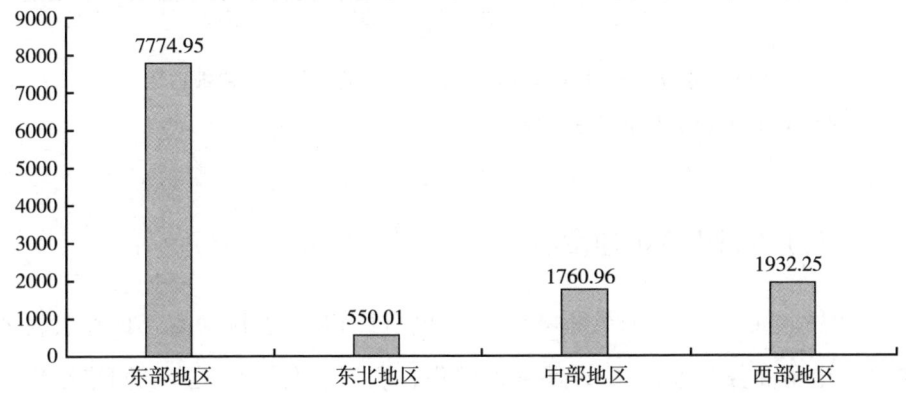

图5　2017年东、中、西部和东北地区电商平台消费额指数

资料来源：根据企业调研数据整理。

从一线至六线城市电商平台消费额和用户数占比来看，电商平台消费额主要分布在一线城市和二线城市，合计占比达77%；四线、五线、六线城市消费额占比均不足5%，分别为4.11%、4.39%和4.87%。用户在各线城市分布相对均匀，二线城市用户数最多，占比达23.69%；六线城市和一线城市用户数占比分别为21.17%、18.14%，仅次于二线城市；三线、四线、五线城市用户数相对较少，占比为12%左右。可以看出，一线城市购买力相对集中，注册用户购买力强，三线至六线城市购买力分散，注册用户购买力弱，导致三线至六线城市用户数占比远大于其消费额占比（见图6）。

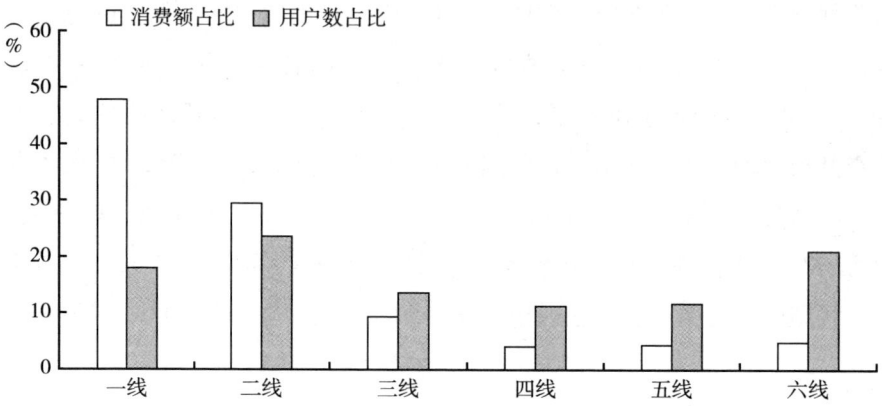

图6　2017年一线至六线城市电商平台消费额和用户数占比

资料来源：根据企业调研数据整理。

（三）农村电商加速发展

"农村电商"是一个系统概念，包括农村网购、农村网商（即在农村地区经营电子商务业务）、农产品网络销售、农资电商等。农产品网络销售的大部分包括在农村网商之中，农资电商的大部分包括在农村网购之中，因此，对农村电商的分析主要是农村网购市场与农村网商两大部分。

第一，农村网购市场快速增长，有利于解决农村商业发展不平衡不充分的问题。据商务部统计数据，2015年农村网购市场规模达3530亿元，同比增长94.28%；2016年达4823亿元，2017年达到6500亿元（见图7）。在全国网购市场中的占比接近10%。

特别值得指出的是，电商的发展，有力地促进了农村地区的消费升级，对缓解城乡商业发展不平衡不充分有一定的作用。从2015～2017年电商平台城乡人均消费额指数来看（见图8和图9），农村人均消费支出年增长率高于城镇人均消费支出。

除总量之外，农村消费结构也随着电商发展不断升级。从不同消费类型电商平台城乡居民人均消费支出年增长率来看，2016年和2017年农村居民

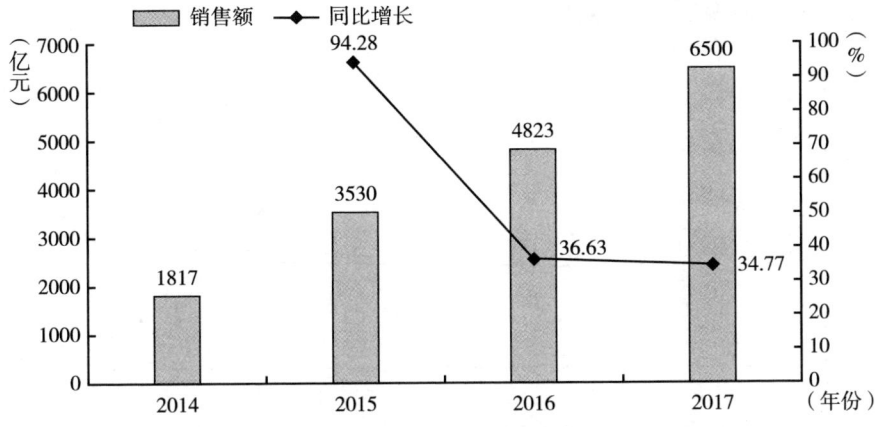

图 7　2014~2017 年农村网购市场规模及同比增长

资料来源：商务部统计数据。

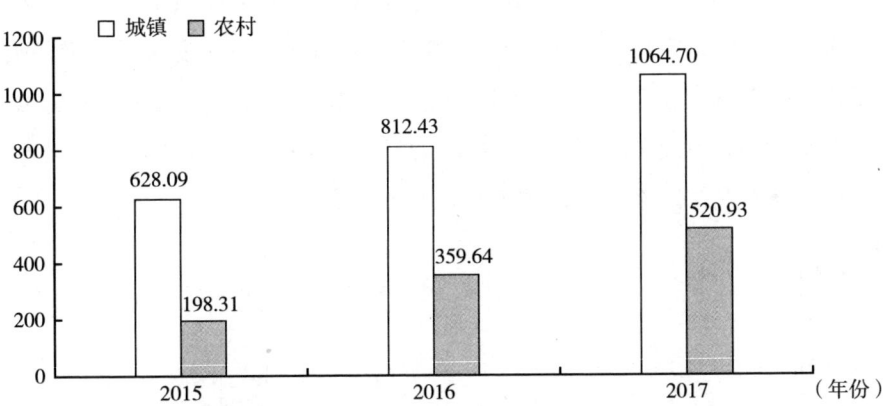

图 8　2015~2017 年电商平台城乡人均消费额指数

资料来源：根据电子商务平台数据整理。

人均消费支出增速均高于城镇居民，其他用品及服务消费增速差异最显著，2016 年农村居民在电商平台上对其他用品及服务的人均消费增长率超过 500%，城镇居民人均消费增长率仅为 350% 左右；2017 年农村居民在电商平台上对其他用品及服务的人均消费增长率为 123%，城镇居民人均消费增长率仅为 15%。

第二，农村网商发展迅速，助力解决农村发展不平衡不充分的问题。根

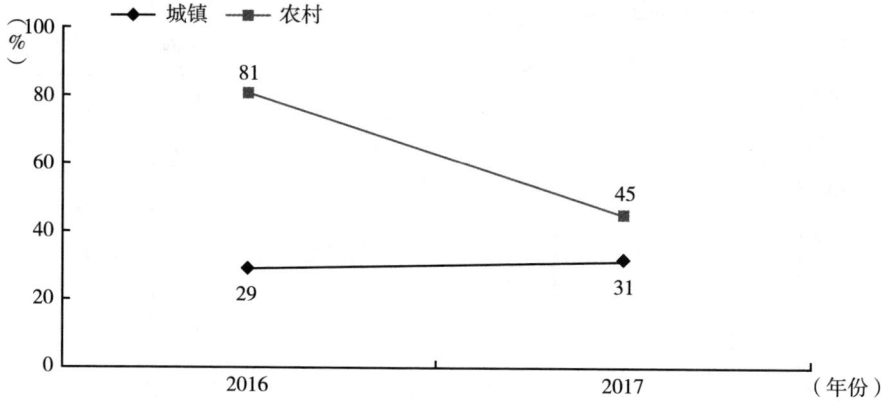

图9 2016～2017年电商平台城乡人均消费额指数增速

资料来源：根据电子商务平台数据整理。

据商务部提供的数据，2016年我国农村网络零售市场交易额达8945.4亿元，约占全国网络零售额的17.3%；2017年达到1.245万亿元（见图10）。从商品类型来看，在2017年农村网络零售额中，实物型商品网络零售额为7826.6亿元，占比达62.9%；服务型商品网络零售额为4622亿元，占比为37.1%。全年农村网络零售额季度环比增速均高于城市。

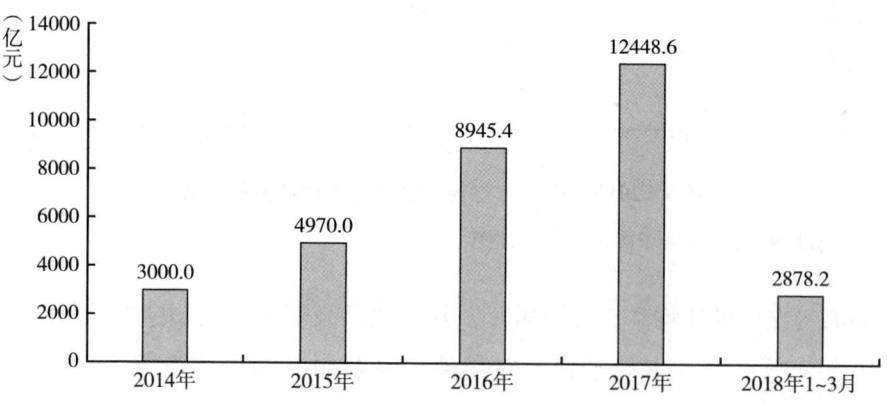

图10 农村网络零售额

资料来源：商务部统计数据。

商务大数据监测显示，2018年第一季度全国农村网络零售额为2878.2亿元，同比增长34.7%，占全国网络零售额的14.9%。其中，实物型商品网络零售额为2252.3亿元，同比增长32.2%；服务型商品网络零售额为625.9亿元，同比增长38.9%（见图11）。

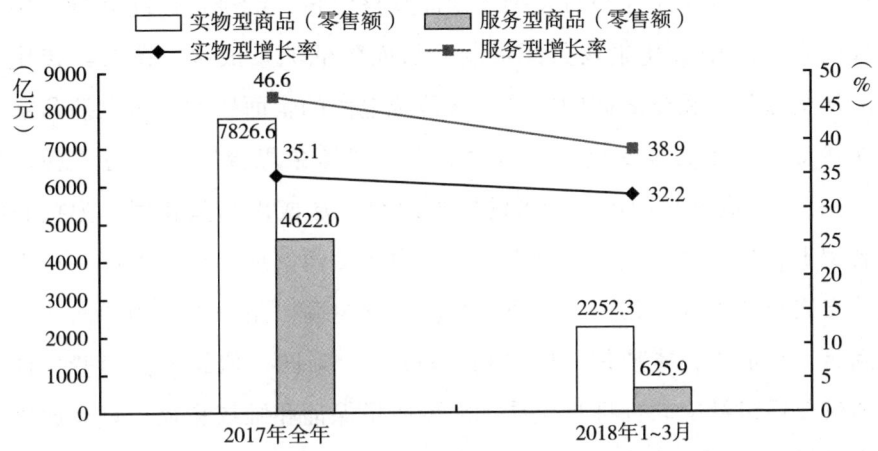

图11 2017年及2018年第一季度农村实物型和服务型商品网络零售额及同比增长

资料来源：商务部监测数据。

截至2017年底，农村网店达到985.6万家，较2016年增加169.3万家，同比增长20.7%，带动就业人数超过2800万人。2017年，全国832个国家级贫困县实现网络零售额1207.9亿元，同比增长52.1%。

（四）电子商务消费转型趋势明显

2016年底，商务部、中央网信办、发展改革委三部门联合发布的《电子商务"十三五"发展规划》明确提出要"鼓励社交网络发挥内容、创意及用户关系优势，建立链接电子商务的运营模式，支持健康规范的微商发展模式"。2018年以来，电商平台都推出了基于社交的电商，如京东推出拼购、淘宝推出淘宝特价版等，除此之外，"拼多多"仍保持较快的增长速度。2018年，预计中国社交电商用户达到3亿人。社交电商通过社交平台

"熟人"传播和"拼团"优惠等模式,也吸引了大量中西部、农村地区消费者和中老年消费者"触网",使更多消费者享受到网购的便利。

相对于传统电商,社交电商具有以下四个特点。第一,低成本。社交电商具有中心化和零门槛的特点,比如依托微信做社交电商的社群营销。另外,社交电商基于用户自发推荐商品获得流量,能绕过传统电商"付费投放广告"的中心化集权分配机制,从而降低流量成本。第二,转化率高。社交是基于粉丝之间的关系,从传统电商的全面撒网、重点捕鱼漏斗模式转变为现在的裂变模式。运营维度从"流量思维"转化为"粉丝思维"。社交电商通常利用消费者的粉丝思维,形成以粉丝和用户为核心的扩展逻辑,当顾客产生购买行为后,平台自然而然地出现转推广,从而形成社交式裂变模式。第三,利他思维。社交电商以用户需求为导向,致力于满足用户需求,本质是一种"利他思维"。第四,依靠信任消费。社交电商仅仅通过社交软件进行交易,缺少质量保证和维权途径,只有通过多次高质量的交易,才能获得长期消费者。目前来看,基于新媒体开展的社交电商,卖家可以直接跟买家互动,以极低的成本和多变的运营方式,在第一时间了解并解决用户的需求和售后问题,利用社群思维营造口碑,真正做到以人为本,这是社交电商的根本特点,也使得社交电商成为炙手可热的电商模式。

商务部2018年启动了"消费升级计划",电子商务对消费升级的作用开始显现。商务部大数据监测显示,文化、健康、旅游消费增长迅猛,图书音像、文化办公用品和中西药品销售额增速均超过50%,反映市场消费需求加快转变,文化内涵、消费体验成为影响消费者选择的重要因素。

根据电商平台对一级商品品类销售额排序(见表2),销售额占比前10位的商品品类中,前三位分别为手机数码(19.32%)、家用电器(17.07%)、电脑办公(14.98%),其余商品品类占比均小于10%。从增速来看,商用电器、农资用具、生鲜和宠物生活2017年销售额增速均超过100%,发展迅速。

表2 2017年电商平台销售额占比和增速Top10商品品类

序号	销售额占比Top10商品品类	销售额增速Top10商品品类
1	手机数码	商用电器
2	家用电器	农用物资
3	电脑办公	生鲜
4	服饰内衣	宠物生活
5	个护化妆	食品饮料
6	母婴	医疗保健
7	家具建材	本地生活/旅游出行
8	食品饮料	个护化妆
9	礼品箱包	厨具
10	运动户外	家具建材

资料来源：根据电商平台数据整理。

二 中国电子商务发展趋势

（一）《电子商务法》出台，电商发展日益法制化、规范化

2018年8月31日下午，第十三届全国人大常委会第五次会议表决通过了《电子商务法》，从2019年1月1日起施行。至此，规范电子商务行为、保障电子商务各方主体合法权益就有了一部专门法，这也是我国电商领域的首部综合性法律。

《电子商务法》从责任主体、监管主体、消费者权益保护等方面对电子商务行业进行规范。首先，它对电子商务进行了明确的定义："电子商务是指通过互联网等信息网络销售商品或者提供服务的经营活动。"从这个定义中可以看出，电子商务首先属于经营活动，此活动不一定必须盈利。同时从特征而言，电子商务应当具备的特征为通过互联网等信息网络销售商品或提供服务。根据该定义，除了电商平台经营者、电商经营者等，微商和目前越来越多的"网红"销售也将被纳入电商范畴。同时，电商卖家也要办理市

场主体登记和税务登记。这意味着《电子商务法》出台后，作为商业主体和经营者，电商卖家需要依法纳税。这一规定对电商主体及其税收行为进行了明确规定。

其次，《电子商务法》强调了电子商务经营者从事经营活动，应注意遵循自愿、平等、公平、诚信的市场交易原则，履行消费者权益保护、环境保护、知识产权保护、网络安全与个人信息保护等方面的义务。而对于电子商务应当由哪个部门具体进行监管，《电子商务法》并未明确。

最后，《电子商务法》适当加重了电子商务经营者，特别是第三方平台的责任，适当地加强了对电子商务消费者的保护力度，其目的在于保护消费者权益和促进电商行业健康发展，并力求平衡平台、商家和消费者的三方利益。例如，其中规定，信息泄露或恶意搭售或擅自删除差评，最高面临50万元的罚款；网购买到假货，电商平台未尽到资格审核义务，以及强制商家"二选一"，最高罚款200万元；还规定，对关系消费者生命健康的商品或者服务，电商平台经营者对平台内经营者的资质资格未尽到审核义务或者安全保障义务，造成消费者损害的，除依法承担相应的责任外，还将被处以最低5万元、最高200万元的罚款。

《电子商务法》的出台及实施，有助于解决电商行业商家水平参差不齐、消费者维权困难、数据泄露、知识产权保护不力等问题，加强对消费者权益的保护、增强消费者信心和对不法行为的威慑能力，推动电商行业法制化、规范化发展。

（二）二手电商兴起，电商消费回归理性

经过多年电商节日购物狂欢之后，人们的理性消费意识也在觉醒；而之前买来的商品无处安放，也让人们对闲置商品的处理有所改观。电商和资本的助力让以闲鱼和转转为代表的二手交易平台兴起，为二手闲置物品交易实现提供了更多的可能。商务部大数据指出，我国二手电商发展迅速，正在成为电商领域的新增长点。

ThredUp发布的2017年转售报告显示，到2021年，二手商品市场交易

额预计将达到330亿美元，并且二手寄售市场的增长速度是整体零售市场增速的20倍。据日本《产经新闻》报道，日本二手物品电商平台Mercari已申请IPO，计划融资9亿美元，预计年内在东京上市，它也将成为全球首个IPO的二手物品电商平台。Mercari是迄今为止日本唯一一家成长为独角兽企业的移动互联网创业公司，当前在日本的下载总量超过3500万次，平台月交易额达到8800万美元。

目前中国的线上二手交易市场，主要是淘宝二手、58同城、赶集网、百姓网，以及各大二手论坛如"爱回收""电玩巴士"等。在所有二手物品交易平台中，闲鱼最出名。闲鱼于2014年6月上线，上线9个月后有220万部手机、700万件服饰、200万本书籍被转手。到2017年3月，累计实名认证用户超过1亿人，已成交闲置物品达1.7亿件。2015年上线的转转，在2016年11月12日上线一周年时交易额达到70亿元，一年后增两倍，增至210.64亿元；同时平台交易订单量达5698万单，较2016年增长269.76%。

（三）电子商务企业通过延伸产业链进一步提高竞争力

电商产业链主要由商流、物流、信息流和资金流构成。自2017年开始，各大电商平台纷纷将产业链向上游供给端延伸，实现电商平台产销融合，如网易推出"网易严选"、京东推出"京造"等自有品牌。这种产业链融合的趋势一方面受到消费升级、消费者对消费质量和商品品牌追求的推动；另一方面也实现了对平台产品的供应整合，增强电商平台对产品质量的监管和控制，剔除中间环节交易成本，提高平台竞争力。

自营电商品牌纷纷上线，从2016年上线的"网易严选"，到2017年上线的"米家有品""淘宝心选""兔头妈妈甄选""京造"等（见表3），各大电商都希望通过创立自营品牌来向上游制造环节渗透，实现由代工厂直接与消费者对接，在降低生产和流通环节成本的同时，满足用户对价格和品质的双需求。与传统的自营模式不同，这些电商通过创立自营品牌，采用ODM模式，直接与知名品牌的代工厂对接，自定销售价格、掌控成本和利润，从而更加节省成本，为消费者提供性价比更高的产品。

表3　电商自营品牌信息

电商自营品牌	上线时间	投资方	商品类型	品牌方
网易严选	2016年4月	网易	居家、餐厨、服装、洗护、食品等	自营品牌
米家有品	2017年4月	小米	家电、家居、手机、智能产品等	部分品牌自营，部分合作品牌
淘宝心选	2017年5月	淘宝	居家、餐厨、洗护、收纳用品	品牌自营
兔头妈妈甄选	2017年6月	蜜芽	母婴用品	品牌自营
京造	2017年9月	京东	居家、电器、餐厨、服饰、食品、出行、洗护等	品牌自营

资料来源：互联网，国金投资行业研究部整理。

生鲜电商打造"全产业链"。2017年，生鲜电商的规模达1418亿元，线上市场渗透率达7.9%。传统的农产品流通环节过长、渠道臃肿，加上产品非标、无冷藏设施，造成生鲜损耗率达25%~30%，导致生鲜行业流通成本过高。2017年，生鲜电商向上游集中，通过投资自建渠道，极大地降低了生鲜行业流通成本，提高了流通效率，产业集中趋势明显。2017年，生鲜领域共发生13笔投资，投资金额达到52.56亿元。其中，广为人知的有百果园获15亿元以上B轮融资，用于果品研发与品类品牌建设；每日优鲜2017年共融资4.3亿美元，用于上游供应链和社区冷链建设；易果生鲜获3亿美元融资，用于旗下冷链公司安鲜达的基础设施建设；永辉计划出资5.4亿元购买国联水产10%股份，用于加码上游供应链。

（四）电商创新模式落地，线上线下加速融合

进入2018年，线上线下之间由竞争关系向合作关系转变。电商受制于用户数量增长放缓（自2012年开始，我国互联网用户数量增长率低于GDP增长率，2016年，网购用户数量增长率仅为13%，2017年略有回升，也仅为14%），开始向线下延伸。实体零售店为了克服销售渠道有限、销售方式

缺乏灵活性等弊端，能够随时随地捕捉消费者，积极与电商企业合作，通过入驻电商平台等方式开拓商品销路。在技术上，移动支付、大数据、虚拟现实等新技术也开拓了线下场景。

各大电商平台开始以资本收购等方式，全面入驻线下零售企业。如阿里收购大润发、京东入股万达商业、京东入股步步高等。2018年6月9日，京东美妆JOY SPACE无界零售快闪店在广州正佳广场开店运营，资生堂、韩束、兰芝等二十余个美妆品牌进驻。京东美妆线下零售店，通过打通线上线下的用户数据及购物场景，把商品销售、技术展示、品牌传播、事件营销等融合在一起，给消费者带来了全新购物体验。同时通过大数据，快闪店为线下消费者提供智能的品类及商品推荐，也让品牌方完成了线上快闪会场的精准营销，助力品牌销量全面爆发。

2018年4月16日，华润万家与京东到家共同宣布，华润万家在杭州及南京的大卖场业态正式入驻京东到家，双方将共同打造线上线下一体化和数字化的服务能力。通过京东到家流量赋能、履约赋能、商品赋能、门店赋能和用户赋能五大赋能模块和华润万家覆盖全国的实体零售门店及高质量的供应链，双方将共同打造线上线下一体化和数字化的服务能力，为中国更多消费者提供便捷的、高品质的商品服务。

三　中国电子商务发展中存在的问题

（一）电子商务领域不正当竞争较为严重

2018年国家主席习近平在全国网络安全和信息化工作会议上强调指出，反对垄断和不正当竞争。同时，2018年起实施的《反不正当竞争法》规定，经营者采用刷单、炒信等方式，帮助自己或其他经营者进行虚假宣传或引人误解的商业宣传，情节严重的，最高可处200万元罚款，吊销营业执照。但电商领域的"不正当竞争"仍然存在。

电子商务领域不正当竞争具体表现为以下几点。一是商业诋毁。近

年来，网络推手、网络水军是活跃在中国互联网舆论热点背后的一支重要力量，网络推手利用抹黑对手的"黑稿"进行商业诋毁，也成为近年来出现的互联网乱象之一。这种不正当竞争的手段和行为，严重扰乱了社会秩序和整个电商行业的发展。二是"搭便车"。美团网和大众点评网两个电商平台出于商业目的，互相盗用对方网站图片进行网络营销，并先后遭到对方起诉，这种"搭便车"行为严重违反了电商领域的公平竞争原则。三是搜索引擎排名。电商企业在搜索引擎排名、域名抢注、恶意插标等方面的行为，使电商领域的竞争变得更加无序。四是电商平台上的企业"挂羊头卖狗肉"。截至2018年5月14日，百度、美团、饿了么分别下线问题商户4423家、7247家和10968家。百度下线的4000多家外卖商户均是因为"无证经营"；美团下线企业的原因也都显示"一证多用"或"多店使用同一许可证"；饿了么平台此次下线1万多家商户中，有36%的商家地址是重复的，此外有46个地址被重复注册10次以上，涉及商户近800家。

（二）侵犯消费者权益

保护消费者权益历年来都是我国法律着重强调的一部分。但是在现代经济条件下，消费者有时在强大的经营资本面前，会表现出无力的状态，少数生产经营者为了追求利润而不择手段，使消费者置身财产丧失甚至生命的危险之中，侵犯消费者权益的案件时有发生。大数据"杀熟"现象得到人们关注，据媒体报道，在线差旅、交通出行、在线票务、视频网站、网络购物等诸多网络平台企业纷纷被曝出可能存在大数据"杀熟"行为——购买同样的产品或服务，老客户反而要比新客户花钱更多。比如，出行平台在相同的时间和行程条件下对"老用户"的收费更高，在线差旅平台向老顾客推送一些价格比较高的机票、酒店等，这些都严重侵犯了消费者合法权益。此外，在电商平台市场上还可以看到"霸王条款"："门票一经售出无法退换""部分商品不支持7天无理由退货"等；"微商"乱象也不容忽视，门槛低、成本小、传播广的"微商"市场存在大量假冒伪劣产品以及价格混乱、售后服务不完善等普遍问题，严重侵犯消费者权益、扰乱整个电商行业秩序。

（三）个人信息保护问题

在21世纪这个信息时代，信息就意味着财富，但获取信息的低廉成本与其巨大的经济价值严重不符，这也导致近年来信息泄露事件不断发生，"信息安全"越发得到公众与市场监管者的重视。电子商务经过长足发展，在取得直接巨大经济效益的同时，也通过互联网渠道积累了包括用户身份、联系方式、住址、支付账号、银行账号等在内的海量的个人和商业信息，这也导致消费者个人信息泄露的状况频频发生。电子商务的快速发展引发了电商平台对个人信息的过度收集，比如，用户在使用手机支付客户端购买商品时，往往默认勾选了"授权××获取你的线下交易信息并展示"，用户在线下店铺的交易信息被提供给网上交易平台。同时，数据存放安全性得到消费者质疑，科技公司正面临着"隐私矛盾"。商家在使用数据提供更好的消费者体验和侵犯消费者隐私之间进退两难。美国知名二手电子产品网站CeX曾发生重大数据泄露事件，200万名客户的个人信息被黑客获取。CeX发给用户的邮件显示，此次事件泄露的用户个人信息包括姓名、住址、邮箱地址、电话号码等，可能某些密码也已经被窃取。消费者信息被违法售卖的问题也时有发生，一些外卖平台的用户信息存在被泄露的情况，有商家专门出售客户信息，每条售价不到0.1元，部分外卖骑手也参与其中，"当天"订单信息报价1元1条。另外，技术漏洞导致消费者信息泄露问题频现，比如一些网站因为平台的技术漏洞导致部分用户的银行账户信息、个人数据等遭泄露，随后有的用户接到了诈骗电话，并且电话源头能准确提供用户的姓名、地址等信息。

（四）制度环境有待完善

电子商务因其主体和经营模式等方面具有特殊性，按照现行法规难以判定一些违法违规行为并界定其行政管辖权，导致侵权、售假和恶意欺诈等行

为时有发生，传统法律法规在规范电子商务活动方面还存在空白；监管部门职能交叉，传统的管理体制机制与电子商务发展存在脱节现象。行政管理制度和体制有待完善。目前，虽然《电子商务法》已出台，但其中关于平台责任、数据保护等的规定仍然比较模糊，需要进一步加强立法解释及做好配套工作。而与电子商务息息相关的个人信息保护法、数据法等法律仍没有出台。

立法的滞后带来了很多问题。首先，对电子商务的新要素——数据的利用无法可依。这使得电子商务对实体经济的作用并没有完全在数据上表现出来。电子商务的核心是将数据的价值发挥出来。但是，由于缺乏利用数据的基本法律准则，数据利用处于无序状态。以消费者数据为例，数据最重要的作用是将生产者与消费者联结起来，使生产者生产出更符合消费者需求的产品，但是因为法律的缺失，生产者无法利用消费者数据，现在消费者数据基本被用于金融、黑产，或者某些服务领域。这是一个很不正常的现象。其次，因为立法滞后，政府监管无法可依。再次，法律的缺失，使电子商务的竞争很容易陷入无序之中。从现实看，线下不规范问题在线上被快速复制放大。不正当竞争行为在互联网上快速扩散，如侵犯注册商标事件时有发生、损害竞争对手商业信誉行为屡有显现。最后，新型经营不规范问题持续涌现。以低于成本的价格销售成为平台竞争常态，恶意复制初创企业经营模式行为不断出现，利用信息不对称侵犯消费者权益问题大量存在，侵犯隐私现象层出不穷。

四 促进中国电子商务健康发展的建议

（一）强化电子商务基础设施利用

我国互联网基础设施的建设速度非常快，普及应用速度也持续加快，在固定带宽、移动宽带普及等方面，都已接近发达国家的水平。最主要的问题是，我国的数字基础设施的使用成本要高于发达国家，这使我国互联网基础设施的应用仍未能快速推开。未来推动电子商务相关的基础设施使用成本的降低，也应该作为供给侧结构性改革的一个重要方面。同时降低互联网基础设施的使用成本，还有利于偏远地区消费者更好地利用电子商务，扩大消费。

同时，还应该看到，在电子商务发展过程中，很多商业设施的服务对象发生了变化，成为准基础设施。例如，在农村地区和偏远地区的快递设施，因为服务于偏远农村地区，具有准公共设施的作用。如农村地区的智能快递柜，其运营成本要远高于城市地区，因此，应该对此进行基础设施化，由政府进行补贴运营，以降低物流成本，推动电子商务在这些地区的快速发展，从而更好地发挥电商在缓解发展不平衡方面的作用。

（二）推动电子商务与实体经济深度融合

国内外的事实更表明，信息的利用和信息的价值已在企业经营中占据不可忽视的重要地位。利用电子商务收集关于消费者的信息，可以更好地了解客户的需求，制造出更加符合客户需求的产品，为客户创造更大的价值，尤其是通过与客户的联系实现大规模定制化生产。利用数字技术，能够从消费者的各类行为数据中，挖掘出消费者的真实需求，从而制造出更符合消费者需求的产品。另外，消费者的需求如同冰山，一部分显露在水面之上，但是，更多的部分隐藏在水面之下。对于冰山下的消费者需求而言，需要生产厂商通过对消费者的大数据进行研究，将需求解析出来。从本质上看，大数据解决了需求偏好难以显示的问题，从而有利于实现精准生产、精准营销。在精准生产、精准营销的基础上，电子商务对发展不平衡不充分的作用才能够更好地发挥出来。

（三）建立基于电子商务的消费者权益保护体系

电子商务所涉及的消费者权益保护问题也超越了原有的消费者权益保护的范围。在实际发展过程中，电子商务给消费者权益带来的影响首先是个人

信息与数据的安全问题。平台上汇集了非常多的经营者和消费者,通过收集相关的数据,平台有能力对消费者的个性特征做出分析。这种深入的分析,可能带来在线欺诈等诸多方面的问题。其次,对消费者更深入的了解,会使平台针对消费者进行更为个性化的营销,制订更加符合消费者需求的营销方案,这事实上会局限消费者的选择。再次,平台上存在诸多不实信息,也容易损害消费者的知情权。例如,在很多电商平台上,存在大量的虚假评论或者刷单等行为,这容易对消费者形成误导。

我国《消费者权益保护法》已经就传统消费关系中消费者享有的权利做了具体规定,在电子商务交易中,消费者也同样应当享有这些权利,但由于电子商务新型交易模式的特点,在电子商务消费者权益保护中,应着重保护消费者的知情权和隐私权。首先,保障网络消费者的知情权。网络交易的一个显著特点就是在消费者切实接触到已经购买的商品或者服务之前,只能通过网络广告获取商品或者服务的有关信息,而不能像传统的消费活动那样在购买之前进行实际观察、挑选和检验。在实践中,电子商务中的经营者利用网络交易的这一特点以虚假不实的广告诱使消费者购买质次价高商品或者交付与其宣传资料不符的商品或服务等情形时有发生。在这种情况下,消费者无法主动行使知情权,知情权的实现与否完全取决于经营者是否基于诚实信用原则提供商品或服务的真实信息。而实际上,电子商务经营者往往在利益的驱使下,拒绝披露商品或服务的真实信息,由此导致网络消费者在经营者强权的欺凌下权益遭受重大损失。其次,保障网络消费者的隐私权。目前,国际社会对电子商务环境下应当加强对隐私权的保护已经达成共识,突出表现为以欧洲各国为代表的法律规制模式和以美国为代表的行业自律模式。行业自律模式注重对产业的发展以及对电子商务的呵护;法律规制模式注重对个人隐私权益的充分保护和尊重。对于网络隐私权,我国目前没有专门的法律加以规定,涉及此问题的只有信息产业部2000年11月7日发布实施的《互联网电子公告服务管理规定》,其中规定了"电子公告服务提供者应当对上网用户的个人信息保密,未经上网用户同意,不得向他人泄露",违反此规定者由电信部门责令改正,给上网用户造成损害的，承担赔偿责任。由此可见，我国主要是通过行业自律对网络隐私权加以保护。但是，这种行业自我约束的保护模式对电商企业没有产生强大的约束力，加之我国网民保护自己隐私权的意识不强，网上侵犯消费者隐私权的情况愈演愈烈，法律却对此无能为力。目前，法国、德国以及俄罗斯等国家都已经通过了保护公民网络隐私权的法案，我国也应该尽快把对网络隐私权的保护纳入法制的轨道上来，对消费者网络隐私权进行法律保护。

（四）建立电子商务信任机制

在本质上看，电子商务的一个重要功能是解决商业发展过程中的不信任问题。传统的商业是一种信息不对称经济，这个市场很容易变成柠檬市场，但是，电子商务利用大数据，能够重塑信任经济。

电子商务的发展，使大量的物理资产数据化，使大部分交易远程化，这要求建立一个更为诚信的社会环境。因为交易过程的虚拟性，以及数字商品在交易过程中的质量不可见性，都需要一个非常重要的诚信交易环境进行支撑。从本质上看，电子商务就是一种信用经济。信用的前提是信任，只有各方交易者之间有着基本的信任，基于数字的交易才有达成的可能性。正如OECD于2015年所指出的，信任在社会和经济互动中起着至关重要的作用。它在复杂的环境中起着强大的工具作用，可以减少不确定性，并能够依赖他人。信任支撑着商业、机构和个人关系，在全球网络环境中尤其重要。电子商务带来的机遇不会在没有信任的情况下实现。从我国发展现状看，整个社会信任机制并没有完全确立起来，很多交易无法通过远程的方式完成。因此，建立一种基于可视化的数字环境的信任机制，对我国电子商务发展极为重要。这需要社会各界的共同努力，也需要政府部门的大力推动。包括将与经济中多种主体的信用相关的数据打通并共享，建立基于大数据的信用机制，等等。在政策层面，主要是需要实现与信用相关的数据进行共享，鼓励建立基于大数据的信用评估模型。当然，在这个过程中，对于数据安全、个人信息保护等，也需要建立起相应的政策体系。中国国际贸易促进委员会将协助政府信用主管部门，根据电子商务的特点，积极推进基于数字技术的、适应电子商务发展的社会信任机制的建设。

（五）慎重对待电子商务平台垄断问题

电子商务的发展，促使一大批平台企业兴起。这些平台在电子商务市场方面具有非常强大的支配能力，对平台内经营的企业具有绝对的控制权，形成了一种新兴的发展模式。这些平台企业可以被称为"超级平台"，如滴滴出行、美团、今日头条、阿里巴巴等。这些平台拥有强大的市场支配力量，处于中介地位，对消费者的影响不如传统的买—卖关系或生产—消费关系中的垄断者对消费者的影响明显。电子商务背景下，平台的主要功能是将同伴消费者与同伴提供者进行匹配，以促进交易，而不是自己提供商品或服务。由于这个原因的存在，平台的垄断问题往往被忽略。因为平台的特殊性，平台对消费者福利的影响并不明显，更为重要的是，通过将多个市场和网络集中在一个平台上，利用不同市场内部和不同市场之间的网络效应，平台运营商可以获得更多的竞争优势。例如，搜索和社交网络平台交叉补贴它们在一个市场提供的"免费"服务，并从另一个市场，特别是广告商那里获得收入。平台商从表现上看，并没有给消费者福利带来影响，甚至还通过降低交易成本、提供免费服务、消费者补贴等多种方式，在表面上增加了消费者福利，这就使很多经济学家、法学家或者政府主管部门对平台垄断问题相对较为忽视。

平台作为中介，对平台内的经营者具有极大的控制能力。平台经济模式下，平台内有大量的经营者，这些经营者对平台的依赖程度非常高，平台对其具有控制能力。此外，平台作为中介，甚至对某些产业都存在影响。平台上汇集了大量的经营者，这些经营者可能集中于某一产业，那么平台对这一产业的发展可能就存在影响。例如，在某一平台上汇聚了大量的食品企业，如果这一平台在标准、安全等方面的管理出现问题，就会给行业带来很大的影响。

然而，对平台垄断问题的研究，必须突破现有的消费者福利分析框架,站在更为高远的视角进行分析。对于平台垄断的规则,需要从平台的行为,而非从平台的市场份额视角来看待;而当平台利用其市场地位,不公平或不正当地对待平台上的消费者,或者平台上的经营者时,才需要政府部门针对这种行为进行干预,而非基于平台静态的市场占有率而采取反垄断措施。

B.6
中国零售业并购发展报告

王雪峰*

摘　要： 在中国经济发展理念转变、经济发展向高质量转变以及做大做强国内消费市场的大背景下，本报告在简要介绍中国并购发展经历了孕育、启动、爆发、回落阶段的基础上，做出了中国并购市场进入了相对成熟理性期的判断。与此相适应，在2016～2018年，中国零售业并购市场也进入了比较活跃的理性成熟期，主要表现为：中小型并购事件较多、大中型并购事件增加、超大型巨额并购出现，在并购数量上呈现金字塔的结构；同时呈现，中小型并购金额较少、占比较低，大中型并购金额居中，超大型并购金额较大、占比较高的倒金字塔的金额结构。整体上，零售业并购呈现意愿强、进度快、失败率低，方式多元、协议为主，目的多样、控股扩张为主，透明度增强、巨头活跃、超大规模并购升级的特点。预计2019年，中国零售业并购数量将会增加，并购金额将会扩大，并购进度将会加快，超大型并购也会增多。

关键词： 零售业并购　并购阶段　并购特点　并购趋势

---

* 王雪峰，经济学博士，中国社会科学评价研究院评价理论研究室。

一　中国零售业并购研究背景

（一）新时代中国经济发展理念转变

经过30多年的持续高速增长，中国已经成为名副其实的经济大国，成功实现了富起来的阶段性目标，步入了强起来的发展新阶段。中国特色社会主义也进入了决胜全面建成小康社会、全面建设社会主义现代化强国的新时代。在新时代，中国社会的主要矛盾已经转化为"人民日益增长的美好生活需要和不平衡不充分的发展之间的矛盾"。新时代主要矛盾的转化以及中国共产党的初心和使命决定了"五位一体"[①]和"四个全面"[②]成为指导中国发展的新思想，"创新、协调、绿色、开放、共享"成为指导中国发展的新理念。新思想、新理念决定了过去延续多年的高投入、高消耗、高污染、外延式规模扩张的发展模式需要转型，创新引领的高质量发展成为新时代中国经济发展面临的新形势和新要求。

（二）中国经济处于由高增长向高质量发展转向的攻关期

经济多年的高速增长积累，中国实现了富起来的阶段性目标；但是，由点到线、由线到面的渐进式、非均衡发展模式以及外延式规模扩张和投资驱动的外向型发展方式也给中国带来了区域发展不平衡、东西部差距过大，城乡发展不平衡、城乡差距过大，受外界影响较大、韧性不足、经济发展质量不高，创新不足、处于世界产业链低端，产能过剩、污染严重、生态环境受到破坏等一系列问题。同时，伴随经济增长和收入水平提升，中国居民越来越关注生活质量及生存环境，追求高质量产品、高质量生活环境的意愿日益

[①]　建设中国特色社会主义总布局是经济建设、政治建设、文化建设、社会建设、生态文明建设"五位一体"。
[②]　中国特色社会主义建设的"四个全面"战略布局，即全面建成小康社会、全面深化改革、全面依法治国、全面从严治党。

增强。为了解决已有发展方式产生的负面效应,为了适应居民对美好生活的需要,中国政府在新发展理念的导向下,适时顺势地降低经济发展目标区间,主动推动发展方式由高速增长向高质量发展转向。2015年以来,中国政府大力推进"供给侧结构性改革",扎实推进"三去一降一补"①,主要是为了化解过剩产能,提高经济发展质量。近几年,无论是化解过剩产能,推进高质量发展,还是"供给侧结构性改革"和"三去一降一补"政策的推进,都为具有创新、管理、规模等优势的企业提供了并购重组空间,引发企业间的并购重组。

(三)中国做强国内消费市场是新形势下的必然要求

在经济高速发展阶段,中国最大优势是廉价劳动力优势。数以亿计的农村劳动力进入市场,创造了遍及世界各地质优价廉的产品,也为中国积累了大量的财富。在经济高质量发展阶段,中国最大的优势是大量受过高等教育的新一代劳动力进入市场和庞大的国内消费市场。创新引领的高质量发展的成功转型一方面离不开新一代高素质劳动力的创新能力,另一方面也离不开国内庞大消费市场的支撑。因而,做大做强国内消费市场是新形势下的必然选择和要求。2014年,消费对经济增长的贡献率为48.8%,首次超过投资,成为中国经济增长的首要驱动力;到2018年,消费对经济增长的贡献率提升至76.2%,消费超过投资成为中国经济增长的主动力。

在消费动力提升和供给侧改革深入推进的形势下,作为消费市场供给侧的零售业,无论是实体零售还是线上零售都需要进行创新发展和高质量提升。在政策层面,近几年国家也相继出台了《关于推动实体零售创新转型的意见》《关于加快发展冷链物流保障食品安全促进消费升级的意见》《关于积极推进供应链创新与应用的指导意见》《关于调整部分消费品进口关税的通知》《商贸物流发展"十三五"规划》《关于完善促进消费体制机制 进一步激发居民消费潜力的若干意见》系列促进消费的文件。这

---

① "三去一降一补"的政策,即去产能、去库存、去杠杆、降成本、补短板五大任务。

一系列政策文件为零售创新、转变零售业的发展方式、提升零售业发展质量以及做大做强消费市场提供了支持，也为零售业并购整合提供了机遇和支持。

二 中国并购活动整体发展情况

（一）中国并购活动整体阶段划分

并购的本质是在一定产权制度安排下的企业控制权交易。并购活动就是企业控制权转移的过程。中国的并购活动起始于20世纪90年代中期，伴随市场经济的建立、发展和完善，逐步趋于活跃。截至目前，中国的并购活动已经经历了孕育期（1994~1997年）、启动期（1998~2003年）、爆发期（2004~2007年）、回落期（2008~2012年），并进入相对成熟的理性期（2013~2018年）。中国并购市场的整体发展情况见图1。

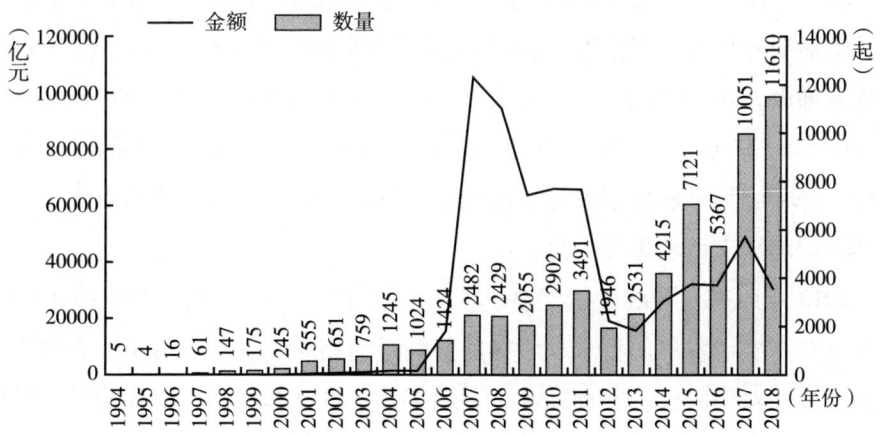

图1 中国并购市场整体基本情况

资料来源：WIND资讯并购数据库。

在孕育期，在西方国家已有百年历史的并购活动作为一项新生事物引入中国，但国内各领域对并购活动均持谨慎态度；再加上中国社会主义市场经

济方向建设确立、社会主义市场经济建设刚刚启动，涉及企业控制权交易的并购活动只是处于探索阶段。在此期间，并购事件非常少（1997年也只有61起），并购金额也有限（1997年只有31.85亿元）。

在启动期，在国有企业市场化改革大力推进和市场经济快速发展的背景下，企业并购事件稳步增多，并购金额也快速增加。并购事件数由1998年的147起快速增加到2003年的759起；并购金额也由61.61亿元快速增加到701.56亿元。在这一阶段，并购作为企业整合和规模扩张的方式逐步被企业认识和接受，成为企业规模快速扩张的方式之一。

在爆发期，伴随中国改革开放的深入和加入WTO过渡期的结束，再加上企业规模扩张和行业整合的实际需求，中国境内的并购活动可谓风起云涌，并购事件和并购金额都迅猛提升。具体来看，并购事件由2004年的1245起增加到2007年的2482起；并购金额在2007年达到107898.43亿元；并购的平均金额达到43.47亿元/起。在这一阶段，并购成为业内的一个热门话题。

2008~2012年，受2008年美国次贷危机引发国际金融危机的影响，中国并购活动开始进入回落期。在回落期，并购事件和并购金额均逐步下降：并购事件由2008年的2429起降到1946起；并购金额由96759.88亿元降低到19676.52亿元，并购的平均金额也由39.84亿元降到10.11亿元。在一阶段，并购成为企业规模快速扩张的重要战略，但受经济形势的影响，并购活动开始趋于谨慎和理性。

2013年以来，伴随中国经济转型和发展方式转变以及去产能政策的深入推进和高质量发展的要求，中国的并购活动相应也进入了行业整合和质量提升的理性发展阶段。在此期间，并购事件数量日趋增加，但并购金额呈理性增长的态势。具体来看，并购活动由2013年的2531起增加到2018年的11610起；并购金额由2013年的16145.30亿元增加到2017年的50337.12亿元，但2018年并购金额只有31555.33亿元。这表明，并购活动日趋理性，并购企业不仅注重企业规模扩张，而且注重并购对象的性价比和并购后的业务整合、管理协同质量及运营效率的提升。

（二）中国并购不同阶段并购规模等级的数量结构

在所有并购活动中，依据并购金额的大小将并购规模划分为未披露交易金额、0~1亿元、1亿~5亿元、5亿~10亿元、10亿~50亿元和50亿元以上六个等级。中国不同规模等级并购的数量结构分阶段来看，在并购孕育期，以未披露交易金额的并购活动为主，且没有发生10亿元以上的并购事件。这意味着在孕育阶段，并购金额小，且并购活动不透明，市场化程度较低。

在并购启动期，并购活动逐步透明化，未披露交易金额的并购活动占比逐年下降，以0~1亿元规模的并购事件为主，其占比稳定在60%左右；其次是1亿~5亿元规模的并购事件占比稳步提升，2003年其占比提升到了20.55%；5亿~10亿元规模的并购事件几乎每年都有，但占比较低；10亿~50亿元规模的并购事件在1999年开始出现，但数量占比更低，只在2003年才达到1%。在此期间，没有50亿元以上的并购事件发生。

在并购爆发期，并购活动透明程度提升并不明显，但并购规模重心提升较快。透明度提升不明显主要表现为未披露交易金额的事件数逐年增多。并购规模重心提升主要表现为大规模并购数量和占比的增加。在此期间，0~1亿元规模的并购事件数量占比开始下降，1亿~5亿元规模的并购事件数量占比基本保持稳定；5亿~10亿元规模的并购事件数量占比提升较多，在2007年达到了4.51%；10亿~50亿元规模的并购事件占比提升更大，达到了7.66%；超过50亿元规模的并购事件在2004年开始出现，该超大规模的并购事件数在2007年的占比更是达到了8.62%。并购规模重心上行明显。

在回落期，0~1亿元规模的并购事件数量占比呈提升态势；10亿~50亿元规模的并购事件数占比明显增加；大规模及超大规模并购是这一时期的主要特点。在理性并购期，以5亿元以下规模的并购事件为主，未披露并购金额的事件数量占比明显增加，大规模和超大规模并购事件数量占比呈下降态势。特别是最近三年，大规模和超大规模并购事件明显减少。中国并购规模等级的数量结构情况见图2。

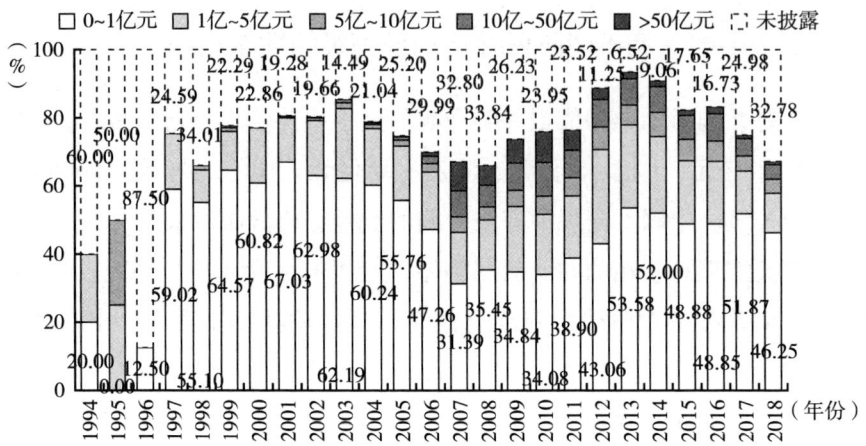

图2 1994~2018年中国并购规模等级的数量结构

资料来源：WIND资讯并购数据库。

（三）中国并购不同阶段并购规模等级的金额结构

在中国并购活动五阶段划分的基础上，结合并购金额五等级分类，可以了解中国并购规模等级在不同阶段的分布情况，为了解中国并购规模的发展趋势提供支撑。在孕育期，并购金额都是10亿元以下，没有超过该金额规模的并购事件。

在启动初期，以0~1亿元规模的并购为主，但1亿~5亿元规模的并购额占比快速提升，且处于主导地位；1999年开始出现10亿~50亿元的大额并购。在爆发期，50亿元以上的超大额并购出现，且在总并购额中的占比快速提升到90%以上，5亿元以下并购事件的并购额在总并购额中的占比快速下降，二者合计占比也仅为1%左右。2008年，50亿元以上并购事件的并购额在总并购额中的占比高达94.54%。这一阶段，在并购额上，大规模和超大规模并购处于绝对的主导地位；5亿元以下的并购尽管数量较多，但并购金额占比较低。这说明，并购市场上的巨头在这一时期比较活跃，巨头间的巨额并购处于主导地位。

在回落期，大规模和超大规模金额的并购在并购总额中的占比依然在90%以上，但超大规模并购额占比开始下降，由94.54%降低到70.22%；大规模并购额占比开始提升，由3.67%增加到17.05%；5亿~10亿元的中大规模并购额占比也由0.66%增加到4.60%。行业巨头在回落期依然是并购活动的引领者和带动者。在并购理性发展期，超大规模并购额占比年均值为53.10%，大规模并购额占比年均值为27.77%，中国并购市场进入了行业龙头或区域行业龙头引领的注重高性价比的强强联合的理性并购时代。中国并购规模等级金额结构随时序阶段变动情况见图3。

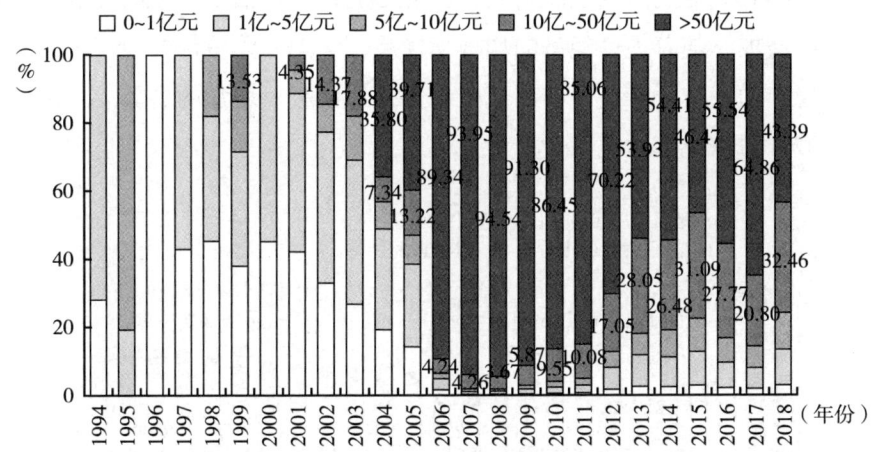

图3　1994~2018年中国并购规模等级的金额结构

资料来源：WIND资讯并购数据库。

（四）中国并购数量区域①分布情况

中国并购事件于1994年最先在广东和北京出现，随后并购事件相继在

---

① 中国在地理区位上划分为华北、华东、中南、西南、东北和西北六个区域。其中，华北包括北京、天津、河北、内蒙古和山西；华东包括江苏、江西、安徽、福建、浙江、上海和山东；中南包括河南、湖南、湖北、广东、广西、海南、澳门、香港、台湾；西南包括云南、贵州、四川、重庆和西藏；西北包括甘肃、宁夏、陕西、青海和新疆；东北包括黑龙江、辽宁和吉林。

东北的吉林，华东的福建、上海以及海南相继出现，并且上海和广东很快成为并购的热点省份。自1998年开始，并购事件开始在中国各地蔓延，到2003年全国各地均有并购事件发生，至此，并购行为作为企业规模扩张的方式在中国被接受和推广。2004年起，在北京、上海、广东、浙江和江苏的引领下，全国各地的并购事件均快速增加。在此期间，全国发生并购事件5172起，其中，北京852起、上海682起、广东540起、浙江372起、江苏291起、山东237起、四川226起，即使经济比较落后的西藏和宁夏也分别出现了17起和21起。2008年以来，尽管受国内外形势影响，并购爆发的趋势有所抑制，但受市场经济发展大势的影响，并购活动引发的并购事件在中国持续增加。随着地区经济的均衡化发展，中国并购事件的地理区域分布在相对稳定的基础上，呈现中南地区和华北地区相对增加的态势。中国并购事件区域分布情况具体见图4。

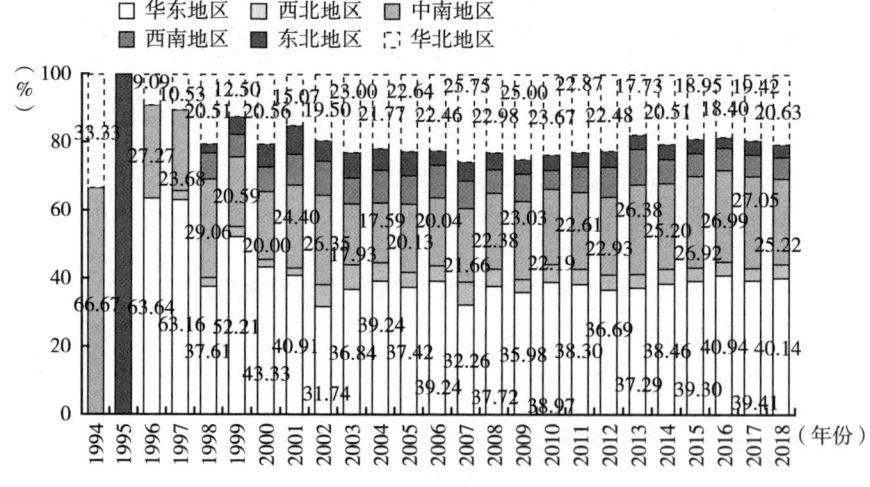

图4 中国并购数量区域分布情况

资料来源：WIND资讯并购数据库。

（五）中国并购金额区域分布情况

中国的并购事件起源于北京和广东，因而，在孕育期并购金额主要集中在华北和中南地区。在并购启动前期，并购金额主要集中在华东地区，1998年占比为48.87%，1999年达到了52.25%，随后逐年下降，到2004年降低到了19.64%。华北地区并购金额占比在1998年为12.79%，到2004年提升到54.85%。西北地区并购数量和并购金额均较小，在2002年占比达到最高点为6.96%。中南地区在1998年占比为31.08%，是历年并购金额比例的最高点，2004年为14.81%。西南地区并购金额占比在2000年达到历年最高点11.36%，其后在启动期逐年下降，到2004年降至3.90%。东北地区在此期间相对比较活跃，并购金额在全国的占比也较高，且在2001年达到了12.11%的历史最高点，到2004年降至4.02%。西北地区并购金额占比较低，但在2002年和2003年达到高点，分别为6.96%和6.66%。

2004年是中国并购的爆发启动年，并购活动在全国各地蔓延，这一年全国发生并购事件790起，并购金额894.36亿元；到2007年并购数量增加到1274起，并购金额大幅增加到5955.98亿元。在此期间，并购金额的重心由华东地区向华北地区转移。华东地区并购金额占比由2005年的36.49%降至2007年的10.99%；而华北地区的并购金额占比则由2005年的27.28%提升至2007年的61.76%。结合此期间的数量结构可以发现，华北地区的并购事件涉及的并购金额比华东地区要大。

在回落期，并购数量的重心依然在华东地区，但华北地区是并购金额的绝对重心。在此期间，华北地区的并购金额占比基本在50%以上，在2009年甚至高达67.84%。华东地区尽管数量较多，占比接近40%，但金额占比只有20%左右。这意味着，华东地区的平均并购金额远远低于华北地区。

在理性发展期，华东地区的并购数量和并购金额占比同步提升；华北地区并购数量占比基本稳定，但并购金额占比呈下降态势，并购金额重心开始再次向华东地区转移；同时，中南地区并购数量和并购金额的份额都在提升。2018年，中南地区的并购金额比重为25.25%，已经超过华北地区的

22.37%。并购金额分布基本呈现华东、中南、华北、西南、东北、西北的排序格局。中国并购金额区域分布情况见图5。

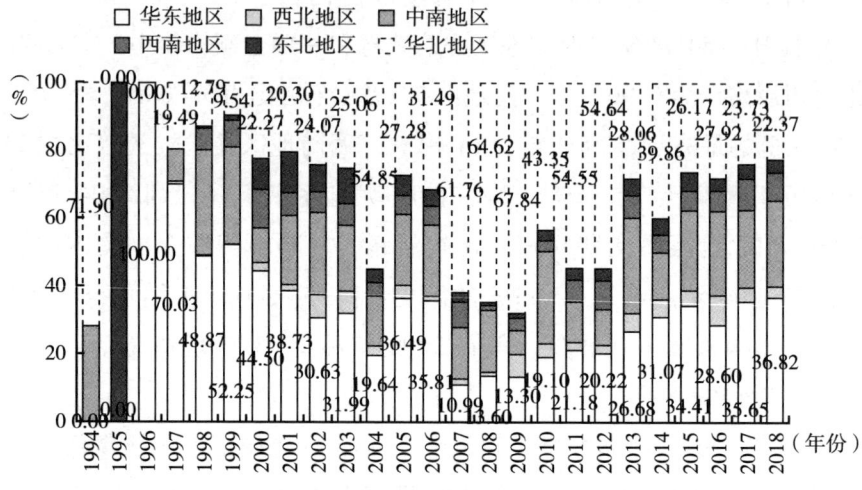

图5 中国并购金额区域分布情况

资料来源：WIND资讯并购数据库。

三 2016~2018年中国零售业[①]并购情况

（一）中国零售业并购进入理性成熟期

零售业是与居民生活密切相关的行业，中国零售业对外开放时间相对其他行业较晚，因而零售业并购相对其他行业启动的时间也比较晚。整体来看，中国零售业并购可以划分为启动期（1998~2000年）、起步期（2001~2006年）、爆发期（2007~2011年）、理性期（2012年至今）四个阶段。

---

① 本报告中的零售业包括可选消费中的零售业和日常消费中的食品与主要用品零售。具体包括零售业中的专营零售、多元化零售（百货商店、综合货品商店）、互联网与售货目录零售、消费品经销商以及食品与主要用品零售、药品零售、食品分销商和大卖场及超市。

在启动期，并购数量少，并购金额低，三年年均10起，平均每起并购金额为0.78亿元。在起步期，并购数量由2001年11起逐年稳步增加至2006年的34起，并购金额也由1.91亿元增加至46.25亿元，特别是2005年，29起并购事件的并购金额超过了100亿元，高达104.15亿元；因而，2005年也被业内称为中国零售业的并购元年。

在爆发期，中国零售业的并购数量和并购金额均快速增加，并购数量在2007年几乎翻了一番，达到60起，并购金额增加了6.56倍，达到了349.71亿元。到2010年，并购事件数量高达82起，并购金额超过了千亿元，达1029.72亿。2011年，并购事件数量进一步增加到110起，并购金额为746.58亿元。

2012年和2013年是中国深化经济体制改革、推进经济结构战略性调整的转型过渡期。2014年和2015年，中国"四个全面"战略布局确立，经济发展进入"新常态"，"供给侧结构性改革"提出，"三去一降一补"任务确立，中国并购活动顺势迅猛增加，并购数量由2012年的1946起增至2015年的7121起；并购金额也由19676.52亿元增至32874.64亿元。零售业并购数量由2012年的37起增至2015年的160起；零售业并购金额也由219.33亿元增加至1725.87亿元。

2016年以来，伴随中国供给侧结构性改革的深化、"三去一降一补"的推进以及提质增效和高质量发展的提出，企业间的并购整合规模进一步扩大。近三年中国零售业并购数量每年均在120起以上，并购金额每年均在1100亿元以上。特别是2017年，并购数量高达186起，并购金额高达5668.46亿元，其并购金额仅次于半导体与半导体生产设备及商业和专业服务这两个行业，位居行业并购金额的第三位。2018年，尽管并购数量减少至155起，并购金额大幅降至1146.82亿元，但伴随中国高质量发展和追求美好生活目标的要求，与其密切相关的零售业大规模理性并购推进零售服务质量提升的趋势不会改变，因而，未来三年内中国零售业更加讲究性价比和创新零售的理性并购的态势不会改变。中国零售业并购整体阶段演进及发展态势见图6。

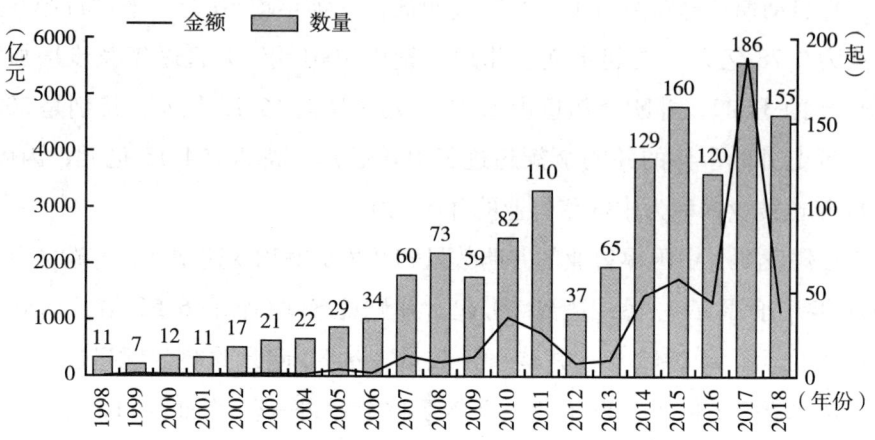

图6 中国零售业并购整体阶段演进及发展态势

资料来源：WIND资讯并购数据库。

（二）中国零售业并购活跃、出现超大规模并购事件

2016年，中国零售业公告并购事件数为120起，其中108起公布了并购金额，12起未公布并购金额。公布并购金额总数为13086707万元，其中，最高并购金额为3952800万元（海航并购IMI100%股权[①]），最低并购金额为0.0001万元（台州东森购物收购台州百联51%股权、傲基电商收购印象电商20%的股权）。公布并购金额的108起并购事件的并购金额中位数为10000万元，并购金额平均数为121173.21万元。2016年度前三大并购事件分别是海航科技以395.28亿元收购IMI100%的股权、沃尔玛以97.83亿元收购京东5%的股权和辽宁成大以82亿元收购中华控股19.595%的股权。

2017年，中国零售业公告并购事件数为186起，其中165起公布了并购金额，21起未公布并购金额。公布并购金额总数为56765114.24万元，

---

① 按公告日汇率换算成人民币。

其中，最高并购金额为50874670万元（西维斯健康收购Aetan100%股权和债务），最低并购金额为0元（维信科技收购创合鑫通等）。公布并购金额的165起并购事件的并购金额中位数为3015万元，并购金额平均数为344031万元。如果将境外的西维斯健康收购Aetan剔除，剩下164起中国零售业并购事件的并购金额为5890444.24万元，最高并购金额为596800万元（南京新百收购世鼎香港100%的股权），并购金额中位数为3433.05万元，并购金额平均数为35917.34万元。2017年度前三大并购事件分别是南京新百以59.68亿元收购世鼎香港、三胞集团以55.48亿元收购美国Dendreon和阿里巴巴以54.17亿元收购阿里影业60%股权。与2016年相比，2017年并购金额规模大幅缩小，其最大规模的并购仅相当于2016年并购规模排名第五的水平。

2018年相对于2017年，中国零售业并购数量减少，但并购金额增加。2018年公告并购事件数为155起，其中公布并购金额的事件数为134起，未公布并购金额的事件数为21起。公布并购金额总数为12073109.96万元，其中最高并购金额为5958590万元（阿里巴巴收购饿了么部分股权），最低并购金额为0元（广百集团收购友谊集团等）。公布并购金额的134起并购事件的并购金额中位数为4020万元（益丰药房收购江西天顺60%的股权），并购金额平均数为90097.84万元。2018年度前三大并购事件分别是阿里巴巴以595.86亿元收购饿了么部分股权，菜鸟网、阿里巴巴以88.43亿元收购中通快递10%的股权，以及海航科技以75亿元收购当当科文和北京当当。这三大并购事件的并购规模均超过了2017年最大并购事件，特别是阿里巴巴收购饿了么事件成为中国国内零售业并购历史上最大规模的并购事件。2015~2018年，中国零售业并购情况见图7。

整体来看，2015年以来中国零售业并购市场比较活跃，出现了超大规模并购事件。在并购数量方面，近三年都在100起以上，特别是2017年公布并购金额的并购事件数量达到了164起；在并购金额方面，2016年和2017年出现了持续的下降，但2018年呈现快速增加的态势。

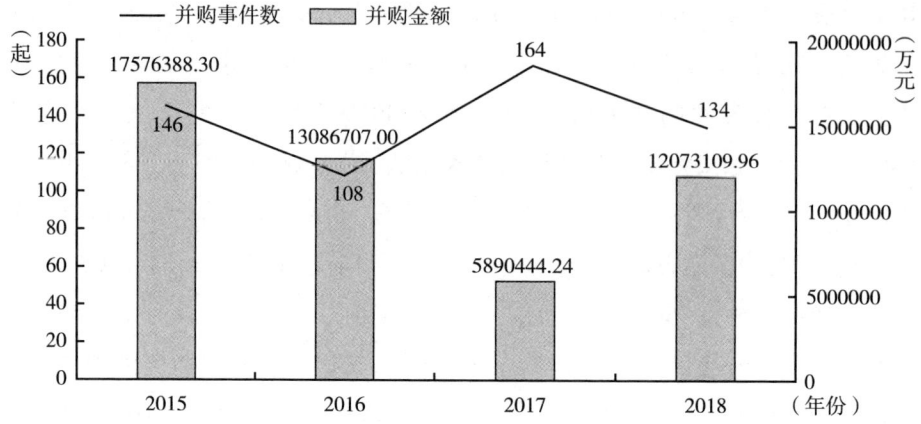

图 7　2015~2018 年中国零售业公布并购金额的事件数量和金额情况

资料来源：WIND 资讯并购数据库。

（三）中国零售业中小型并购多、超大规模并购金额大

从中国零售业并购规模的数量结构来看，在 2016 年到 2018 年期间，5 亿元以下的中小型并购为并购活动的主体，占比都在 70% 以上。5 亿~10 亿元的中型并购数量逐年增加，其占比也提升到了 2018 年的 11.19%。除 2017 年，10 亿~50 亿元的大型并购数量占比都在 10% 以上。50 亿元以上的超大规模并购数量近几年一直减少，由 2015 年的 10 起降至 2018 年的 4 起（见表 1）。

表 1　2015~2018 年中国零售业并购规模等级的数量分布

单位：起，%

规模	2015 年		2016 年		2017 年		2018 年	
	数量	占比	数量	占比	数量	占比	数量	占比
0~1 亿元	76	52.05	55	50.93	106	64.63	77	57.46
1 亿~5 亿元	30	20.55	23	21.30	34	20.73	24	17.91
5 亿~10 亿元	13	8.90	6	5.56	8	4.88	15	11.19
10 亿~50 亿元	17	11.64	16	14.81	11	6.71	14	10.45
50 亿元以上	10	6.85	8	7.41	5	3.05	4	2.99

资料来源：WIND 资讯并购数据库。

具体来看，2016年公布并购金额的108起并购事件中，1亿元及以下的并购数量为55起，占比为50.93%；1亿~5亿元的并购数量为23起，占比为21.30%；二者合计78起，占年度并购事件数量的72.23%。5亿~10亿元的并购事件有6起，10亿~50亿元的并购事件有16起，二者合计占比为20.37%。超过50亿元的超大规模并购事件数为8起，占比为7.41%。

2017年公布并购金额的164起并购事件中，1亿元及以下的并购数量为106起，占比64.63%；1亿~5亿元的并购事件数为34起，占比20.73%；二者合计140起，占比85.36%。5亿~10亿元的并购事件有8起，占比为4.88%；10亿~50亿元的大型并购事件有11起，占比为6.71%；二者合计19起，占比11.59%。50亿元以上的超大规模并购有5起，占比为3.05%。

2018年公布并购金额的134起并购事件中，1亿元及以下的并购数量有77起，占比为57.46%；1亿~5亿元的并购事件有24起，占比为17.91%；二者合计占比75.37%。5亿~10亿元的并购事件数为15起，占比为11.19%；10亿~50亿元的大型并购事件有14起，占比为10.45%；二者合计29起，占比21.64%。超大规模并购事件数为4起，占比为2.99%。

近三年的并购规模数量结构显示，当前中国零售业并购依然处于以中小型并购整合为主、中大型并购数量逐年增加、超大型并购整合事件减少、行业龙头基本成形的阶段。

从并购规模等级的金额结构来看，中国零售业并购是以大型和超大型并购为主的并购结构。具体来看，50亿元以上超大规模并购的金额在2016年占比为65.39%，2017年为37.44%，2018年为62.89%。10亿~50亿元的大型并购发生金额占比三年分别为25.03%、35.40%和23.29%。大型和超大型并购金额占比合计分别为90.42%、72.84%和86.18%。5亿~10亿元规模的并购金额逐年增加，三年分别为46.61亿元、58.53亿元和102.79亿元；1亿~5亿元的中小型并购金额只有2017年占比超过10%，其他两年均不足5%。0~1亿元的小型并购金额不高，占比较低（见表2）。

表2 2016～2018年中国零售业并购规模等级的金额分布

单位：亿元，%

规模	2016年		2017年		2018年	
	金额	占比	金额	占比	金额	占比
0～1亿元	13.96	1.07	24.92	4.23	13.02	1.08
1亿～5亿元	64.85	4.96	76.54	12.99	51.01	4.23
5亿～10亿元	46.61	3.56	58.53	9.94	102.79	8.51
10亿～50亿元	327.51	25.03	208.49	35.40	281.21	23.29
50亿元以上	855.75	65.39	220.56	37.44	759.29	62.89

资料来源：WIND资讯并购数据库。

四 2016～2018年中国零售业并购的特点

（一）中国零售业并购意愿强、进度快、失败率低

在现代公司治理制度和法律框架下，并购一般要经过达成转让意向、董事会预案、股东大会通过、签署转让协议等几个环节。中国零售业并购在进度分布上，董事会预案和完成事件占比较高，达成转让意向和失败的数量占比较低。达成转让意向数量少说明并购双方一旦达成转让意向很快就进入董事会预案环节，意味着中国零售业并购从达成转让意向到进入董事会预案环节进度较快。进度为董事会预案的并购数量较多意味着并购进程受到现代公司治理制度的约束，绝大部分并购事件都会在这个进度上滞留一段时间。从年度结束或完成的并购事件来看，三年完成的比例分别为48.33%、61.83%和30.32%，并购完成的比例较高（见表3）。

表3 2016～2018年中国零售业并购进度分布

单位：起，%

并购进度	2016年		2017年		2018年	
	数量	占比	数量	占比	数量	占比
达成转让意向	5	4.17	1	0.54	5	3.23
董事会预案	27	22.50	55	29.57	66	42.58
股东大会通过	8	6.67	2	1.08	11	7.10

续表

并购进度	2016年		2017年		2018年	
	数量	占比	数量	占比	数量	占比
进行中	3	2.50	6	3.23	6	3.87
签署转让协议	8	6.67	3	1.61	14	9.03
失败	11	9.17	4	2.15	6	3.87
完成	58	48.33	115	61.83	47	30.32

资料来源：WIND资讯并购数据库。

具体来看，2016年底尚存达成转让意向5起，占比仅4.17%；董事会预案27起，占比22.50%；股东大会通过8起，占比6.67%；签署转让协议8起，占比6.67%；完成58起，占比48.33%；失败11起，占比9.17%。2017年底尚存达成转让意向1起，占比仅0.54%；董事会预案55起，占比29.57%；股东大会通过2起，占比1.08%；签署转让协议3起，占比1.61%；完成115起，占比61.83%；失败4起，占比2.15%。2018年底尚存达成转让意向5起，占比3.23%；董事会预案66起，占比42.58%；股东大会通过11起，占比7.10%；签署转协议14起，占比9.03%；完成47起，占比30.23%；失败6起，占比3.87%。可以看出，进度为董事会预案的并购事件数逐年增加，且占比不断提升，由22.50%提高到42.58%；股东大会通过和签署转让协议的并购事件均不多，说明从董事会预案到股东大会是制约并购进程的主要阶段，其他环节进展都比较顺利，也反映了当前中国零售业并购意愿强、并购进度较快的特点。

（二）并购方式多元化，以协议收购为主

在并购方式上，零售业并购市场已经有协议收购、增资、二级市场收购、发行股份购买资产、取得公众公司发行股票、要约收购、资产置换、间接收购、司法裁定、吸收合并及其他等多种并购方式。2016～2018年，中国零售业并购的方式主要是协议收购，其次是增资，接下来

是发行股份购买资产，然后是二级市场收购。这四种并购方式的数量占比在90%以上，并购金额占比都在84%以上。具体来看，2016年协议收购数量71起，占比59.17%；2017年协议收购数量115起，占比61.83%；2018年协议收购数量103起，占比66.45%。从公布并购金额的并购事件来看，2016年四种并购方式数量合计102起，并购金额合计1108.52亿元，占比分别是94.44%和84.71%；其中，协议并购数64起，并购金额802亿元，占比分别是59.26%和61.28%。2017年四种并购方式数量合计158起，并购金额519.09亿元，占比分别是96.34%和84.71%；其中协议并购数109起，金额408.66亿元，占比分别是66.46%和69.38%。2018年四种并购方式数量合计126起，并购金额1195.58亿元，占比分别是94.03%和99.03%；其中协议并购数88起，并购金额957.87亿元，占比分别是65.67%和79.34%。可见，协议收购是中国零售业的主要并购方式。

在中国零售业公布并购金额的并购活动中，第二种重要的并购方式就是增资。2016~2018年，增资并购数量较多，三年分别是24起、32起和29起，占比分别是22.22%、19.51%和21.64%；但并购金额不大，三年分别是30.28亿元、40.08亿元和67.35亿元，占比分别是2.31%、6.80%和5.58%。第三种重要的并购方式就是发行股份购买资产。这种并购方式数量不多，但并购金额较大，近三年平均并购金额都在18亿元以上。其中，2016年10起，并购金额183.79亿元；2017年2起，并购金额60.68亿元；2018年5起，并购金额163.58亿元。第四种重要并购方式就是二级市场收购，但由于这几年资本市场不景气，企业采用这种方式比较谨慎，其金额比例逐年减少。其中，2016年只有4起，并购金额92.44亿元，占年度公布金额的比重为7.06%；2017年增加至15起，并购金额降至10.48亿元，占比只有1.78%；2018年降至只有4起，并购金额降至仅6.79亿元，占比降至0.56%。其他就是取得公众公司发行股票、要约收购、资产置换、间接收购、吸收合并及司法裁定几种方式，数量较少，金额也不大。在这几种不常用的并购方式中，资产置换的方式适用于中大型并购，目前采用的不多，

2016年1起，2017年1起，2018年没有资产置换并购发生。由此可见，目前中国零售业并购的主要方式是协议收购、增资、发行股份购买资产和二级市场收购这四种。

（三）并购目的多样，以规模扩张为主

在并购目的方面，零售业并购市场已经有横向整合、多元化战略、战略合作、垂直整合、业务转型、资产调整、财务投资、避税、国有股权转让、其他等多种并购目的。2016~2018年，中国零售业的并购目的主要是扩张规模的横向整合和多元化战略，其次是资产调整，然后是以深度整合为导向的垂直整合和战略合作；而以国有股权转让为目的的并购逐步退出；同时，其他、财务投资以及避税目的的并购不断出现。具体来看，在公布并购金额的并购事件中，2016年以规模扩张为目的的并购数合计84起，占比77.78%；并购金额1190.13亿元，占比90.94%。2017年公布并购金额的并购事件中，规模扩张并购数合计97起，占比59.15%；并购金额356.73亿元，占比60.56%。2018年公布并购金额的并购事件中，规模扩张并购数92起，占比68.66%；并购金额1056.42亿元，占比87.50%。可见，近三年，无论是从并购数量还是从并购金额看，以规模扩张为目的的并购在中国零售业并购中均处于主导地位；换句话说，中国零售业并购还处在规模整合阶段，并购是零售业规模整合的一种市场化的有效方式。

中国零售业并购的第二个重要目的是资产调整。2016~2018年，在公布并购金额的并购事件中资产调整并购数量分别是15起、33起和18起，占比分别是13.89%、20.12%和13.43%；并购金额分别是45.58亿元、68.12亿元和70.79亿元，占比分别是3.48%、11.56%和5.86%。对资产进行调整、提高资源配置效率也是当前中国零售业并购的重要目的。以垂直整合和战略合作为目的的深度高级并购整合的重要性提升，三年间并购事件数分别是4起、10起和6起；并购金额分别是23.66亿元、76.93亿元和41.19亿元。然后就是其他类，三年并购事件分别是2起、16起和16起，

并购金额分别是48.25亿元、29.42亿元和38.91亿元。最后就是时有发生的财务投资、避税、业务转型、整体上市等非主流类并购,在中国零售业并购市场中处于补充地位。

(四)并购活动透明度提升,控制性并购数量比例较高

在并购过程中,股权转让比例和并购金额的公示情况体现着并购市场透明度的高低。依据股权转让比例和并购金额的公示情况,可以将并购活动分为不透明、半透明和全透明三类。不透明类并购是指对并购金额和股权转让比例都没予以充分公示的并购活动。半透明类并购是指仅对并购金额或股权转让比例予以公示的并购活动。全透明类并购是指对并购金额和股权转让比例都予以公示的并购活动。2016~2018年三年的并购事件数分别是120起、186起和155起;其中,公示股权转让比例的并购事件数分别是88起、160起和131起,占比分别是73.33%、86.02%和84.52%;公示并购金额的事件数分别是108起、164起和134起,占比分别是90%、88.17%和86.45%;股权转让比例和并购金额都公示的事件数分别是78起、145起和117起,占比分别为65%、77.96%、75.48%。中国零售业并购市场的透明度呈现提升态势,特别是半透明的并购活动比例较高,全透明并购活动数量占比也呈现较为稳定的提升态势。

股权转让比例的大小取决于并购方对被并购企业控制的强弱。本报告根据股权转让比例的大小对并购的控制结构分为四类:股权转让小于等于10%为非控制类,大于10%小于30%为弱控制类,大于30%小于50%为强控制类,大于50%为绝对控制类。2016年公布股权转让比例的88起并购事件中,绝对控制类有49起,强控制类5起,弱控制类18起,非控制类为16起。2017年公布股权转让比例的160起并购事件中,绝对控制类84起,强控制类21起,弱控制类24起,非控制类31起。2018年公布股权转让比例的131起并购事件中,绝对控制类62起,强控制类14起,弱控制类19起,非控制类36起。可见,控制类并购事件的数量和占比均较高,处于并购活动的主体地位。

（五）巨头并购活动频繁，超大规模并购升级

在渐趋理性的中国并购市场上，具有领先和规模优势的新兴零售巨头优势显现，其并购动力增强、并购活动趋于频繁。譬如，阿里巴巴作为中国网络零售的代表，2016年公示7起并购事件，其中公示并购金额的并购事件有5起，公示并购金额132.43亿元；2017年公示7起并购事件，其中4起公示并购金额，合计97.38亿元；2018年公示6起并购事件，其中3起公示并购金额，合计695.37亿元。永辉超市2016年公示并购事件1起，并购金额4.6亿元；2017年公示7起并购事件，其中公示并购金额5起，合计24.61亿元；2018年公示并购事件8起，合计并购金额72.97亿元。益丰药房在2016年并购广生堂医药后于2018年再次发起5起并购，合计并购金额18.67亿元。随着新兴巨头的崛起和并购的活跃，传统商业零售业也发起了并购活动。2016年东百集团发起5起并购事件，南京新百发起4起并购活动；2017年大东方发起5起并购活动；2018年茂业商业发起4起并购活动。零售巨头并购活动趋于活跃是经济转轨背景下市场的理性反映。

在零售巨头并购活动趋于理性活跃的同时，在并购规模上，超大规模并购也开始升级。2016年的超大规模并购事件是海航科技以395.28亿元人民币收购IMI100%股权，借道布局全球供应链；然后就是沃尔玛以15亿美元通过资产置换的方式收购京东5%的股权，目的是多元化发展战略。2017年，尽管中国零售业没有出现超大规模并购事件，但出现了南京新百以发行股份购买资产的方式收购世鼎香港100%股权和三胞集团以55.48亿元人民币协议收购美国Dendreon，这些都是推进多元化战略的大规模并购事件。2018年出现了阿里巴巴以95亿美元（595.86亿元人民币）收购饿了么部分股权的超大规模并购事件以及阿里巴巴联合菜鸟以13.8亿美元（88.43亿元人民币）收购中通快递的大规模并购事件。超大规模并购事件的并购金额已经提升到近600亿元人民币，呈现并购规模升级的态势。

五 中国零售业并购发展趋势

2018年,经国家统计局初步核算,我国国内生产总值为900309亿元,比上年增长6.6%,其中社会消费品零售总额超过38万亿元,同比增长9.0%。消费对经济增长的贡献率为76.2%,成为经济增长的主要动力。为了进一步促进消费、激活国内消费市场,2018年,国家相继修订《个税法》、出台《关于完善促进消费体制机制 进一步激发居民消费潜力的若干意见》和《完善促进消费体制机制实施方案(2018—2020年)》;2019年1月,发改委、工信部、商务部等十部门发布《进一步优化供给推动消费平稳增长促进形成强大国内市场的实施方案(2019年)》。在这一系列促进消费、做大做强国内消费市场政策的导向下,2019年中国零售业并购将呈现以下趋势。

(一)并购数量回升

中国零售业并购目前依然处于存量整合阶段,5亿元以下的中小额并购数量占比在70%以上。这意味着零售业并购依然处于横向整合为主的阶段。2019年,在做大做强国内消费市场的长期导向下,再加上落实国家积极财政政策、稳健货币政策的要求和系列促进消费政策的指引,预计零售业中小型以及跨区域的中小型并购数量将有所回升。截至2019年1月22日,已经公示的并购事件有19起,譬如,汇鸿集团以1亿元并购天鹏菜篮子部分股权、步步高并购家润多22家门店及资产等。

(二)并购金额会继续增加

2018年并购事件数量相对于2017年有所减少,但并购金额大幅增加,其主要原因是2018年的中小型并购数量相对较少,而大中型并购数量较多。预计2019年,在并购数量增加的同时,并购金额也会增加;理由是中大型甚至超大型巨额并购事件会增加。譬如，2019年1月24日，中商集团已经公示董事会预案并购居然新零售100%股权的事件，并购金额为373亿元。

（三）并购进度会加快

在中国市场化、法制化、规范化提升和透明度增强以及政府简政放权、提升行政效率的大背景下，中国零售业并购进程会提速。市场化是中国特色社会主义市场经济发展的方向，"更好发挥市场在资源配置中的决定性作用，更好发挥政府作用"是中国政府市场化改革的基本要求。并购作为市场资源配置整合的一种有效手段，也是供给侧结构性改革和促进消费高质量提升的有力抓手，中国并购市场政策会更加透明，零售业并购进度会提速。

（四）超大型巨额并购数量和金额都会提升

2016~2018年，50亿元以上的超大型巨额并购数量分别是8起、5起和4起，并购金额分别是855.75亿元、220.56亿元和759.29亿元。2019年，伴随着中国积极财政政策和稳健货币政策的推进以及做强金融市场的要求等并购政策的宽松和金融支持政策的释放，加之中国零售巨头及区域龙头的扩张和整合业态意愿增强，零售巨头并购区域龙头将会增加，线上零售巨头与实体零售巨头间的战略合作意愿也将增强。在实体零售业创新需求强劲、线上零售趋于成熟、线上线下融合的业态发展趋势下，线上零售巨头或新零售巨头与实体零售巨头或龙头的并购事件也将会增加。

总之，在经济转型、创新引领的高质量发展模式导向以及做大做强国内市场、促进中国经济由大向强转向的整体要求下，伴随中国零售业供给侧结构性改革的深入推进和市场经济的成熟与完善，市场主导下中国零售业并购将日趋理性和成熟，并购质量和价值都将大幅提升。

附表一 2018年度中国零售业主要并购事件

披露日	标的	买方	交易总价值（万元）	币种	股权转让比例（％）	并购方式	并购目的	控制权变更
2018/1/3	红旗连锁	永辉超市	70992	人民币	9	协议收购	其他	否
2018/1/6	九州医药	益丰药房	16830	人民币	51	协议收购	横向整合	否
2018/1/6	江西天顺	益丰药房	4020	人民币	60	协议收购	横向整合	是
2018/1/15	帕拓逊	跨境通	27000	人民币	10	协议收购	横向整合	否
2018/1/19	德诚控股（香港）	港大零售	40800	港币	51	协议收购	多元化	是
2018/1/26	重庆茂业	茂业商业	40330.14	人民币	100	协议收购	横向整合	是
2018/1/27	山东乐拍	海莱云视	2224.67	人民币	27	协议收购	垂直整合	否
2018/2/8	浮力森林	杭州福映堂	3848.26	人民币	51	协议收购	横向整合	是
2018/2/10	荆门和程；荆门天励；荆门天睿	上海陇傅	50965.81	人民币	100	二级市场收购	资产调整	否
2018/2/10	正广和便利	良友金伴	3710.52	人民币	100	协议收购	资产调整	是
2018/2/24	上海爱卡	广汇汽车	68619.6	人民币	23.68	协议收购	横向整合	否
2018/3/24	国联水产	永辉超市	53771.81	人民币	10	协议收购	其他	否
2018/3/25	上海众国宝泓	广汇宝信	61900	人民币		协议收购	横向整合	是
2018/3/26	众国宝泓等84家公司股权	广汇汽车	246108	人民币		协议收购	垂直整合	是
2018/4/2	饿了么部分股权	阿里巴巴	950000	美元		协议收购	多元化	否
2018/4/4	东百瑞兴	东百集团	1671.19	人民币	10	协议收购	横向整合	否
2018/4/12	当当科文；北京当当	海航科技	750000	人民币	100	发行股份购买资产	横向整合	是
2018/4/17	豆逗公司	瑞祥实业	16641	人民币	100	二级市场收购	资产调整	是
2018/4/24	璞勒仕	美凯龙	1998.97	人民币	10	取得发行新股	其他	否
2018/4/27	马上金融	重庆百货	63359.16	人民币	0.445	增资	多元化	否
2018/4/28	百联商业	百联股份	3855.18	人民币	19	协议收购	横向整合	否
2018/5/12	丰捷有限；康丰有限；美林置业	利群股份	166534.50	人民币	100	协议收购	资产调整	是

续表

披露日	标的	买方	交易总价值（万元）	币种	股权转让比例（%）	并购方式	并购目的	控制权变更
2018/5/15	赤峰庞大；德州庞大；唐山庞大	广汇汽车	125300	人民币	100	协议收购	横向整合	是
2018/5/28	远成物流	供销大集	434000	人民币	70	发行股份购买资产	横向整合	是
2018/6/1	中通快递	菜鸟网；阿里巴巴	138000	美元	10	协议收购	多元化	否
2018/6/5	宏润核装	秋林集团	57353.51	人民币	97.54	协议收购	横向整合	是
2018/6/15	湘村股份	永辉超市	21600	人民币	9.93	增资	横向整合	否
2018/6/15	闽威实业	永辉超市	6720	人民币	19.69	增资	横向整合	否
2018/6/19	优依购	茂业商业	21827.93	人民币	38.24	协议收购	垂直整合	否
2018/6/21	中原瑞德	杰特贝林	10236.8	美元	20	协议收购	资产调整	否
2018/6/23	新兴药房	益丰药房	138358.71	人民币	86.31	发行股份购买资产	横向整合	是
2018/6/23	郴州步步高	步步高	93500	人民币	100	协议收购	横向整合	是
2018/6/30	当阳正达	三峡新材	5542	人民币	59.91	增资	横向整合	是
2018/7/19	无锡三品堂	老百姓	3300	人民币	55	协议收购	横向整合	是
2018/7/26	江苏紫金	华联综超	23567.33	人民币	100	协议收购	横向整合	是
2018/8/2	普耀新材	三峡新材	11200	人民币	16.5	协议收购	横向整合	否
2018/8/2	普耀新材	三峡新材	4620	人民币	40	协议收购	横向整合	是
2018/8/4	上虹药房	益丰药房	14280	人民币	51	协议收购	横向整合	是
2018/8/4	弘贤汽销	申华控股	1077.12	人民币	100	协议收购	横向整合	是
2018/8/8	美丽生态	佳源集团	27118.78	人民币	9.68	司法裁定	其他	是
2018/8/10	北京雷萨等9家公司；唐山雷萨等4家公司非流动资产	中升大连	109315.76	人民币	—	协议收购	资产调整	是
2018/8/15	Trendyol 部分股权	阿里巴巴（BABA.N）	—	—	—	协议收购	多元化	否
2018/8/15	南江商贸	承金商贸	2263.95	人民币	100	协议收购	资产调整	是
2018/8/25	好家乡超市	汇嘉时代	13250	人民币	49	协议收购	横向整合	否

续表

披露日	标的	买方	交易总价值（万元）	币种	股权转让比例（%）	并购方式	并购目的	控制权变更
2018/8/25	江苏市民大药房	益丰药房	13250	人民币	53	协议收购	横向整合	否
2018/8/29	东江环保	汇鸿集团	72627.12	人民币	5.65	协议收购	其他	否
2018/8/29	天鹏集团	汇鸿集团	49854.55	人民币	60	增资	横向整合	是
2018/8/31	燕之坊	东方集团	120906	人民币	86.36	协议收购	垂直整合	是
2018/9/1	中汽工程	国机汽车	310529.70	人民币	—	发行股份购买资产	横向整合	是
2018/9/5	高鑫零售26%股权	阿里巴巴（BABA.N）	—	—	26	协议收购	多元化	否
2018/9/8	秦皇岛茂业；泰州一百	茂业商业	255752.08	人民币	—	协议收购	横向整合	是
2018/10/17	泰州一百	茂业商业	56555.76	人民币	97.31	协议收购	横向整合	是
2018/10/27	百好吉百货	华联综超	20800	人民币	100	协议收购	横向整合	是
2018/11/20	武汉海融兴达；合肥海融兴达；内江华联	汉合江阳	79443.26	人民币	100	协议收购	资产调整	是
2018/11/22	骅威文化	杭州鼎龙	38865.64	人民币	8.76	协议收购	其他	是
2018/11/26	福悦祥	家家悦	15637.48	人民币	67	增资	横向整合	是
2018/12/5	万达商管	永辉超市	353133.11	人民币	1.5	协议收购	横向整合	否
2018/12/8	海岛商业	供销大集	189000	人民币	4.76	增资	多元化	否
2018/12/10	阿里影业	阿里巴巴	125000	港币	100	协议收购	横向整合	是
2018/12/15	福州泰航；福州泰福；尤溪泰禾	运成兴通	63530	人民币	—	协议收购	资产调整	是
2018/12/18	北京中期时代	中国中期	18000	人民币	100	协议收购	横向整合	是
2018/12/19	南京丹瑞	南京新百	1219.81	人民币	51	协议收购	横向整合	是
2018/12/25	友谊集团	广百集团	—	—	100	协议收购	其他	是

附录二　2017年度零售业主要并购事件

披露日	标的	买方	交易总价值（万元）	币种	股权转让比例（%）	并购方式	并购目的	控制权变更
2017/1/23	魅力惠	阿里巴巴	—	—	100	协议收购	多元化	是
2017/1/3	天天快递	苏宁易购	2975000	人民币	70	协议收购	横向整合	是
2017/1/3	日日顺物流	阿里巴巴	131600	港币	34	增资	多元化	否
2017/1/4	体育之窗	义乌市轩霆百货	100000	人民币	12.79	取得发行新股	其他	否
2017/1/7	隆邸天佟	华联股份	47300	人民币	50	协议收购	横向整合	是
2017/1/13	天吻娇颜	广西索芙特	34300	人民币	100	二级市场收购	资产调整	是
2017/1/18	达曼国际	永辉超市	113058	人民币	40	协议收购	横向整合	否
2017/1/24	顺客隆	供销大集	64027	港币	55.8	协议收购	横向整合	是
2017/2/25	梅西商业	步步高	22560	人民币	94	协议收购	横向整合	是
2017/3/18	贝尔蒙特	王府井	512260	人民币	100	协议收购	横向整合	是
2017/3/28	温州捷顺等6家公司	广汇汽车	90000	人民币	100	协议收购	垂直整合	否
2017/4/22	南粤银行	广州格菲；茂名英豪	121762	人民币	9.3	协议收购	资产调整	否
2017/5/3	义乌都市	百联股份	97078	人民币	100	协议收购	横向整合	是
2017/5/9	马上金融	重庆百货	26615	人民币	—	增资	横向整合	否
2017/5/15	欧派亿奢汇	友阿股份	16487	人民币	51	增资	垂直整合	否
2017/5/17	隆深机器人	友阿股份；景康创投	10500	人民币	20	增资	财务投资	否
2017/5/27	海天资产	天虹股份	67000	人民币	100	协议收购	横向整合	是
2017/6/3	智慧养老	南京新百	11220	人民币	51	增资	横向整合	是
2017/6/10	顺客隆	供销大集	29398	港币	25.62	要约收购	横向整合	是
2017/6/13	中原瑞德	杰特贝林	35180	美元	80	协议收购	资产调整	是
2017/6/14	华联精品	凯大铂川	29400	人民币	100	协议收购	资产调整	是
2017/6/24	煤业公司；星威福利；荣贸公司等	中能恒力	100932	人民币	100	协议收购	资产调整	是
2017/6/28	中兴软创	阿里巴巴	300000	人民币		协议收购	多元化	否
2017/6/29	美国Dendreon	三胞集团	81900	美元	100	协议收购	多元化	是

续表

披露日	标的	买方	交易总价值（万元）	币种	股权转让比例（%）	并购方式	并购目的	控制权变更
2017/6/29	阿里影业	阿里巴巴	624400	港币	60	协议收购	多元化	是
2017/7/11	中百集团	永辉超市	28408	人民币	5	二级市场收购	财务投资	否
2017/7/13	博信股份	苏州晟隽	150190	人民币	28.39	协议收购	其他	是
2017/8/8	申华晨宝	申华控股	39300	人民币	100	协议收购	横向整合	是
2017/8/8	杭州工商信托	百大集团	30591	人民币	6.26	协议收购	财务投资	否
2017/8/8	北京联超商业有限公司	北京京客隆	24402	人民币	85	协议收购	横向整合	是
2017/8/14	金卡易联和电商	赫美集团	14319	人民币	90	协议收购	多元化	是
2017/8/19	王府井国际	王府井	429120	人民币	100	吸收合并	整体上市	是
2017/8/26	西宁大百	欧亚集团	15321	人民币	49.04	协议收购	战略合作	是
2017/8/26	西宁大百	欧亚集团	12927	人民币	41.38	协议收购	横向整合	否
2017/8/28	崇高百货	赫美集团	55600	人民币	100	协议收购	多元化	是
2017/9/30	通辽泽强	老百姓	27137	人民币	51	协议收购	多元化	是
2017/10/16	会展股份99%股权；纸联再生55%股权；莱茵达再生100%股权等	汇鸿集团	117569	人民币	—	资产置换	横向整合	是
2017/10/16	臻乔时装；彩虹深圳；盈彩拓展；彩虹珠海	赫美集团	48000	人民币	100	协议收购	横向整合	是
2017/10/31	海爱卡合伙份额	广汇汽车	39675	人民币	13.8	协议收购	横向整合	否
2017/11/24	红太阳演艺	海印集团	46704	人民币	100	协议收购	资产调整	是
2017/11/30	世鼎香港	南京新百	596800	人民币	100	发行股份购买资产	战略合作	是
2017/12/2	九州通湖北医药部分股权	九州通；步长制药	16509	人民币	—	增资	战略合作	是

续表

披露日	标的	买方	交易总价值（万元）	币种	股权转让比例（%）	并购方式	并购目的	控制权变更
2017/12/6	长江投资	中央商场	12000	人民币	40	二级市场收购	战略合作	是
2017/12/11	吉林金鹰正业置业	金鹰商贸集团	10200	人民币	51	协议收购	横向整合	是
2017/12/14	维客连锁部分股权	家家悦；维客	66937	人民币	51	增资	横向整合	是
2017/12/19	新普泽	老百姓	11730	人民币	51	协议收购	横向整合	是
2017/12/23	红旗连锁	永辉超市	94656	人民币	12	协议收购	横向整合	否

附录三　2016年度零售业主要并购事件

首次披露日	交易标的	交易买方	交易总价值（万元）	币种	股权转让比例（%）	并购方式	并购目的	控制权变更
2016/1/1	玺鼎泰51%股权；枫华商业17.85%股权	王府井	47340	人民币	—	协议收购	横向整合	是
2016/1/8	CO集团	南京新百	576400	人民币	—	发行股份购买资产	多元化	是
2016/1/9	安康通84%股权；三胞国际100%股权；齐鲁干细胞76%股权	南京新百	508600	人民币	—	发行股份购买资产	多元化	是
2016/1/30	京城股份9.30%股权	京国发股权投资基金；北巴传媒（600386.SH）	43672.26	人民币	9.3	协议收购	横向整合	否
2016/2/5	尊荣集团	广汇汽车	176000	人民币	100	协议收购	垂直整合	是
2016/2/19	IMI	海航科技	3952800	人民币	100	协议收购	横向整合	是

续表

首次披露日	交易标的	交易买方	交易总价值(万元)	币种	股权转让比例(%)	并购方式	并购目的	控制权变更
2016/2/24	中华控股	辽宁成大	820000	人民币	—	二级市场收购	横向整合	否
2016/2/26	武汉康顺	广汇汽车	242000	人民币	100	协议收购	横向整合	是
2016/3/24	神州专车	阿里巴巴	300000	人民币	—	协议收购	多元化	否
2016/3/31	吉买盛100%股权；义乌都市生活超市75%股权	百联股份	99807.58	人民币	—	协议收购	横向整合	是
2016/4/2	西恩温泉	王府井	83600	人民币	100	协议收购	多元化	是
2016/4/7	维多利集团	茂业商业	156530	人民币	70	协议收购	横向整合	是
2016/4/9	匡时国际	宏图高科	220000	人民币	100	协议收购	多元化	是
2016/6/7	国际米兰	苏宁易购	26300	欧元	68.55	协议收购	多元化	是
2016/6/7	秦皇岛茂业；重庆茂业	茂业商业	198707.46	人民币	100	协议收购	横向整合	是
2016/6/15	CCPL	南极电商	59375	人民币	95	协议收购	横向整合	是
2016/6/21	京东	WALMART	150000	美元	5	资产置换	多元化	否
2016/6/23	杭州环北	兰州民百	299719.35	人民币	100	发行股份购买资产	横向整合	是
2016/8/1	Lazada Group	阿里巴巴	100000	美元	51	协议收购	横向整合	是
2016/8/9	东昌汽投	申华控股	155800	人民币	77.9	发行股份购买资产	横向整合	是
2016/8/15	时间互联	南极电商	95600	人民币	100	发行股份购买资产	横向整合	是
2016/8/20	鹏峰集团	广汇汽车	100620	人民币	100	协议收购	横向整合	是
2016/8/25	亚博科技控股	阿里巴巴	238800	港币	59	协议收购	多元化	是
2016/8/31	汇鸿冷链	汇鸿集团	30000	人民币	21.32	增资	横向整合	否
2016/9/14	郴州公司；广西公司	老百姓	43532.87	人民币	49	协议收购	横向整合	否
2016/10/10	帕拓逊	跨境通	44928	人民币	39	协议收购	横向整合	否
2016/10/24	掌合天下	供销大集；海航商业	75600	人民币	45.34	协议收购	资产调整	是

续表

首次披露日	交易标的	交易买方	交易总价值（万元）	币种	股权转让比例（%）	并购方式	并购目的	控制权变更
2016/10/29	信航小贷	供销大集	36000	人民币	—	增资	多元化	是
2016/11/2	贝尔蒙特	王府井	537260.05	人民币	100	协议收购	横向整合	是
2016/11/2	深中置业；深中开发	欧富源科技	103000	人民币	75	二级市场收购	资产调整	是
2016/11/11	北京京朝苏宁	苏宁电器	130483.67	人民币	100	协议收购	资产调整	是
2016/11/12	盛京银行	太原茂业	52155	人民币	1.47	协议收购	资产调整	否
2016/11/14	齐翔腾达部分股权	雪松集团	481817.57	人民币	—	间接收购	其他	是
2016/11/30	齐翔腾达	雪松集团	521061.93	人民币	45.3	要约收购	横向整合	否
2016/12/10	优壹电商	跨境通	179000	人民币	100	发行股份购买资产	横向整合	是
2016/12/31	永辉云创部分股权	永辉超市	46000	人民币	—	增资	战略合作	否

产业要素分析

Business Factors Analysis

B.7
中国零售物流的发展现状及展望

卢慧玲　汤泳欣[*]

摘　要： 在新消费模式带动下，零售物流市场蓬勃发展。本报告首先介绍中国零售物流业在零售市场持续增长带动下的发展现状以及销售模式的变化对零售物流发展的新要求；其次，从新零售物流、最后一公里、前置仓、冷链物流等九个方面分析零售物流的发展趋势；再次，从物流业面临的地区间发展不平衡、一线劳动力短缺、人才不足、超前技术应用和数据安全问题，以及冷链物流发展滞后等方面剖析了零售物流行业当前面对的挑战；最后，基于以上分析，本报告指出零售物流为了适应零售

---

[*] 卢慧玲，冯氏集团利丰研究中心高级研究经理，香港理工大学物流与航运学系全球供应链管理理学硕士，香港城市大学经济及金融系哲学硕士；汤泳欣，冯氏集团利丰研究中心研究主任，香港公开大学管理学荣誉工商管理学士，香港城市大学管理科学系营运与供应链管理理学硕士。

业激烈竞争和模式多样化的需要,通过合并或者成立合作联盟提升物流服务水平的事件将会增多,同时为了满足智能化的需要,将会有更多的资金进入智能物流项目。

关键词: 零售物流　冷链物流　智能物流　绿色物流

一　中国零售物流市场的发展概况

中国零售市场持续增长,带动零售物流需求增加。2017年,中国社会消费品零售总额达36.6万亿元,同比增长10.2%;同年,社会物流总额达到252.8万亿元,同比增长6.7%(见图1)。

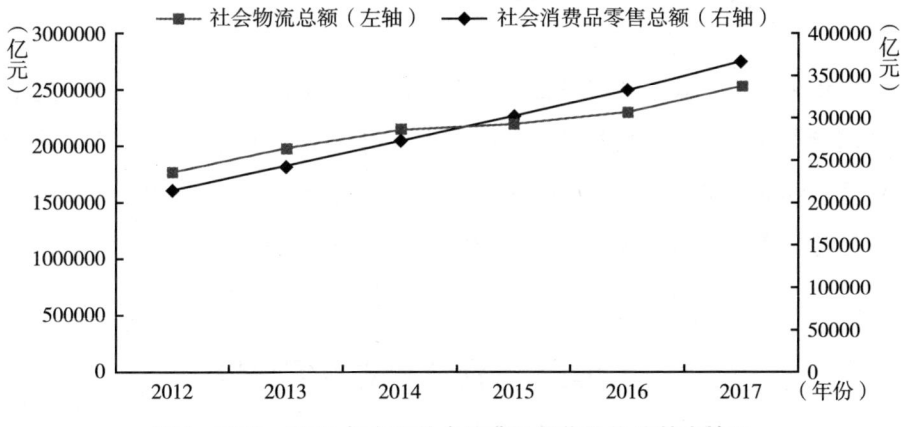

图1　2012~2017年中国社会消费品零售及物流基本情况

资料来源:国家统计局及中国物流与采购联合会,由冯氏集团利丰研究中心整理。

2017年,中国社会物流总费用为12.1万亿元,同比增长9.2%,占国民生产总值的比例为14.6%。虽然该比例较上年同期下降了0.3个百分点,但仍比普遍发达经济体的相关比例高,反映中国物流效率仍有待提高。物流成本结构方面,运输成本占最大份额,达55%,而库存和管理成本分别占物流总成本的32%和13%(见图2)。

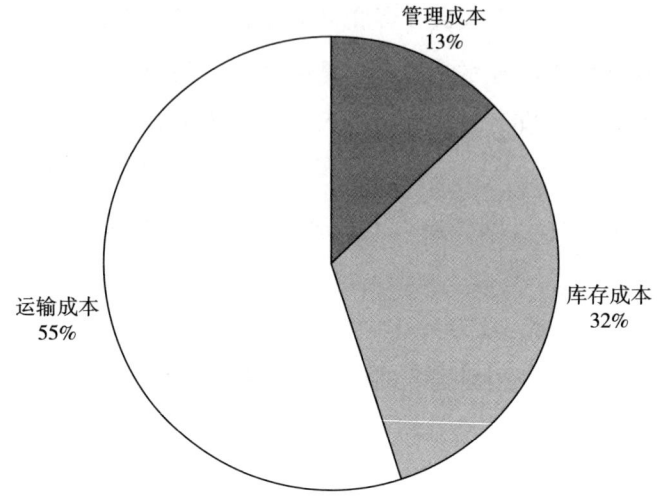

图 2　2017 年中国物流成本结构

资料来源：中国物流与采购联合会，由冯氏集团利丰研究中心整理。

近年来，不论线上或线下商家都在探索全渠道销售模式，致力提供更优质的消费者体验，对零售物流服务的需求变得更加多样化。本报告第二部分从新零售物流、最后一公里、前置仓、冷链物流等九个方面分析零售物流的发展趋势；第三部分整体分析了零售物流当前面对的挑战。

二　中国零售物流业的发展趋势

（一）新零售驱动新物流发展

线上线下零售业务融合渐渐改变了消费模式。零售商为增加用户黏性，积极提升零售服务体验，其中，配送体验成为重要一环。2017 年，阿里巴巴创办人马云首度提出"新零售"概念。"新零售"是指在先进的物流服务和数据分析的支持下，以消费者体验为出发点，线上和线下零售业务实现无缝连接的模式。物流服务作为构建"新零售"服务的基础要素，业务模式自然需要转型升级。

为了提升消费者的物流服务体验，部分零售商选择成立物流联盟，部分则自建物流团队，各种零售物流模式应运而生。早在2013年，阿里巴巴集团联合合作伙伴成立菜鸟智能物流网络（以下简称菜鸟）。作为一个第四方物流数据平台，菜鸟掌握了电子商务交易中从发货至收货全流程数据，同时获取了其他合作伙伴的订单和交易数据。菜鸟会进行数据分析，并为合作的物流中心和快递公司提供最优化的物流解决方案，方便各利益相关者进行适时的物流调度。此外，菜鸟也会为物流运营商建立或出租智能物流中心。

第二种物流模式是零售商自建物流团队，建立一套能配合商贸营运的物流系统，掌握整个物流过程。中国第二大电子商务平台京东是自建物流模式的佼佼者，旗下设立京东物流。京东物流除了为其母公司提供全面的仓储和运输服务外，近年来也向社会开放其物流服务。此外，京东也投资了众包物流企业新达达，为消费者提供本地的众包物流服务，同时积极开发物流新技术，例如，无人机、自动送货机器人和无人驾驶卡车等。

第三种物流模式是混合模式，部分零售商为了更有效地掌握核心业务的物流操作，选择自建物流团队，同时把非核心业务的物流操作外包给第三方物流企业，以节省成本。例如，国内知名超市步步高，自建物流团队猴急送负责最后一公里配送，同时与一家线上线下一体化电商平台多点达成合作协议，在仓储物流和线上配送等环节深度合作。

此外，不少物流企业也改变了传统物流业务模式，提供多样化物流服务。例如，原专注于快递业务的顺丰速运（以下简称顺丰）开始提供长途运输服务，而原零担领先企业德邦延伸其长途运输服务至最后一公里配送服务。此外，为了增强物流配送能力，快递公司包括圆通、申通、中通和韵达等都在仓储及运输数字化、机器人和自动化操作方面加大投资。与此同时，部分大型企业或初创企业通过提供物流融资、开发物流技术，以及提供众包交付服务和建立卡车信息平台等方式跨界进入物流领域，零售物流市场可谓百花齐放。

（二）多元化的最后一公里配送方案

2018年，快递企业的快递总处理量达507.1亿件，同比增长26.6%。为满足零售市场日渐增长的快递需求，物流企业和零售商都积极部署最后一公里配送方案，如设置自提点、智能柜，提供众包服务、门店自提服务、无人机和机器人送货服务，等等。

除了传统的上门送货服务外，越来越多的企业采用自提点和智能柜模式，使取件时间更灵活。早在2015年，顺丰与申通、中通、韵达及普洛斯便联合成立了丰巢24小时自助智能快递柜平台。截至2018年，丰巢智能柜已遍布全国上百个重点城市，服务网点超过120000个；丰巢智能柜在北京、上海、广州和深圳的市场占有率超过七成。目前，丰巢计划在中国再铺设超过5000个服务网点。

零售商如沃尔玛、Zara和屈臣氏等都设有门店自提服务，消费者在线上购物后可以到选定的实体门店取货。2017年，来自香港的药妆连锁店屈臣氏于上海、广州、深圳和东莞推出门店自提服务，线上下单后2小时内消费者会收到提货通知短信，可在营业时间内到所选定的屈臣氏门店取货。

此外，第三方众包物流模式兴起，新型物流企业，如人人快递，开发了实时配送的信息平台以处理网购订单。平台为消费者及商家提供订单交付时间保证，兼职快递员或自由工作者利用空闲时间，在信息平台上"抢单"，进行订单配送。此模式有助于降低商家自建配送团队的成本，提升营运灵活度及消费者的快速收件体验。

众包物流平台的主要订单也来自线上外卖平台。其中，美团外卖和饿了么等线上外卖平台都是采用混合配送模式，它们一方面自营配送团队，另一方面采用加盟物流代理和众包的外卖配送模式。以美团外卖为例，其自建的配送团队分称美团专送和美团快送，前者是配送的主力，后者是辅助。美团专送中，被称为骑手的外卖配送人员来自美团的配送团队，负责一、二线城市配送；加盟代理负责三线城市配送。而美团快送则采用众包模式，适用于各级城市，订单分配方式以"抢单"为主，主要目的是填补外卖订单高峰期间美团专送运力的不足。和美团外卖一样，饿了么旗下的蜂鸟配送是饿了么的自营配送服务单位，蜂鸟众包是众包配送单位，而点我达则是配送代理。

随着科技的不断突破，一些企业也开始试水无人机和机器人送货服务，以提升客户的购物体验。例如，京东物流积极研发无人机技术，解决偏远地区的配送难题。2017年，京东物流的配送机器人于中国人民大学的学校园区完成首宗配送任务，机器人从中国人民大学的京东派校园站出发，将货物送达网购者所在地，网购者输入提货码便可打开机器人内置的包裹柜并提取包裹。2018年，京东物流的机器人正式在北京海淀区投入服务。

（三）仓店一体化：前置仓的兴起

在传统的零售物流模式当中，物流商一般会把客户的中央仓或区域仓设于有利位置，覆盖大部分城市的线下门店配送服务，达到规模效应，方便调拨订单。不过，这些位置一般远离市区，从收到门店的补货订单，到仓库拣货、包装和发货都需要一个过程。近年来，一种最后一公里配送模式正在中国兴起，此模式融合商流及物流的创新，业界称之为前置仓模式。

在新零售时代，消费者期望下单后能快速取得货物，特别是生鲜产品，他们对配送的时效性和可追溯性要求更高。因此，从事快速消费品的零售商都在探索如何调整仓储模式。盒马鲜生是由阿里巴巴孵化的新业态超市，是中国第一家采用前置仓模式的连锁超市，在阿里巴巴的生态系统内扮演一个重要的新零售示范角色。消费者可以在盒马鲜生店内购物并要求送货，也可以在盒马鲜生平台上下单。盒马鲜生的送货承诺是从下单到收货只需30分钟，送货范围是门店位置辐射半径3公里以内。门店从线上或线下渠道收到订单后，店内的物流员会在店内的前置仓中进行包装，并把货物配送到消费者指定的地点。这种前置仓模式的成功归功于零售科技的发展和大数据分析的应用，能捕捉消费者的线上和线下购物喜好及模式，准确预测不同地区的消费者对热门商品的需求。因此，盒马鲜生可以预先规划存储于前置仓的畅销商品数量，避免存放过多的安全库存，浪费昂贵的门店租金。

不少超市和杂货连锁店也纷纷效仿盒马鲜生的前置仓模式。例如，大润

发向客户提供了一小时的送货保证，可处理门店半径3公里内收货地点的订单；菜鸟与天猫和屈臣氏合作，为中国五大城市的200多家屈臣氏门店提供两小时线上订单履行保证和门店半径3公里内送货服务。未来，屈臣氏更计划扩大服务范围至430多个城市的3000家门店。

国内领先零售连锁企业苏宁，也采用了前置仓模式。有别于上述模式，苏宁的前置仓并不是设在店内，而是靠近苏宁其他门店的位置，每个前置仓会处理约10家苏宁小店和精品超市苏鲜生的补货订单，也会为苏宁小店方圆3公里内的指定地点提供30分钟送货承诺的配送服务。前置仓主要储存新鲜农产品、水果和快速消费品。2019年，苏宁计划建立1000多个前置仓。

（四）冷链物流发展活跃

根据中国物流与采购联合会的数据，2017年的中国冷链物流市场规模达2500亿元。预计到2020年，以20%的复合年增长率计算，冷链物流业的市场规模将达到4700亿元。由此可见，中国冷链物流发展潜力巨大。

部分物流企业扩大冷链物流业务的投资，包括冷库和冷链运输。截至2017年，顺丰拥有51个冷库，营业面积达224000平方米。为了解决商品预冷及保证有足够的冷媒供应，满足地区业务发展需求，顺丰还自主研发预冷型、速冻型和存储型三种不同功能的移动冷库，一共50台。菜鸟也加强在冷链物流方面的投入，在2018年，与易果集团旗下的冷链物流营运商驯鹿冷链和安鲜达共同开发冷链物流系统，为客户提供长途冷链运输和最后一公里冷链配送的一站式服务。

另外，为了应对食品安全问题，部分物流企业提供冷链追踪系统，跟踪食品从农场到城市门店的配送路线和食品的生鲜状态，提高食品的可追溯性及全供应链的透明度。例如，盒马鲜生建立了一个"盒马物联网有机蔬菜安全溯源监测"体系，让店员监察商品的运输情况，或响应系统提示优先处理保质期临近的商品。同时系统也可供消费者通过食品包装上的二维码验证个别生鲜食品的产地来源。

（五）农村物流是下一个增长引擎

中国的农村电商市场快速发展。根据中国农业农村部统计，2017年中国农村网络零售额达到1.25万亿元，占全国网上零售总额的17.35%，高于2014年的6.45%。可见，农村电子商务前景乐观，推动许多零售巨头进一步"走进农村"。

2018年4月，阿里巴巴向农村电商服务平台汇通达投资45亿元，双方在供应链物流、仓储和技术方面展开深度合作，改善农村地区的电商基础设施。阿里巴巴在2014年底首次推出农村淘宝计划，以淘宝平台和物流为基础设施，逐步在农村建立数千个服务中心，为农村地区提供电商服务。2016年，阿里巴巴实施三年计划，进一步向农村电商服务投资100亿元，继续推动农村基础设施的建设，并设立更多服务中心。

2017年10月初，苏宁物流宣布在江浙地区开通多条无人机配送路线，连接该区的城镇和村庄。苏宁也计划在全国建设5000个无人机智能物流枢纽，覆盖全国的无人机通航、研发、生产和售后的地面服务网络。

2018年1月，京东也计划进一步加大农村电商的投入，在中国东北部黑龙江、吉林和辽宁等地引入无人机配送服务，提高物流效率。未来三年，京东会继续在这三个省份投资200亿元以上，推进该地区产业升级、增加就业机会、注入技术创新动力、升级零售服务。

（六）进口电商物流发展加快

2017年，跨境电商（进口）交易额达1110亿元，同比增长49.6%。预计到2021年，跨境电商（进口）交易额将超过3500亿元。

中央政府致力推动跨境电商市场发展，在全国设立35个跨境电子商务综合试验区[①]，其中22个试验区是国务院于2018年7月新设立的，包括北

[①] 第一、第二批：杭州、宁波、天津、上海、重庆、合肥、郑州、广州、成都、大连、青岛、深圳、苏州；第三批：北京、呼和浩特、沈阳、长春、哈尔滨、南京、南昌、武汉、长沙、南宁、海口、贵阳、昆明、西安、兰州、厦门、唐山、无锡、威海、珠海、东莞、义乌。

京、南京、武汉、昆明和东莞等城市。此外,国务院已敦促相关部门支持试点地区的发展,包括精简物流和清关流程。

物流企业也抓住机遇,开发跨境进口小包裹服务。例如,顺丰推出"海购丰运"(SFBUY)服务,整合网购者在各种海外电子商务平台的订单,提供海外集运及中国境内宅配服务。一些跨境电商平台也加大在物流方面的投资。例如,中国最大的跨境电商网易考拉积极自建国内保税仓和海外仓。网易考拉还与全球主要的物流营运商合作,包括顺丰、圆通、EMS、中外运、马士基等,为中国网购者提供可靠的运输和配送服务。

(七)物流科技突破,智能物流兴起

随着新零售的发展及科技的突破,不少大型物流企业都陆续投入智能化、数字化及自动化建设。物流科技的研发步伐也正在加快,多家大型物流企业致力于发展智能物流网络,开发人工智能、物联网和机器学习等技术及无人机和无人驾驶汽车等基础设施技术。

2017年,顺丰在研发上投入了11.67亿元,比2016年增长了108.8%。截至2017年底,顺丰已拥有1004项专利,其中205项为无人机专利。顺丰还投资了多种人工智能自动化设备、语音及机器图像等人工智能识别、智能决策、顺丰地图、大数据、数字化仓储、智能包装等组成的"信息网"。以"信息网"来支持由全货机、散航、无人机组成的空运"天网"及由营业服务网点、中转分拨网点、陆路运输网络、客服网络、最后一公里网络组成的"地网"。顺丰称之为"三网合一"的综合性物流网络体系。

菜鸟网络在无锡打造"菜鸟未来园区",区内的智能仓库采用物联网、边缘计算和人工智能等核心技术,推行全面数字化,同时配备自动化分拣线及500多台"货到人"的机器人,可按不同订单需求快速高效地分拣和包装货品。

另外,不少物流企业还大力提升最后一公里配送服务的自动化技术含量,如上文已提及的智能柜、无人机等项目。以无人机为例,京东物流已获

得政府许可，成为第一家在省级城市运营无人机的物流企业，并在西安规划大约40条无人机航线及计划在四川兴建185个无人机机场。此外，苏宁物流与无人重卡科技企业智加科技联合推出无人驾驶重型卡车"行龙一号"，已在上海和盐城高速场景完成路面测试。另外，苏宁物流宣布和百度合作开发最后一公里配送无人车，预计在2020年投入运营。

部分快递企业套用生物识别和人工智能等创新技术来简化快递取件流程。举例来说，消费者指定网购的包裹要送到某地的智能柜，快递员把包裹送到该智能柜时，人工智能系统会自动发送取件通知信息给消费者，消费者到场取件时，智能柜的摄像头附有面部识别功能，待确认该消费者的身份后，消费者便能成功取件。全流程减省快递员处理订单的时间，提升消费者的取件体验，而且，智能柜收集的数据也有助于物流企业分析消费者的取件习惯，必要时做出适当的规划调整。

为扩大服务范围及保持竞争力，大型物流企业纷纷组成联盟和建立合作伙伴关系。例如，中通、圆通、申通和韵达等快递公司加入了菜鸟的物联网系统，在履行中心安装智能感知设备。以往，履行中心安装的摄像头只有监控记录功能，一些巡查工作必须由工作人员现场执行。现在，智能感知设备能够取代部分人工巡查工作，自动识别多种状况，例如，卸车或装车是否运作正常、场内货品的堆积度是否达到饱和、信道是否被堵塞。新设备让快递公司能实时监控履行中心的运作，能快速反应、调整运营、提高效率及降低成本。

（八）绿色物流获关注

公众越来越关注环保问题，渐渐意识到网购增长产生大量快递包装废物，对大自然造成伤害。2017年中国邮政快递报社发布《2017中国快递领域绿色包装发展现状及趋势报告》，以中国在2016年快递总业务量312.8亿件为统计基础，估算快递行业六大类主要包装材料的消耗情况（见表1）。

表1　2016年快递行业六大类包装物消耗量

主要包装物	总使用量
快递运单/快递电子运单	312.8亿枚
编织袋	约32亿条
塑料袋	约147亿个
封套	约34亿个
包装箱	约86亿个
胶带	3.3亿卷

资料来源：中国邮政快递，由冯氏集团利丰研究中心整理。

绿色物流势在必行，不少物流企业都以绿色物流为年度目标，部分物流企业更组织以绿色物流为主题的活动和基金会，以减少包装物料为目标。2017年，菜鸟成立物流环保公益基金"菜鸟绿色联盟"，并投入3亿元发展绿色物流。2018年，菜鸟联合阿里巴巴旗下多个电商平台共同发起"绿色物流2020计划"。到2020年，菜鸟计划采用电子面单、智能路由和智能切箱等科技，第一，让每年400亿个包裹都使用环保面单；第二，通过智能路由优化包裹的里程，减少三成配送距离；第三，在所有菜鸟驿站小区置放快递回收箱。

2017年，京东物流成立"京东物流绿色基金"，首期投资10亿元，用于加速绿色物流的升级。同年，京东物流与九大品牌商（宝洁、联合利华、屈臣氏、雀巢、惠氏、乐高、金伯利、农夫山泉和伊利）共同发布绿色供应链联合行动"青流计划"。计划主要推广减少使用一次性的包装物、应用创新的绿色物流技术、统一物流耗材标准以及促进全供应链上各利益相关者节能减排。2018年，京东物流的青流计划全面升级，这个战略行动变为京东集团的可持续发展战略，把对环境的关注，变为对社会、经济、人才、环境全方位的协同关注。目前，京东物流已在北京、上海、成都等多个城市建成规模化的新能源车队；研发了新型两层物流卷标，每年可减少700吨纸张使用量；大规模应用自主研发的生物降解快递袋等包装新材料，每年可淘汰近百亿个传统塑料袋；同时还投放了十万个青流循环箱。

政府也强调实施绿色物流的必要性，并颁布相应的国家政策，指导绿色物流发展（见表2）。2017年开始，国家邮政局便将绿色物流定为物流业的重点发展项目之一。2018年，国务院发布了《关于促进电子商务和快递物流协调发展的意见》，文件当中提倡采取生态包装、减少使用过量包装材料，降低物流操作对环境的负面影响。

表2 支持绿色物流发展的相关政策、规划

颁布时间	颁布部门	政策、规划名称
2017年2月15日	国家邮政局	《快递业发展"十三五"规划》
2017年11月2日	国家邮政局等10个部门	《关于协同推进快递业绿色包装工作的指导意见》
2018年1月23日	国务院	《关于推进电子商务与快递物流协同发展的意见》
2018年2月7日	国家质量监督检验检疫总局	《快递封装用品》新国标
2018年12月17日	国家邮政局	《快递业绿色包装指南（试行）》

资料来源：冯氏集团利丰研究中心根据公开资料整理。

（九）政府政策支持中国物流业发展

政府以物流业为推动国家发展的重点产业领域之一，主要任务包括：建设连接整个国家的综合运输走廊，促进智能物流的发展，加强电子商务与快递物流的协调，加强对快递业务的监管等。政府还采取措施降低物流成本，例如，将物流企业的大宗商品仓库用地使用税和拖头车的购置税各降低50%。近年来，各政府部门发布有关物流业发展的具体政策法规见表3。

表3 支持零售物流业务发展的相关政策、规划

颁布时间	颁布部门	政策、规划名称
2016年7月29日	国家发展和改革委员会	《"互联网+"高效物流实施意见》
2016年8月11日	交通运输部	《关于推进供给侧结构性改革促进物流业"降本增效"的若干意见》

续表

颁布时间	颁布部门	政策、规划名称
2016年9月18日	国家发展和改革委员会	《物流业降本增效专项行动方案（2016—2018年）》
2017年1月19日	商务部等5个部门	《商贸物流发展"十三五"规划》
2017年3月2日	国家质量监督检验检疫总局等11个部门	《关于推动物流服务质量提升工作的指导意见》
2017年4月21日	商务部	《关于加快发展冷链物流保障食品安全促进消费升级的实施意见》
2017年7月20日	商务部	《新一代人工智能发展规划》
2017年8月17日	国务院	《关于进一步推进物流降本增效促进实体经济发展的意见》
2017年12月27日	国家邮政局	《快递业信用管理暂行办法》
2018年1月18日	商务部	《关于推广标准托盘发展单元化物流的意见》
2018年1月23日	国务院	《关于推进电子商务与快递物流协同发展的意见》
2018年3月2日	国务院	《快递暂行条例》
2018年4月19日	国家邮政局	《快递业信用体系建设工作方案》
2018年5月16日	国务院（常务会议）	《确定进一步降低实体经济物流成本的措施》
2018年6月1日	财政部、税务总局	《关于物流企业承租用于大宗商品仓储设施的土地城镇土地使用税优惠政策的通知》
2018年6月21日	国家邮政局	《关于提升快递从业人员素质的指导意见》
2018年8月31日（2019年1月1日起施行）	全国人大常委会	《中华人民共和国电子商务法》
2018年10月9日	国务院	《推进运输结构调整三年行动计划（2018—2020年）》
2018年10月19日	公安部	《关于进一步规范和优化城市配送车辆通行管理的通知》
2018年10月22日	交通运输部	《邮件快件实名收寄管理办法》
2018年11月26日	国家邮政局	《智能快件箱寄递服务管理办法（征求意见稿）》

资料来源：冯氏集团利丰研究中心根据公开资料整理。

三 零售物流业面对的挑战

（一）物流业地区发展不平衡

中国物流业发展不平衡，一方面龙头及大型物流企业发展迅猛，另一方面其他物流业者仍存在多、小、散、乱的问题。中西部地区及农村乡镇的物流业务发展程度远逊于东部地区。例如，中国的快递业务收入和业务量绝大部分来自东部地区，零售商和物流企业的发展策略基本是针对城市物流，大部分技术及基础建设等资源集中于经济发达的东部大中城市，即使企业开展一些农村物流项目，也主要集中打通农村到城市的单向物流渠道。

（二）一线劳动力短缺，物流人才不足

物流业长期面临一线劳动力短缺的问题。虽然物流企业加大力度发展物流科技以取代及处理部分劳动力密集的工序，但一线劳动力仍是物流行业不可或缺的一部分。例如，众包物流平台需要大量派送员，虽然这些平台标榜派送员是自由职业，不是传统快递员，初衷是吸纳年轻人善用他们的空闲时间，但是，这些平台正面对外卖平台的竞争，因为派送员派送外卖比派送包裹的工作时间更集中、平均单价抽成更高。加上快递员工资偏低、工作时间长、部分加盟制企业未提供社会保障等因素，大大降低年轻人入行的动力。

另外，智能物流需要由拥有专业物流知识及理解物流科技的专才来设计及管理。现实中，两者兼具的人才仍相对少，一是传统物流经验丰富却不接受新事物，二是拥抱新科技却未能把科技应用在日常操作当中。

（三）科技应用的挑战

正如上文所述，物流企业致力发展智能物流网络，开发各式各样的人工智能、物联网、智能仓及自动化装备等。不过，一些项目发展超前，企业投入大量资金，但因种种限制未能全面在日常操作中采用该技术，投资研发及

采购器材的回报往往与收益不成正比。不少物流企业因为资金链断裂而倒闭。

此外，数据安全问题也备受关注，此前发生快递员收集快递运单上的用户个人资料、非法出售给第三方的事件，引起公众哗然。类似事件仍未得到完全的解决。

（四）冷链物流发展滞后

中国冷链物流市场发展潜力巨大，各大企业加大投资开发冷链业务，但是，新项目主要集中在沿海大城市，在内陆产地处理生鲜产品的物流能力仍偏低。国内整体的冷链物流发展水平对比发达国家仍有较大距离，冷库及冷冻车数量及运力远远供不应求，加上政府的冷链物流政策及行业的冷链物流标准仍未完善，冷链物流的专业化程度仍有待提高。

四　结语

在竞争激烈和发展迅速的零售市场中，零售模式多样化，消费者对配送时效和体验的要求都不断提高。为提升物流服务水平和差异化能力，预计未来会出现更多企业合并事件或合作联盟，以及会有更多资金流入智能物流项目。此外，企业可考虑通过以下方法优化物流操作：加快智能仓库建设、布局完善的配送网络、建立保障客户隐私的物流信息系统，以及培训物流专业人才。

B.8
中国电子商务物流发展概况

李立威*

摘　要： 伴随着电子商务的快速发展，我国电商物流业发展迅速，市场规模不断扩大，运行效率不断提高，智慧物流技术得到广泛应用，政策环境不断优化。尽管电商物流市场规模不断扩大，但是随着电商业务增速放缓，电商物流业务量和收入的增速近年来有所回落，电商物流业正从高速增长的阶段逐步进入稳步发展的成熟阶段。在国家政策和市场需求的带动下，农村电商物流、跨境电商物流、同城电商物流、生鲜电商物流将迎来高速发展。目前电商物流在发展过程中还存在与电商协同发展程度低、物流运行成本偏高、盈利能力下降、对环保重视不足等问题。从政策层面、典型领域需求来说，农村、冷链、跨境、同城配送等专业领域需求旺盛，电商物流仍将保持持续稳定增长的良好态势。

关键词： 电商物流　农村电商物流　跨境电商物流　同城电商物流　生鲜电商物流

一　行业发展概况

（一）电商物流市场规模继续扩大

电子商务物流是服务于电子商务的各类物流活动，近年来电子商务的繁

---

* 李立威，北京联合大学管理学院电子商务系副教授，中国信息经济学会电子商务专业委员会理事，主要研究方向为电子商务。

荣带动了物流的快速发展，全国快递业务中有70%以上来自电子商务业务。商务部2018年5月发布的数据显示，2017年我国电子商务交易额达到29.16万亿元，同比增长11.7%。其中，商品类电子商务交易额16.87万亿元，同比增长21%，比上年提高8.7个百分点；服务类电子商务交易额4.96万亿元，同比增长35.1%，比上年提高13.2个百分点；全国网上零售额达7.18万亿元，同比增长32.2%①；国家统计局数据显示，2018年，全国网上零售额90065亿元，比上年增长23.9%。其中，实物商品网上零售额70198亿元，增长25.4%，占社会消费品零售总额的比重为18.4%；在实物商品网上零售额中，吃、穿和用类商品分别增长33.8%、22.0%和25.9%。②网上销售相对社会消费品零售整体而言保持较快增长，占社会消费品零售总额的比重持续提高，渗透率不断攀升。

随着我国新型工业化、信息化、城镇化、农业现代化和居民消费水平的提升，电子商务在经济、社会和人民生活各领域的渗透率不断提高，与之对应的电商物流需求将保持快速增长，我国电商物流市场规模继续扩大，业务量和业务收入继续保持稳步增长，电商物流业务量居世界首位。2008~2018年我国快递业业务量和业务收入情况如表1所示。2008年以来，快递业业务量和收入的规模不断扩大，屡创新高。2018年，全国快递服务企业业务量突破500亿件，同比增长26.6%；业务收入累计完成6038.4亿元，同比增长21.8%。③

2018年是双十一购物狂欢节的第十个年头，国家邮政局监测数据显示，2018年11月11日购物狂欢节当天，主要电商企业全天共产生快递物流订单13.52亿件，同比增长25.12%；全天各邮政、快递企业共处理4.16亿件，同比增长25.68%④，电商销售额和电商物流订单规模再创历史新高。

---

① 商务部，http://dzsws.mofcom.gov.cn/article/ztxx/ndbg/201805/20180502750562.shtml。
② 国家统计局，http://www.stats.gov.cn/tjsj/zxfb/201901/t20190121_1645784.html。
③ 国家邮政局，http://xxgk.spb.gov.cn/extranet/detail.html?yc_id=220c00e8-77a3-45c0-bfa8-56e719f1ee7c。
④ 国家邮政局，http://www.spb.gov.cn/xw/dtxx_15079/201811/t20181112_1693545.html。

表1　2008～2018年中国快递业务量和收入情况

单位：亿件，亿元

年份	快递业务量	快递业务收入
2008	15.1	408
2009	18.6	479
2010	23.4	575
2011	36.7	758
2012	56.9	1005
2013	91.9	1442
2014	139.0	2045
2015	206.7	2769.6
2016	312.8	3974.4
2017	400.6	4957.1
2018	507.1	6038.4

资料来源：国家邮政局。

（二）电商物流增速稳中趋缓

电商物流主要分为网络快递模式和仓储配送模式，自营电商以仓储配送模式为主，其他以网络快递模式为主。网络快递模式以顺丰、圆通、申通、中通、韵达等快递公司为典型代表，仓储配送模式以京东、唯品会和苏宁等为典型代表。

我国近八成的快递市场都与电商相关，快递市场的增速与电商增速具有高度相关性。伴随着电子商务增长速度的放缓，与电商密切相关的快递业务量增速趋缓。2008～2018年我国快递业增长趋势如图1所示。可以看出，2011～2016年为电商物流高速增长阶段，快递业务量同比增速保持在48%以上，年平均增速达到54.1%；快递业务收入同比增速保持在31.9%以上，年平均增速达到39.8%。2017年开始，增速开始明显回落，2018年快递业务收入同比增长速度降到21.8%，快递业务量同比增长速度降到26.6%。

以京东为典型代表的仓储配送物流增速也趋于放缓。中国物流与采购联合会以京东集团电商物流信息平台数据为基础编制了反映电商物流运行情况的电商物流指数。2015年1月至2019年1月每月电商物流指数如图2所示，

2019年1月电商物流指数为208.94,是2015年1月的2.08倍,是2018年1月的1.12倍,呈现平稳的增长趋势。①

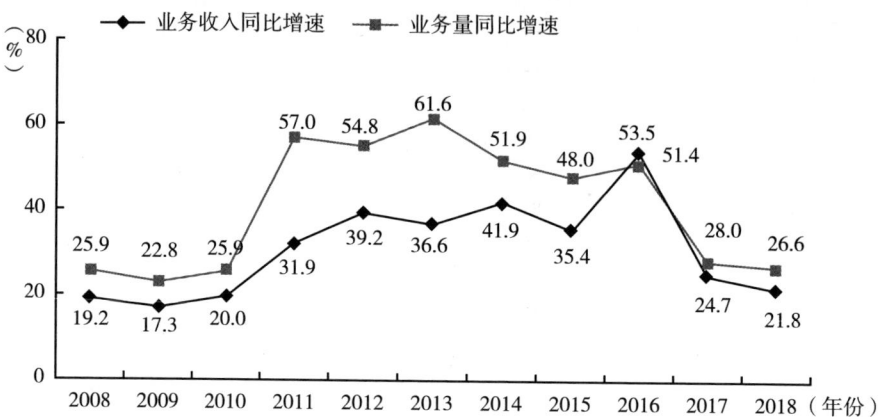

图1 2008~2018年快递业务量和业务收入增长趋势

资料来源:根据国家邮政局相关数据绘制。

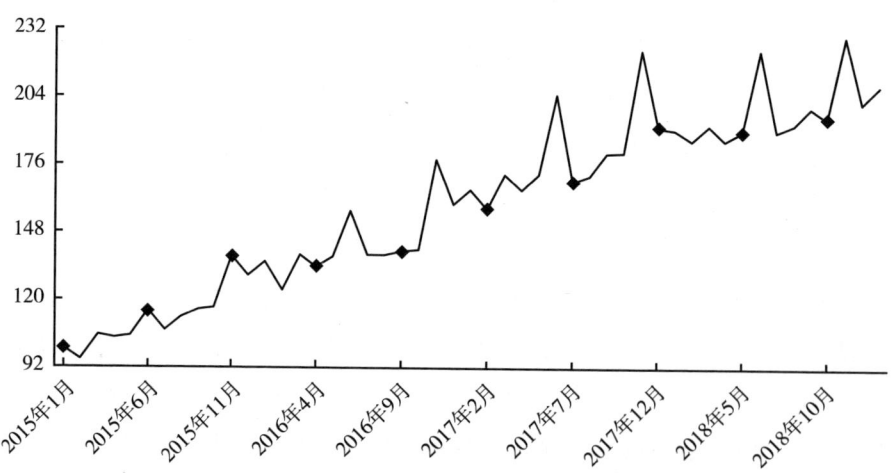

图2 2015年1月至2019年1月中国电商物流指数情况

资料来源:中国物流与采购联合会。

① 中国物流与采购联合会,http://dswl.chinawuliu.com.cn/。

以上数据表明，尽管电商物流市场规模不断扩大，随着电商增速放缓，电商物流业务量和收入的增速近年来有所回落，电商物流业正从高速增长的起步阶段逐步进入稳步发展的成熟阶段。

（三）电商物流运行效率不断提高

随着供给侧结构性改革的深入推进，物流业不断向集约化、智能化、标准化发展，社会物流运行成本不断降低。2017年8月，国务院办公厅发布《关于进一步推进物流降本增效　促进实体经济发展的意见》，推动物流运行效率提升。

随着智慧物流技术的广泛应用，电商物流企业在消费旺季和尖峰时刻的应对能力不断提高，电商物流在库存保管、运输等各环节的运行效率持续提升，电商物流配送更加高效和精准。数据显示，从2018年11月1日大促开始，截至11日，京东物流的仓配一体服务订单90%实现了当日达和次日达。2018年天猫双十一仅用8小时便实现包裹在全国263个城市的签收。2018年双十一完成1亿个包裹签收时间仅为2.6天，比2017年的2.8天、2016年的3.5天、2013年的9天明显提高。中国物流与采购联合会数据显示，2018年上半年物流时效比上年同期提高7.6%，运输环节实载率比上年同期提高3.3%[①]；2019年1月份，电商物流库存周转指数为107.2点，比上月回升1.5点，显示电商销售和物流库存周转速度同步加快。电商物流时效指数为110.7点，比上月回升1.4点，以上数据反映出在人力资源相对紧张和需求明显增长的情况下，电商物流仍保持较高的配送效率。电商物流履约率指数为103.8点，连续3个月呈回升态势。[②] 以上数据表明电商物流运行状况继续改善。

（四）智慧物流技术得到广泛应用

在电子商务交易规模不断增大的压力下，电商物流和快递企业加大基础

---

① 中国物流与采购联合会，http：//www.chinawuliu.com.cn/lhhkx/201807/24/333151.shtml。
② 中国物流与采购联合会，http：//www.chinawuliu.com.cn/lhhkx/201902/02/338361.shtml。

设施投入和新技术应用力度，加强网络布局和资源共享，大数据、物联网、云计算、智能仓储、无人仓、无人机、物流机器人、自动分拣和路径规划、人工智能等智慧物流技术得到广泛应用。

顺丰、中通、圆通、韵达、申通、百世等快递企业电子运单使用率均已接近或超过95%，并不断投入自动化分拣、自动化扫描、自动化称重等自动化设备。京东于2016年5月成立X事业部，专注于"互联网＋物流"，致力于打造着眼未来的智能仓储物流系统，聚焦全自动物流中心、无人机、仓储机器人以及自动驾驶车辆送货等一系列备受瞩目的智慧物流技术研发。京东物流无人机目前已经在中国国内8个省份开展了常态化运营，飞行里程超过12万公里。苏宁打造智慧物流基地，苏宁云仓在仓储规模、日出货量、自动化等整体科技能力和智能化方面处于领先水平。

一系列新科技的应用推动电商物流朝着集约化、数字化、智慧化方向发展，依赖人力的物流行业正努力从劳动密集型向技术密集型转变，从传统模式向智能物流升级。

（五）电商物流发展的政策环境不断改善

近年来，国务院、国家发展改革委、交通运输部、商务部、国家邮政局、财政部等相关部门和机构密集发文，进一步规范电子商务及电商物流行业的发展，部分省份也出台适合本地区的"十三五"电商物流发展规划，为电子商务物流行业的发展营造了良好的政策环境，对建立适应电子商务发展的物流产业体系、增强物流对电子商务发展的支撑保障能力具有重要意义。《电子商务法》于2019年开始正式实施，为电子商务的持续健康发展提供了法律保障。

为加快电子商务物流发展、提升电子商务水平、降低物流成本、提高流通效率，根据国务院《物流业发展中长期规划（2014—2020年）》，商务部、发展改革委、交通运输部、海关总署、国家邮政局、国家标准委于2016年3月联合发布了《全国电子商务物流发展专项规划（2016—2020年）》，提出我国电商物流发展目标，即到2020年，基本形成"布局完善、结构优化、功能强大、运作高效、服务优质"的电商物流体系，信息化、标准化、集约化发展取得重大进展，这是指导"十三五"时期我国电商物流发展的纲领性文件，标志着我国电商物流进入全新的发展阶段。《电子商务"十三五"发展规划》、《商贸物流发展"十三五"规划》和《国内贸易流通"十三五"发展规划》也对电商物流提出了相关要求。

2016年12月29日，商务部、中央网信办、国家发展改革委三部门联合发布《电子商务"十三五"发展规划》，该规划首次赋予电子商务服务经济增长和社会发展的双重目标，确立了2020年电子商务交易额40万亿元、网络零售总额10万亿元和相关从业者5000万人三个发展指标，该规划将开展电子商务物流体系建设作为重点行动之一。

目前，快递业在快速发展的同时，也面临网购红利逐步衰减、增长动力匮乏、模式创新不足等诸多挑战。为了促进快递业健康持续发展，2017年2月13日，国家邮政局发布《快递业发展"十三五"规划》，提出到2020年要基本建成普惠城乡、技术先进、服务优质、安全高效、绿色节能的快递服务体系，形成覆盖全国、联通国际的服务网络。2018年11月，交通运输部出台《快递业务经营许可管理办法》，于2019年1月1日开始执行。

2018年12月25日，国家发展改革委、交通运输部会同相关部门研究制定了《国家物流枢纽布局和建设规划》，规划提出到2020年，通过优化整合、功能提升，布局建设30个左右辐射带动能力较强、现代化运作水平较高、互联衔接紧密的国家物流枢纽，促进区域内和跨区域物流活动组织化、规模化运行，培育形成一批资源整合能力强、运营模式先进的枢纽运营企业，初步建立符合我国国情的枢纽建设运行模式，形成国家物流枢纽网络基本框架；到2025年，布局建设150个左右国家物流枢纽，枢纽间的分工协作和对接机制更加完善，社会物流运行效率大幅提高，基本形成以国家物流枢纽为核心的现代化物流运行体系，同时随着国家产业结构和空间布局的进一步优化，以及物流降本增效综合措施的持续发力，推动全社会物流总费用占GDP的比例下降至12%左右。

二 电商物流专业领域发展情况

（一）农村电商物流快速增长

2018年中央1号文件提出乡村振兴战略，文件对农村电商发展进行了重点部署，提出了"加强农产品产后分级、包装、营销""建设现代化农产品冷链仓储物流体系"等一系列举措。国务院《全国农业现代化规划（2016—2020年）》明确要引导新型经营主体对接各类电子商务平台，健全标准体系和冷链物流体系，并提出到"十三五"末农产品网上零售额占农业总产值比重达到8%的目标。随着国家农村电商和乡村振兴等战略的实施与推进，电商企业和物流企业继续加强对农村服务网点的布局，农产品上行和工业品下行的双向流通格局正在形成，农村电商迎来快速发展的阶段，农村电商物流保持强劲的增长态势。

商务部2018年5月发布的数据显示，2017年全国农村实现网络零售额12448.8亿元，同比增长39.1%。截至2017年底，农村网店达到985.6万家，较2016年增加169.3万家，同比增长20.7%，带动就业人数超过2800万人。从区域分布看，2017年东部、中部、西部、东北农村分别实现网络零售额7904.5亿元、2562.1亿元、1700.5亿元、281.8亿元，同比分别增长33.4%、46.2%、55.4%、60.9%。[①] 2018年上半年，全国农村网络零售额达到6322.8亿元，同比增长34.4%，占全国网上零售额的比重为15.5%，增速高于全国水平4.3个百分点。随着各大电商企业农村电商战略的推进，以及"拼多多"等低价电商平台的崛起，电商平台覆盖人群已经从一二线城市扩张至低线城市以及农村人群。农村电商的快速发展带动农村电商物流的迅猛增长。菜鸟乡村物流已进驻29个省份近700个县，建立了近3万个村级物流站点。

---

① 商务部，http://dzsws.mofcom.gov.cn/article/ztxx/ndbg/201805/20180502750562.shtml。

2018年上半年，全国农产品物流总额为1.2万亿元，同比增长3.2%，农产品物流需求增势平稳但电商物流继续保持强劲增长。中国物流与采购联合会电商物流指数显示，2018年上半年农村业务量指数均值为134.3点，反映出农村地区电商物流业务量的增长速度超过35%。[①] 据国家邮政局统计数据，2015年国内快递网点的乡镇覆盖率仅为48%，而目前全国乡镇快递网点覆盖率已经达到92.4%，基本能够满足农村6亿人口的电商服务需求。

（二）跨境电商物流发展迅猛

在出口相对比较疲软的阶段，跨境电商已经成为促进我国经济转型升级的重要推动力之一。跨境电子商务的蓬勃兴起，不仅带动着我国外贸的发展，同时也推动传统制造业转型升级。从2015年3月7日设立首个中国（杭州）跨境电子商务综合试验区以来，我国共设立了35个跨境电商综合试验区，基本覆盖了主要的一二线城市。从2013年设立首个中国（上海）自由贸易试验区以来，我国共设立了11个自贸区。随着自贸区和综合试验区相继出台贸易便利化措施，政策和制度红利不断释放，跨境电商成交额连续增长。2018年通过海关跨境电子商务管理平台零售进出口商品总额1347亿元，增长50%，其中出口561.2亿元，增长67%，进口785.8亿元，增长39.8%。[②]

2018年中国经济形势面临下行压力，中美贸易摩擦对进出口业务带来冲击，在这种情况下，我国跨境电商市场仍旧保持增长，但是增速有所放缓，易观国际监测数据显示，受国际贸易摩擦影响，2018年中国跨境电商交易规模增速放缓，预计全年规模达9.1万亿元，同比增长12.48%。受需求和政策利好双重推动，跨境电商企业数量不断扩大，一些企业加快海外物流网络布局。菜鸟网络聚集了80多个全球物流合作伙伴、231个跨境物流仓库，能覆盖全球200多个国家和地区。京东物流在印尼建成当地最大电商

---

① 商务部，http://ltfzs.mofcom.gov.cn/article/ag/wlyj/201808/20180802774138.shtml。
② 海关总署，http://www.customs.gov.cn/customs/302249/mtjj35/2169002/index.html。

物流网络，服务范围覆盖7大岛屿、近500个城市和6500个区县，85%的订单可在1天内送达。阿里巴巴增资东南亚本土电商，扩大海外竞争优势。菜鸟网络物流覆盖全球200多个国家和地区，全球跨境物流日处理能力超过400万单。顺丰顺应高速增长的跨境电商需求，相继开通50多个国家和地区的快递服务，国际小包服务网络已覆盖全球200多个国家和地区。"洋码头"自建国际物流，已在全球建立了15个大型国际物流中心，能服务于20多个国家和地区。

随着"一带一路""走出去"等国家倡议和战略的深入实施，我国与世界其他国家贸易广度和深度不断增加，贸易便利化、海关、电子商务以及投融资合作等日益频繁，"全球买、全球卖"为跨境电商物流带来巨大发展机遇。随着跨境电商的蓬勃发展，跨境寄递需求持续激增，国际及港澳台快递业务量继续保持高速增长态势，2018年我国国际及港澳台快递业务量累计完成11.1亿件，同比增长34%，增长速度明显高于国内快递业务。2018年在双十一当天，产生跨境进口快件近3300万件，同比增长60%。①

（三）同城电商物流业务稳定增长

随着餐饮外卖、新零售等本地生活服务电商市场的发展，电商企业和物流企业不断加大物流末端网点建设，服务于末端配送需求的同城电商物流成为物流领域发展热点。外卖服务、众包物流、即时配送，以及新零售变革带来的新物流（盒马鲜生等）、电商配送中的"仓配一体"（落地配）都属于同城电商物流业务范畴。目前，同城快递业务中闪送、人人快送、新达达、饿了么（蜂鸟）、美团外卖、百度骑士等占据了较大的市场份额。

随着新零售的快速发展，门店面向区域配送需求高速增长，推动了物流配送末端服务的变革。新零售驱动下的物流已经突破传统物流的发展形态，

---

① 国家邮政局，http://xxgk.spb.gov.cn/extranet/detail.html?yc_id=220c00e8-77a3-45c0-bfa8-56e719f1ee7c。

从单一的物品流通发展成为以数字化、信息化、科技化为支撑的时效性全供应链的新业态模式。盒马鲜生线下门店"店仓结合"打造"3 公里 30 分钟送达生活圈",天猫超市通过连接便利店、门店以及末端快递网点(包括驿站)等资源实现生鲜商品下单后的 1 小时达和 2 小时达。

美团等企业通过发展同城配送系统,支撑自身配送服务,各餐饮企业与平台合作开展各种电子商务应用,线上和线下融合程度不断加深。2018 年第三季度,美团餐饮外卖日均订单交易笔数达 1940 万笔,较 2017 年同期增长 48.5%,美团餐饮外卖业务交易金额为 1457 亿元,较 2017 年同期增长 40.0%,订单量和交易额均保持稳健增长。

随着同城尤其是即时配送市场规模增大,同城配也开始吸引传统快递公司的注意,各大快递公司纷纷布局即时配送产品。顺丰推出"及时达"业务,2017 年顺丰同城配业务实现 3.7 亿元营收,同比大幅增长 636%,是公司增长最快的子业务。韵达研发的同城即时配送平台"云递配"2018 年开始上线。

国家邮政局数据显示,2017 年同城快递业务量完成 92.7 亿件,同比增长 25%;实现业务收入 732.3 亿元,同比增长 30%。2018 年同城业务量累计完成 114.1 亿件,同比增长 23.1%,实现业务收入 905.76 亿元,同比增长 23.7%(见表 2)。以上数据说明同城电商物流成为行业发展热点,业务量和业务收入保持稳健增长。

表 2　2013~2018 年我国同城快递业业务完成情况

单位:亿件,亿元

年份	业务量	业务收入
2013	22.9	166.4
2014	35.5	265.9
2015	54.0	400.8
2016	74.1	563.1
2017	92.7	732.3
2018	114.1	905.76

资料来源:国家邮政局。

（四）生鲜电商带动冷链物流快速发展

生鲜电商、新零售、新餐饮等业态的涌现，以及全国性连锁超市、便利店的扩大，催生出荣庆物流、顺丰冷运、京东物流、苏宁物流、安鲜达物流等一批具备全国性服务能力的冷链物流企业，带动冷链物流产业高速发展。据中物联冷链委预测，2018年我国冷链物流需求总量将达到1.8亿吨，比上年增长3300万吨，同比增长22.1%；冷链物流市场规模达到3035亿元，比上年增长485亿元，同比增长19%。冷链基础设施设备水平进一步提升，2018年全国冷库总量将达到5238万吨（折合1.3亿立方米），新增库容488万吨，同比增长10.3%。从冷库新增的区域来看，武汉、杭州、福州、济南、重庆、大连等城市增幅明显，反映出二三线城市消费的快速崛起。①

2018年，国家层面全年出台冷链相关政策和规划超过35项，广东、福建、河南、江苏、山东等省份也制定了地方冷链物流发展规划，"冷链物流"渗透到越来越多领域的政策规划里面。在政策红利和市场需求双轮驱动下，企业加快市场布局。菜鸟与天猫启动"神农计划"，计划在两年内开设100个原产地生鲜仓库。京东生鲜推出"京东生鲜赋能计划"，7FRESH的门店将覆盖整个北京市场，未来5年，全国门店将超过1000家。苏宁易购推出"苏宁小店"，2018年5月底苏宁小店已开设分店500家。

三 存在的问题

（一）物流业与电子商务协同发展程度低

电子商务与快递物流互为支撑，相互促进。当前，中国产业结构、消费结构持续升级，商业形态和生活模式不断演变，电子商务持续快速发展，电

---

① 中国物流与采购联合会，http://www.chinawuliu.com.cn/lhhkx/201812/03/336799.shtml。

子商务交易的主体和产品类型日益丰富，电子商务对快递物流发展的要求不断提高，电子商务与快递物流的协同以及围绕着电子商务的快递物流服务活动越发重要。随着电子商务的快速发展，电子商务与物流快递协同发展方面暴露出一些问题，比如基础设施不配套、配送车辆通行难、快递末端服务能力不足、行业间协调联动不够、互联互通不畅、供应链效率不高等，成为制约电子商务发展的重要瓶颈。自2014年10月开始，商务部会同财政部、国家邮政局在11个城市开展了电子商务与物流快递协同发展试点。但从全国来看，快递物流制约电子商务发展的问题依然普遍存在。2017年以来，电子商务在与快递物流协同中又暴露出数据互通共享的矛盾、过度包装影响环境等问题。为了提高电子商务与快递物流协同发展水平，2018年1月24日，国务院办公厅印发《关于推进电子商务与快递物流协同发展的意见》，指出要强化规划引领，完善电子商务快递物流基础设施；强化规范运营，优化电子商务配送通行管理；强化服务创新，提升快递末端服务能力；强化标准化智能化，提高协同运行效率；强化绿色理念，发展绿色生态链。

（二）社会物流成本偏高

我国社会物流总费用占国内生产总值（GDP）的比例，在2012年到2017年实现了"五连降"，从2012年的18%下降到2017年的14.6%。2018年上半年，社会物流总费用占GDP的比例为14.5%，与一季度持平，比上年同期回落0.1个百分点。① 虽然社会物流总费用占GDP的比例持续走低，但这一比例与主要发达国家8%~9%和新兴经济体11%~13%的水平相比，还存在不小差距，我国物流运行成本仍然偏高。物流成本居高不下，说明在电子商务物流发展过程中仍然存在一些现实的政策和体制障碍亟须解决。

（三）行业竞争激烈，盈利能力持续下降

伴随着电子商务的发展，快递企业的数量和业务量都呈现出快速发展态

---

① 中国服务贸易指南网，http://tradeinservices.mofcom.gov.cn/article/yanjiu/hangyezk/201805/62211.html。

势，我国快递业面临着由高速增长向高质量发展的转变。目前快递行业竞争激烈，差异化程度低，行业盈利能力持续走低。2015年以来，中通、韵达通过降价提质实现市场份额的扩张；2016年以来，百世也通过低价抢量实现市场占有率提升；2018年以来，圆通和申通在优化网络后，也开始通过主动降价抢量提升市场占有率。2008年以来快递业件均收入持续下降，件均收入从2008年的27.02元下降到2018年的11.91元（见表3）。快递业持续的低价竞争压缩了行业的利润空间，削弱了企业后续转型升级的能力。

表3 2008~2018年中国快递业件均收入

单位：元

年份	2008	2009	2010	2011	2012	2013	2014	2015	2016	2017	2018
件均收入	27.02	25.75	24.57	20.65	17.66	15.69	14.71	13.40	12.71	12.37	11.91

资料来源：根据国家邮政局快递业务量和收入数据计算得到。

（四）环保成为电商物流发展中不可忽视的问题

随着电商物流规模的增大，电商物流包装引起的资源消耗和环保问题日益引起政府和企业的关注，快递垃圾持续增多、快递过度包装、包装材料不环保、包装箱回收循环利用不足、企业缺少环保意识等成为电商物流发展中亟待解决的问题。国家邮政局发布的《2017中国快递领域绿色包装发展现状及趋势报告》显示，2016年，全国快递共消耗约32亿条编织袋、约68亿个塑料袋、37亿个包装箱以及3.3亿卷胶带。2018年开始，国家在政策上大力倡导绿色物流，2018年9月新修订的《快递封装用品》系列国家标准正式施行，减量化、绿色化、可循环成为快递包装新趋势。2019年开始实施的《电子商务法》中也明确提出，快递物流服务提供者应当按照规定使用环保包装材料，实现包装材料的减量化和再利用，而且支持绿色包装、仓储、运输，促进电子商务绿色发展。2018年12月，国家邮政局出台《快递业绿色包装指南（试行）》，指导经营快递业务的企业做好绿色包装工作，规定了行业绿色包装工作的目标，即快递业绿色包装坚持标准化、减量化和可循环的工作目标,加强与上下游协同,逐步实现包装材料的减量化和再利用,并指出经营快递业务的企业应当按照规定使用环保包装材料。

国家在政策上大力倡导绿色物流的同时,菜鸟、京东物流、通达系等企业也在政策的引导下积极开展绿色工作。2018年5月23日,由菜鸟网络牵头,阿里巴巴宣布正式启动"绿色物流2020计划"。绿色环保是当前电子商务与快递物流领域中较为薄弱的环节,绿色环保意识差、环保技术较为落后是行业发展过程中亟待解决的问题。

四 发展趋势展望

过去一年,电商物流在经济存在下行压力和国际贸易环境恶化的背景下仍旧保持快速增长,电商物流在促进消费升级、稳定就业、扩大国际国内市场等方面发挥了突出的作用。从政策层面、典型领域需求来说,预计中国电商物流仍将保持稳定增长的良好态势。

从政策面来看,近年来电商物流激励措施密集出台,制约电子商务及物流发展的制度性障碍逐渐消除,电子商务物流发展的政策环境不断优化,《全国电子商务物流发展专项规划(2016—2020年)》明确提出到2020年基本形成"布局完善、结构优化、功能强大、运作高效、服务优质"的电商物流体系;国务院《关于推进电子商务与快递物流协同发展的意见》,为推动电子商务与快递物流协同发展提供了有力保障。

从典型领域需求看,2019年及未来几年,一二线城市电子商务市场继续保持稳健增长,随着新零售等业态的发展,一二线城市末端物流和即时配送物流面临着发展机遇;三四线城市及县域电商和农村电商将迎来更大发展,这对三四线城市、县域电商物流和农村电商物流发展提出更加迫切的需求;随着"一带一路""走出去"等国家倡议和战略的深入实施,我国跨境电子商务进入高速发展阶段,正成为中国国际贸易和制造业转型升级的新动力,这为我国电商物流国际化发展提供了机遇,未来跨境电商物流仍将保持高速的发展态势。面对生鲜电商和农产品电商快速发展的势头,在国家和各

地政策的扶持下，预计电商冷链物流将保持高速增长态势。

总体判断，未来国内外电商物流市场将持续繁荣，农村、冷链、跨境、同城配送等专业领域需求旺盛，共享、开放、绿色、融合、智慧化的发展思路将引领行业发展。整体上看，电商物流将继续保持快速增长的良好态势。

参考文献

［1］商务部：《中国电子商务报告（2017）》，2018年5月，http：//dzsws.mofcom.gov.cn/article/ztxx/ndbg/201805/20180502750562.shtml。

［2］国家邮政局：《2018年邮政行业发展统计公报》，2019年1月。

［3］商务部流通业发展司：《2018年上半年中国商贸物流运行报告》，2018年8月。

［4］商务部流通业发展司：《中国电子商务物流发展报告（2017—2018）》，2017年12月，http：//www.56ec.org.cn/news/xhyw/2017-12-28/26551.html。

［5］中国物流与采购联合会：《2016年电商物流运行分析和2017年展望》，http：//www.chinawuliu.com.cn/lhhkx/201702/15/319121.shtml。

［6］中国物流与采购联合会：《2018中国冷链物流回顾与2019展望》，http：//www.chinawuliu.com.cn/lhhkx/201812/03/336799.shtml。

B.9
中国互联网金融发展及趋势分析

洪 勇*

摘 要： 防范化解互联网金融风险是当前及今后一段时间的重要工作任务。2018年以来，由于金融系统流动性收紧以及互联网金融行业的清理整顿，大量平台被淘汰，行业良币驱逐劣币，不合规业务规模和存量业务规模实现双降，互联网金融风险得到有效抑制，优质头部平台开始发挥作用，互联网金融长效治理机制建设稳步推进，初步建立起适应互联网金融特点的监管制度体系。互联网金融整体从高速增长步入高质量增长阶段，发展环境持续改善，国际影响力显著增强，集中度不断提高。但仍然存在混业监管体系亟须完善、信用体系建设不健全、网络信息安全重视不足等问题。

关键词： 互联网金融 专项整治 金融风险 金融科技

一 2018~2019年互联网金融监管现状

2018年以来，政府和行业协会对互联网金融的规范和引导持续加强，监管政策主要可分为全国人大、国务院、国家部委和行业协会四个层面。其中全国人大层面有2018年政府工作报告，国务院层面有《关于全面推进金融业综合统计工作的意见》《关于促进小农户和现代农业发展有机衔接的意

---

* 洪勇，商务部国际贸易经济合作研究院副研究员，研究方向为数字经济、电子商务。

见》等，国家部委层面有《"十三五"现代金融体系规划》《关于开展 P2P 网络借贷机构合规检查工作的通知》等，行业协会层面有《互联网金融逾期债务催收自律公约（试行）》以及 12 个省市出台的平台退出指引或退出工作方案等。

（一）全国人大层面关于互联网金融的监管政策

自 2014 年政府工作报告中首次提及"互联网金融"以来，"互联网金融"已经连续五年被写入政府工作报告。2014 年政府工作报告强调"促进互联网金融健康发展，完善金融监管协调机制"。2015 年政府工作报告在回顾 2014 年工作时，提到"互联网金融异军突起"；部署 2015 年工作时，再次提出"促进互联网金融健康发展"。2016 年政府工作报告表示要"规范发展互联网金融"。2017 年政府工作报告强调"对互联网金融等累积风险要高度警惕"。2018 年 3 月 5 日，政府工作报告再次提及"互联网金融"，报告提出，强化金融监管统筹协调，健全对互联网金融监管。2014 年至 2018 年政府工作报告对互联网金融的态度从松到紧，从促进鼓励到规范发展。

（二）国务院层面关于互联网金融的监管政策

2018 年国务院关于互联网的监管包括两个文件和一次专题会议，体现为三个方面的举措。一是将互联网金融纳入金融业综合统计体系。2018 年 4 月 9 日，国务院办公厅正式印发《关于全面推进金融业综合统计工作的意见》，要求建立地方金融管理部门监管的地方金融组织和互联网金融机构统计，全面加强对风险防控薄弱环节的统计监测。二是加快互联网长效监管机制建设。2018 年 8 月 24 日，国务院副总理、国务院金融稳定发展委员会召开防范化解金融风险专题会议。会议认为，要做好网贷风险应对工作，要进一步明确中央和地方、各部门间的分工和责任，共同配合做好工作。要深入摸清网贷平台和风险分布状况，区分不同情况，分类施策、务求实效。要抓紧研究制定必要的标准，加快互联网金融长效监管机制建设。三是加强互联网金融对农业的促进作用。2019年2月21日，中共中央办公厅、国务院办公厅印发了《关于促进小农户和现代农业发展有机衔接的意见》，其中提出，鼓励产业链金融、互联网金融在依法合规前提下为小农户提供金融服务。

（三）国家部委层面关于互联网金融的监管政策

国家部委高度重视互联网金融。2018年5月，中国人民银行等多部委印发《"十三五"现代金融体系规划》，提出将互联网金融纳入宏观审慎政策框架，实现宏观审慎管理和金融监管对所有金融机构、业务、活动及其风险全覆盖。

一是在P2P网贷整治方面。首先，重启P2P网贷整治备案。由于2018年6月P2P网贷业平台破产数量增长速度过快，网贷备案被迫延期。2018年8月13日，全国P2P网络借贷风险专项整治工作领导小组办公室发布《关于开展P2P网络借贷机构合规检查工作的通知》、《网络借贷信息中介机构合规检查问题清单》（"108条"），将备案工作大致分为三步——自查、自律检查和行政核查，以2018年12月底为截止日期。至此，网贷备案步入重启阶段。其次，进一步控制P2P平台规模，清理不合规P2P平台。2018年8月，P2P网络借贷风险专项整治工作领导小组办公室发布《网络借贷信息中介机构合规检查问题清单》，严查P2P网贷平台规模控制不到位情形，禁止规模大幅增长。2018年12月，互联网金融风险专项整治工作领导小组办公室发布《关于做好网贷机构分类处置和风险防范工作的意见》（"175号文"），推动僵尸类平台、在营规模较小平台、在营高风险平台退出。2019年1月，互联网金融风险专项整治工作领导小组办公室发布《关于进一步做实P2P网络借贷合规检查及后续工作的通知》（"1号文"），清退不愿意进行实时数据接入、不进行全面信息披露或者不实披露的平台。据网贷之家不完全统计，截至2019年2月21日，至少已有12家P2P平台应监管要求退出或转型，其中2019年清退P2P平台3家，2018

年清退P2P平台9家。在2018年清退的9家平台中,已有2家平台(见大金服、慧米财富)完成全额兑付,实现了良性退出;3家清退平台被立案调查。再次,重视信息安全问题。2018年8月,全国P2P网络借贷风险专项整治工作领导小组办公室下发"108条"中对未能安全地采集、处理及使用出借人、借款人信息做出了明确规定。未制定客户信息采集、使用及处理方面的安全保护制度,删除、篡改客户信息,未经同意将客户信息用于所提供服务之外目的,未经同意泄露、传播、买卖客户信息等,均属不合规行为。最后,重点强调规范"现金贷"。2018年4月,中国银保监会出台《关于规范民间借贷行为 维护经济金融秩序有关事项的通知》(银保监发〔2018〕10号)等文件,明确规范"现金贷"等网络借贷行为的管理要求,加强对"现金贷"业务的监管并逐步化解其形成的风险,维护社会金融秩序的稳定。部分机构或平台以手机回租、虚假购物再转卖等形式变相继续发放贷款,有的还在贷款过程中通过强行搭售会员服务和商品方式变相抬高利率。

二是在资产管理业务整治方面。2018年4月初,互联网金融风险专项整治工作领导小组办公室下发了《关于加大通过互联网开展资产管理业务整治力度及开展验收工作的通知》,对互联网开展资产管理业务进行整治和验收。P2P平台和互联网平台与股交所、金交所联合发布的各类理财产品被叫停,未经授权许可,没有代销资质的互联网平台开展资产管理业务将被严查。未经许可,依托互联网发行销售资产管理产品的行为,须立即停止,存量业务应当最迟于2018年6月底前压缩至零。

三是在第三方支付方面。2018年3月21日,中国人民银行印发中国人民银行公告〔2018〕第7号,放开外商投资支付机构准入限制,明确准入规则和监管要求。2018年6月29日,中国人民银行发布《关于支付机构客户备付金全部集中交存有关事宜的通知》(银办发〔2018〕114号),要求自2018年7月9日起,按月逐步提高支付机构客户备付金集中交存比例,到2019年1月14日实现100%集中交存。

四是在互联网保险方面。2018年4月,中国银保监会发布《关于互联网保险的风险提示》，提示保险消费者购买互联网保险时须谨防存在"吸睛"产品暗藏误导、在线平台暗藏"搭售"以及"高息"产品暗藏骗局三大风险。中国银保监会《关于防范保险从业人员违规销售非保险金融产品的风险提示》针对保险从业人员违规销售非保险金融产品的情况，提醒保险消费者核实资质，提高自我保护意识；细读合同，确认产品属性；理性消费，不受"保本高收益"迷惑。

五是在审理互联网金融案件方面。2018年8月1日，最高人民法院发布《关于依法妥善审理民间借贷案件的通知》，警示"套路贷"诈骗等犯罪行为，区分民间借贷与"套路贷"诈骗界限。2018年9月7日，最高人民法院印发《关于互联网法院审理案件若干问题的规定》，明确北京、广州、杭州互联网法院集中管辖所在市的辖区内应当由基层人民法院受理特定类型互联网案件，其中包括互联网金融借款。

（四）行业协会层面关于互联网金融的监管政策

中国互联网金融协会和各地区互联网金融协会为规范从业机构市场行为、保护行业合法权益，2018年以来出台了一系列监管政策。一是制定互联网金融催收自律公约。2018年3月28日，中国互联网金融协会发布《互联网金融逾期债务催收自律公约（试行）》，以规范互联网金融逾期债务催收行为，保护债权人、债务人、相关当事人及互联网金融从业机构合法权益。二是落实《网络借贷信息中介机构合规检查问题清单》要求。2018年12月6日，深圳市互联网金融协会出台了"降余额、降人数、降门店、降存量"等十条最严P2P自律要求。12月21日，杭州市互联网金融协会发布"降余额、降人数、降存量"等九条P2P自律要求。三是出台平台退出指引或退出工作方案。为了指导、规范P2P网贷平台良性退出，保护出借人、借款人、P2P网贷平台以及其他网贷业务参与人的合法权益，2018年已有12个省市行业协会出台了平台退出指引或退出工作方案。北京市、深圳市、杭州市、广州市、安徽省、上海市、广东省、大连市、江西省、厦门市等省市集中在2018年7月后出台（见表1）。随着合规检查和退出引导工作的推

进,据网贷之家统计,截至2018年12月11日,上海、浙江等地至少已经有10家P2P平台应监管要求而退出或转型。

表1 2018年平台退出指引或退出工作方案

发布时间	发文主体	文件名称
2018年7月	北京市互联网金融协会	《北京市网络借贷信息中介机构业务退出规程》
2018年7月	深圳市互联网金融协会	《深圳市网络借贷信息中介机构业务退出指引》
2018年7月	杭州市互联网金融协会	《网络借贷信息中介机构业务退出指引(试行)》
2018年7月	广州市互联网金融协会	《广州市网络借贷信息中介机构业务退出指引(试行)》
2018年8月	安徽省互联网金融协会	《安徽省网络借贷退出指引(试行)》
2018年8月	上海市互联网金融协会	《上海市网络借贷信息中介机构业务退出指导意见(试行)》
2018年10月	广东互联网金融协会	《广东省网络借贷信息中介机构业务退出指引(试行)》
2018年10月	大连市互联网金融协会	《大连市网络借贷信息中介机构业务退出指引(试行)》
2018年11月	江西省互联网金融协会	《江西省网络借贷信息中介机构退出指引(试行)》
2018年11月	厦门市互联网金融协会	《关于做好厦门市网络借贷信息中介机构良性退出工作的通知》

资料来源:网贷之家。

二 2018~2019年我国互联网金融特征

随着大数据、云计算、人工智能、区块链等信息技术发展,互联网金融交易规模逐年扩大,产品不断推陈出新,互联网金融与传统产业融合不断加深,互联网金融对经济社会的渗透性不断增强。互联网金融在弥补传统金融服务不足、拓宽老百姓的投资渠道等方面发挥了积极作用。同时,互联网金融的高速发展难以掩盖现金贷、套路贷、校园贷、首付贷等造成的不良影响。近年来,政府对互联网金融的态度从鼓励促进转变为规范发展,互联网金融专项整治进入尾声,互联网金融从野蛮无序发展阶段逐步进入规范发展阶段;自融、资金池、期限错配等违规行为得到纠正,互联网金融行业良币驱逐劣币,互联网金融更好地服务实体经济、促进普惠金融发展。2018年互联网金融主要有以下四个特征。

（一）互联网金融进入理性发展阶段

自 2013 年以来，我国互联网金融交易额逐年快速增长。2018 年以来，随着互联网金融专项整治的进行，现金贷新规、债务催收自律公约等监管政策出台，互联网金融行业增长速度下降，一些业务模式交易额出现增速下降、发展停滞甚至出现负增长。

在 P2P 网络借贷行业方面，行业过快增长势头得到有效抑制，进入合规发展阶段。网贷行业成交额、贷款余额、平台数量均有明显下降。提现困难、跑路、经侦介入等问题平台加速退出市场，不少网贷平台主动有序退出市场，风险进一步释放。越来越多的网贷平台在银行进行资金存管，接入互联网金融协会信息披露系统。

在互联网保险方面，根据中国保险行业协会发布的 2018 年上半年互联网人身保险市场经营数据，互联网人身保险市场累计实现规模保费 852.7 亿元，同比下滑 15.61%。2018 年上半年累计互联网财险业务同期增长率为 37.29%，较产险公司所有渠道业务同期增长率高出 23.11 个百分点。腾讯首个控股的保险平台微民保险代理有限公司携手腾讯用户研究与体验设计部（CDC）发布的《2018 年互联网保险年度报告》显示，互联网保单量五年飙增 18 倍，有 27.7% 的网民在互联网上购买过保险。互联网保民数量为 2.22 亿人左右，从互联网保民和网民之间的巨大差距可以看出，互联网保险在经历了五年的高速增长后，仍然具有极大的发展潜力。

在互联网众筹方面，据众筹家旗下人创咨询统计，截至 2018 年 6 月底，国内上线的众筹平台共计 854 家，已下线或转型的共有 603 家，正常运营的平台共 251 家。2018 年上半年成功项目的实际融资额达 137.11 亿元，与 2017 年同期相比增长了 24.46%。互联网众筹的平台数量下降，行业实际融资额仍保持快速增长趋势。互联网众筹实际融资额向优质互联网众筹平台集中。

（二）互联网金融发展环境持续改善

互联网金融征信系统、统计监测体系、风险监测系统、标准化体系建设

等互联网金融发展环境持续完善。

1. 互联网金融征信系统

2018年3月,获得我国首张个人征信业务牌照的百行征信投入运营。截至2018年9月底,百行征信已经与241家机构签署了信用信息共享合作协议,涵盖P2P网络借贷、网络小额贷款公司、消费金融公司、汽车金融公司、融资租赁公司、民营银行、助贷机构、金融科技公司等。2018年8月8日,互联网金融风险专项整治工作领导小组办公室下发《关于报送P2P平台借款人逃废债信息的通知》,要求各地上报逃废债借款人名单。逃废债信息将纳入征信系统和"信用中国"数据库,对相关失信人形成制约。首批和第二批P2P网贷机构借款人恶意逃废债名单已经纳入征信系统。

2. 互联网金融统计监测体系

2019年《关于进一步做实P2P网络借贷合规检查及后续工作的通知》("1号文")要求统计监测数据应报送至"国家互联网金融风险分析技术平台网贷机构统计报送系统",信息披露数据应披露在"全国互联网金融登记披露服务平台"。包括资金流、平台实时的放款及还款、营销资金、手续费或管理费等实时数据在内,监管方均要求机构翔实上报。

3. 互联网金融风险监测系统

2018年10月,中国人民银行、中国银保监会、中国证监会联合发布《互联网金融从业机构反洗钱和反恐怖融资管理办法(试行)》,指出中国人民银行设立互联网金融反洗钱和反恐怖融资网络监测平台,使用网络监测平台完善线上反洗钱监管机制,加强信息共享。

4. 互联网金融标准化体系建设

2018年7月,中国人民银行、中国银保监会、中国证监会、国家标准化管理委员会联合发布《关于在重庆市、浙江省开展金融标准创新建设试点的批复》,同意在重庆市、浙江省开展金融标准创新建设试点工作。其中,互联网金融标准化体系建设是金融标准创新建设的重要组成部分。

（三）中国互联网金融国际影响力增强

近年来，中国互联网金融行业与世界各国的交流与合作越来越紧密，中国互联网金融在国际上的影响力日益增强。从企业角度看，在国内监管政策存在不确定性的情况下，企业合规成本增加，盈利空间被压缩，越来越多的国内互联网金融企业开始布局海外市场。一方面，互联网金融公司对外投资规模扩大。例如：掌众金服在越南上线现金贷业务、凡普金科与新加坡当地的金融科技公司 Cashwagon 达成战略合作、品钛（PINTEC）与大华银行在新加坡成立华钛科技公司、小米投资印度网贷平台 ZestMoney、昆仑万维拟投资印度互联网金融科技公司 Krazybee、支付宝收购英国跨境支付公司万里汇（WorldFirst）100% 股权。另一方面，跨境支付公司积极拓展海外市场。2013 年国家外管局发放首批 17 张跨境支付牌照。截止到 2018 年底，我国拥有跨境支付资格的平台达到 30 家。一是跨境支付覆盖范围扩大。截至 2018 年末，银联受理网络已延伸至全球 174 个国家和地区，覆盖全球逾 5200 万商户和 260 余万台 ATM。尼尔森与支付宝联合发布《2018 年中国移动支付境外旅游市场发展与趋势白皮书》，中国游客已能在全球 54 个国家和地区使用支付宝消费，全球 35 个国家和 85 个机场支持支付宝退税；支付宝还在 9 个国家和地区与合作伙伴一起打造"本地版支付宝"服务当地用户。微信支付的跨境支付服务遍及中国境外的 49 个国家和地区。二是运用新技术实现跨境支付的便利化。2018 年 6 月 25 日，支付宝（AlipayHK）全球首个基于区块链的电子钱包跨境汇款服务在香港上线，AlipayHK 的用户可以通过区块链技术向菲律宾钱包 Gcash 汇款，Gcash 用户在到账后能即刻消费，实现了跨境汇款也能像境内转账一样实时到账。2019 年 1 月，微信支付跨境业务首次在欧洲扩大应用，与 BHV Marais 致力于智能商店解决方案。从行业协会角度看，2018 年，中国互联网金融协会分别与德意志交易所集团、英国创新金融协会签署合作备忘录，推动在互联网金融领域深入合作，围绕建立高层定期会面机制、举办多种培训项目、进行活动推广等展开交流合作。

（四）互联网金融集中度不断提高

随着互联网金融的监管逐步加强，合规成本不断提高，互联网金融行业集中度不断提高，投资者风险偏好下降，份额将进一步向拥有品牌和信任的头部平台集中，马太效应日益明显。

我国网贷行业平台集中度相对较高。一是网贷行业平台数量集中度高。截至2018年12月底，全国网贷行业正常运营平台数量为1021家，相比2017年底减少了1219家。从地域分布来看，1021家平台分布在30个省份中，目前单个地区正常运营平台数量超过百家的仅剩广东（236家）、北京（211家）和上海（114家）三个地区，浙江正常运营平台数量已经跌破百家（79家）。这四个省份正常运营平台数占全国同期正常运营平台总数的62.68%。二是网贷行业平台成交量集中度高。2018年全年网贷行业成交量为17948.01亿元，相比2017年全年网贷成交量（28048.49亿元）减少了36.01%。其中，北京2018年网贷成交量继续居全国榜首，为5770.64亿元，但相比2017年下降了18.26%；上海2018年全年网贷成交量为3897.47亿元，排名第二，较2017年减少了2879.92亿元；广东2018年网贷成交量为3880.05亿元，同比大幅下降42.01%；浙江2018年网贷成交量为2544.85亿元，同比大幅下降39.9%，排名第四。这四个省份2018年网贷总成交量达到16093.01亿元，占全国同期总成交量的89.66%。三是网贷行业平台贷款余额集中度高。截至2018年12月底，全国网贷行业总体贷款余额为7889.65亿元，同比2017年（10417.68亿元）下降了24.27%。从地域分布来看，仅北上广三个地区的贷款余额超1000亿元。排名前四的地区（北京、上海、广东和浙江）网贷总贷款余额为7462.39亿元，占全国同期总体贷款余额的94.58%。

我国网贷行业出借人和借款人集中度高。2018年12月，北京、上海、广东、浙江、河北和四川六个地区（网贷成交量排名前六）出借人数总计226.6万人，占全国同期出借人总数的96.36%；借款人数总计249.54万人，占全国同期借款人总数的93.13%。

我国网络小贷公司平台集中度高。截至2018年12月底，261家网络小贷公司平台主要分布在21个省份。其中，广东省最多，有60家网络小贷公司；其次是重庆市，有43家；江苏省和江西省分别排名第三和第四，分别有26家和24家；浙江省以22家排名第五。这五个省市批设的网络小贷总数占全国批设总数的67.05%。

三 主要互联网金融业务发展现状

（一）P2P网络借贷

1. 运营平台数量及分布

网贷行业累计注册平台数为6451家，但正常运营的仅1021家。新增机构数量大幅减少。2018年全年新上线平台为61家，而2017年全年新上线397家。2018年8月至12月，新增平台数量持续为0。

2. 成交额及贷款余额

截至2018年12月底，P2P网贷行业累计成交量为8.03万亿元。资金进一步向头部平台聚集，行业集中度上升。2018年12月，行业成交量前100的平台成交量占同期全行业成交量的比例达91.69%；与2017年12月相比，上升了15.37个百分点。截至2018年12月底，P2P网贷行业正常运营平台合计待还本金总额为7889.65亿元，环比下降2.74%。

3. 交易人数及活跃程度

投资人和借款人数量持续下降。2018年12月，P2P网贷行业的活跃投资人数、活跃借款人数分别为235.17万人、267.96万人，其中活跃投资人数环比下降46.68%，活跃借款人数环比下降44.58%。

4. 收益水平及期限

由于出借人投资活跃度相对较低，平台为留存存量并获取新用户，增加用户黏性，不少平台进行了加息活动。2018年网贷收益率持续上升，12月网贷行业综合收益率为10.16%，同比上升0.62个百分点。行业期限错配现象得到改善。行业平均借款期限呈持续延长趋势。2018年底网贷行业平均借款期限为15.25个月，同比拉长5.33个月。大部分期限较短的不合规产品已经下架。

5. 问题平台及风险

受到宏观去杠杆、资金池业务、行业担保模式、债权转让的期限错配等因素影响，互联网金融行业风险不断堆积。2018年网络贷款密集爆发"爆雷"（泛指平台出现清盘、跑路或提现困难）事件平台数占比远远高于往年，腰部平台和头部平台多项指标出现下滑，行业整体受到冲击。2018年停业及问题平台总计为1279家，29个省份中浙江省的停业及问题平台最多，达299家。累计出问题的P2P平台总数超过仍在运营的平台数量。2018年问题平台涉及贷款余额超千亿元，达到1434.1亿元，远超此前问题平台累计涉及贷款余额总和。2018年以来行业资金净流入明显下降。2018年5月资金净流入137.6亿元，2018年6月资金净流入-463.06亿元。2018年6月，唐小僧、联璧金融等高返利网贷平台陆续"爆雷"，引发投资人对网贷行业的信任危机。2018年7月问题平台数量激增至197家。2018年7月以来停业及转型平台数量也出现明显的增加，停业与转型以良性退出为主，行业正常运营平台数量持续下降。2018年8月以来，我国采取了一系列举措化解网贷行业风险，稳步推进合规检查。8月中旬，中国银保监会要求四大资产管理公司（AMC）主动化解此次"爆雷"风险。8月问题平台的数量回落至111家，9月问题平台的数量减少到66家。2018年9月单月行业成交额正增长，借款和投资人数同步增加。网贷行业风险频发得到有效遏制，市场恐慌情绪得到缓解，投资者信心有所恢复，行业出现企稳迹象。

6. 资金存管业务

据网贷之家研究中心不完全统计，截至2019年1月25日，已有上饶银行、江西银行和新网银行等60家银行布局P2P网贷平台资金直接存管业务，共有816家正常运营平台宣布与银行签订直接存管协议（含已完成资金存管系统对接并上线的平台），占同期P2P网贷行业正常运营平台总数的79.92%，目前P2P网贷行业已有近八成的平台与银行签订存管协议，其中

721家正常运营平台与银行完成直接存管系统对接并上线（含上线存管系统但未发存管标的平台），占P2P网贷行业正常运营平台总数的70.62%。另外，据不完全统计，有740家正常运营平台与存管白名单银行签订直接存管协议（含已完成资金存管系统对接并上线的平台），其中有660家与存管白名单银行完成直接存管系统对接并上线（含上线存管系统但未发存管标的平台），占同期全国正常运营平台总数的64.64%。

（二）互联网支付

1. 互联网支付机构数量

中国人民银行共发放10批非金融机构支付牌照，共计272张。在2018年的牌照续展中，部分机构未能成功续展。2018年7月，3家机构因为不符合《非金融机构支付服务管理办法》等规定未能续展，1家机构因未提交续展申请也未能成功续展。2018年7月，中国人民银行官网公布第六批25家非银行支付机构《支付业务许可证》续展结果，被注销支付牌照的支付机构共33家，湖北蓝天星主动注销了支付牌照。截至目前，全国实际有效的支付牌照为238张。

2. 互联网支付业务量

央行《2018年第三季度支付体系运行总体情况》显示，我国支付业务量保持较快增长。2018年第三季度，银行业金融机构共处理电子支付业务452.36亿笔，金额592.43万亿元。其中，网上支付业务148.93亿笔，金额495.24万亿元，分别同比增长23.21%和12.58%；移动支付业务169.35亿笔，金额65.48万亿元，分别同比增长74.19%和32.91%；电话支付业务701.99万笔，金额1.82万亿元，分别同比下降9.90%和15.58%。2018年第三季度，非银行支付机构处理网络支付业务1395.43亿笔，金额52.01万亿元，分别同比增长79.29%和33.42%。

3. 互联网支付使用规模

中国互联网络信息中心2019年2月发布的第43次《中国互联网络发展状况统计报告》显示，截至2018年12月，网络支付用户规模达6.00亿，较2017年底增长13.0%，网民使用比例为72.5%；手机网络支付用户规模达5.83亿，占手机网民的71.4%，年增长率为10.7%。截至2018年12月，我国手机网络支付用户规模达5.83亿，年增长率为10.7%，手机网络使用率达71.4%。线下网络支付使用习惯持续巩固，网民线下消费时使用手机网络支付的比例由2017年底的65.5%提升至67.2%。在跨境支付方面，支付宝和微信支付已分别在40个以上的国家和地区合规介入，在境外本土化方面，我国企业已在亚洲9个国家和地区运营本土化数字钱包产品。

4. 互联网支付政策与监管

为提高网络支付交易资金透明度和安全性、惩治互联网支付行业违规现象，中国人民银行稳步推动"断直连"（即支付机构断开与银行直连，需接入银联或者网联进行清算）和备付金集中交存等政策实施，使网络支付行业进入有序、可控发展新局面。

在"断直连"方面，2017年8月，央行支付清算司正式发布《关于将非银行支付机构网络支付业务由直连模式迁移至网联平台处理的通知》，该通知要求在2018年6月30日前，所有支付机构均需将清算业务切换至网联进行，支付机构不再涉及清算业务，只负责对商户和用户两端的支付服务。"线上版银联"——网联打破了以往支付机构直接与银行连接，自行进行清算业务的"直连"模式。网联清算有限公司披露的数据显示，目前全部持网络支付牌照的115家支付机构以及424家银行已接入网联平台，99%的市场存量跨机构业务已完成向网联平台的业务迁移。原本"商户—支付机构—银行"的三方模式，也正在向"商户—支付机构—网联—银行"的四方模式转变。

在备付金集中交存方面，2017年底，《中国人民银行办公厅关于调整支付机构客户备付金集中交存比例的通知》（银发办〔2017〕248号）指出，2018年1月仍执行集中交存比例20%，2月至4月按每月10%逐月提高，至2018年4月将集中交存比例调整到50%左右。2018年5月，中国人民银行支付司下发《支付机构客户备付金集中存管账试点开办资金结算业务通知》，要求备付金集中存管账户以后直接在中国人民银行有关部门开立；机构通过中国银联和网联清算公司转接支付业务的,需要全部通过备付金集中存管账户。2018年6月29日,中国人民银行发文要求自2018年7月9日起,按月逐步提高支付机构客户备付金集中交存比例,到2019年1月14日实现100%集中交存。2018年12月初,央行支付结算司又发布特急文件,再次强调支付机构能够依托银联和网联清算平台实现收付款等相关业务的,应于2019年1月14日前撤销开立在备付金银行的人民币客户备付金账户。备付金集中交存使得第三方支付机构的备付金利息收入及金融投资收入消失。

(三)互联网理财

互联网理财指数自2013年创建以来,于2018年出现首次下滑。《2018年互联网理财指数报告》显示,2018年互联网理财指数下降到563点,相比2017年的695点,降幅明显。根据2017年的互联网理财指数报告,中国互联网理财指数由2013年的100点增长到2017年的695点,四年时间内增长了近6倍(见图1)。互联网理财规模由2013年的2152.97亿元增长到2017年的3.15万亿元,增长了近15倍。

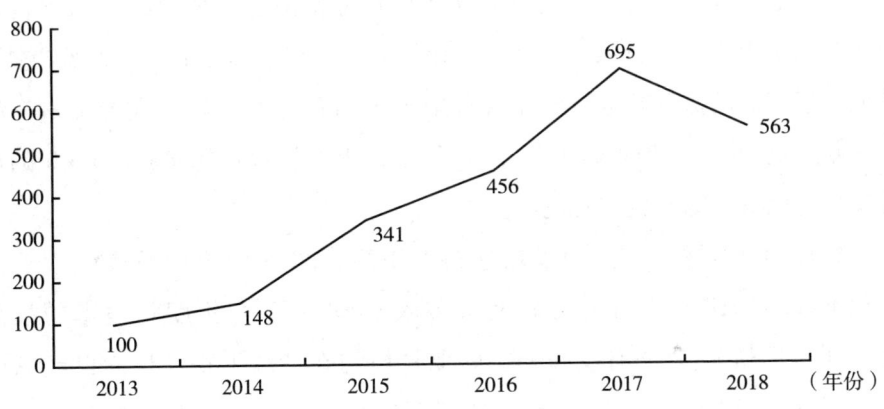

图1 互联网理财指数(2013~2018年)

资料来源:腾讯理财通、腾讯金融科技智库、国家金融与发展实验室:《2018年互联网理财指数报告》。

互联网理财使用率提升明显，市场规范化、有序化发展。第43次《中国互联网络发展状况统计报告》指出，我国互联网理财用户规模持续扩大，截至2018年12月，我国购买互联网理财产品的网民规模达1.51亿人，同比增长17.5%，网民使用率为18.3%，呈现高速增长趋势。我国互联网理财使用率为21.0%，较2017年末（16.7%）增长4.3个百分点。

2018年，互联网理财的监管进一步加强。首先，资管业务打破刚性兑付。2018年3月，中央全面深化改革委员会第一次会议通过了《关于规范金融机构资产管理业务的指导意见》，明确资产管理业务不得承诺保本保收益，打破刚性兑付，并对存在刚性兑付行为的机构进行惩处。其次，对货币基金"T+0赎回提现"实施限额管理。2018年6月1日，中国证监会与中国人民银行联合发布《关于进一步规范货币市场基金互联网销售、赎回相关服务的指导意见》，提出对货币基金T+0赎回实施限额管理。即对单个投资者持有的单只货币市场基金，设定在单一基金销售机构单日不高于1万元的"T+0赎回提现"额度上限。最后，银行理财将对货币基金产生冲击。2017年1~9月，共成立了71只货币基金，而2018年1~5月仅有1只货币基金成立。2018年10月，中国银保监会发布《商业银行理财子公司管理办法（征求意见稿）》，指出"首次购买理财产品前通过本公司渠道（含营业场所和电子渠道）进行风险承受能力评估"（不强制要求面签）以及"参照其他资管产品的监管规定，不在《理财子公司管理办法》中设置理财产品销售起点金额"（不设置购买门槛）。如果征求意见稿正式实施，T+0的银行理财将比货币基金更加有优势。

2018年互联网宝宝①规模增速持续下降，2018年第四季度规模首次出现下降。2018年1月的互联网宝宝收益率为2018年度收益率的最高值，除3月和12月略有反弹外，其他月份均在持续下跌，目前已经跌破3%。其中，2018年11月达到最低值2.76%，较1月最高值4.33%下降

---

① 互联网宝宝，泛指互联网金融理财产品，其特点是门槛低、流动性好、随存随取、实时到账。

1.57个百分点（见图2）。互联网宝宝收益率与市场资金利率密切相关。2018年央行实行了四次降准，并在12月宣布2019年1月实行新一轮降准，尤其在2018年下半年流动性逐渐宽松，市场资金利率逐渐下行，货币基金收益率也持续下行，与货币基金对接的互联网宝宝产品收益率也随之下降。

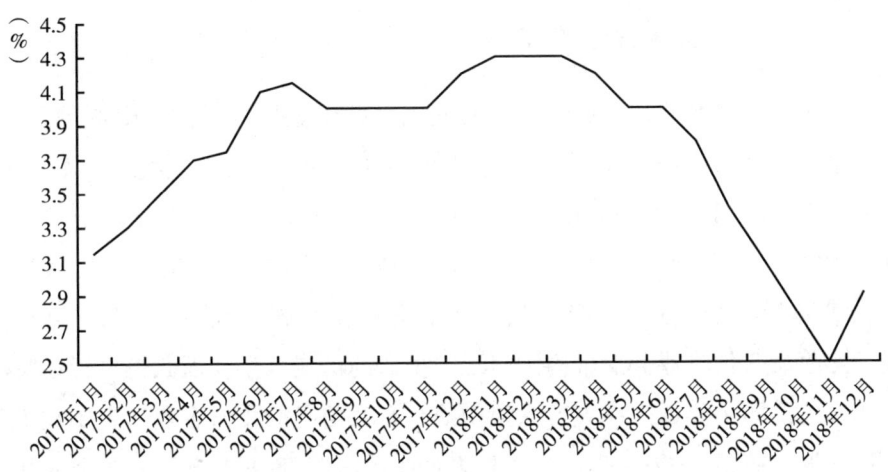

图2　2017~2018年互联网宝宝收益率变动趋势

资料来源：融360大数据研究院。

四　互联网金融发展存在的问题

（一）混业监管体系亟须完善

我国互联网金融行业需要完善混业经营模式。我国金融行业逐渐从分业经营转向混业经营。互联网金融加速创新，不断打破行业界限，促进行业间渗透和融合，使得我国金融混业经营趋势进一步深化。蚂蚁金服以互联网支付平台"支付宝"为基础，拓宽互联网金融业务，如互联网理财（余额宝、招财宝）、互联网信贷（花呗、借呗）、互联网征信（芝麻信用）、互联网众筹平台（蚂蚁达客）、互联网银行（浙江网商银行），蚂蚁金服已完成互联

网金融领域全覆盖。目前我国对互联网金融的监管仍然采用分业监管的体系,分业监管模式下监管标准不一致,监管协调成本高,造成互联网金融行业无人监管或者监管过度,难以有效防范互联网金融带来的系统性风险问题,导致许多互联网金融机构违规发行金融产品,出现非法集资、资料造假等现象。

(二)信用体系建设不健全

我国信用体系建设不健全是阻碍我国互联网金融发展的重要原因之一。世界银行《2019年世界营商环境报告》数据显示,中国"信贷可获得性"排名第73位,其中获得信贷分数为60分(总分100分)。我国信贷环境与其他国家相比还有较大差距。一方面,信贷记录与非信贷记录相比数量太少。截至2018年9月,央行征信中心企业征信系统累计收录2547.6万户企业,接收从事信贷业务的机构按照规定报送的信贷信息。而获得央行备案的企业征信公司主要面向在央行系统中缺乏有效信息的小微企业,主要收集非借贷数据。截至2017年7月,已收集企业数达7328.1万户。央行个人征信记录已覆盖8.6亿人,但有信贷记录的仅为1亿多人。另一方面,非信贷信息产品存在数据来源少、同质化程度高等问题。互联网金融征信系统未与央行征信系统实现互联互通,形成数据分散和信息孤岛现象。在征信数据的采集、分析和使用方面没有统一的规范和标准。不同平台采集的用户信息不同。数据获取成本高,影响企业征信机构信用报告的质量和征信企业的经营利润。

(三)网络信息安全重视不足

网络信息泄露和被窃取等一系列信息安全问题成为阻碍互联网金融发展的关键。中国支付清算协会公布的《2018年移动支付用户调研报告》显示,2018年,存在安全隐患和手机网速慢是移动支付用户最担心的问题,占比分别为64.7%和53.4%。其中,用户认为在支付过程中遇到的安全问题排名第一位的是个人信息被泄露,占比为81.0%;排名第二位的是手机扫描到伪假二维码,占比为70.1%;排名第三位的是账户资金被盗用,占比为

67.5%；最后是付款码发送给他人，占比为41.2%。一方面，互联网金融平台对信息保护不严，容易被黑客盗取；另一方面，互联网金融平台故意收集用户信息，用于买卖。平台倒卖用户信息违反了《网络安全法》关于信息收集处理规定的内容。

五 互联网金融的未来发展趋势

（一）互联网金融将呈合规化发展

互联网金融行业将延续强监管态势，监管层将持续关注反洗钱监控和跨境支付。2018年，在互联网金融领域合规要求不断提升的背景下，各主管部门对互联网金融领域违规行为进行严惩。2018年国家外汇管理局对第三方支付机构开出了多个巨额罚单。如连连支付因违反多项规定，被处以221万元罚款；支付宝因超出核准范围办理跨境外汇支付业务，且国际收支申报错误，被罚款60万元；财付通因未经备案程序为居民办理跨境外汇支付业务，且未按规定报送异常风险报告，被罚款60万元；联动优势电子商务有限公司因违反规定将境内外汇转移境外，被罚款215.05万元。2018年各地央行给支付机构开出超过150张罚单，合计罚没金额超过1.7亿元。2018年7月，央行在官网公布了对两家支付机构的处罚决定：付临门支付有限公司因违反银行卡收单业务相关法律制度规定，被合计罚没892.28万元；卡友支付服务有限公司因违反银行卡收单业务相关法律制度规定，被合计罚没2582.5万元。2018年国付宝和联动优势被罚款超过千万元，因其未能采取有效措施和技术手段对境内网络特约商户的交易情况进行检查，客观上为非法交易提供了网络支付服务。2019年1～2月，已有15家支付机构收到监管罚单，罚没金额合计近700万元。其中杉德支付已领到2019年第二张罚单。

（二）互联网金融与科技持续融合

互联网金融的技术手段不断创新。2018年，互联网金融企业加速金

科技布局，强化科技属性，争做向传统金融机构输出技术的服务商。蚂蚁金服表示重心将由支付及消费金融转向技术服务，目标是技术服务占收入比重由上年的34%升至65%。平安启动"平安金融+科技加速器"，通过引进全球优质科技资源，推动现代金融及科技产业创新性升级。度小满正式推出云帆消费金融开放平台2.0，向机构开放80多个经过用户授权的用户画像标签以及多个模型标签。京东金融将品牌升级为京东数科，宜信强调其对外输出金融科技的业务。越来越多的传统金融机构成立金融科技子公司，对外输出技术。自2005年兴业银行成立业内首家银行系金融科技子公司以来，股份制银行率先掀起一股金融科技公司成立潮，2018年4月，中国建设银行打响国有大行成立金融科技公司"第一枪"；2018年5月，民生银行发起成立金融科技子公司，这是业内第六家银行系金融科技公司。

地方政府支持金融科技发展。2018年10月，广州出台的《广州市关于促进金融科技创新发展的实施意见》明确支持金融科技研发企业注册登记，允许金融科技研发企业在企业名称中使用"金融科技"字样。11月9日，北京金融监管局公布《北京市促进金融科技发展规划（2018年—2022年）》，扶持互联网金融机构向金融科技业务转型。《粤港澳大湾区发展规划纲要》提到支持深圳市开展科技金融试点。

中国银联与京东金融共同发起的"互联网金融支付安全联盟风险信息共享（分布式查询）平台"正式上线，并接入双方风控数据投入运营，成为行业内首个基于区块链的跨机构数据分布式存储及查询平台。该项目利用区块链技术的分布式、不可篡改、可追溯等特性，解决了信息共享时各机构对于自身数据安全、权利保障方面的顾虑。在初期，参与共享的各机构间互相开放查询的数据主要包括交易欺诈名单、高风险账户名单、营销作弊名单及电信网络诈骗名单四大类。

（三）互联网金融加快服务实体经济

互联网金融通过实现传统金融与互联网的融合，破解了中小微企业融资难、融资贵的难题，对实体经济起到强大的推动作用。一方面，服务传统制造业。制造业产业链上的供应商由于原材料、设备、账期等原因，缺乏足够的资金，容易造成资金链的断裂。互联网金融以制造商货物或原材料在线交易记录，给制造商提供资金支持。如微众银行、平安壹账通、聚均科技等企业搭建了供应链金融平台。另一方面，服务传统农业。随着我国农业的规模化发展，我国农村产生了大量资金需求。但由于农民信贷记录不完善，没有传统金融所需要的抵押物，很难获得所需要的资金。阿里巴巴、京东等互联网金融巨头，新希望、北大荒等传统农业企业，均成立互联网金融公司，利用农业互联网大数据，为农民提供便捷的贷款渠道，助力乡村振兴发展。随着我国互联网金融市场的不断完善，互联网金融企业将加快服务实体经济。

参考文献

[1] 中国人民银行：《2018年第三季度支付体系运行总体情况》，http：//www.pbc.gov.cn//goutongjiaoliu/113456/113469/3666088/index.html。

[2] 中国人民银行：《中国金融稳定报告（2018）》，http：//www.gov.cn/xinwen/2018-11/03/content_5337137.htm。

[3] 中国互联网络信息中心（CNNIC）：第43次《中国互联网络发展状况统计报告》，http：//www.cnnic.net.cn/hlwfzyj/hlwxzbg/。

[4] 腾讯理财通、腾讯金融科技智库、国家金融与发展实验室：《2018年互联网理财指数报告》，http：//www.199it.com/archives/808473.html。

[5] 黄国平等：《中国互联网金融行业分析与评估（2018）》，社会科学文献出版社，2018。

[6] 李扬等：《中国金融科技发展报告（2018）》，社会科学文献出版社，2018。

专题分析
Special Topics

B.10 中国百货业发展报告*

中国百货商业协会　冯氏集团利丰研究中心

摘　要： 近年来，国内经济下行压力加大、行业竞争激烈、电商冲击及不断变化的消费者需求使中国百货企业的经营模式面临日益严峻的挑战。为了应对不断变化的零售环境，适应新的市场动向，中国百货企业积极努力转型创新以保持竞争力。本报告首先介绍中国百货业的整体市场运行概况，接着分析行业转型创新的主要做法与特点，行业发展存在的问题、趋势和方向，最后对行业未来发展进行展望。

关键词： 百货业　转型升级　自采自营　全渠道

---

* 本报告内容来自中国百货商业协会与冯氏集团利丰研究中心共同发布的《2018—2019年中国百货零售业发展报告》。

一 百货业运行情况

2018年,社会消费品零售总额38万亿元,比2017年增长9.0%,扣除价格因素实际增长6.9%。这是社会消费品零售总额增速较低的一年,其中,限额以上零售业企业中的超市、百货店、专业店和专卖店零售额比上年分别增长6.8%、3.2%、6.2%和1.8%。可见,各业态增速普遍放缓,线上线下都面临较大压力。经历多年的痛苦转型,百货业态整体呈触底回升迹象。例如,SKP在2017年单店125亿元销售额的基础上,2018年销售额再创135亿元新高;银泰百货2018年同比大幅增长37%;王府井集团2018年净利润为近五年最高;台湾远东百货在大陆的业务10年来首度由亏转盈;百盛集团在2017年扭亏为盈,2018年继续向好。总体上看,百货行业呈现以下几个特点。

(一)线上线下融合初见成效

线上线下融合是零售业发展的趋势,也是行业的共识。实体零售在这一过程中,经历了PC电商、O2O、移动电商、社交电商等阶段。在融合发展初期,企业往往把开展电商作为线上工作的重点,线上往往等同于电商。在早期开展电商的实体企业中,百货公司占比最高,一方面是因为2010年之前,百货业的利润一直较为可观,具有较强的投入能力;另一方面,电商初期主要冲击百货店的家电、化妆品等品类,对百货公司构成较大压力。

在早期上线实际运营过程中,百货公司由于采取联营模式,对货源渠道、库存情况和商品价格掌握非常有限,难以形成快速市场反应,无法满足消费者的需求,早期实体公司的电商业务大多步履维艰。目前百货业线上线下融合的手段更多样化,做法更务实、接地气,既有重要环节上的应用,也有整体流程的连接。例如,银泰利用APP,实现线上商品订购配送可查询;新世界试点推出"新闪购"网上商城,汇集爆款及特惠款商品,实施在线下单、线下提货;汉光百货通过微信,向消费者个性化推送信息;欧亚集团的小程序商城"欧亚微店"的销售稳步提升。

（二）企业并购重组持续深化

2018年初至2019年初发生的近20起主要零售并购重组案例中（见表1），与百货业相关的超过了一半。例如，银泰百货全资收购西安开元、广百和友谊合并、首旅集团整合王府井、苏宁易购收购万达百货等。并购的动因既有强强联合，也有以大并小、弱肉强食。

对于百货行业来说，并购主要有两个主要功能：一是横向整合加速行业集中，强化了并购主导方的实力，扩大了销售规模，增加了市场竞争力；二是纵向整合增强了渠道向上游延伸的能力。除了王府井认购千百度的部分股份外，实体零售投资参股上游企业的案例逐年增加，如之前大商集团投资澳洲食品公司、众多百货公司开设的买手集合店等。

在行业发展过程中，真正有线上能力的实体企业将越来越占据优势。如苏宁易购、银泰百货，基本建立了较强的线上能力，将在后续的并购和整合中发挥重要的作用。

表1 2018年以来零售业主要并购案例（2019年2月更新）

时间	并购案例
2019年2月12日	苏宁易购宣布收购万达百货37家门店
2019年2月1日	华控集团全资收购诸暨雄风集团100%股权
2019年1月27日	步步高集团与湖南家润多超市有限公司达成合作协议,收购家润多22家门店经营权及资产
2019年1月10日	武汉中商公告,公司正在筹划以发行股份购买北京居然之家家居新零售连锁集团有限公司100%股权
2018年12月24日	岁宝百货控股(中国)有限公司公告称,收购富元国际集团有限公司19%股份
2018年12月24日	广百集团以现金方式收购友谊集团100%股权
2018年11月25日	家家悦以1.56亿元,通过受让股权及增资方式持有张家口福悦祥连锁超市有限公司67%股权
2018年7月26日	新华联国际控股公司完成收购庄胜百货的交接,新华联持股比例66.75%
2018年7月22日	物美控股发起部分要约,收购不高于新华百货公司已发行股份总数6%的股份,预计最多需要资金2.5亿元
2018年5月16日	王府井集团宣布拟参与认购千百度国际控股有限公司发行的新股股份,金额不超过1亿元
2018年5月11日	利群以16.65亿元收购乐天华东72家店100%股权

续表

时间	并购案例
2018年4月26日	物美以14.2亿元收购乐天北京21家店的87%股份
2018年3月20日	银泰百货以35亿元收购开元商业100%股权
2018年2月23日	腾讯携手京东16.26亿元战略入股步步高,二者合计占步步高11%的股份
2018年1月30日	北京市国资委决定,王府井的控股股东将国有股权无偿划转给首旅集团
2018年1月2日	永辉16.59亿元收购红旗连锁21%股份,成为其第二大股东

资料来源:中国百货商业协会。

(三)自采自营模式深入探索

百货业在业内被诟病最多的是商品经营能力,由于多年来主要采用联营出租的经营模式,百货企业自主的商品采购能力和经营能力几乎丧失,自营占比在全行业中不超过5%。由于大量采用联营出租方式,企业几乎没有采购部门,失去了对品牌商的控制能力,弱化了对商品和市场的理解。

扩大自营是众心所向,是大势所趋,但大规模自营的阻力很大,如现有盈利水平下,资金占压是否能够承受?企业现有的买手队伍是否能够支持、是否有培养的时间和成本准备?百货店、品牌商、经销商利益的再分配是否能够接受?原有分销体系是否能够打破,带来价格上的变化?

尽管困难很多,但百货企业一直在进行积极探索。除了传统自营较为突出的信誉楼、安德利等百货公司外,百盛的自营业务销售额占比达到20%左右,王府井推出了"梦工厂"内部创业项目、新世界开发了"N+"系列自有品牌体系、汉光百货的化妆品绝大部分也为自营。

(四)集合店呈现多元化发展

集合店是在专业店基础上的演绎,是对某一品类或某些关联品类的集中经营。集合店的作用一是聚客,通过集中化的商品经营和多种选择的体验吸引消费者;二是提效,在有限空间里充分利用场地,增加陈列,实现复购。从经营主体上可分为零售商集合店(如银泰的生活选集、金鹰的G·

BEAUTY、百盛的Parkson Beauty)、品牌商集合店(如太平鸟、雅戈尔)和第三方集合店(如丝芙兰),以零售商的集合店为主。

目前集合店除了在服装和化妆领域继续深化,在餐饮、娱乐,甚至是珠宝(如美罗MATRO GBJ国际珠宝集合店)领域也开始有了新的尝试。在经营方式上,零售商集合店大多与自采自营相结合,有的采用合伙人制,成为独立业务线条,独立拓展开店。在实践中,集合店并非灵丹妙药,一招就灵。与有的门店形式一样,集合店首先要有精确的消费群体定位,据此进行商品组合,并且还要有强大的商品采购能力,以形成价格上的优势,美观的陈列也是必不可少的。

(五)IP、文化和体验成聚客利器

客流不足是零售的普遍问题,在吸引客流上,百货企业使出浑身解数。增加体验品类和服务功能相对简单易行,自创个性化的IP、开展文化营销相对复杂,需要较强的组织能力,还需要承担一定的成本支出,但一旦推出,大多会成为吸引流量和彰显个性的重要手段。

从2014年内部孵化开始,2017年王府井推出京味自有文创品牌"王府井梦工厂"。上海第一百货2018年改造后,设置了突出老上海元素的"大戏院、梧桐、弄堂、夜上海"四大主题。银泰百货联手国漫IP商业合作平台,共同打造动漫商场。新世界大丸百货"福音战士特展",针对年轻消费者打出"情怀牌"。K11和SKP通过充满文化和艺术气息的设计陈列,成为消费者的打卡地。

(六)会员营销借助技术发力

随着市场的逐步饱和,获取流量的增量越来越困难,如何挖掘顾客特别是会员的存量价值成为企业制胜关键。其中包括通过渠道手段完成的会员注册、灵活多样的会员激活、标签化的会员留存和分析,以及赠送多种电子权益的沉睡会员唤醒。

银泰2018年推出中国百货业第一个付费会员体系,很快数字化会员就

达到500万量级。2018年上海新世界大丸单店会员数已超过33万人，会员贡献率提高到56.6%。在苏宁收购的万达百货37家店中，会员数量超400万人，也是其重要资产。步步高则提出："2019年核心工作，就是顾客标签、全面云化、运营与供应链数字化，决胜数字化战略攻坚战，全面达成1000万数字化会员。"

结合快速发展的互联网技术，百货企业的会员管理能力已大为改观。以前会员到店看不见、认不出、抓不住，现在通过一些技术工具基本上可以实现数据采集、会员激活、客户标签、精准营销等一系列动作。

二 百货业转型创新的主要做法与特点

（一）深入推进全渠道发展，科技成重要抓手

1. 数字化推动全渠道融合成主流

在当前百货零售市场上，线上线下全渠道融合已成为主流趋势。随着传统百货对电商业务开始理性看待，加上百货公司实体店经营成本越来越高，线上线下加速深度融合，百货商场的商业形态、品牌、场景、活动模式等都将有一个全新的构建。而根据中国百货商业协会及冯氏集团利丰研究中心的调查①，受访的百货企业表示发展线上线下全渠道融合，增强人、货、场重构，加入更多科技元素，智能化/数字化改革是其在新消费时代变革成功的关键（见图1）。

其实，为了推行全渠道发展，部分传统百货企业如王府井百货、茂业百货、重庆百货、银泰百货等早在多年前就已开始自建电商平台，探索线上发展。有的则借助电商巨头发力线上，推进门店互联网化，拓展全渠道销售，以消费者需求为核心。其中，门店数字化、泛渠道化、平台化、场景化、娱

---

① 中国百货商业协会及冯氏集团利丰研究中心于2018年11月至2019年1月以电子版问卷和线上问卷访问了90家百货企业。

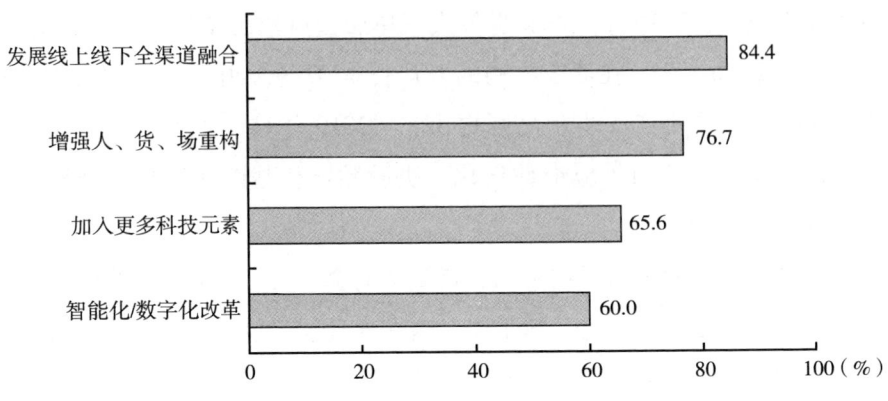

图 1　未来 12 个月百货业关注的发展方向

资料来源：中国百货商业协会企业问卷访问（2018～2019），由冯氏集团利丰研究中心整理。

乐化等成为主要的全渠道策略。根据我们的调查发现，59.6%的受访企业已经开展了电商业务。其中，72.5%的企业拥有自建网络销售平台，17.7%的企业同时拥有自建网络销售平台及入驻第三方网络销售平台，仅入驻第三方网络销售平台的企业只有9.8%。

新世界百货的"新闪购"是近期比较值得关注的自建网络销售平台。新世界百货为了满足年轻消费者日新月异的消费习惯，于2018年3月上线自建电商平台"新闪购"。据悉，"新闪购"初次上线时以北京地区直邮方式为主，并与顺丰速运达成合作，让消费者购买商品后即可享受免运费配送。后经近六个月的探索，新世界百货于2018年9月对"新闪购"进行全面升级，该平台再次在微信端上线，扩展为以化妆品、服饰和食品为主，同时还有限时秒杀、免费申领、停车缴费等功能。商城升级后，配送到家业务被取消，目前仅支持线上付款、线下门店自取，意在为线下引流。"新闪购"的核心在于在线预付，带来大量用户，通过价格优势，把消费者从线上导入线下，带动更多品类销售，不失为线上场景和线下体验的有机结合。目前，新闪购会员每月保持20%的增长，单月销售以50%的增速发展。

在现今数码化时代，百货企业十分重视数字化推进，希望通过数字化改革优化供应链的各个环节，从采购、生产、供应、库存、销售到会员服务等各方面都可实现数据打通,从而提高生产效率,实现零售价值再创新高。利群商业集团便是当中的佼佼者。利群早在1998年成立之初,就组建了自己的计算机中心并相继研究和自主开发了一系列商业信息管理系统,实现了从单品管理、核算到零售系统、物流配送系统的打通和运维。同时,利群也自主研发了企业进销存管理系统,实现对商品价格、库存、成本及销售的管理和控制;建立了智能分析系统,对商品销售和库存进行分析,为公司采购提供数据支持;建立了客户关系管理系统,通过大数据分析,提升公司会员管理水平。2018年,利群推出了智慧供应链信息管理升级改造项目,打造一个集成、统一的全面信息化管理平台。该项目涉及从后台软件架构搭建到零售中台和前台的改造,包括零售端、批发端、物流端的衔接和打通,以及财务共享中心、OA办公系统的建设。

2. 与互联网公司或电商巨头战略合作,推进数字化转型

越来越多的百货企业意识到,要实现数字化转型,必须与互联网公司或大型电商合作,通过它们强大的数据收集和处理能力及先进的互联网技术,实现线上线下流量共享。譬如,2013年,银泰商业与阿里巴巴展开战略合作,包括淘品牌入驻银泰百货、银泰百货在天猫超市开设线上超市、银泰百货将主力门店全部入驻手机客户端APP"喵街"等。2017年1月,阿里巴巴正式私有化银泰,持有银泰商业74%的股份,成为银泰的控股股东。在银泰成功私有化后,阿里巴巴将接管银泰在全国各地的零售业务网络,包括29家百货公司和17家购物中心。这意味着银泰商业将借助阿里巴巴进一步实践全渠道策略,全面打通和整合线上线下业务。双方在"新零售"领域进行更多探索,合作进行大数据分析,实现更全面的O2O战略,以优化客户体验,提高库存周转率,并提高运营和供应链效率。

天虹百货近年在推进全渠道模式上也不遗余力。自2013年启动了业务模式转型,并提出了"全渠道"、"体验式消费"和"价值链纵向整合"三大战略方向,天虹的全渠道战略包括打通线上线下生态圈,在商品、营销、物流、数据等方面实现资源共享,发展至今逐渐形成了"虹领巾APP+天虹微信+虹领巾PC端"的全渠道模式。2018年,为了进一步提高顾客购物

效率和服务体验，天虹联手腾讯开展智能化探索，开发手机快速买单小程序、智慧停车小程序等。截至2018年6月底，虹领巾会员逾750万人，微信粉丝606万人，微信小程序会员37万人；而且仅2018年上半年就有超过8000万人次通过"虹领巾"获取信息或消费，百货专柜PAD收银客单量占比已达91.9%。

步步高同样对拥抱数字化充满期盼。2017年步步高就已表示数字化战略是其改革核心。2018年2月，步步高发布公告，腾讯、京东两者入股步步高，三方在发展"智慧零售""无界零售"、构建数字化运营体系、最终营造新生态等领域开展深入合作。同年4月，三方合作的首家样板店在步步高长沙梅溪新天地开业，汇集了支付、导航、精准营销、O2O配送等领域。步步高的"步步高更好购"小程序通过其与顾客对话且不断进行服务，对顾客进行全方位和全生命周期的运营。小程序除了能提供便捷的顾客体验外，还能低成本地打通流程、库存、会员等数据，实现商品、供应链、运营的优化和调整。截至2019年1月，步步高数字化会员数量已达到500万，其中新客占比63%，"步步高更好购"小程序每日活跃用户超过10万。

3. 科技创新提升顾客购物体验

目前来看，人工智能、物联网、增强现实（AR）和虚拟现实（VR）技术、5G通信技术、地图技术、室内外定位技术、区块链等新技术在零售业转型升级中的作用日渐增强。我们的调查显示，当前实体店有应用科技的受访百货企业中，87.9%已在门店铺设WiFi，46.2%设有自助收费系统，37.4%设有产品二维码，31.9%设有Beacon信标做客流分析等，目的是以科技提升顾客购物体验（见图2）。

新世界百货正积极进行新技术的探索和应用。新世界百货把巴黎春天淮海路店定位为"智慧门店"（SMART MALL），加入"科技""时尚"等元素，旨在吸引更多年轻消费者。除持续打造新商业内容外，新世界百货还引进了自助收银、支付宝刷脸支付等新技术。另外，2018年10月，新世界百货宣布与阿里巴巴旗下口碑平台展开合作，引入包括刷脸支付技术在内的自助收银系统。至此，巴黎春天淮海路店成为全国百货行业首家拥有口碑自助

中国百货业发展报告

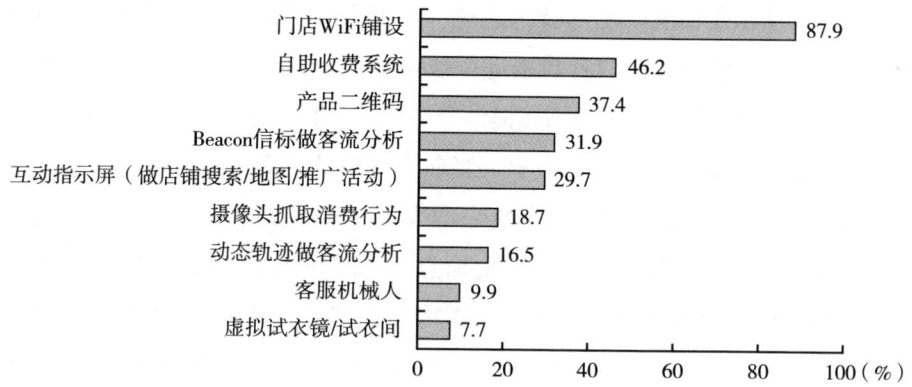

图2 百货店样本在实体店应用科技情况

资料来源：中国百货商业协会企业问卷访问。

收银系统的商场。自设备上线以来，门店内超过15%的交易使用自助收银。

2018年4月，由买手制精品百货"Hi百货"与无人店技术品牌"舒码科技"共同打造的Hi-Smart无人百货商店于广州正佳广场开业。Hi-Smart无人百货商店定位"线下版天猫"，是国内首家无人百货商店。该店以"店中店"形式呈现，面积约200平方米。店内陈列了300多款商品，以智能、家居等品类为主。店内使用大量黑科技，消费者只需要微信扫一扫选定商品的二维码便可直接购买、自由离场。如果消费者在购物时需要了解更多商品详情，可以通过商品二维码直接跳转到商品页面，并及时在线联系客服，得到详细解答。

我们的调查发现，超过八成的受访企业表示增加店内科技应用元素能提高客流及销售。其中，12.3%的企业认为增加店内科技应用元素可以明显提高客流，而68.5%的企业认为可以略微提高客流；82.3%的企业认为增加店内科技应用元素可以提高销售。同时，接近八成的受访百货企业表示，未来12个月内会于店内引入更多科技应用元素。

4. 积极推进数字化升级，以消费者需求为导向，实现精准营销

零售技术投入不能仅仅停留在翻新消费场景和丰富购物体验上，在数字化零售加速推进的过程中，大数据积累及其智能化运用，成为企业深挖消费

需求进而推动供需精准匹配的技术途径。在现今数字化时代，越来越多的百货企业在营销过程中将消费者数据进行搜集整合，并利用新技术作为分析与决策工具，优化商品组合及为顾客提供个性化产品和服务，以实现精准营销。

接近九成的受访百货企业表示，当前有收集消费者数据。其中，95.3%的受访企业通过会员卡/会员计划来收集消费者数据，41.4%通过门店WiFi，23.8%通过网络商品购买历史信息，12.5%通过Beacon信标（见图3）。收集得来的消费者数据，主要用作精准营销（89.0%）、了解消费者的消费偏好（85.3%）、为顾客提供更个性化的产品/服务（76.5%）、为门店优化商品组合（66.5%），以及研发新产品（11.3%）（见图4）。

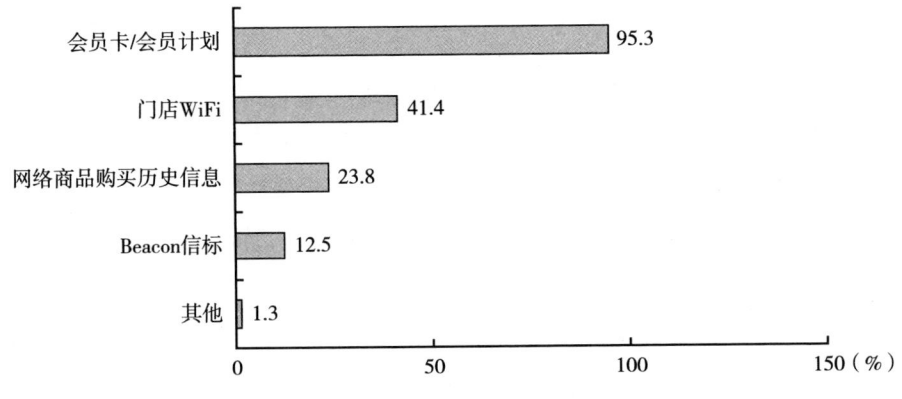

图3 百货店样本收集消费者数据方式

资料来源：中国百货商业协会企业问卷访问。

长春欧亚集团早于2015年打造"长春欧亚集团商业智能项目"，希望通过大数据分析的应用更深入理解消费群体的需求。其后，长春欧亚推出长春欧亚集团商业智能平台，通过深入整合多年留存的销售、库存、品类、单品及会员数据，实现数据的实时查询、即席分析等功能，帮助决策者全面掌控运营情况。新系统将企业各层级的数据需求与信息应用推向了新高度：数据每十分钟更新一次，确保大到商圈态势、小到超市SKU，欧亚都可以对自己的销售、客户、租金、库存、人员等一目了然，大大提升了营运效率。长春欧亚借助全新的决策支持系统，通过准确预计顾客需求来调整商品结构

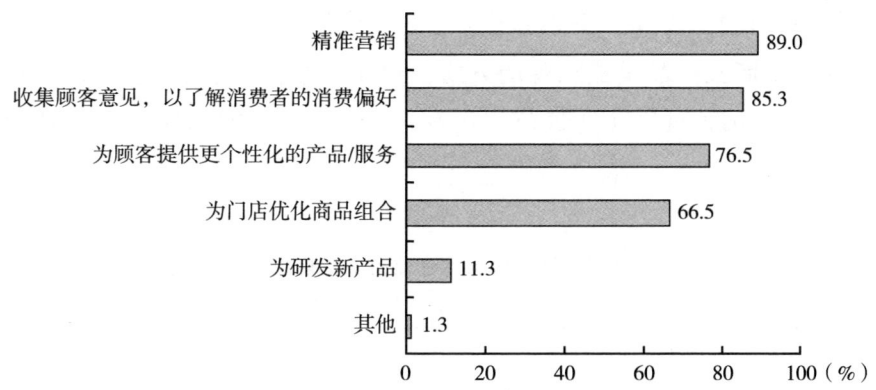

图4 百货店样本收集消费者数据用途

资料来源：中国百货商业协会企业问卷访问。

和品牌，连续两年录得利润增长。

近年来，银泰百货通过与阿里巴巴的深度融合，重构数字化的人、货、场链路。在会员（人）数字化上，银泰基于淘宝账户，打通银泰会员体系，把客户线上线下行为、会员信息高度整合；在商品（货）数字化上，银泰天猫旗舰店通过天猫大数据，挑选好卖的商品；在消费场景（场）数字化上，银泰将消费者在商场内的使用场景，迁移到喵街APP，完成线上线下的打通，并根据用户位置，与小区的广告屏合作，或与菜鸟、饿了么导购员合作，引导10公里范围内的用户到店消费。截至2018年9月，银泰百货数字化会员已超过500万，商品数字化程度达到58%，百货同店销售额增长18%，为10年来最高增幅。

（二）深度拓展自采自营业务，进一步建立品牌价值，提升毛利率

1. 丰富及拓展自营业务，实现商品服务差异化

面对入驻品牌同质化的趋势，再加上联营模式的弊端，加大特色品牌自采比例、设立买手店、开发自营品牌已成为百货业转型变革的焦点。我们的调查发现，78.7%的受访百货企业已经实行自采自营模式。然而，其中56.7%的受访百货企业现有的自采自营比例不到10%（见表2）。在开展自

采自营的企业当中，43.3%的企业采取区域代理或总代理的方式，37.7%的企业采取买断某一品类或品牌的方式，30.7%的企业自行开发经营自有品牌，9.8%从海外自采（见图5）；其中46.9%的企业表示未来一年会增加自采自营比例。

表2 百货店样本企业自采自营比例

单位：%

自采自营比例	百货店样本比例
≤5.0	41.7
5.1~10.0	15.0
10.1~15.0	8.3
15.1~20.0	11.7
≥20.1	23.3

资料来源：中国百货商业协会企业问卷访问。

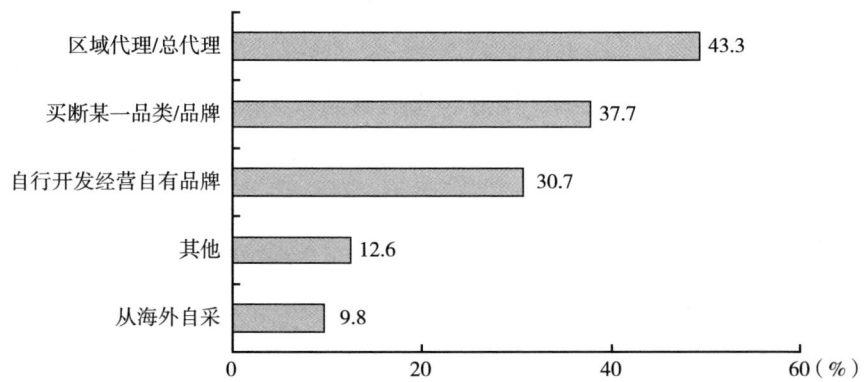

图5 百货店样本企业自采自营形式

资料来源：中国百货商业协会企业问卷访问。

为了满足不断升级的消费需求，越来越多的传统百货企业积极拓展自采自营业务，开设品牌集合店，强化企业品牌形象，形成差异化的品牌识别和消费体验。2018年12月，王府井集团推出首家自有品牌生活集合店尚府，首店位于北京市百货大楼二楼。店铺占地面积达60平方米，聚焦三大核心业态：服装配饰区、生活方式区和店中店活动区。尚府主打王府井集团精心打造的自有品牌"井品"，目前主要涵盖家居用品及服饰。同时，尚府亦云集多款风格独具的国际家居和服装品牌、独家原创产品系列及欧洲进口的小众特色品牌，打造舒适、舒心的精致生活品位。王府井集团表示，今后将继续重点提升自营能力，加快扩展尚府及井品的自采自营、自有品牌模式，力争在重点品牌代理、境外直采、自有品牌开发和买手集合店方面取得新的突破，形成完整的自营业务零售生态链。王府井集团计划进一步拓展尚府的零售店铺数量，在2019年扩展至其他城市。

2018年5月，百盛集团的首间独立美妆概念店Parkson Beauty于长沙国际金融中心开业。Parkson Beauty占地超过5000平方米，汇集近二十个国际顶尖化妆、护肤、美容、美体、香氛品牌专卖店，并提供美容服务体验。此外，百盛首个"玩美"妆集合品牌PLAY UP也进驻Parkson Beauty，主要针对"95后""00后"消费者，以及时尚潮流前线人士。PLAY UP汇集了超过70个品牌及1300个潮流热卖产品。据了解，PLAY UP未来的更新周期为3~4个月，并根据美妆流行风向实时调整。

苏州函数集团美罗百货于2017年底开始布局全国第一家全球珠宝集合店MATRO GBJ美罗国际珠宝。MATRO GBJ美罗国际珠宝全称Global（全球）Boutique（精品）Jewelry（珠宝），意为荟萃世界精品珠宝，缔造珠宝文化之美，集合了来自美、意、英、德、法、澳等的十余家精品珠宝及知名设计师品牌，并由美罗百货作为中国区独家授权代理商销售。自2017年苏州第一家店开业后，在仅一年多的时间里，MATRO GBJ相继在上海、北京开店。MATRO GBJ表示，2019年将在全国主要城市的高端商场全面铺开，预计数量将达到30家，并且根据市场环境和消费者需求的不同，将MATRO GBJ区分为MATRO GBJ精品珠宝集合展厅（大GBJ）和MATRO GBJ轻奢珠宝集合展厅（小GBJ），同时积极优化和引进更多的国外优质珠宝品牌。

2. 积极发展自有品牌，树立鲜明品牌形象

在消费新时代，消费者对商品和服务的品质要求越来越高，同时也更关注产品的性价比。在这种趋势下，一些传统百货企业积极开发自有品

牌，希望借此强化企业品牌形象，形成差异化的品牌识别。这些百货企业期望通过创建自有品牌满足消费者的需求，又为自身赢得更高的毛利率和利润。

我们的调查显示，超过三成的受访百货企业已经开发自有品牌，与上年开发自有品牌的百货企业占比相当。其中有接近六成的企业表示过去一年增加了自有品牌比例。这些自有品牌涉及品类依次为食品（26.5%）、服装（23.8%）及家居用品（15.4%）等。同时，超过七成的受访百货企业表示会于未来12个月内扩大自有品牌比例，预计建立自有品牌将成为未来商品自营的主要模式。

信誉楼百货集团多年来坚持以自采自营模式经营。近年来，为了更好地满足顾客对优质商品的需求，信誉楼积极推进自有品牌开发、商品厂家定制及源头直采，并尝试全球采购。目前，信誉楼在食品、百货、珠宝、男装、女装等项目上开发了17个自有品牌，并向厂家定制了几百种商品；同时在超市食品、洗化项目上引进了近100个进口品牌。

一些大型百货企业近年来也加大力度拓展自有品牌业务。例如，金鹰商贸集团持续发展其自有品牌G·LIFE系列，以满足中产阶级顾客高品质生活需求，2018年共新增G·LIFE系列门店11家，其中G·MART精品超市4家、G·TAKAYA精品书店3家、G·BEAUTY美妆集合店3家、G·PET宠物综合服务护理中心1家。同时，金鹰与国内核心服装面料厂商合作开发推出Aquila Doro、IVREA、RESTYLE、Wonderful Life以及LISALEN 5款自有品牌的"极致单品"，2018年6月累计近210个SKU，而在2017年底SKU数量仅为90个左右。

新世界集团也不断加码自营品牌业务，近年来积极拓展旗下"N+"系列和LOL（Love·Original·Life）原创生活概念店，打造多业态的自营业务布局，进一步实行差异化运营。在先后于2016年开设"N+自然烘焙"、2017年建立母婴主题超市"N+Baby"及"N+便利店"后，新世界百货在2018年进一步丰富"N+"系列，打造了家居生活杂货店品牌"N+优品"。"N+优品"目标客层年龄为18~35岁，商品覆盖了创意家品、生活百货、健康美容、文化礼品、休闲零食、花艺植物、数码配件、流行饰品等,大部分商品从日本及韩国直采。同时,新世界百货也将 LOL 整合为黑标店、金标店、银标店,不断引入潮流商品,全方位满足不同顾客需求。2018 年,LOL 新增 8 家门店,截至 2018 年 6 月 30 日,共设有 20 家门店。新世界百货 2018 年年报显示,2017 年新世界百货实现自营货品销售收入 13.2 亿港元,同比增长 19.3%。

现阶段,并非所有的百货企业都已做好准备建设自有品牌。我们的调查显示,百货企业认为开发自有品牌面临的最大挑战为"资金占用多,压力大"及"没有合适的人才去开发设计自有品牌商品",各占 34.5%;此外,"自有品牌商品获得市场认可时间过长"(24.0%)也是另一个开发自有品牌时所面对的挑战(见图6)。

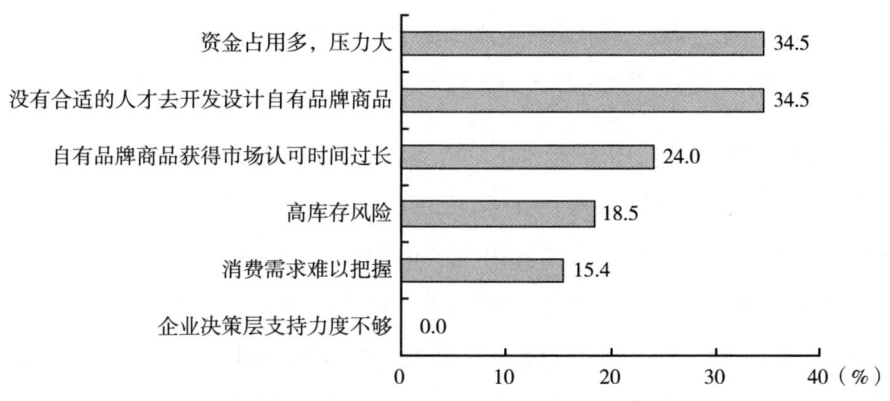

图6 百货业开发自有品牌面临的挑战

资料来源:中国百货商业协会企业问卷访问。

(三)大力发展创新业务,拓展多元化业态

1. 积极打造多业态、协同化的业态布局

面对消费结构升级、成本上涨及电商崛起的冲击,百货企业为了提升竞争力,纷纷在原来百货业态的基础上进行跨业态经营,打造多业态格局。拓展多元化业态一方面能满足不同层次消费者的消费需求,另一方面能为企业

扩大收入来源。我们的调查显示，超过七成半的受访百货企业已经涉足百货以外的零售业态。至于涉足的零售业态，以超市/大型综合超市、购物中心和便利店最为普遍，比例分别为73.0%、49.6%和32.1%（见图7）。

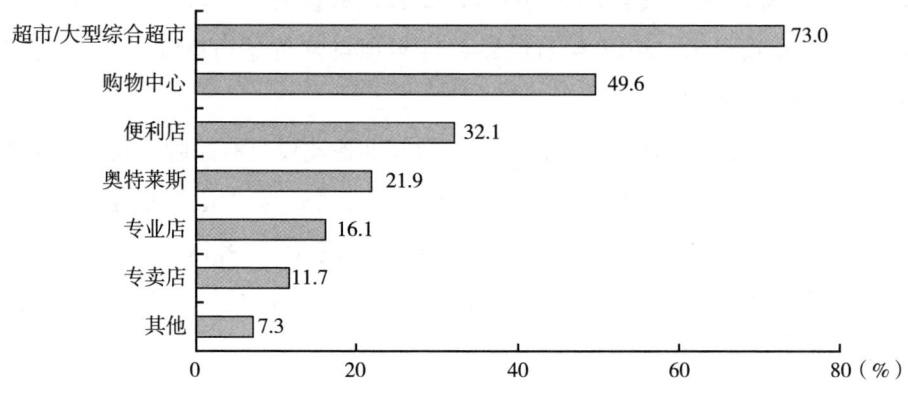

图7　百货店样本企业当前所涉足的其他业态

资料来源：中国百货商业协会企业问卷访问。

不少传统百货企业开始涉足不同业态。以百盛集团为例，在以多元化零售业态为核心的转型策略下，百盛自2016年起在业态多元化方面已频频出手。2016年6月，百盛在青岛开出在国内的第一家购物广场"金狮广场"；并在2016年与2017年分别于上海和南昌推出与韩国衣恋集团的合作项目"百盛优客城市广场"，主打韩系品牌及国际大牌折扣店。此外，百盛于2016年9月推出首家独立精品超市"百盛精品超市"及于10月从台湾引入"Hogan Bakery"哈肯铺面包。其后，百盛于2018年5月推出了自营集合店Parkson Beauty以壮大其零售版图。同年11月，百盛集团全面升级改造百盛重庆南坪店，正式转型为"百盛YOUNG MALL"，进一步迎合消费者的万变需求。百盛YOUNG MALL除销售商品外，也同时推崇新奇、有趣的生活方式，让年轻顾客有崭新的消费体验。

2018年11月，伊藤洋华堂在成都首次进行业态升级，开设首家食品生活馆。这是伊藤洋华堂在国内首家主打高品质的生活超市，位于成都华府大道与天府大道交界处，经营面积约3500平方米。其以1000米商圈"家庭顾客"为核心客层,追求安全、健康、美味,以"自然+交流+市场"的模式构建高度贴近顾客真实生活的场景。食品生活馆不是按产品类型分区,而是采用场景分类,比如生活厨房、料理教室等场景;也提供现场料理,在打造共享空间的同时,伊藤洋华堂为了保证鲜度和品质,对食品生活馆内的很多产品都采用"产地直采,产地直送"的模式,为顾客提供日常性高品质商品。

2017年9月,王府井集团与北京首航国力联手打造的连锁超市品牌"王府井首航超市"于包头昆区开业。据了解,王府井首航超市以昆区王府井超市为首家改造门店,将逐步对青山王府井、鄂尔多斯王府井及其他内蒙古的王府井超市进行升级,并投入巨大的资源全面进入生鲜社区超市的市场。

2018年1月,百联首个城市奥特莱斯项目UMAX悠迈生活广场正式开业。UMAX是由上海五角场东方商厦杨浦店改造转型而成的,主打"品质+折扣+人气集合店"的复合概念,并引入原先门店没有的简餐、轻食和文化娱乐业态。另外,UMAX还在五角场商圈率先引入iPad现场收银,消费者如选用移动支付,可以直接在品牌厅房内买单。每个楼面只保留一个集中收银柜进行现金交易。

目前,已有不少百货企业涉足其他不同业态,但被问及未来12个月内是否会涉足其他业态时,只有大概三分之一的受访百货企业表示有此打算。我们判断这跟经济形势不稳定有关,预期百货企业进行相关投资时会变得更加审慎,百货企业多业态的发展速度在来年将会减慢。

2. 探索新经营模式,创新零售概念

2018年,整个零售行业都面临着转型升级的变革,不少百货企业为了迎合消费升级下的部分新需求,积极探索新经营模式,引入新零售概念,希望借此更精确地对接目标顾客群。天虹百货近几年不断积极转型升级,除了推行数字化变革和多业态发展外,还推行了不少崭新的经营模式。比如,天虹首家零售餐饮业态"虹食汇"餐厅于2019年1月开业。虹食汇位于深圳罗湖国贸的天虹超市内,占地面积约260平方米,主打新

型饮食体验。顾客可以在天虹超市购买食材，然后拿到虹食汇进行现场加工。此外，顾客还可以在虹食汇中体验"炒菜机器人"智能烹饪设施、美食教学等。此外，天虹于2019年2月上线了门店拼团业务。据了解，天虹的拼团玩法分为几个步骤：①选择商品开团或参团；②邀请好友参团；③人满成团门店提货。天虹拼团商品覆盖美妆、生鲜、酒水、零食等多个品类，每家门店中有6~8个SKU供选择，且各地区各门店选品均有不同；目前，提供拼团购买方式的门店已有16家，覆盖北京以及华南、华东等地区。

另外，为适应不断变化的消费者喜好和提升顾客体验，部分百货企业除了提供到店服务之外，还提供到家服务。现在，百联、欧亚和伊藤等也提供了自设的到家服务。然而，由于到家服务增加了从门店或者前置仓配送到客人家的业务环节，在人力、运营、物流等方面也增加了成本。所以，部分百货企业选择与京东到家、饿了么、美团点评等O2O生活服务平台合作以减少风险。

（四）体验式消费为转型创新焦点

随着消费持续升级，中国消费者特别是"95后""00后"越来越追求全方位购物体验及时尚生活方式；再加上百货业的同质化日趋严重，近年来，许多百货企业致力于打造以消费者为核心的体验式消费场景，引入亲子、IP、艺术、文化、娱乐、餐饮、科技等元素（见表3），期望能形成差异化、全新的体验，吸引消费者，从而刺激消费欲望。

表3　部分百货企业2018年在门店加入的体验元素（2019年2月更新）

百货企业	体验元素
巴黎春天淮海路店	将网红品牌、艺术、科技等年轻人喜欢的元素引进店内，打造成一个复合美学空间的智慧商业综合体。在场景设计方面,利用法式建筑的背景,将三楼打造成为卢浮宫秀场,在装置中植入表演舞台、虚拟店铺、展示及休息功能;同时，也打造了一个立体效果的艺术墙体,吸引顾客拍照分享。另外,在购物体验方面,巴黎春天淮海路店打造了智能无人试衣间,顾客可以通过虚拟试衣选择商品,在APP上下单,并可享受送货上门服务

中国百货业发展报告

续表

百货企业	体验元素
上海新世界大丸百货	于2018年7月13日至8月19日举办国内首个以动漫IP为中心的时尚潮流+作品展"EVA EXPO 3.0"新世纪福音战士特展,展示包括"EVA STYLE"新世纪福音战士潮流展和首次引进中国的"EVA EXHIBITION"新世纪福音战士作品展 于2018年12月15日至2019年3月3日联手吉利集团旗下的铭泰文旅举办沉浸式体验亲子主题展"Q SAFE安全驾驶总动员"。展览在7楼搭建汽车主题公园,一共设置了16项互动体验,包括"Q萌驾校""色彩跑跑堂""汽车源动力""维修空间""TOMICA世界观""零配件艺术空间"等趣味环节,将交通安全、汽车结构、汽车动力原理等相关知识与游乐场相结合
新世界百货望京店	打造以消费者体验为中心的亲子生活体验馆——N+Kids主题IP儿童街区。N+Kids主题IP儿童街区面积约1190平方米,设有黑科技互动区、亲子用品体验销售区、亲子餐饮区、共享游乐阅读区,把吃喝玩乐融为一体,打造体验式数字化新零售亲子空间。同时,新世界百货望京店亦搭建了N+Kids线上微信小程序平台,实现24小时不打烊的门店。消费者可在微信小程序上购买商品,选择线下取货或快递上门送货或退换货服务
广百百货	2018年6月,广百首家全新概念母婴集合店G-baby于广百北京路店开业。广百希望通过建立精准妈妈社群开展形式多样的好玩、有趣、实用的宝宝课堂和亲子体验。在商品方面,G-baby主要售卖进口母婴用品、婴儿奶粉、纸尿裤、零食、婴童服装等超市商品,附带经营儿童家具、滋补汤品作补充等

资料来源:根据公开资料整理。

我们的调查发现,百货企业在增强顾客消费体验方面不遗余力。高达77.9%的受访百货企业当前在实体店中增加了体验式消费元素。近四成受访百货企业表示当前体验式消费在整体零售面积中占比在10%以下,近三成百货企业当前体验式消费占整体零售面积的11%~20%(见表4)。随着消费者对体验式消费需求不断增加,预期这一占比将会持续上升。

表4 百货店样本当前体验式消费在整体零售面积中的占比

单位:%

体验式消费在整体零售面积中的占比	百货店样本比例
≤10	39.66
11~20	27.59
21~30	18.97
31~40	6.90
≥41	6.88

资料来源:中国百货商业协会企业问卷访问。

三 百货业发展存在的问题

百货业作为一种较为传统的零售业态,尽管整体有触底回升的迹象,但行业整体仍面临诸多挑战,主要表现在以下几个方面。

(一)转型遇到瓶颈

在当前的零售环境下,无论哪种业态,都有转型、调整、改造的需求。百货企业的自采自营和调改一直在不断深化、提升,对于转型,一直在持续进行。当前仍然没有转型的企业大多遇到了转型瓶颈,主要表现为:一是体量所限,无法引入更多的体验类服务类项目;二是改造困难,特别是水电气增容难以解决。这些企业更多需要在存量空间和品类组合上做文章;也有一些企业存在体制原因,不易做出改变。

(二)成本压力继续提升

除了零售行业普遍存在的租金和人工成本的持续上升外,百货行业的成本压力还包括:门店调改的新增成本;进行艺术化美陈所需要的成本;进行IP等体验营销新增的成本;应用新技术带来的成本上升,包括客流采集、数据分析、营销引流工具的引入成本等。

(三)商品价格缺乏竞争力

在百货类商品的经营中,传统的经销代理模式仍然占有较大比例,中间环节过多和层层加价,导致在终端渠道上商品价格偏高,与电商平台相比,明显缺乏竞争力。业绩较好的百货企业,大多在引进差异化商品、扩大自采自营、实现线上线下同价等方面做文章。

(四)核心能力提升仍需时日

当前百货业最核心的商品自营能力的建立,既需要主观的努力尝试,如资金投入、买手队伍的培养、激励与试错机制的建立，也需要客观环境的支持，如供应链的成熟、社会诚信机制的完善等，这些都需要较长时间实现。

四 行业发展的趋势和方向

展望2019年和今后几年百货业的发展，总体上判断，主要会有以下几个趋势。

（一）总体发展持续向好

从百货业的发展看，对百货业两次大的影响，一是限制"三公"消费，二是电商分流。前者的影响已大致消化完毕，后者的影响也过了峰值，其他影响因素都是次要的、微弱的，所谓"利空出尽"。从正面利好看，主要是消费升级和政策利好，关于前者是降级、分级还是升级的讨论很多，从大方面看一定是不断升级的；政策方面，促进进口和关税下调等，有利于百货店的商品升级和价格下降、《电子商务法》限制了海外代购的无序发展，促进了高端商品消费的回流。

（二）更多采用线上工具

线上线下融合是大趋势，百货企业使用线上工具的空间更为广泛，人、场、货的联结都需要线上工具的支持。从技术和手段应用上，不仅仅限于电商网站，也包括公众号、小程序、社群营销、APP等。从实现的功能上，既包括商品查询与订购、物流服务，也包括基础的信息沟通、会员维护、积分或优惠券查询与使用、储值卡查询等。多种手段，发挥不同的作用。

（三）并购重组案例多发

从长远看，并购案例将继续增加。一方面，市场不乐观，部分企业销售和利润下滑，经营出现困难，需要寻找买家；另一方面，目前市场的增量非常有限，更多是存量资源的整合，经营质量好、确立了竞争优势的企业，将主要通过并购方式，扩大规模。与欧、美、日等发达国家和地区的零售业相

比，中国零售业的集中化程度依然很低，行业的并购整合有很大的空间，集中化是必然趋势。大型企业具有较强的商品组织能力和后台建设能力，将在并购中处于更为主动的地位。

（四）区域百货优势不减

百货业整体上处于商业街区的核心位置，区域百货的位置优势更为突出，或者是位于城市中心，或者是在区域商业中心，有很多是自有物业，且在当地的品牌形象较好，普遍是当地时尚消费的首选。很多区域百货公司还建立了完善的激励机制、全面周到的服务能力和灵活的经营风格，其业绩将保持稳定增长。

（五）与购物中心的界限模糊

百货店学习购物中心增加体验元素，购物中心也有强化品牌商管理、扩大统一收银比例的趋势，大型百货店和城市购物中心的界限越来越模糊。这种模糊或融合，是适应消费者需求的结果，也是提升各自能力的必然趋势。

五 结语

中国百货业曾经风光无限，但 2010 年以来走了一段下坡路，其中既有自身经营模式和管理水平的原因，也有整个零售市场和经济环境变化的因素。未来，在城镇化加快、消费升级、拉动内需等外部利好推动下，在企业自身强化商品自营、广泛应用数字化、增加体验品类等内部改善提升中，百货业将会迎来美好的明天。

B.11
中国便利店发展现状及趋势

李晓怡 林诗慧*

摘 要： 随着中国城镇化加速、生活节奏加快，深入社区的便利店更受欢迎，可及时满足用户所需，因此便利店近年来在中国发展较快。2018年便利店市场融资消息不断，便利店甚至成为投资风口。不过，便利店要在市场中站稳脚跟、避免同质化，还需要继续深耕小区，了解身边的消费者，加强个性化消费，以及提高服务的时效与质量，拉近与消费者的距离；同时，融入新零售科技、在业态上进行变革等成为大势所趋。本报告重点介绍了便利店的发展概况、竞争格局及发展趋势。

关键词： 零售 便利店 网络零售 差异化

一 概况

便利店近年来在中国备受欢迎，在中国各零售业态之中增长最快。根据国家统计局数据，2018年限额以上便利店零售额增长11.5%，增速比实体零售平均增速高6.9个百分点，便利店行业的增长势头预计将会持续。根据

---

* 李晓怡，冯氏集团利丰研究中心高级研究经理，香港中文大学工商管理学院学士、香港中文大学日本研究文学硕士；林诗慧，冯氏集团利丰研究中心副总裁，伦敦大学政治及经济学院经济系学士、香港理工大学管理系哲学硕士。

中国连锁经营协会和波士顿咨询公司的报告,2017年便利店行业(包含加油站便利店)的市场规模超过1900亿元,同比增长23%(见图1)。

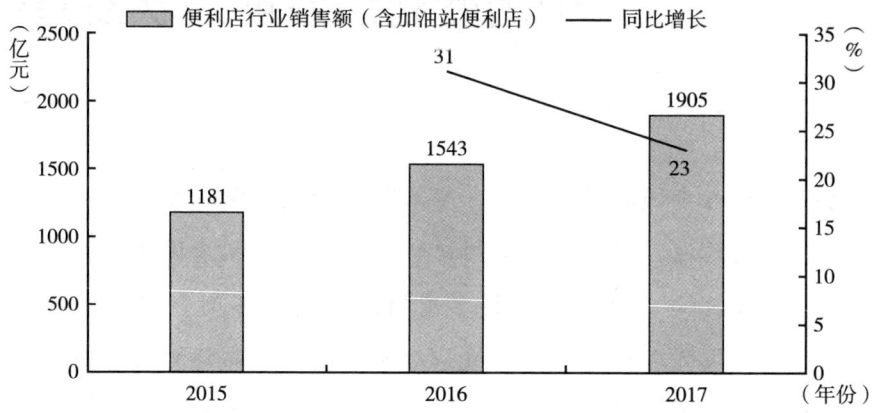

图1　2015~2017年中国便利店销售额增长

资料来源:中国连锁经营协会、波士顿咨询公司,由冯氏集团利丰研究中心整理。

根据商务部统计,2017年,中国便利店的总数量从2016年的9.4万家增长到10.6万家,同比增长13%,行业的开店速度非常快(见图2)。

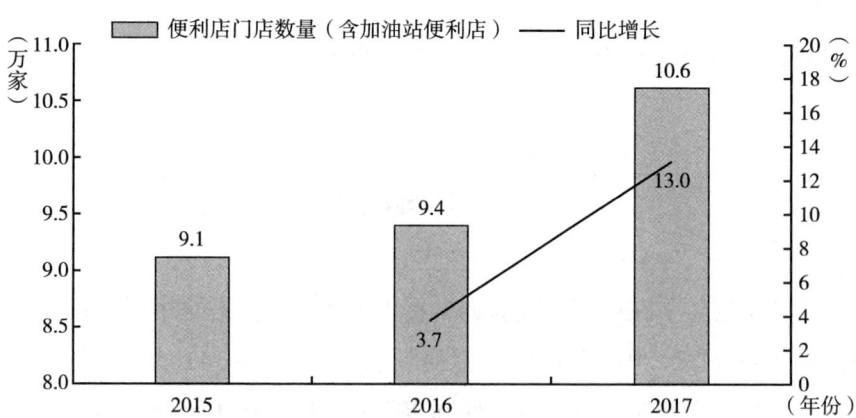

图2　2015~2017年中国便利店店铺数量增长

资料来源:商务部,由冯氏集团利丰研究中心整理。

根据商务部发布的《中国便利店景气指数报告》，2017~2018年便利店市场保持着稳定健康的发展。2017年第一季度至2018年第二季度，便利店行业总体景气指数都在70左右，高于50荣枯线，便利店市场处于健康发展区间。值得一提的是，2018年第三季度便利店总体景气指数为64.12，比荣枯线高14.12，环比下降6.1（见图3）。便利店行业的发展遇到了较大挑战，一方面，一些便利店由于融资来源中断，资金链断裂，从而引发关店潮；另一方面，无人店及无人货架在发展过程中的局限性也日益凸显，其面临的发展困境在逐步加大；再加上受季节周期性因素影响，店租、人力、水电等生产要素成本也未得到有效改善。

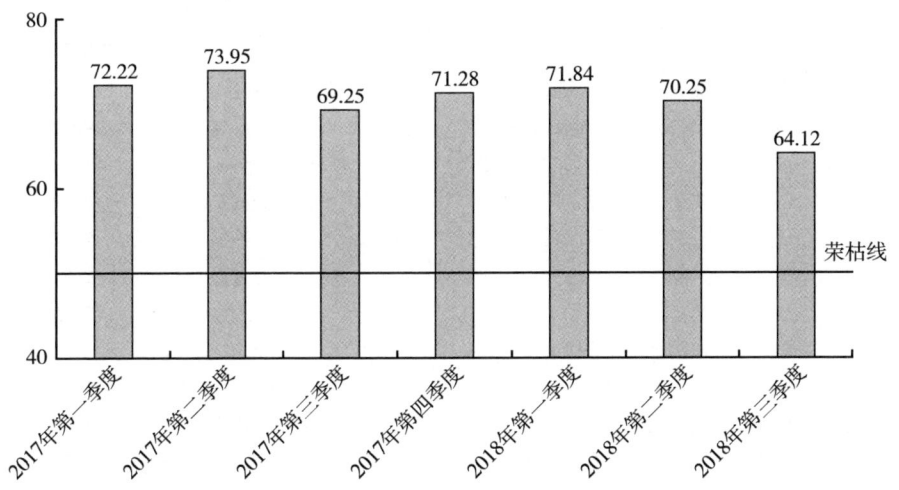

图3　2017~2018年中国便利店景气指数

资料来源：商务部，由冯氏集团利丰研究中心整理。

二　便利店区域分布及发展格局

大部分中国便利店连锁以地区经营为主。表1显示，易捷及昆仑好客拥有的门店最多，美宜佳、天福及红旗连锁紧随其后。易捷及昆仑好客以经营加油站便利店为主，因此门店数量较多。单看便利店经营，美宜佳在2017

年经营11659家店，领先其他品牌。排名前五名均为国内品牌，国外品牌全家则排名第六。

以前，国内大多数企业以区域扩张为主，而国外企业则着重全国扩展。不过，近年来无论是国内还是国外的便利店连锁，都积极向全国扩展。根据统计，截至2018年9月，7-11在中国有2783家门店，有一半以上是在过去三年新增的门店。截至2018年6月，罗森在中国有1642家门店，有990家是在过去三年新增的门店。国内品牌美宜佳则开始在华南以外省市扩展，在上海、浙江、贵州、湖南等地开店。

表1 2017年便利店营运商前十五名（按门店数量排行）

排名	企业	便利店品牌	2017年门店数
1	中石化易捷销售有限公司	易捷	25775
2	中国石油销售公司（非油品业务）	昆仑好客	19000
3	东莞市糖酒集团美宜佳便利店有限公司	美宜佳	11659
4	广东天福连锁商业集团有限公司	天福	3820
5	成都红旗连锁股份有限公司	红旗连锁	2730
6	中国全家	全家	2181
7	浙江人本超市有限公司	十足、之上	2003
8	河北叁陆伍网络科技集团有限公司	365	1700
9	7-11中国	7-11	1644
10	上海联华快客便利有限公司	联华快客	1474
11	山西省太原唐久超市有限公司	唐久	1435
12	罗森（中国）投资有限公司	罗森	1399
13	上海好德可的便利连锁有限公司	可的、好德	1300
14	厦门见福连锁管理有限公司	见福	1237
15	四川舞东风超市连锁股份有限公司	舞东风	1187

资料来源：中国连锁经营协会，由冯氏集团利丰研究中心整理。

2017年便利店单店增长势头良好，根据2018年中国连锁经营协会数据，便利店日均销售额达4936元，高于2016年的4504元及2015年的3576元。而根据该机构对55家便利店企业经营现状的调研，67%的企业毛利率超过20%，比2016年的64%及2015年的56%为高（见图4）。

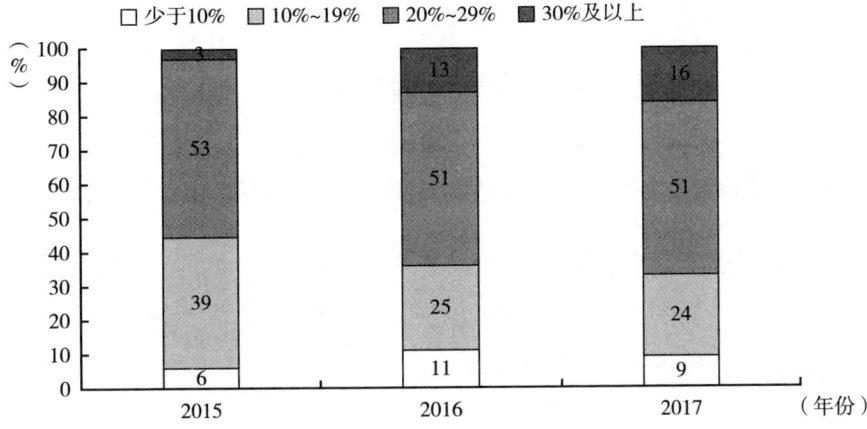

图 4　2015~2017 年样本企业毛利率分布

资料来源：中国连锁经营协会，由冯氏集团利丰研究中心整理。

根据 2018 年中国连锁经营协会对 55 家便利店企业的调研，2017 年，36% 的样本企业已引入了网络零售，比 2016 年的 29% 为高（见图 5）。不过，样本企业网络零售的销售占比在 2017 年只有 8%，虽然比 2016 年的 5% 有所提升，不过增长空间仍然很大。

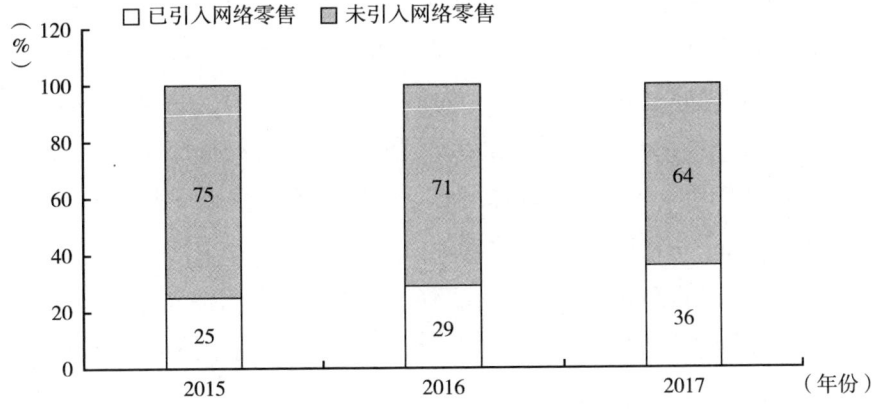

图 5　2015~2017 年样本企业引入网络零售比例

资料来源：中国连锁经营协会，由冯氏集团利丰研究中心整理。

三 便利店发展趋势

（一）顺应"互联网+"时代，推行O2O策略

近年来不少便利店品牌都积极转型，推行O2O策略，比如推出门店自提服务、接入外卖平台等，为社区场景带来更多创新模式，缩短了与消费者的距离，为他们提供了更方便的服务。

1. 门店自提

自2017年开始，很多便利店开始与电商合作，提供订单自提服务，如全家、美宜佳、唐久、快客等。一方面，便利店可以增加到店人流，吸引潜在客户来店消费；另一方面，电商也可以为顾客提供多一个配送选项，让电商与线下消费者多一个接触的渠道。

2. 与到家O2O生活平台合作

近年来，消费者追求更方便的购物体验，到家O2O生活平台在中国发展迅速。在过去的一年，许多便利店入驻京东到家、百度外卖、美团外卖等第三方本地生活服务平台。便利店可以利用这些平台接触更多的线上消费者，为他们提供外送到家等服务。根据京东到家数据，截至2018年7月，已经与万余家便利店达成合作，包括全家、罗森、7-11、良友、Today、舞东风、美宜佳、友客等50多个全国连锁和区域连锁便利店。此外，京东到家已与多数合作便利店做到系统深度打通，通过"大数据+工具化"，帮助门店实现对商品、用户等的数字化管理。

2018年8月，北京市的所有7-11便利店门店已全面接入美团外卖平台。门店里的大部分商品都会在美团外卖平台上线。其中，对于便利店内销售较好的热餐、好炖等产品，顾客可在下单时提出加热要求，门店会在进行加热处理后再配送。一些冷藏冷冻食品也会与冰袋一起配送到客人手中，确保配送温度。

3. 引入扫码购快速结账

自腾讯推出扫码购服务以来，一些便利店也引入了扫码购。扫码购整合了小程序与微信支付。顾客可以使用手机扫描商品二维码，查看信息、获取优惠、自助结账，边走边买，直接微信支付，无须前往收银台排队结账。例如，2018年6月开始，7-11一些在广东和南京的门店都可以使用扫码购，把个人信息绑定自助收银，无论用自助收银设备还是自助收银APP，消费者的每笔消费记录都可以如同线上交易一样被全面记录，有助于便利店根据消费者需求更精准地选择商品和为消费者提供更多个人化的推荐。然而，便利店的核心竞争优势仍然是其便利性和质量好的产品。便利店在推行其他增值服务的同时，也需专注于挑选合适的商品和提供良好的服务。

（二）差异化成为关键　积极推出自有品牌

为了满足中国消费者对个性化和独特产品的需求，一些便利店积极推出自有品牌。例如，全家在中国推出了自有品牌"呀米将"，7-11推出自有品牌"7-Select"，正大优鲜推出了一系列新鲜农产品、葡萄酒、茶叶等自有品牌。在这些自有品牌的品类中，尤其以即食品及鲜食类的自有品牌特别受到欢迎。鲜食类商品的高毛利是当下便利店利润的主要来源。鲜食类商品较难被其他同类企业复制，而且可以成为品牌培育消费者黏性、实现差异化经营的重要工具，增强竞争力。其中，全家便利店的自有品牌湃客咖啡的销量在2018年实现高速增长，估计销售达5000万杯。据悉，在2019年，全家将寻求在北京、上海、广州等九大城市开设独立湃客咖啡馆的机会。

值得注意的是，中国便利店行业的自有品牌发展仍然远远落后于日本等其他发达国家。根据中国连锁经营协会及波士顿咨询公司的调查，中国80%以上的便利店自有品牌销售额不到总销售额的10%。相比之下，日本许多便利店的自有品牌销售额占总销售额的40%~50%。中国便利店行业的自有品牌发展空间仍然很大。另外，除了推出自有品牌之外，也有便利店以其他方法提高差异化。区域便利连锁企业，如内蒙古安达便利，在多个门店中陈列出网易自有品牌网易严选的专用货架及商品，包括电池、数据线、创可贴、湿纸巾、抹布和沐浴球等，提高门店的差异化水平。

（三）零售科技革新商业模式

零售科技的进步是推动便利店行业增长的重要因素。自2017年下半年以来，很多新零售技术的普及化，为便利店带来了更多创新模式，如无人便利店、无人货架、智能自动售货机等，促使便利店得以在增长放缓的消费环境下保持较高增长。不过，如何利用零售科技为消费者带来更多便利，将继续成为业务增长的重点，零售商必须站在消费者的立场为他们提供更好的服务，而不单是盲目投资在新商业模式。

1. 无人便利店

近一两年，世界各地都兴起了无人便利店的概念，在中国的发展尤其快速，风头一时无两。阿里巴巴、京东、高鑫零售、居然之家、天虹，甚至中石化、联想等企业也加入进来。这些无人便利店一般利用人工智能等新技术取代人力，以提高效率并降低成本。2018年7月，中石化首家IC卡会员制易捷无人门店在湖南湘潭开业。该店加油IC卡客户成功绑定会员后，刷脸即可进店消费。据了解，该无人便利店依托中石化加油卡系统、非油海信系统等数据平台，集成了扫码购、人脸识别、智能门禁、电子标签、智能灯光、自主监控等十多项技术。会员使用手机扫码和人脸识别系统进店购物和结算，有关数据即被后台系统记录分析。门店改为无人便利店后，营业时间由12小时延长至24小时，用工量却减少了两人，大幅提升了经营效率和效益。2018年10月，联想首家来酷无人店正式在联想总部开业。据悉，无人商店目前可以提供不排队、无收银、无等待的购物体验，若在注册时开通免密支付的功能，则可以直接刷脸支付。不过，风潮过后，不少无人店已经悄悄结业，一方面，来店消费者体验的人多，买东西的人少，盈利未达到预期；另一方面，无人店技术还未成熟，一些系统未完善，消费者体验不佳，影响销售额，开支与收入未成正比。

2. 无人货架和智能自动售货机

继无人店之后，无人货架和智能自动售货机成为便利店行业的下一波风潮，近年来吸引了数亿元融资。2017年末，不少企业如果小美、猩便利、每日优鲜等纷纷入局无人货架业务。无人货架主要放置在办公室、学校等场景，在货架上摆放商品，旁边放置付款二维码，让消费者自行结账。很多企业看准了无人货架的几个重点：零售新模式、蓝海市场、开设门槛低。但到2018年末，很多企业都在经营上发生问题：过度扩张、投资成本高等。其中，京东到家也在2018年12月叫停了无人货架项目"京东到家Go"，京东到家方面表示，现在整个行业都在收缩，京东到家的无人货架项目此前也属于测试性项目，网点主要布局在北京、上海、成都等城市，以后将会把资源集中在到家业务和达达业务上。2018年7月，无人货架企业果小美上线"宝贝仓"业务，主业切换成微商，彻底告别无人货架业务。办公场景和无人货架本身的局限性，令无人货架只能成为原有零售业态的一个补充，很难成为主流的销售渠道。高货损率、粗放运营、供应链不成体系等痛点令很多无人货架企业退出市场。

（四）社区便利店联动电商平台转型升级

阿里巴巴和京东为了更加深入低线城市及农村市场，为它们推出了B2B进货平台，让数以百万计的夫妻店和社区便利店转型升级，实现数字化转型，同时这些电商也可以通过线下社区小店深耕线下市场。例如，阿里巴巴的零售通平台，可以赋能小店商家，使其具备洞察消费者的能力，更有效而精准地挑选进货的产品种类，满足小店周边消费者的需求。通过引入零售通系统，众多的小店可以通过数字化转型，升级为天猫小店。截至2018年9月，已经有超过100万家零售小店应用零售通这个一站式的B2B进货平台，占到中国市场的1/6。零售小店接入零售通，能便利地享受全方位的订货、物流、营销及增值业务等服务，同时打造300米便利生活圈。2019年1月，零售通发布智能货架，链接零售通数据，包括支付数据、淘系数据、高德数据、小店云POS数据等，让小店可以根据周边人群画像，挑选最合适的组货及陈列方案。

另外，京东在2017年4月推出京东便利店计划，通过社区小店加盟深耕线下市场。当时京东曾宣布要在"未来5年全国布局100万家京东便利店",聚焦区县、农村市场,致力于通过搭建强而有效的供应链,将线下夫妻店与供货方连接,推广"掌柜宝APP"的使用。据介绍,加盟京东便利店的商家可以通过"掌柜宝APP"直接进货,省去了中间环节,小商家也可以直接从生产商采购。下单后,京东再通过京东物流给采购者送货到家,进货价格得以降低。2018年9月,中国移动与京东新通路就京东便利店项目达成合作,中国移动将推出京东便利店客户专属产品和专属客户权益,双方将共同开展宣传和营销活动,为客户提供更为优质的产品和服务体验。京东便利店也与联合利华打造了全新营销模式,如在2018年4月京东新通路掌柜宝超级品牌日中,联合利华通过直播引爆互动的形式,取得了当日销量增长27倍的战绩。2018年"6·18"期间,联合利华则联手新通路推出线上店铺抵用券,打通B2B2C营销闭环。不过,阿里巴巴和京东也需要在开店速度和质量之间寻求平衡,同时解决供应链及运营、管理的问题,并且为加盟的店主提供更多的增值服务,才可以在低线城市及农村地区有更健康的发展。

(五)便利店提供更多元化便利服务

便利店以社区经营为中心,可以为消费者提供多元服务、拓展业务及引流。如2018年5月,京东便利店便接入了O2O洗衣业务,与专业的O2O洗涤服务平台柠檬洗洗签署合作协议,成为国内首个规模化接入O2O洗衣业务的便利店体系。除此之外,京东便利店引进了多种增值服务,包括生活服务、金融服务、商业服务、公益服务等增值业务模块,如代收包裹、充值缴费、家政维修、保险理财、文件打印、爱心捐赠等,构筑"零售即服务"的生态。苏宁小店也推出一些社区配套服务,像快递代收、家政保洁、共享设施、金融理财、休闲娱乐等都在其业务范围内。

(六)其他企业跨界涉足便利店业务

面对便利店行业的快速发展,一些其他行业的企业希望利用便利店拓展业务,通过新零售的方式和手段更加贴近消费者。2018年11月,北京华天饮食集团联合天猫推出同兴成便利店。门店除了经营生鲜水果、饮料酒水、休闲零食等常见的便利店产品外，还提供包子等热食产品供消费者选择。2018年5月，鲜丰水果和罗森于杭州开了一家便利店，店铺面积约为200平方米，售卖1400多种商品，增加了水果的销售，由鲜丰水果负责店内水果品类的商品采购和运营管理，双方操作系统对接。虽然"便利店+水果"这一业态目前属于试水阶段，但笔者预期这种复合型业态店将会继续成为便利店的发展趋势。

四　结论

近年来，中国的便利店行业发生了巨大的变化，发展态势强劲，预计在2019年及2020年将继续迅速发展，预期同比增速超过10%。便利店的市场定位独特，且灵活应变，为邻近小区提供便利生活。不过目前便利店同质化现象仍然严重，不少便利店为提高差异化，通过利用O2O策略、开发自有品牌、采用新的商业模式、扩展产品和服务、采用先进零售技术增强购物体验等方式改造门店。电商的介入也成为重构便利店行业的重要力量。笔者认为，便利店行业将在未来几年继续加快转型和发展。便利店需要在各个环节围绕消费者需求，提供更高效、精准、个性化的服务。新型商业模式的出现、多元化的服务体验和快速演进的经营模式都为便利店行业的发展提供了助力。

另外，地方政府对便利店发展的支持也相当重要。目前，各地区的便利店发展不均衡，广东和上海的便利店最为密集，华南地区的便利店发展较华北地区要快。因此，地方政府的支持可以为便利店带来更快速的发展。2018年10月，北京市商务委等七部门发布关于进一步促进便利店发展的19条新措施。新措施从拓展便利店发展空间、降低企业经营成本、改革经营许可等多方面推出创新举措，预计用三年左右时间，使北京市连锁便利店门店数量达到6000家以上，每个社区原则上配备两个连锁便利店，实现城市社区全覆盖。地方政府政策预期会为行业发展提供很大的帮助。

B.12
中国大卖场及超市发展现状与趋势

李晓怡　林诗慧*

摘　要： 大卖场及超市近年来增长态势放缓明显，除了受到成本上涨影响外，也受到电商的冲击；同时小型零售业态快速布局社区零售，也为大卖场及超市带来不少挑战。2018年，很多大卖场及超市的转型开始取得成效，销售额增速逐渐回升。本报告介绍了大卖场及超市的发展概况以及部分大卖场及超市的表现，并综合分析了近年来几个重要的趋势，包括利用零售科技优化消费体验、与第三方平台连接提升配送效率、试水社交电商等；此外，大卖场及超市也积极推出新业态，大力发展自有品牌，提高竞争力及差异化。最后，本报告指出了未来大卖场及超市可能遇到的挑战。

关键词： 零售　业态　大卖场　超市

近年来，中国的大卖场及超市增长放缓态势明显，行业竞争激烈，加上电商行业以及小型零售业态如便利店、社区商店和专卖店等的快速增长，对大卖场及超市带来冲击。2017年以来，大卖场及超市一直在调整经营模式以适应消

---

* 李晓怡，冯氏集团利丰研究中心高级研究经理，香港中文大学工商管理学院学士、香港中文大学日本研究文学硕士；林诗慧，冯氏集团利丰研究中心副总裁，伦敦大学政治及经济学院经济系学士、香港理工大学管理系哲学硕士。

费市场的变化。它们一边积极开拓线上市场，同时为顾客提供快速的最后一公里配送服务，另一边则在加强线下店铺的功能，如增加现场餐饮服务以及其他增值服务。大卖场及超市积极拥抱新消费时代，行业的销售额增长逐渐回升。

一 市场概况和竞争格局

（一）大卖场及超市销售额增速回升

前几年，面对电商及其他业态带来的冲击，大卖场及超市行业增速回落，许多大卖场及超市不得不加紧步伐改善经营以适应消费者的需求。从2018年开始，它们的努力逐渐取得了成效，国家统计局数据显示，2018年，限额以上零售业单位中的超市零售额同比增长6.8%，高于百货店、专业店和专卖店等业态，也比2017年上半年的6.3%稍高（见图1）。

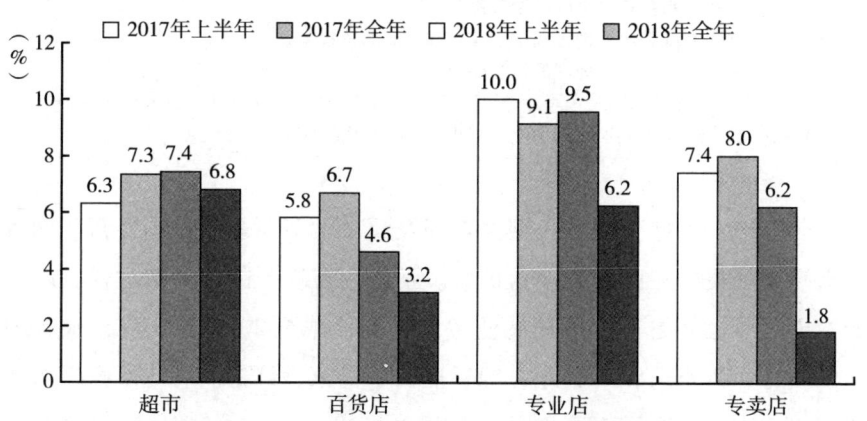

图1 2017～2018年各主要零售业态销售额增长

资料来源：国家统计局，由冯氏集团利丰研究中心整理。

（二）百强中的大卖场及超市重点企业

中国连锁经营协会发布的《2017年中国快速消费品连锁百强》显示，华润万家居于榜首，紧随其后的是大润发、沃尔玛、永辉超市。其中，永辉超市甚至实现了20%的同比增长,远高于快速消费品连锁百强的平均销售同比增长率7.3%。表1显示了2017年快速消费品连锁百强中销售额十强。

表1 2017年快速消费品连锁百强中销售额十强

排名	企业名称	2017年销售额(亿元)	同比增长(%)	2017年门店数量(家)	同比增长(%)
1	华润万家有限公司[1]	1036.5	0.1	3162	-1.9
2	康成投资(中国)有限公司(大润发)[2]	954.0	2.3	383	4.6
3	沃尔玛(中国)投资有限公司	802.8	4.7	441	0.5
4	永辉超市股份有限公司	654.0	20.2	806	65.5
5	联华超市股份有限公司[3]	564.6	-5.6	3451	-5.4
6	中石化易捷销售有限公司	519.5	48.0	25775	0.7
7	家乐福(中国)管理咨询服务有限公司[4]	498.0	-1.3	321	0.6
8	物美控股集团有限公司[5]	370.4	5.8	752	32.9
9	供销大集集团股份有限公司	245.4	114.2	266	7.7
10	中百仓储超市有限公司	220.3	4.4	174	-5.4

注:1. 华润万家有限公司的销售额包含苏果超市。
2. 大润发的销售额不包括飞牛网的销售额。
3. 联华超市股份有限公司的销售额包括家乐福上海的销售额。
4. 家乐福的数据包括大中华地区的销售额及门店数。
5. 物美的销售额包括百安居(中国)投资有限公司和银川新华百货商业集团有限公司的销售额。
资料来源:中国连锁经营协会,由冯氏集团利丰研究中心整理。

长久以来,大部分国外大型大卖场及超市大多在全国范围经营,而较小的本土超市则集中在区域内经营扩张。不过,在现今的新消费时代,越来越多的本土超市也开始在全国拓展业务。例如,截至2018年6月,永辉超市在全国拥有952家门店(其中,绿标店有345家、红标店有276家、永辉生活店有285家),覆盖21个省份;截至2018年6月,联华超市在全国17个省份运营3425家门店;截至2018年6月,高鑫零售(运营大润发和欧尚超市两个品牌)在29个省份运营472家门店。

(三)主要大卖场及超市运营商销售增速回升

中国大部分主要的大卖场及超市在2017年的表现比2016年更好,新门店的开业和新业态的扩张为企业注入了新动能。2017年,中国连锁百强中经营快速消费品的零售商销售额达 10620 亿元，实现同比增长 7.3%，明显高于 2015 年的 4.1% 和 2016 年的 4.2%（见图 2）。

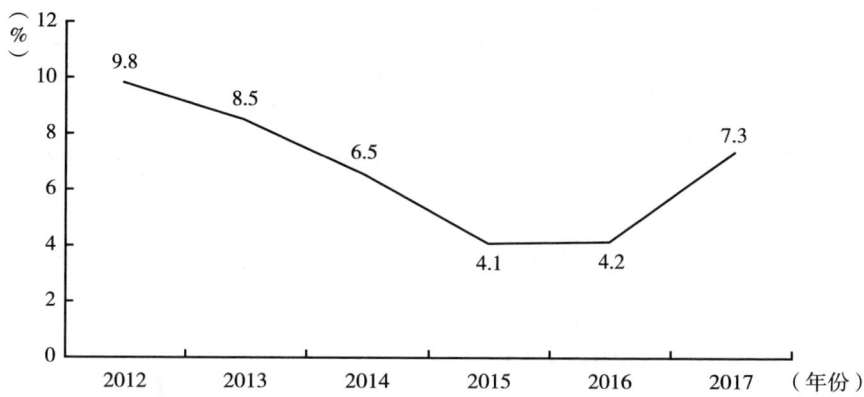

图 2　2012～2017 年中国连锁百强中经营快速消费品的零售商销售同比增长

资料来源：中国连锁经营协会，由冯氏集团利丰研究中心整理。

表 2 显示了部分中国大卖场及超市在 2017～2018 年的表现和主要发展。

表 2　2017～2018 年部分中国大卖场及超市的表现和主要发展

公司名称	表现
沃尔玛(中国)投资有限公司	● 2018 年开设 33 家新店，其中有 21 家大卖场、4 家山姆会员店、8 家惠选超市门店，同时投资 3 亿元升级改造了 50 家门店 ● 2018 年电商成交总额较 2017 年增长近 150%，这是该业务连续第三年实现三位数增长 ● 2018 年推出了山姆会员店的 1 小时达服务 ● 2018 年 8 月，沃尔玛进一步对达达－京东到家增加大约 3.2 亿美元的投资，在后者的股权占比提升至 10% ● 截至 2019 年 1 月，在中国开设了 38 个云仓 ● 山姆会员店可比销售增长 8% ● 自有品牌销售增长超过 30% ● "扫玛购"小程序用户数量在 2018 年底突破了 2000 万，沃尔玛微信小程序在全国零售商超市行业类目中用户数量排名第一 ● 沃尔玛在中国首家定制化的自营生鲜配送中心将于 2019 年 3 月起在广东东莞正式服务华南门店

241

续表

公司名称	表现
高鑫零售有限公司	• 2018年上半年的营业额为540亿元,与上年同期基本持平 • 截至2018年6月,高鑫零售共有472家综合性大卖场 • 2018年6月底,已有165家实体店推出淘鲜达项目,涵盖全国17个省份范围内的93座城市。淘鲜达是高鑫零售与阿里巴巴合作的重点项目,它是提供生鲜食品服务,将传统的大卖场模式进行数字化转型,为零售商提供线上及线下整合解决方案的平台 • 2018年6月,在上海大润发门店开设首家"淘宝心选",面积为200平方米,定位年轻消费群体 • 大润发与盒马鲜生共同投资盒小马项目,2018年6月,首家店在苏州开业 • 2018年6月,苏宁易购与大润发签署战略合作备忘录,双方在中国大陆地区所有大润发门店的家电3C专区,深入合作经营 • 2018年11月,阿里巴巴完成了近400家大润发门市的新零售升级改造,升级后单店坪效整体提升30%
永辉超市股份有限公司	• 2018年前三季度营业收入526.9亿元,同比增长21.7%;净利润10.2亿元,同比下降26.9% • 截至2018年6月,永辉超市在21个省份拥有952家门店 • 2018年11月,将云超一、二集群进行合并管理 • 2018年12月,转让永辉云创20%股权,同时,永辉云创及其控股子公司将不再纳入永辉超市并表范围
新华都购物广场股份有限公司	• 2018年上半年营业收入34.27亿元,同比增长0.3%;归属于上市公司股东的净利润701.50万元,同比下降83.23% • 截至2018年6月,新华都开设有147家超级市场,大部分在福建,省外地区仅剩余9店 • 2017年5月,新华都开设新的零售模式"海物会",专注生鲜食品和现场餐饮,以跻身"新零售"。2017年12月,又推出另一专注体育用品的新零售模式 • 2017年与阿里巴巴战略合作,对接阿里巴巴的电商资源,开展淘宝到家等业务,实现会员、支付等系统的对接及打通,深挖数据资源,顾客、员工、商品等数字化管理能力得到有效提升
联华超市股份有限公司	• 2018年上半年,公司营业收入130.79亿元,同比下降1.2%,净利润3937万元,三年来首次盈利 • 联华超市运营的零售业态主要包括:世纪联华、联华超市、华联超市及快客便利品牌旗下的大卖场、超级市场及便利店。截至2018年6月,联华超市在17个省份运营3425家门店 • 2017年,联华超市关闭了492家亏损严重门店 • 2017年5月,上海易果将其持有的联华超市18%股份转让给阿里巴巴,后者成为联华超市第二大股东 • 2018年7月,联华超市与天猫订立商品采购框架协议,将从天猫采购包括但不限于食品、生鲜及工业品等,最高交易金额总计1.8亿元

续表

公司名称	表现
步步高商业连锁股份有限公司	• 2018年前三季营业收入138.48亿元,同比增长8.9%,实现归母净利润1.97亿元 • 截至2018年6月底,拥有门店331家,其中超市门店(含家电)280家、百货店51家 • 2018年初,与腾讯、京东达成战略层面的深度合作,腾讯受让公司6%股份,京东受让公司5%股份。2018年4月,腾讯－步步高智慧零售试点项目在长沙梅溪新天地正式上线,公司与京东合作的到家业务已经覆盖长沙等重点城市
人人乐连锁商业集团股份有限公司	• 2018年以3.5亿元投资青岛金王,尝试跨界美妆零售

资料来源：相应公司年报,由冯氏集团利丰研究中心整理。

（四）开店增速大幅放缓

2018年,大卖场及超市的新店开张步伐明显放缓。根据赢商网,2018年,永辉、步步高、华润万家、物美、大润发、沃尔玛、家乐福、卜蜂莲花、永旺、麦德龙、百佳11家大卖场及超市共开店307家,比2017年增加14家,同比增长4.8%,与2017年26.8%的增幅相比大幅放缓。其中沃尔玛、卜蜂莲花、华润万家、永旺、麦德龙、家乐福的开店数目比2017年减少。租金、人力等成本越来越高,使企业盈利能力下降,只能关店止损。

同时,也有一些大卖场及超市退出中国市场。其中一个例子就是乐天超市。由于一些政治摩擦,韩国乐天旗下乐天玛特于2017年9月确认退出中国市场。2018年4月,乐天同意以约15亿元的价格向物美控股有限公司出售21家乐天超市；2018年5月,又宣布以16.7亿元向利群集团出售乐天超市在华东地区(包括上海和江苏)的72家门店。

二 发展趋势

（一）为"新消费"时代做好准备

在过去一年,许多传统的大卖场及超市都积极准备迎接"新消费"时代,如利用大数据分析消费者的资料和购买行为,以此增加客流量,并向顾客提供更有针对性的促销活动。一些公司将其库存和供应链管理系统与电商零售商或者解决方案平台整合,以提高仓库管理、库存计划和最后一公里配送等的效率;其他公司在科技和数字化方面进行投资,为顾客创造更好的店内购物体验和更多的互动。

1. 积极利用新零售技术

"智慧零售"是2018年零售市场的一个重要主题。大卖场及超市都尝试利用一些新的零售科技为消费者提供更好的购物体验。例如,家乐福中国2018年5月在上海推出第一家智能门店Le Marché。这是家乐福在智慧零售领域的第一个全球举措。家乐福Le Marché与腾讯合作,研发应用一系列的"黑科技",如"扫码购"支付服务、脸部识别支付系统、自动结账柜台、电子标签等多种应用和互动设施。对于店内的任何商品,顾客都可以在微信上用家乐福的小程序扫描价格标签或产品条形码,并将其添加到电子购物车中。顾客选好商品之后,可选择通过微信支付进行线上支付,并通过指定的通道进行"扫码购"。据悉,"扫码购"已在家乐福在中国的所有门店全面铺开。另外,截至2018年底,沃尔玛在中国的400多家门店也上线了"扫码购",并陆续新增电子地图"找找货"和"个性电子优惠券"等功能,为顾客提供更个性化的服务。京东旗下生鲜超市7FRESH也十分重视科技应用。7FRESH首店于2017年12月在北京推出,店铺面积约4000平方米,主营新鲜食品、即食包装食品和熟食。店内应用先进科技,包括展示产品信息的互动屏幕、智能购物车和传送带等。智能购物车可以自动跟随和引导顾客到相应的货柜选购他们的产品。

2. 数字化零售加速推进

当今,数字化是大卖场及超市的主要发展方向之一。2018年底,大润发利用阿里巴巴的"新零售"技术完成了全国近400家门店的数字化转型。升级后单店坪效整体提升30%,而且能为居住在3公里半径内的顾客提供1小时的送货服务,做到线上线下一体化,顾客可以通过手机APP下单,由最近的门店完成配送。另外,物美集团早于2017年在其华东地区48家大型超市安装了电子货架标签，以取代传统的纸质标签。产品信息会以电子的方式显示，以便整合线上线下的库存管理。使用电子货架标签可以节省人力资源，提高门店运营效率，提高定价的准确性，也可以实时调整价格，同步线上线下价格和折扣信息，确保线上和线下库存数据同步。

3. 与第三方O2O本地生活方式服务平台连接，提供快速配送服务

一些大卖场及超市已与第三方O2O本地生活方式服务平台（如京东到家、多点、美团外卖等）合作，提供O2O配送服务。京东到家是京东于2015年4月推出的生鲜及超市产品的配送平台，为大多数一二线城市提供1小时配送服务；2016年4月与众包物流平台达达合并。京东到家目前与沃尔玛中国、山姆会员店、永辉超市、联华超市、步步高、华润万家等全国370个城市主要的大卖场及超市连锁运营商也有合作。多点是2015年推出的第三方O2O本地生活方式服务平台，主要经营快消品，与各大超市合作，为距离3公里内的顾客提供2小时配送服务。物美集团是多点的第一个合作伙伴，而在近年，多点也开始积极拓展与其他连锁超市的合作。多点目前在中国各地都有合作伙伴，包括华东、华中、华南、西北和东北地区，如2017年8月，多点与新华百货合作；2017年11月与中百控股合作；2018年1月与步步高集团合作；2018年1月与深圳嘉华百货合作；2018年3月与人人乐合作；2018年5月与中央红集团合作。

4. 试水社交电商

社交电商企业通过高性价比的产品，吸引用户通过社交平台分享、拼单，降低电商引流成本。近年来，很多传统超市试水社交电商，如苏宁小店表示2019年1月上线社区拼团服务，全国招募100000个团长。苏宁小店将以"团长"为分发节点，通过微信群、小程序等工具，深挖社区场景。苏宁小店预计在2019年完成1100个前置仓的建设以支持该业务。另一个例子是永辉超市，据报道，永辉超市正在深圳、上海、郑州等城市测试社区拼团新业务。永辉超市通过永辉生活APP招募"社区团长"，在永辉社区团的指导下建立微信群、分发信息、活跃气氛等。系统会为社区团长生成专属链接，顾客通过对应的链接完成购买，交易完成后，社区团长对应每件产品的

销售可获得相应的佣金。

5. 强强联合

2018年，多家大卖场及超市与其他零售巨头合作，从多渠道接触消费者及探索新零售。其中2018年11月，国美与家乐福联手打造"店中店"，首批11家"店中店"落地北京、上海、无锡、杭州等地。国美在家乐福的"店中店"商品区除了囊括热销单品中的"大家电、3C商品、智能单品"等品类之外，还采用O2O的经营模式，让消费者通过多渠道选择更多商品、型号，打破空间限制。2018年6月，大润发与苏宁签署战略合作备忘录，双方围绕中国大陆市场上大润发门店家电3C区，深入合作经营，合作范围包括大润发现有的393家门店和未来所有新门店，合作方式包括苏宁向大润发家电3C专柜提供供应链集中采购的货物以及苏宁在此领域的经营能力和市场经验。另外，苏宁也与欧尚达成战略合作，在2018年双十一65家苏宁易购落地欧尚门店。据悉，欧尚门店升级改造紧紧围绕SKU、O2O运营模式、售后能力、供应链建设等方面，利用大型卖场综合体的优势，打造智能家居的体验入口。

另外，也有大卖场及超市与地产商合作，加快在全国布局。例如，2018年3月，盒马鲜生与13家大型地产商签约，包括印力、新城、恒大、碧桂园、融创、世茂、佳兆业、中海、复地、银泰、合景泰富、居然之家①、嘉豪商业。其中，居然之家将为盒马鲜生提供门店物业及相关支持，打造社区生活服务中心；另外，盒马鲜生也将发挥数字化优势，配合居然之家线上线下一体化建设，共同探索新零售的各种创新业态。居然之家与盒马鲜生牵手后的首个门店在2018年8月已正式落地北京。

6. 重视安全溯源

中国消费者一直非常关注食品安全，而超市作为食品流向消费者的最后关口，在食品安全把控上也是任重道远。一些大卖场及超市为了让消费者吃

---

① 北京居然之家投资控股集团有限公司以家居为主业，业务范围也涵盖城市综合体开发、商业会展等地产项目。

得放心，构建食品安全溯源系统。2018年11月，永辉超市上线了区块链食品安全溯源系统，利用区块链不可篡改的特性，为生鲜食品流转的各环节进行存证。消费者只要扫描产品上的二维码就可以立即获取产品的生产信息、运输过程、检疫结果、销售信息等。超市发还自建食品安全检测实验室，对果蔬、肉禽、水产等进行定期抽检，目前鲜活水产中可追溯的部分占比可达一半以上。

7. 布局前置仓，提高配送效率

为了提高配送效率，一些大卖场及超市开始布局前置仓，扩展覆盖范围，争夺最后1公里市场。例如，山姆会员商店在2018年初与京东到家共同开启前置云仓的布局，所有商品均由山姆会员商店配送，配送时间较灵活。截至2019年1月，京东到家与山姆会员商店共建的前置仓已覆盖深圳、上海和北京三座城市，坪效达到普通超市坪效的10倍左右。2018年9月，腾讯与永辉合力打造的永辉生活卫星仓首次对外亮相，旨在为周边3公里使用者提供最快30分钟配送到家服务。

（二）业态创新热潮持续

近年来，越来越多的大卖场及超市进行改造或推出新业态，加入更多体验元素，以满足顾客不断变化的需求。

1. 大卖场及超市小型化

小型业态能更好地满足消费者对便利、个性化和配送服务日益增长的需求，因此许多大卖场及超市都在小区开拓一些小型店。例如，沃尔玛中国2018年4月在深圳重新推出了小型门店"惠选"，门店面积约1200平方米，为沃尔玛超市平均15000平方米面积的1/10左右，主要提供新鲜食品、熟食、半熟食品和包装食品。沃尔玛小型门店与京东到家合作，顾客可以在京东到家下单，商品会直接送到家中。沃尔玛希望小型门店可以满足小型家庭和单身人士日益增长的需求，并计划于2018年底在深圳、广州和东莞开出5家"惠选"门店。

2018年底，永辉在福州开出了全国首家永辉mini社区店，加快尝试社

区店业态,并逐渐把试点从福州总部拓展到西南地区的重庆、成都等地。据了解,永辉mini店面积为300~500平方米,以生鲜为主打商品,至2019年1月已经开出20多家。经营品类有蔬菜、水果、肉、鱼、冷藏食品、休闲食品、饮料、调味品、餐厨用品以及日用百货等,线上订单则配合京东到家配送。

2019年2月,华润万家在深圳推出首家"万家MART",营业面积压缩近一半,约为8500平方米,并新增特色餐饮区,提供小海鲜、面食等。门店还投入大量高科技的应用,包括移动支付、扫码购、自助称重、自助点餐等。

2. 生鲜食品超市发展迅速

国内生鲜食品超市发展迅速,许多大卖场及超市更加重视生鲜食品的业务,如扩大大卖场及超市新鲜食品的比例,直接从农场采购,为客户提供更低的价格,以及进口更多独特的生鲜产品等。

其中,阿里巴巴旗下的盒马鲜生在开设门店的同时,积极与不同的企业合作,引入这套新商业模式,赋能商家转型升级,并为更多消费者带来便捷舒适的购物体验。2018年10月,盒马鲜生与大润发合作开设海口首家店铺,以及与岁宝百货合作于深圳再开4家门店,将"生鲜食品超市+餐饮+电商+物流配送"的多业态带到更多小区之中。至2018年10月,盒马鲜生在全国有超过80家门店,覆盖16个城市。苏宁旗下的生鲜超市苏鲜生,在2019年计划新开60家门店,其中江苏范围内40家门店、全国范围内20家门店。重点围绕苏宁广场、苏宁易购广场、云店项目进行选址开店。苏鲜生将分为三种模式,包括苏鲜生超市、苏小鲜社区超市、生活超市,以面对不同的客群。苏鲜生超市和生活超市主要在一二级市场进行拓展,而苏小鲜则围绕苏鲜生同城开店。

不过,生鲜食品超市发展也非一帆风顺,2018年12月,永辉云创作为永辉超市旗下的新零售业务,被永辉从上市体系中剥离出去。永辉云创旗下包括永辉生活店、超级物种、永辉生活APP三大业务,近三年亏损近10亿元,直接影响到永辉超市的整体业绩。如何使这些新的业态在吸引人流的同时为公司带来盈利,将会是一众大卖场及超市面对的一大挑战。

3. 会员店越来越受欢迎

一些国外的大卖场正积极地在中国开设更多会员店。例如，2018年5月，开市客（中国）投资有限公司（Costco）与上海浦东康桥（集团）有限公司正式签署投资协议书，Costco将在浦东康桥设立中国区投资总部，并与合作伙伴星河控股集团在上海浦东和虹桥区共同建设两家会员俱乐部零售旗舰店；另外，沃尔玛山姆会员店透露，到2020年，山姆会员店的数量将翻一番，达40家左右，新店主要分布在一二级城市。这表明零售商对于中国会员店的运营发展持乐观态度。

4. 孵化新业态

为了更好地迎合市场需求、提高竞争力，大卖场及超市纷纷推出新业态。永辉在2018年积极发力新业态，5月和6月在福州及上海推出两家超级研习社，成为向外开放的体验式业态，为会员提供参与学习、DIY课程的体验式空间；6月又落地"永辉私厨"，定位为中高端、社交化餐饮一站式服务综合体。另外，绿地G–Super也在上海推出了超市新副线"吃喝研究所"，引入多个餐饮品牌，其中部分为绿地参与投资的品牌，同时，在自营区域内也会增加自助洗衣、亲子课堂等服务体验，并与门店商品联动销售，如买赠洗衣、积分送课等。

（三）大力发展自有品牌

近年来越来越多的大卖场及超市推出自有品牌，根据中国连锁经营协会的调查，自有品牌产品的SKU从2016年的435个增加到2017年的633个，但自有品牌的销售量仅占2017年销售总量的6.4%，市场占比依然很小。中国连锁经营协会调查也显示，拥有自有品牌的大卖场及超市的利润率比没有自有品牌的高15%，因此许多大卖场及超市纷纷加入自有品牌的战局。

2018年8月，永辉超市宣布计划对其自有品牌战略进行升级。永辉将根据产品的类别和采购原产地开发自有品牌，而不是将所有生鲜食品放在自有品牌"彩食鲜"旗下。随后，在2018年12月，永辉再推出升级版自有品牌"永辉优选"，"永辉优选"涵盖了田趣、优颂、馋大狮、超级U选、

Ofresh 等子品牌，对应多个核心品类。为了深入掌握自有品牌供应链，永辉早在 2018 年 1 月受让了具有国际供应链经验的达曼国际公司 40% 的股权，永辉和达曼的战略合作，可进一步降低产品开发、研发以及包装、营销的成本。

此外，2018 年 4 月，沃尔玛中国也对其自有品牌进行重组，对 13 个自有品牌进行精简，整合成惠宜（日用品）、Marketside（烘焙食品）、George（服装）三大品牌。沃尔玛希望自有品牌的销量未来能占 20% 左右。事实上，发展自有品牌是提高差异化的手段之一，而且利润率更高。

（四）与互联网巨头结盟，形成协同效应

为了更好地整合线上线下，一些传统的大卖场及超市与互联网企业合作，优化它们在移动支付、社交媒体、大数据分析及技术应用等方面的基础。此外，互联网企业可以利用大卖场及超市的实体店网络接触到更多线下的顾客，以下是部分大卖场及超市与互联网巨头合作的案例。

1. 阿里巴巴收购高鑫零售集团的股份，探索新零售

2017 年 11 月，阿里巴巴集团宣布以 224 亿元港币（28.2 亿美元）收购高鑫零售集团 36.16% 的股份，以进一步扩大线下零售市场。对于阿里巴巴而言，这笔交易能够使其获得高鑫集团旗下 440 多家中国大卖场及超级市场的线下顾客。高鑫零售门店遍布 29 个省份，而行业其他运营商大多数是区域运营，高鑫集团为阿里巴巴提供了一条快速接入线下食品杂货市场的途径。对于高鑫集团而言，其可以利用阿里巴巴的数字生态系统，在 O2O 零售、物流基础设施建设等方面为顾客提供更好的购物体验。

2. 腾讯与华润集团签署战略合作协议

2018 年 4 月，腾讯与华润集团签署了一项战略合作协议，未来双方共同致力于智慧城市和物业管理、医疗健康、云计算和大数据及智慧零售等领域。在智慧零售合作方面，华润零售商店将接入腾讯的互联网工具、云和大数据分析、云平台等，希望腾讯的社交媒体流量与华润的实体店网络（包括大卖场及超级市场、咖啡店）更好地连接起来。未来，它们将考虑把腾

讯的人工智能、区块链等前沿科技与华润的相关业务相结合。

3. 沃尔玛中国和腾讯达成深度战略合作

2018年6月，沃尔玛中国和腾讯联合宣布正式达成深度战略合作伙伴关系。为了提升消费场景的多样性，两家企业将充分发挥各自领域的优势，在购物体验提升、精准营销、综合支付服务、会员制提升等智能零售和数字化流程上进行深入合作。2018年3月初，沃尔玛中国与腾讯推出店内自助付款小程序"扫码购"；顾客可以通过扫描产品条形码，用手机完成自助付款。2018年底，沃尔玛已经在全国400多家门店推出这项服务。

4. 京东和沃尔玛升级库存管理

2018年7月，京东和沃尔玛宣布双方将加速推进旗下的门店和平台、库存、用户打通的"三通战略"，双方计划在2018年底实现库存的全面整合，并推出1小时送货服务试点。京东表示，将在沃尔玛门店进行销售预测，根据消费者行为和需求调整库存，减少无效库存，提高供应链运营效率，最终实现成本的降低。

三 结论

中国的大卖场及超市行业已经进入新消费时代。为了应对新的变化和发展，许多超市推出新业态，在其供应链和门店采用新科技、试验新的配送模式、发展自有品牌以及与互联网巨头建立合作伙伴关系，以实践自身的O2O战略。

笔者认为，经过2016年和2017年的反复尝试，大卖场及超级市场行业的业绩将在未来几年进一步提升。商家将继续提出新的战略和运营方式，如更加深入经营小区零售、更多地利用新零售技术方便消费者及提升运营效率等。即便如此，尽管前景乐观，但大卖场及超市仍面临一些挑战，包括融资、寻找适合自身及可持续的商业模式以及保持盈利能力。预计2019~2020年中国的大卖场及超市行业将会保持增长，预期同比增幅会保持在6.5%~7%。

B.13
中国购物中心发展现状及趋势

林诗慧*

摘　要： 在消费升级的带动下，国内消费市场保持稳定增长，实体商业持续复苏。其中，购物中心继续保持良好的发展态势。在新的消费时代，购物中心逐渐成为一站式购物、社交、休闲、娱乐场所，也是消费者寻求生活方式体验的场地。近年来，购物中心开发商和运营商不断优化租户组合、改善硬件及相关配套设施，并积极利用大数据和科技提升购物体验。本报告重点介绍中国购物中心整体发展概况、行业发展趋势及当前面对的挑战。

关键词： 购物中心　商业综合体　奥特莱斯　商户组合

一　中国购物中心整体运行情况

（一）购物中心整体呈稳定增长趋势

近年来，实体商业持续复苏，购物中心整体发展向好，开业数量持续增多，行业整体呈现蓬勃发展态势。据联商网统计，2018年全国新开业购物中心总数达533个，商业总体量约为4600万平方米，项目平均体量约9万平方米。相比2017年，数量增加29个，增长速度为6%（见图1）。

---

* 林诗慧，冯氏集团利丰研究中心副总裁，伦敦大学政治及经济学院经济系学士、香港理工大学管理系哲学硕士。

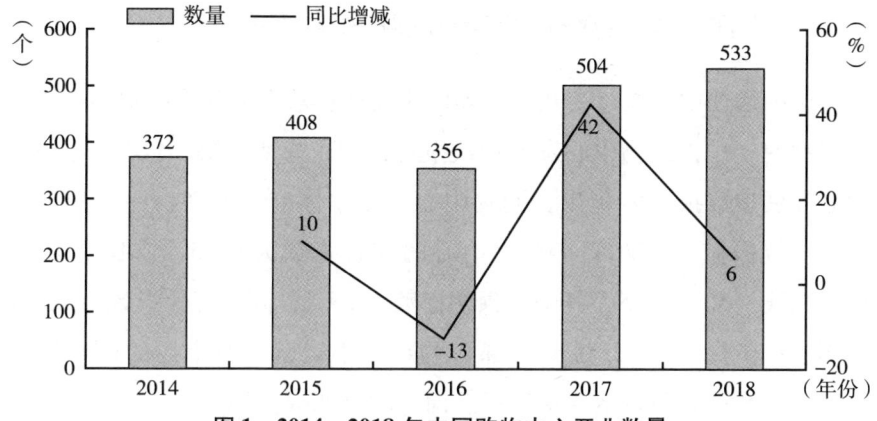

图1 2014~2018年中国购物中心开业数量

资料来源：赢商网，由冯氏集团利丰研究中心整理。

整体来看，购物中心开业数量近五年来仅2016年同比下滑，降幅为-13%，其他年份均增加。2017年增幅更高达42%。这表明，即便全国商业地产环境已过了黄金时期，但整体仍呈稳定增长态势。从地域分布来看，2018年新开业的购物中心主要落户华东地区，新增体量占据全国总体量近四成；紧随其后是西南地区，占比16%；华南地区位居第三，占比13.7%（见图2）。

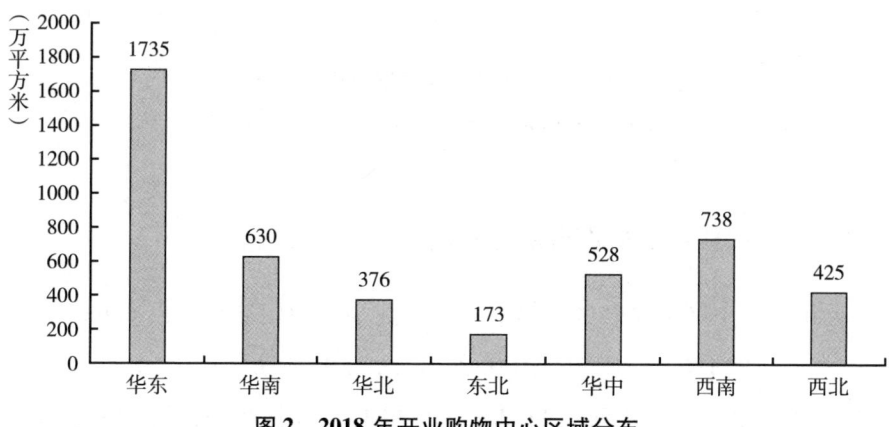

图2 2018年开业购物中心区域分布

资料来源：赢商网，由冯氏集团利丰研究中心整理。

（二）购物中心运营商对市场发展持乐观态度

中国的购物中心在过去几年蓬勃健康发展，从商务部委托中国连锁经营协会编制的《中国购物中心发展指数报告》中也有所反映。《2018年中国购物中心发展指数报告》指出，购物中心市场整体好于预期，保持积极向上的态势。数据显示，2017年购物中心的综合指数为68.5，同比提升1.3，高出荣枯线（50）18.5。其中，预期指数为73.5，高出现状指数8.4，较上年同期进一步提升1.8，说明大部分购物中心运营商对市场的信心持续增强，对市场发展和项目运营持乐观、向上的预期（见图3）。

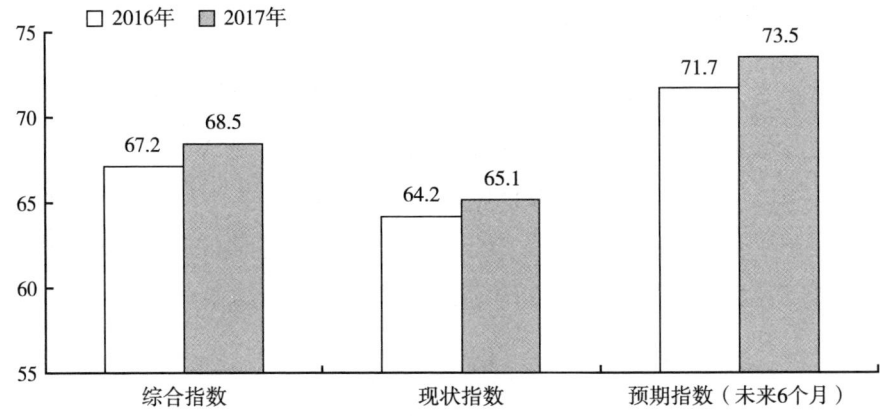

图3 2016年、2017年中国购物中心发展指数

资料来源：商务部，由冯氏集团利丰研究中心整理。

（三）中国主要大型购物中心销售增长稳定

近年来，中国主要大型购物中心销售业绩呈稳定增长。据iziRetail对中国51个城市的190家大型购物中心的研究，2017年所有购物中心的总销售额达到4413亿元，同比增长11.3%（见图4）。在接受调查的190家购物中心当中，148家销售额增长良好，27家销售额下降，8家销售业绩持平。33家购物中心销售额同比增长20%以上，其中包括21个豪华购物中心。

中国购物中心发展现状及趋势

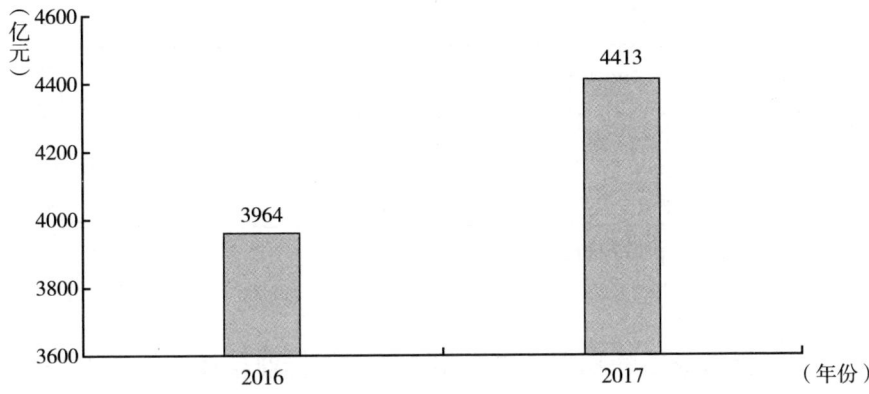

图 4　2016 年、2017 年 190 家大型购物中心的销售总额

资料来源：iziRetail，由冯氏集团利丰研究中心整理。

联商网数据显示，中国购物中心 20 强的销售额在 2017 年均实现良好的同比增长。其中，16 家购物中心实现两位数及以上的增长（见表 1）。

表 1　2017 年中国购物中心 20 强的销售业绩

单位：亿元，%

排名	城市	购物中心	开发商	2017年销售额	同比增长率
1	南京	德基广场	德基集团	9.0	17.5
2	武汉	武汉国际广场	武商集团	8.7	135.9
3	北京	国贸城	中国国际贸易中心	7.9	40.8
4	深圳	万象城	华润置地	7.7	16.1
5	上海	上海 ifc	新鸿基地产	7.0	16.6
6	广州	天河城	天河城集团	6.0	9.1
7	西安	赛格国际	西安赛格集团	5.8	30.0
8	广州	正佳广场	正佳集团	5.8	5.4
9	广州	太古汇	太古地产	5.0	27.2
10	成都	成都 IFS	九龙仓集团	4.9	28.9
11	上海	恒隆广场	恒隆地产	4.8	25.9
12	成都	成都远洋太古里	太古地产及远洋集团	4.3	48.2
13	北京	朝阳大悦城	大悦城地产	4.2	21.1
14	北京	西单大悦城	大悦城地产	4.1	0.7
15	沈阳	万象城	华润置地	4.0	33.3
16	南京	万象城	华润置地	3.7	21.6
17	杭州	银泰 in77	银泰零售	3.7	12.1

续表

排名	城市	购物中心	开发商	2017年销售额	同比增长率
18	北京	三里屯太古里	太古地产	3.5	4.4
19	深圳	海岸城	海岸城集团	3.4	14.1
20	郑州	丹尼斯大卫城	丹尼斯集团	3.3	86.4

资料来源：联商网，由冯氏集团利丰研究中心整理。

（四）奥特莱斯购物中心进入整合期，但行业整体销售呈上升趋势

近年来，随着中国消费者的购买力不断增强，对高品质的外国名牌商品需求不断增加，汇集品牌折扣店的奥特莱斯备受中国消费者欢迎。公开统计信息显示，目前全国已开业、停业、转型、在建及规划的奥特莱斯项目超过了500个。2018年，据赢商网统计，新开业的奥特莱斯项目有所回落，2018年开业的奥特莱斯项目19个，体量为177万平方米，对比2017年的33家300万平方米、2016年的50家400万平方米呈现大幅下降。连锁奥特莱斯品牌发展也出现大幅收缩，2018年新开首创奥特莱斯3个、砂之船奥特莱斯1个、百联奥特莱斯1个。从区域分布来看，华东、华中地区的新奥特莱斯项目较多，市场下沉趋势明显，在山东临沂、广西百色、河南漯河、湖南衡阳、四川绵阳等多个三线及以下城市也有布局；而一线城市仅上海巴黎春天城市奥特莱斯开业（见表2）。

表2　2018年开业奥特莱斯购物中心

单位：万平方米

区域	省份	城市	奥特莱斯项目名称	商业面积	开业时间
华东	上海	上海	上海巴黎春天七宝城市奥特莱斯（原巴黎春天七宝店）	3.7	2018.10.26
	浙江	宁波	宁波金沙码头奥莱公园	10.0	2018.4.28
	山东	临沂	临沂银座奥特莱斯	8.0	2018.5.26
	江苏	扬州	扬州九久奥莱城市广场	8.0	2018.12.31
	江苏	常州	常州爱琴海购物公园奥特莱斯	15.6	2018.12.22
	福建	福州	福清亚商奥特莱斯	13.6	2018.12.28
	安徽	合肥	合肥首创奥特莱斯	7.5	2018.9.22

续表

区域	省份	城市	奥特莱斯项目名称	商业面积	开业时间
华南	广西	百色	百色恒宁城市广场（奥特莱斯）	3.6	2018.8.28
	海南	海口	海口海免观澜湖奥莱购物中心	4.0	2018.9.15
华中	河南	漯河	漯河中王奥特莱斯	9.6	2018.1.12
		郑州	郑州首创奥特莱斯	9.6	2018.10.23
	湖北	武汉	武汉首创奥特莱斯	11.0	2018.4.29
	湖南	长沙	长沙百联奥特莱斯	8.5	2018.12.21
		长沙	砂之船（长沙）奥莱	21.0	2018.12.22
		衡阳	衡阳星美奥莱小镇	3.0	2018.6.2
东北	吉林	长春	长春远洋·王府井赛特奥莱	10.0	2018.12.24（试营业）
西南	四川	绵阳	绵阳市东辰·九宜城城市奥莱广场	6.4	2018.7.5
西北	新疆	乌鲁木齐	乌鲁木齐太百YOYO奥特莱斯	13.5	2018.12.29（试营业）
华东	福建	福州	福州东百优品城（百货升级改造）	10.8	2018.10.26

资料来源：联商网，由冯氏集团利丰研究中心整理。

从开业数量上看，2018年是奥特莱斯发展比较谨慎的一年，但从效益上看，奥特莱斯购物中心的业绩增长稳健。《奥莱领秀》杂志发布的"2018年中国奥莱年度销售TOP 20"榜单显示，2018年中国奥莱20强年度销售额为510.64亿元，比2017年多101.85亿元，同比上涨24.9%（见表3）。

表3 2018年中国奥莱20强年度销售情况

单位：亿元

排名	城市	奥特莱斯	开发商/运营商	2018年销售额	开业时间
1	上海	上海青浦百联	百联集团	47.8	2006.4.28
2	天津	京津佛罗伦萨小镇	RDM Asia	40.0	2011.6.9
3	北京	北京首创奥特莱斯	首创钜大	29.8	2013.5.1
4	北京	北京燕莎奥特莱斯	首商股份	29.7	2002.12.18
5	成都	成都时代奥特莱斯	华镫集团	27.0	2009.11.27
6	宁波	宁波杉井奥特莱斯	杉杉集团	25.0	2011.12.24
6	武汉	武汉百联奥特莱斯	百联集团	25.0	2011.9.26
6	杭州	杭州下沙奥特莱斯	春竹集团	25.0	2010.9.26
7	北京	北京八达岭奥特莱斯	北京华联集团	23.4	2015.10.1
8	重庆	重庆砂之船	砂之船集团	22.8	2008.9.20

续表

排名	城市	奥特莱斯	开发商/运营商	2018年销售额	开业时间
9	上海	上海佛罗伦萨小镇	RDM Asia	22.0	2016.1.21
10	沈阳	沈阳兴隆大奥莱	兴隆大家庭	20.4	2013.4.11
11	北京	北京王府井赛特奥莱	王府井集团	20.0	2009.7.25
12	长沙	长沙友阿奥特莱斯	友阿股份	19.5	2011.1.23
13	太原	天美杉杉奥特莱斯	杉杉集团	18.2	2017.9.15
13	万宁	万宁首创奥莱	首创钜大	18.2	2014.10.1
14	哈尔滨	哈尔滨杉杉奥特莱斯	杉杉集团	16.5	2015.9.15
15	郑州	郑州杉杉奥特莱斯	杉杉集团	16.3	2016.9.26
16	无锡	无锡百联奥特莱斯	百联集团	15.0	2014.6.29
17	南京	南京砂之船	砂之船集团	13.2	2015.9.19
18	北京	北京斯普瑞斯奥特莱斯	斯普瑞斯	12.8	2011.6.5
19	广州	广州海印又一城奥特莱斯	海印股份	11.8	2012.4.29
20	西安	西安砂之船	砂之船集团	11.4	2017.9.30

资料来源：奥特莱斯网，由冯氏集团利丰研究中心整理。

二 中国购物中心发展趋势

（一）购物中心运营商转向采用"以顾客为中心"的运营模式

为了应对快速变革的零售新格局、电子商务带来的冲击以及消费者行为的变化，中国的购物中心运营商正在采取创新前瞻的方式进行革新。越来越多的购物中心运营商改变以往的思维模式和经营原则，开始采用"以消费者为中心"的方式。他们把顾客视为业务的基调，按照消费者喜好与需求制定相关战略，致力把消费者与零售租户和购物中心紧密联系起来。

过去，购物中心和租户的关系是简单的业主租户关系，租户是购物中心的直接收入来源。如今，零售租户成为购物中心重要的商业伙伴。对于许多购物中心运营商而言，租户的价值不仅是租金收入（包括租金和销售额），还包括租户的品牌价值以及其他来自租户市场营销方面的积极影响。购物中心和租户共同的目标是吸引顾客，提升他们的购物体验。购物中心和租户间的合作、信息共享,尤其是对客户数据的分析,已成为行业的热门话题(见图5)。

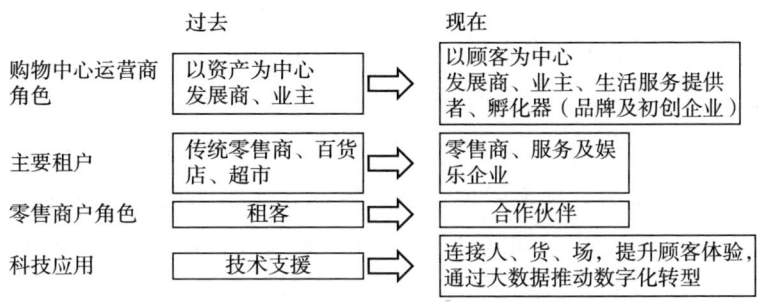

图5 购物中心运营商转向以顾客为中心的商业模式

资料来源:冯氏集团利丰研究中心。

(二)购物中心调整策略以适应消费者需求

1. 优化租户组合,增加体验业态,进行差异化经营

为了更好地满足消费者的需求,一些创新型的购物中心也积极调整商户组合,以提升购物中心的定位和提高租金收益。其中一个普遍做法是引进国际品牌旗舰店或首次进入中国开店的品牌作为其主要租户,为购物中心带来新鲜感和新元素。2017年11月在北京开业的王府中环是个典型例子。作为王府井的世界级零售、美食和酒店中心,王府中环引入了许多首次在北京亮相的品牌,包括维多利亚秘密旗舰店、潘多拉全球旗舰店和英国当代时尚品牌Superdry的中国旗舰店,还有Links of London的首家门店,以及一些著名的餐厅,如芝乐坊餐厅、米其林一星餐厅老干杯、Café Landmark等。另一个例子是北京三里屯太古里。三里屯太古里拥有全球最大的adidas门店、中国大陆地区第一家苹果专卖店以及拥有1597个座位的超大电影院;2018年12月,加拿大羽绒品牌Canada Goose在三里屯开设其中国大陆地区首家门店。

一些购物中心运营者则通过引入创新的概念店,如AR/VR游戏中心、密室逃脱、鬼屋、室内保龄球、艺术音乐剧场等,注入新奇的元素,为消费者提供特别的购物体验。2016年9月,爱琴海购物中心公园就首次开设了由购物中心自己运营的一间马术学校。2017年底开业的北京合生汇引入了室内滑雪场"雪乐山"、室内溜冰场、大型儿童游乐室、武术学习中心等。这些新型的商铺能帮助购物中心进行差异化竞争。

此外,越来越多的购物中心营运商也积极增加一些新颖的概念如室内主题街区,以提供差异化体验(见表4)。例如,大悦城自2013年开始,积极打造各式各样的街区,如朝阳大悦城的生活方式主题街区"悦界"和设计师品牌集合区"拾间"、西单大悦城的"样街Young Street"潮流街区和"查特花园"餐饮街区、杭州大悦城的怀旧复古场景"马力印巷"主题街区和上海静安大悦城的二次元主题商业街区"八吉岛i-LAND"等;太原万象城也打造了两大主题街区:N次方城及太白小厂,涵盖了潮流生活、历史文化、创意复古三大主题。体验性强、场景感强、话题性强等特点使得主题街区成为新开业购物中心的重要组成部分。

一些购物中心则打造为社区和文化中心,为客户提供艺术展览、音乐会、社交活动等的场所。上海K11的"艺术博物馆零售"战略是最早的以消费者体验为基础的零售成功范例之一。早在2014年,K11的莫奈特艺术展就吸引了超过35万名游客。此后,朝阳大悦城、太古里三里屯、成都IFS等多家购物中心也举办了大型艺术展览,都能有效吸引人流和增加体验。

表4 购物中心室内主题街区的部分案例

购物中心	街区名称	主题	年份
北京西单大悦城	样街Young Street	潮流	2017
	查特花园	餐饮	2017
北京朝阳大悦城	悦界	生活方式	2015
	悦色	设计师品牌集合区	2017
	拾间	餐饮	2017
北京华润五彩城	廊桥市集	文创体验	2017
	看台	餐饮	2017
北京朝阳合生汇	21区BLOCK	集家庭餐饮食材、DIY生活体验等创意	2017

续表

购物中心	街区名称	主题	年份
上海静安大悦城	八吉岛 i-LAND	二次元	2017
上海中信泰富广场	Village68	女性生活方式	2017
沈阳中兴新一城	长安里	室内文创生活体验街	2017
沈阳 K11	曼哈顿街区	欧美购物场景、风情体验	2018
深圳 DDM mall 商业广场	叮梆小镇	设计师匠人原创主题街区	2017
布吉华润万象汇	Y-space	开放式主题市集	2018
南京中海环宇城	Unizoo	儿童主题	2017
南京中海环宇城	南通如皋 23 街区	时尚运动	2017
杭州大悦城	马力印巷	怀旧复古场景	2018
杭州大悦城	面粉星球	餐饮	2018
杭州大悦城	杭亭	社交空间	2018
嘉兴经开万达广场	嘉速度	运动主题	2018
太原万象城	N 次方城	文创空间	2018
太原万象城	太白小厂	时尚潮流	2018
天津鲁能城购物中心	电能小镇	复古场景	2018
长沙浏阳天虹购物中心	彩虹共和国	儿童主题	2018
淮南万达广场	二十四节气主题街区	文化体验	2018
淮南万达广场	海底小纵队	儿童动漫	2018
锦州锦绣前程购物中心	伊 M	内衣主题	2018
锦州锦绣前程购物中心	怼街	餐饮	2018
锦州锦绣前程购物中心	过界	跨界文创	2018
锦州锦绣前程购物中心	动力	运动主题	2018

资料来源：冯氏集团利丰研究中心根据公开资料整理。

2. 改善硬件及相关配套措施

一些传统购物中心经过多年的运营，其设计装潢、楼层布局以及服务设施等已经过时。为了满足当前和未来的市场需求，给消费者提供全方位的生活体验，越来越多的传统购物中心开始进行大规模的翻新，进行硬件设施的升级改造、门店布局的重新配置、租户组合的优化，以优化购物环境。

历经两年时间的升级改造，位于深圳福田香蜜湖片区的原深国投广场于 2018 年 12 月正式亮相，并更名为深圳印力中心。印力中心除了在外部建筑与内部空间进行了翻新，还打造了更具体验感的场景空间，包括 LOFT 主题

流通蓝皮书

商业空间、美食主题空间、下沉式广场、阶梯式花园、屋顶平台花园；同时更新超过43%的租户，引进多个时尚、热门、年轻潮流品牌。

2018年9月，位于上海南京东路的上海世茂广场重装后开业。翻新后的世茂广场外形采用了大量玻璃幕墙，内部设计融合"剧院"的设计理念，给顾客营造艺术氛围。世茂广场内部品牌调整力度也非常大，替换了90%的品牌，迎来大批国际品牌旗舰店、全国首店的入驻，包括NIKE全球旗舰店、"m豆巧克力世界"亚洲唯一旗舰店、乐高亚洲首家城市中心旗舰店等。

2017年12月，位于上海杨浦的五角场万达广场经过历时9个月的改造后正式亮相。购物中心的外围和内部进行了升级，重新调整了主要租户，引进了一些首次进驻上海的店铺，如首次亮相上海的永辉超级物种和广受欢迎的韩国Line Friends体验店。升级后的五角场万达广场重新划分了空间，增加多个主题街区，将消费者进行细分。例如，B1楼层被改造成主题餐饮区，汇集了当前最受欢迎的餐厅。表5列出近年来购物中心改造及翻新项目的部分案例。从地区分布来看，上海市是最集中的城市。

表5 近年来进行改造及翻新的购物中心部分案例

购物中心	改造后开业年份
上海恒隆广场	2017
上海五角场万达广场	2017
上海长风大悦城(原长风景畔广场)	2017
上海UMAX悠迈生活广场(原东方商厦上海杨浦店)	2018
上海第一百货商业中心(原东方商厦南东店)	2018
上海世贸广场(原百联世贸国际广场)	2018
上海三林印象城(原三林城市商业广场)	2018
上海MORE MEE时尚生活中心(原百脑汇)	2018
上海龙之梦购物中心	2018
上海瑞安广场	2018
上海中环广场	2018
上海818生活广场	2018
上海中信泰富广场	2018

续表

购物中心	改造后开业年份
上海港汇恒隆广场	2019
北京太阳飘亮购物中心	2018
西安大悦城	2018
南昌绿地 303 缤纷城	2018
南京慕斯荟大厂店	2018
福州东百中心	2018
福州东百优品城	2018
银泰百货厦门湖里店	2018
郑州银兴悠客广场	2018
呼和浩特星悦荟（原世奥商厦）	2018
重庆 PARK108 国泰优活城市广场	2018

资料来源：冯氏集团利丰研究中心根据公开资料整理。

3. 快闪店加快进驻购物中心，达成双赢

过去几年，中国的快闪式零售经历了爆发式增长。据中国商业地产研究机构睿意德的分析，快闪店自 2015 年开始在中国以超过 100% 的年复合增长率增长；到 2020 年，预计总体数量将超过 3000 家。快闪店以其有趣的设计和新颖的概念吸引消费者，为零售商提供了一个与众不同的与消费者互动的零售环境。快闪店可以用作不同用途，包括销售、提高品牌认知度、获取市场洞察资讯等。对于购物中心运营者而言，一些受欢迎的品牌开设的快闪店，能增加购物中心的客流量。对于品牌和零售商，特别是那些想试水市场的新品牌而言，快闪店则是一个理想的选择，因为既不需要签订长期租约，又可以享受购物中心提供的服务。

近年来，一些奢侈品牌也到购物中心开设快闪店，以创新的内容，向消费者推荐其产品和品牌。例如，香奈尔于 2018 年 4 月在上海 K11 开设了一家快闪店式限时游乐厅 COCO Game Center。这是继东京店、首尔店和台北店之后，香奈尔的全球第四家 COCO Game Center 快闪店。店内主要销售香水和化妆品，并设有很多竞技游戏、游戏机、抓娃娃机等。游戏式的快闪店成功为 K11 吸引了大量的客流量。甚至有一些顾客要在快闪店排队两个小时才能进入。

据观察，越来越多的快闪店都开始使用高科技来提高顾客体验。像阿里巴巴、京东这些电商巨头也开始利用"快闪店+黑科技"这种模式在线下推广自己的产品。比如，阿里巴巴就联合其他品牌，在全国范围内的购物中心开设天猫智能快闪店。这些快闪店内主要设有互动体验区、智能导购区和分享交流区，配合各种黑科技，给消费者带来完全不一样的购物体验。消费者可以在店铺入口试玩大型互动游戏，感受高科技的入场体验，通过手机淘宝/天猫扫码参与，游戏结束后可以领取店内活动品牌的优惠券；智能导购区则配置有智能橱窗、智能显示屏等人工智能设备，以及蓝牙感应式货架、RFID感应式精品货架等一系列智能导购硬件，消费者在查看商品样品时屏幕会自动显示商品的相关信息，以大型触摸屏的形式互动，并且可以直接扫码购买；在分享交流区，消费者可以打印专属照片，还可以将照片上传至照片墙留言互动。

（三）探索新的发展模式："街区Mall"

购物中心运营者也在努力探索新的发展模式。"购物中心+步行街"形成的"街区Mall"日趋流行，北京三里屯太古里是推行"街区Mall"的先锋。随后，成都太古里、深圳万象天地和深业上城等相继效仿这种新模式。一般来说，"街区Mall"由室内和室外两部分构成，室内主要是购物中心主体，室外则为步行街，步行街旁则由街边商铺和餐厅组成。表6列出部分采用"街区Mall"模式的购物中心案例。

表6 购物中心采用"购物中心+步行街"模式的部分案例

城市	购物中心	开业年份	发展商	面积	介绍
北京	三里屯太古里	2008	太古地产	总占地面积为5.4万平方米，楼面总面积为17.2万平方米	三里屯太古里分为南区和北区，共19栋楼组成。引入了众多国际知名的快时尚、家具、运动、生活休闲类品牌，以及30余家餐厅和酒吧
成都	远洋太古里	2012	太古地产与远洋地产	楼面总面积为26.9万平方米	远洋太古里是一个以零售为主的多用途地产项目。整个远洋太古里环绕大慈寺，由购物中心、精品酒店以及A级写字楼组成

续表

城市	购物中心	开业年份	发展商	面积	介绍
深圳	万象天地	2017	华润置地	楼面总面积为23万平方米	万象天地内共有近300家店铺，超过1000个品牌，12家独立旗舰店；同时还有2000平方米的室内儿童游乐场，以及一个24小时营业的美食广场
深圳	深业上城	2017	深业置地有限公司	楼面总面积超过120万平方米	深业上城是一个多用途的地产项目，由购物中心、酒店式公寓、文化创意LOFT以及A级写字楼组成。深业上城共有约80家店铺，以及首家无印良品酒店Muji Hotel

资料来源：冯氏集团利丰研究中心根据公开资料整理。

案例一：深圳万象天地

万象天地坐落于深圳南山区深南大道旁。万象天地于2017年9月开业，是华润置地在深圳的第二个万象城商业地产项目（深圳首家万象城开业于2004年）。万象天地的初始定位是中高端的"街区Mall"，总面积为23万平方米。拥有12家独立旗舰店，包括Zara、Zara Home、Under Amour、优衣库、COS、Urban Revivo、I.T、Massimo Dutti、小米、星巴克等。在所有商铺中，30%的品牌都是首次进入深圳。万象天地有别于其他传统的大型购物中心，不采用完全封闭式的购物方式，而是采用室外室内的综合性购物模式，并融入了人文、艺术等元素。

万象天地采用了"一街、一巷、五广场"的布局，整个项目有两个核心的步行街相连通，两条步行街分别叫作时尚街和潮流街，五个广场分别为时代、W5艺术空间、水广场、旗舰广场、建筑广场，以及其他的公共空间和设施。

案例二：深业上城

深业上城总建筑面积为120万平方米，是一个多用途的地产项目。其中

包括17万平方米的高档公寓、33万平方米的写字楼、为中小企业打造的10万平方米的LOFT办公空间、一个购物中心及一家酒店。跟传统的购物中心不同，深业上城采用了"品牌街（Luxury Street）+商场（Shopping Mall）+小镇（Town）"的理念，这三者有所区分又紧密联系。全球首家无印良品酒店Muji Hotel也进驻深业上城，同时进驻的还有无印良品旗舰店和餐厅Muji Diner。

品牌街位于深业上城北面，从L2到L3，高架路可直达L2（品牌街的到达层），保持奢侈品牌的私密性，与商场连接；加盖半开放式奢侈品街，实现温度可调节，营造舒适逛"街"感受。商场集中了传统商场业态，其中42%的品牌都是首次进入华南地区。比如，深业上城进驻了华南地区首家Nike Beacon Store、中国最大的Purcotton全棉时代新概念旗舰店以及深圳唯一一家索尼旗舰店。小镇位于L3商场的平台，由10个低层的、不同颜色的街区组成，定位是文化和创意中心，来自世界各国的创意设计品牌都有进驻。

（四）采用数据和科技，改善购物中心的消费体验

越来越多的购物中心运营者都意识到要拥抱科技，适应零售数字化的快速发展。他们利用数字化工具将消费体验提升到另一个层次。科技可以帮助购物中心运营者获取实时数据，并及时反馈，更精准地分析消费者的需求和市场趋势。很多购物中心也采用了不同的做法，如直播消费者的反馈、社交媒体/大数据分析、神秘顾客检测、出口投票等，加强对消费者喜好的了解，从而提供相关的产品和服务。一些比较创新的购物中心如爱琴海购物中心，已构建了一套完备及高度互联的大数据生态系统，应用于整个业务链条的运营管理中。这个生态系统采用了强大的多维度数据库，使爱琴海可以开展目标市场营销策略，为目标客户提供准确的产品和服务。

在科技应用方面，除了提供最基本的WiFi服务、移动支付外，许多购物中心也开始使用其他科技来提高全渠道体验，增强跟消费者的联动。越来

越多的购物中心引入了 AI 赋能的服务和数字化运营工具。例如，爱琴海购物中心与微软合作，获取消费者对于购物中心满意度的反馈，以及通过人脸识别技术推荐相关产品给相关顾客。爱琴海还和美团点评以及口碑网深度合作，将线上流量引入线下购物中心。另外一个例子就是凯德集团的"智能购物中心模式"。凯德集团于 2016 年在青岛开设了旗下第一家智能购物中心凯德 MALL·新都心。凯德 MALL·新都心通过凯德自有线上线下 O2O 平台——凯德星 2.0 会员服务系统，实现购物全程智能化，为顾客提供了 24 小时购物体验。顾客在购物前，能通过智能停车系统查询空余车位并在线预订，通过室内导航寻找预订车位；提前在餐厅订座和购买电影票。在购物中，可以通过智能 WiFi 一键上网，轻松定位店铺位置、在线排队等；也可以摇一摇获得优惠券，通过积分兑换礼品；并以支付宝、微信、Apple Pay 等进行支付。在购物后，顾客通过点击微信端"找我的车"即可查询停车时间与费用，线上支付后，可通过室内导航功能快速规划最短路径离场等。此外，凯德 MALL·新都心与腾讯、百度、阿里、滴滴等合作，开展各项活动，提升购物中心的体验感。

（五）大型电商企业进军购物中心市场

近年来，因为电商的进入，中国的购物中心进入了一个全新的竞争环境。2018 年 4 月，随着阿里巴巴的第一家线下实体购物中心"亲橙里"的开幕，电商这个以线上业务为主的行业也正式加入了线下实体商业地产和购物中心的大军中。"亲橙里"占地 40000 平方米，共五层。商场内设置了很多阿里巴巴的新零售理念，比如盒马鲜生超市、天猫全球购体验店、天猫精灵馆等，以及淘宝的第一家线下实体店"淘宝心选"。截至 2018 年 4 月，"亲橙里"一共进驻了 52 个零售和餐饮品牌。其中，超过 40% 的空间属于餐饮业，约有 10% 的空间为新零售概念品牌的店铺。作为电商巨头进入实体零售的重要一步，整个商场都与阿里巴巴的线上渠道、大数据系统以及物流网络互联。商场还增设了许多黑科技，如无人洗车、魔幻试衣、千人千面、刷脸消费等。

流通蓝皮书

三 中国购物中心发展面对的挑战

(一)三四线城市空置率高,商业综合体缺乏运营经验

随着中国住宅市场调控以来,商业用地供应不断增加,大量企业转型开发商业地产,导致购物中心项目面临高库存的问题。当中以三四线城市购物中心空置率高的问题最为严重。艾瑞咨询统计数据显示,2017 年,三线城市购物中心空置体量达 1089.2 万平方米,平均空置率高达 28%,超过一线城市 7% 以及二线城市 21% 的空置率。同时,不少三四线城市商业地产综合体存在定位、空间设计、商业体与街区商业设置不合理,项目建成后招商不成功,无法正常开业等问题。

(二)服务及管理水平带来的挑战

当前购物中心商户、商品同质化日趋严重,围绕顾客资源争夺也越发激烈。购物中心运营者之间的竞争已从原来的价格竞争、商品竞争、环境竞争转化为服务竞争及管理水平竞争。然而,转型升级的过程要求企业拥有国际化标准,配合大数据、科技应用,同时在硬件及软件方面为消费者提供个性化、高价值的服务。但目前很多传统的购物中心在大数据和科技应用、服务提供及管理能力方面仍有所不足,企业必须从战略发展角度思考出发,完善服务管理体系,提升企业管理能力,并将其视为提高企业核心竞争力的重要元素。

(三)消费者需求变化对购物中心提出了考验

近年来,"90 后""00 后"消费群体渐渐成为消费的主力军,其消费理念、消费模式都发生了很多的变化。如何根据消费者的需求变化进行差异化的定位和改造,对购物中心专业化运营管理提出了一定的考验。购物中心运营者必须与时俱进,探索年轻消费者的消费习惯和生活方式,积极重塑人、货、场的关系,完善线上线下融合,进行差异化经营。

四　结语

许多研究表明，消费者仍然喜欢线下亲自挑选自己想要购买的产品，所以实体店仍然是不可取代的零售形式，而店内体验则是零售领域的重中之重。笔者认为，购物中心这个业态将会在未来几年保持向好的发展态势，并演变成集购物、生活娱乐、社交体验于一体的一站式平台。

此外，在新的消费时代，全渠道和消费者体验的结合是未来零售发展的必然趋势。购物中心运营者必须从原来以资产、卖商品为中心的运营模式，彻底改变为以顾客体验为中心，根据消费者的需求变化而调整商户组合，适时更新商业定位。

在创新方面，购物中心应不断引入新的店铺、模式，灵活搭配不同商铺种类，引进新品牌，为消费者带来新鲜感及新的体验元素。不断改造零售空间及社交场景，提升服务质量，个性化、特色化将继续成为购物中心未来的发展趋势。另外，在现今数字化时代，数据和科技应用是购物中心改造升级的重要抓手。当前，一些比较具有前瞻性和创新性的购物中心运营者已不断探索如何有效地从运营、销售、市场推广、客服等方面收集及应用数据，并开始使用科技来提高全渠道体验，增强与消费者的联动。展望未来，笔者认为，越来越多的购物中心会将科技作为提升运营能力的重要组成部分，并积极引入大数据、AI机器学习等新科技来提高业绩、运营效率和增加体验。

B.14
中国奢侈品市场发展现状及趋势

陈善仪　林诗慧*

摘　要： 尽管全球奢侈品市场增速较过去有所放缓，中国的奢侈品市场2018年依然增长强劲。新生代消费者，特别是"95后""00后"，成为奢侈品消费主力军，加之国内房地产市场蓬勃发展，刺激了消费者对国内外奢侈品的购买热情。考虑到中国人强大的购买力，奢侈品牌已经开始积极推进数字化转型，扩大产品种类，调整价格策略，以进一步迎合国内市场的口味和需求。本报告重点介绍中国奢侈品市场整体发展概况、运行特点及发展趋势。

关键词： 奢侈品　新生代　数字化转型　社交商务

一　中国奢侈品市场发展概况

（一）中国个人奢侈品市场重整旗鼓

全球奢侈品市场2018年保持稳健增长，尽管增速较过去有所放缓。贝恩咨询公司的研究显示，2018年，全球个人奢侈品销售额达到2600亿欧元，按照当前汇率计算同比增长2%，按照固定汇率计算同比增长6%（见

---

* 陈善仪，冯氏集团利丰研究中心研究经理，香港大学文学士；林诗慧，冯氏集团利丰研究中心副总裁，伦敦大学政治及经济学院经济系学士、香港理工大学管理系哲学硕士。

图1）。显著的增长归功于各主要市场强劲的消费势头，特别是中国消费者奢侈品消费的复苏。同时，中国消费者奢侈品消费复苏也令中国取代日本成为全球第三大奢侈品市场，仅次于欧洲和美国（见图2）。

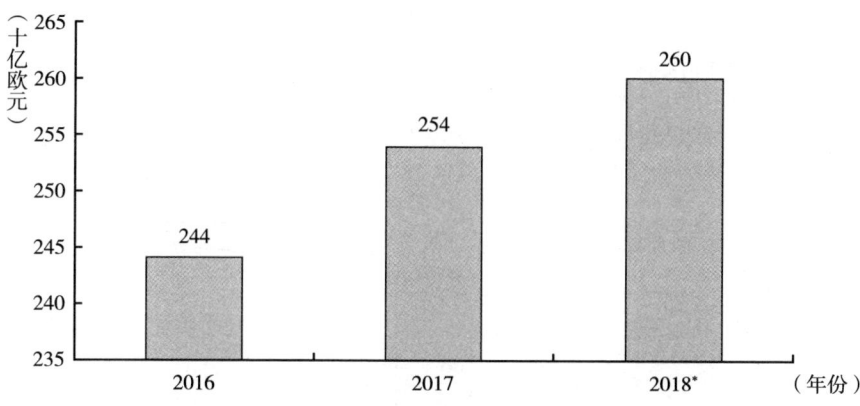

图1　2016～2018年全球个人奢侈品销售额

注：*预估值。
资料来源：贝恩公司《2018年全球奢侈品行业研究报告》，由冯氏集团利丰研究中心整理。

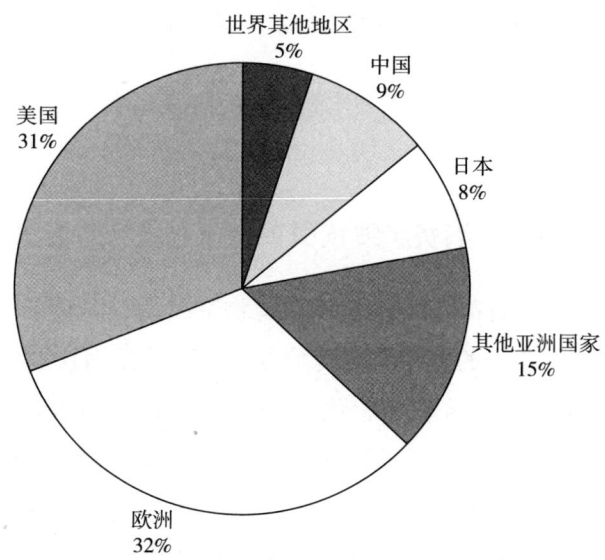

图2　2018年全球个人奢侈品销售规模占比，按区域划分（预估）

资料来源：贝恩公司《2018年全球奢侈品行业研究报告》，由冯氏集团利丰研究中心整理。

在中国，个人奢侈品销售增长迅速，2018年销售额达230亿欧元，按照当前汇率计算同比增长18%，按照固定汇率计算同比增长则高达20%（见图3）。国内个人奢侈品消费的显著复苏也反映出市场已回到稳健增长的节奏。

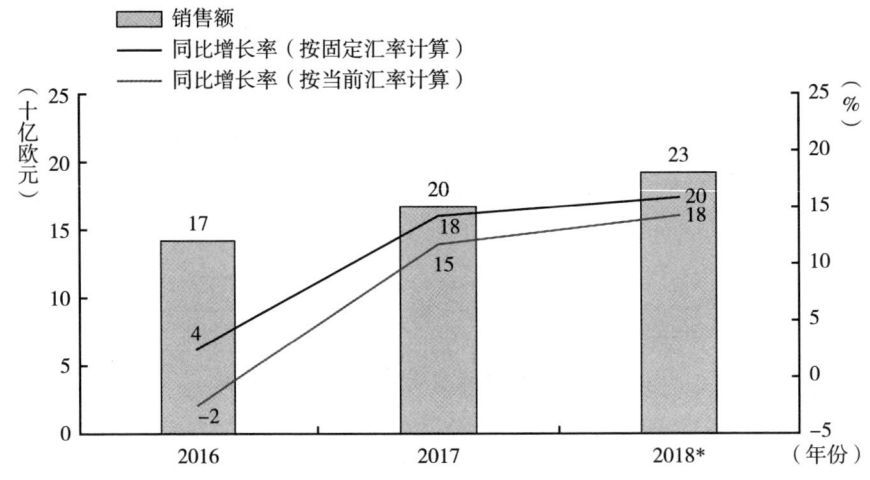

图3　2016~2018年中国个人奢侈品销售额

注：*预估值。
资料来源：贝恩公司《2018年全球奢侈品行业研究报告》，由冯氏集团利丰研究中心整理。

（二）中国新生代消费者继续引领全球奢侈品消费浪潮

过去一年，中国消费者海外奢侈品购物继续增长。贝恩公司的研究指出，2018年中国消费者的奢侈品消费量占全球奢侈品销售总额的33%（见图4）。2017年这个比例为32%，预计到2025年，中国消费者的购买量将占全球奢侈品销售量的46%，成为带动全球奢侈品市场增长的主要动力。

2018年中国在奢侈品消费方面表现强劲，其中主要原因是年轻消费者的奢侈品消费额增长提速。根据罗德公关和市场研究中心发布的《2019中国奢华品报告》，2018年中国消费者年均花费近24万元，主要用于购买服装与珠宝；奢侈品的主力消费人群为年轻一代，其中26~35岁消费人群的

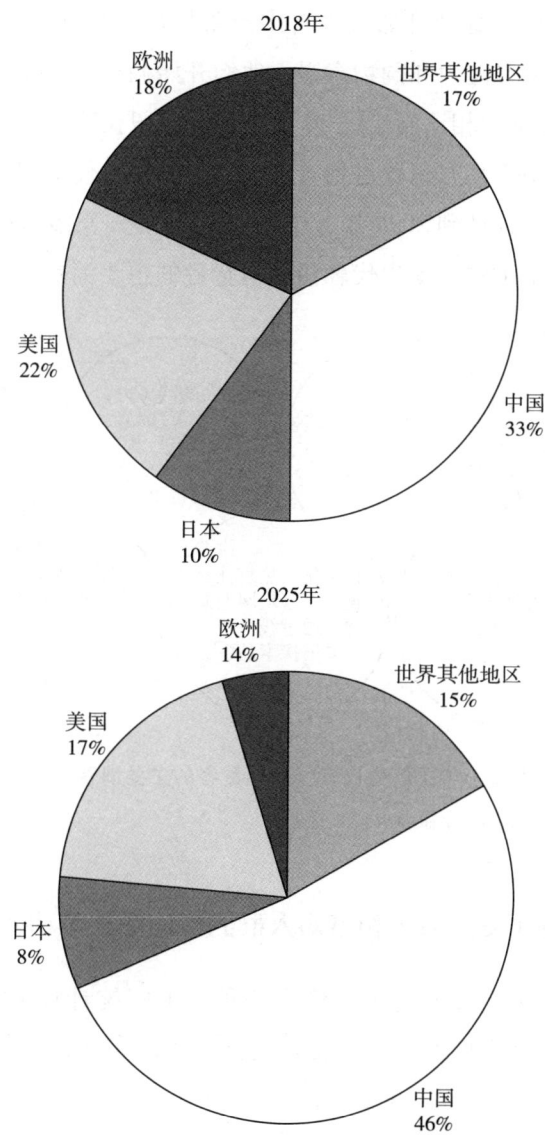

图4 2018年及2025年全球个人奢侈品销售结构，按消费者国籍划分（预估）

资料来源：贝恩公司《2018年全球奢侈品行业研究报告》，由冯氏集团利丰研究中心整理。

综合奢侈品消费居榜首，年均消费高达25.41万元，表现出惊人的购买潜力；21~25岁消费人群更偏向于珠宝、服饰和电子产品等方面的消费。

中国的新生代，特别是那些来自中产阶层的年轻人，相比于外国同龄人，拥有更强的消费能力和购物意愿。他们开始购买奢侈品的年龄跟欧洲相比年轻10岁，跟美国相比则年轻20岁之多。而跟长辈相比，新生代消费者购买奢侈品的频率更高，消费也相对更随意，从而也使他们成为奢侈品市场成长的主要动力。预计到2024年，中国50%的个人奢侈品将由新生代消费者承包。图5列举了中国新生代奢侈品消费者的主要消费习惯。

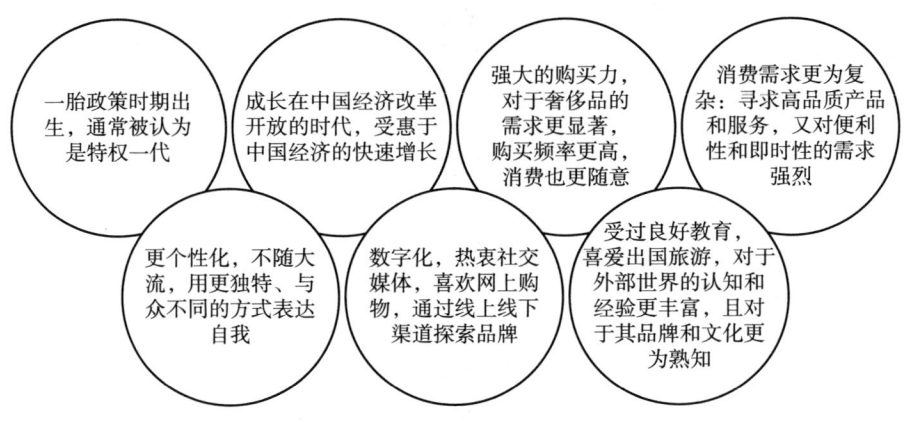

图5　中国新生代奢侈品消费者的主要消费习惯

资料来源：冯氏集团利丰研究中心。

（三）家庭可支配收入和富裕人群的快速增长推动奢侈品需求增加

中国家庭可支配收入近年来稳步增长。国家统计局的统计数字显示，2017年中等收入、中高收入及高收入人群的人均可支配收入年增长率分别为7.2%、8.0%、9.6%（见图6）。这三个群体对奢侈品都有很强烈的需求，也是奢侈品消费量最高的三个群体。

与此同时，中国富裕人群的数量也在逐年增加。根据《2018胡润财富报告》，截至2017年12月，中国共有161万位千万富翁以及110440位亿元富翁（见图7）。按地区划分，北京2017年拥有的富翁人数最多，其次为广东、上海、浙江和江苏（见表1）。胡润研究院还在其2017年富翁消费价格

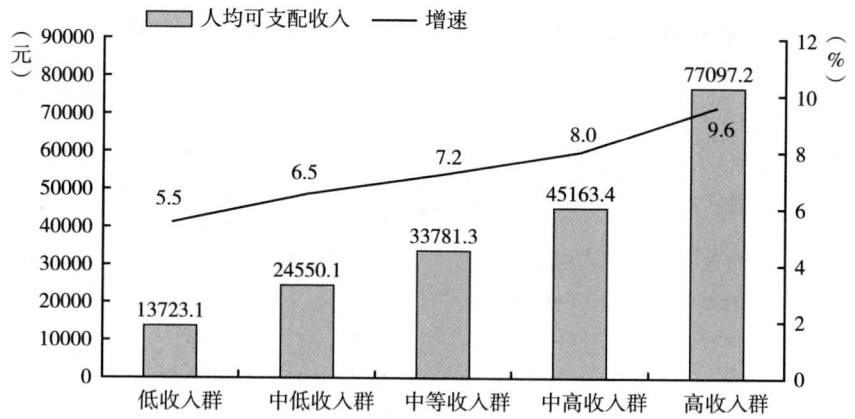

图6 2017年城市人均可支配收入,按收入群体划分

资料来源:国家统计局,由冯氏集团利丰研究中心整理。

指数中指出,超过90%受访问的中国高净值人群对未来中国经济有信心,其中有28%的高净值人群表示"极其有信心"。另外,中国奢侈品消费者的奢侈品购买量回升了20%,达到2013年的水平,也将进一步推动整个国家的奢侈品消费市场增长。

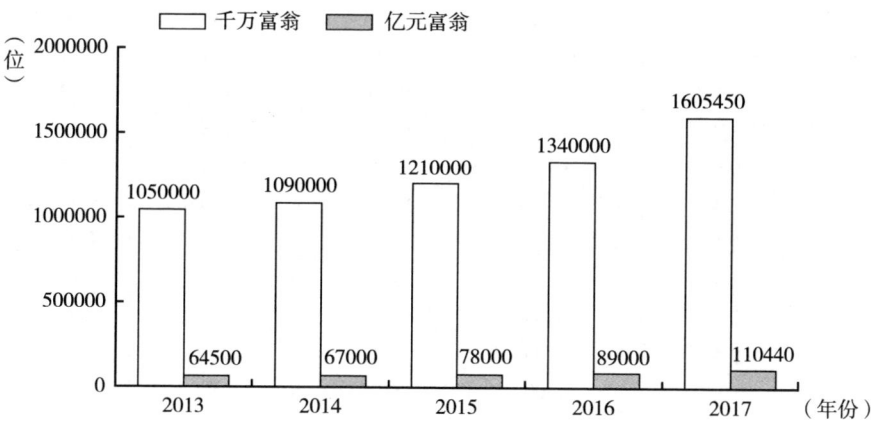

图7 2013~2017年中国千万富翁及亿元富翁数量

注:千万富翁定义为个人总资产超过1000万元人民币的群体;亿元富翁为个人总资产超过1亿元人民币的群体。
资料来源:胡润研究院《2018胡润财富报告》,由冯氏集团利丰研究中心整理。

表1 2017年中国千万富翁及亿元富翁数量，按行政区划分

单位：位，%

序号	行政区划	千万富翁数量		亿元富翁数量	
		绝对值	同比变化	绝对值	同比变化
1	北京	294000	11.79	19900	14.37
2	广东	291000	8.58	17400	10.83
3	上海	254000	10.43	16700	12.84
4	浙江	196000	11.36	13500	12.50
5	江苏	117000	7.34	8250	9.27
6	福建	57700	9.49	4000	11.11
7	山东	56100	11.09	3980	13.71
8	四川	37500	8.38	2910	9.81
9	辽宁	31800	0.00	2100	0.00
10	天津	26300	4.37	2240	4.19
11	河南	27200	8.80	2100	11.11
12	湖南	21400	9.74	1290	11.21
13	河北	19600	7.69	1580	8.22
14	山西	16700	2.45	1500	2.04
15	湖北	21400	9.18	1830	10.91
16	重庆	18500	8.82	1370	10.48
17	陕西	18800	4.44	1280	6.67
18	内蒙古	13300	-0.75	860	0.00
19	黑龙江	12200	-0.81	790	-1.25
20	安徽	13800	10.40	1580	12.86
21	江西	14000	10.24	1360	13.33
22	吉林	9700	-1.02	620	3.33
23	云南	9700	11.49	1000	13.64
24	广西	8400	7.69	690	11.29
25	海南	6200	8.77	280	7.69
26	贵州	5200	10.64	550	12.24
27	新疆	4100	5.13	340	9.68
28	宁夏	1300	8.33	150	7.14
29	甘肃	950	5.56	110	10.00
30	青海	950	5.56	95	5.56
31	西藏	650	8.33	85	6.25

资料来源：胡润研究院《2018胡润财富报告》，由冯氏集团利丰研究中心整理。

（四）女性相关产品继续引领奢侈品市场

近年来，女性消费者在中国奢侈品市场上占据主导地位，一些女性相关产品包括化妆品、香水、个人护理产品、珠宝、女装、鞋履、配饰共占了整个市场销售额的50%以上，2017年的同比增速平均为20%左右，也助推了整个国内奢侈品市场增长（见表2）。

表2　2017年中国奢侈品市场份额以及增长率，按商品品类划分

单位：%

	2017年市场份额	复合增长率			
		2012~2013年	2013~2014年	2014~2015年	2016~2017年*
化妆品、香水、个人护理产品	30	10	7	5	28
手表	20	-11	-13	-10	13
皮具	15	5	0	-5	18
男装	10	-1	-10	-12	8
珠宝	8	5	2	7	27
女装	7	10	11	10	24
鞋履	5	8	8	2	21
配饰	5	8	0	-6	14
共计	100	2	-1	-2	20

注：*估计值。
资料来源：贝恩公司《2017年中国奢侈品市场研究》，由冯氏集团利丰研究中心整理。

二　中国奢侈品市场运行特点及发展趋势

（一）电商进军奢侈品市场

中国奢侈品消费者已越来越习惯于线上购买奢侈品。天猫大数据显示，超过1亿人次消费者曾浏览、收藏，或直接在线上购买奢侈品。这个巨大的潜在消费群体是目前中国奢侈品消费者数量的4~5倍。线上奢侈品需求的增加使包括阿里巴巴、京东在内的多家电商跃跃欲试，纷纷开始设立自家线

上奢侈品平台，打破传统的奢侈品市场模式。

2017年8月，天猫上线了自家奢侈品平台Luxury Pavilion，这是一个仅邀请高端和奢侈品牌入驻的平台。平台仅对精选的高净值消费者开放。平台内部有众多奢侈品牌商品，包括服装、手表、美妆产品等。随着Luxury Pavilion的推出，2017年8月，天猫同时推出其奢侈品虚拟快闪店"Tmall Space"。西班牙奢侈品牌Loewe据称是第一家使用Tmall Space进行线上24小时快闪打折活动的商家，并在平台上推出了专为七夕节而设计的限量款巴塞罗那手包。根据公开资料，截至2018年12月，80多个奢侈品品牌包括华伦天奴、宝缇嘉、杰尼亚和蒂芙尼等已在Luxury Pavilion上线（见表3）。天猫数据显示，在Luxury Pavilion平台上，年消费额超百万元的高端会员人数已接近10万人。

表3 2018年部分进驻天猫奢品平台Luxury Pavilion的奢侈品牌

品牌	进驻日期
莫斯奇诺	2018年6月28日
蒂芙尼	2018年8月16日
麒麟珠宝	2018年8月17日
MCM	2018年8月28日
加拿大鹅	2018年9月12日
华伦天奴	2018年11月27日
杰尼亚	2018年12月10日
宝缇嘉	2018年12月18日

资料来源：根据公开资料整理。

同样，2017年10月，京东也推出了其首个奢侈品电商平台Toplife。Toplife是京东的独立购物平台，国内外品牌均可以在平台上开设旗舰店直接对接消费者进行商品销售。除了展示和销售商品之外，平台还会分享品牌的设计理念。京东物流团队负责货运环节，所有货品运输一律采用空邮。京东自家的物流团队会确保提供定制化的配送服务。截至2018年8月，近30个奢侈品品牌包括圣罗兰、亚历山大·麦昆、康纳利和巴黎世家等已相继进驻Toplife（见表4），奢侈品品牌进驻数量预计于2018年底突破100个。

表4　2018年部分奢侈品牌进驻京东奢侈品平台Toplife的例子

品牌	进驻日期
圣罗兰	2018年1月9日
亚历山大·麦昆	2018年1月11日
康纳利	2018年3月5日
巴黎世家	2018年7月24日
上下	2018年8月26日
布契拉提	2018年8月30日
巴卡拉	2018年10月15日

资料来源：由冯氏集团利丰研究中心根据公开资料整理。

（二）奢侈品牌积极推进数字化转型

1. 开设线上自营店

除了在主要的电商平台上进行销售，不少国际奢侈品牌也通过开设线上自营店的方式在国内抢占更多的市场份额，同时这些品牌也希望获取更多的线上消费者搜索数据的控制权和更大的利润空间。

2017年7月，古驰在中国开设了线上自营店。消费者可以通过线上店选购全系列产品。根据媒体报道，古驰的中国官网是目前该品牌在中国的唯一官方线上店。2018年7月，路易威登宣布，经过一年的运营试验，正式开设中国线上自营旗舰店，为全国各地消费者提供网购服务。同时，路易威登扩充了线上的产品线，销售皮制货品、配饰，以及鞋履、成衣、珠宝。除了推出自营的线上店之外，路易威登集团的私人股本部门L. Catterton还与京东合作，向中国一个发展很快的奢侈品电商平台寺库注资1.75亿美元。投资寺库也可以帮助路易威登集团提高在中国的电商触及度。目前，路易威登集团已在寺库的网站上架了旗下几个品牌的商品，包括赛琳、迪奥、芬迪、纪梵希、凯卓、罗意威，以及手表品牌宇舶、真力时、泰格豪雅，还有化妆品品牌娇兰、馥蕾。

此外，2018年10月，爱马仕也正式发布拥有全新在线购物功能的品牌中文版官网。除了其Birkin和Kelly系列手袋外，品牌其他商品均设线上发售。自2017年以来，爱马仕在中国市场的数字化转型方面已做出了不少的尝试，如2017年10月，爱马仕曾在微信公众号上开设限时店，出售与Apple合作的智能手表；2017年12月爱马仕通过微信发售四款男女装鞋履。

2. 积极开拓社交媒体功能

鉴于中国消费者，特别是年轻消费群体主要的信息来源是社交媒体以及人传人的形式，越来越多的国际奢侈品牌开始在中国采用数字营销策略（见表5），在社交媒体上提高品牌的曝光度，推广及销售商品。

表5 部分奢侈品牌在中国采用的数字营销方案

品牌	微信	微信小程序	新浪微博（粉丝量）*	中国官方网站
阿玛尼	✓	✓（仅阿玛尼美妆）	✓（341230）	✓（仅阿玛尼美妆可进行交易）
宝珀	✓	—	✓（31000）	✓
博柏利	✓	✓	✓（1321097）	✓（可进行交易）
宝格丽	✓	✓	✓（968053）	✓（可进行交易）
卡地亚	✓	✓	✓（1578057）	✓（可进行交易）
香奈儿	✓	✓（仅香奈儿美妆）	✓（3350207）	✓（仅香奈儿美妆可进行交易）
尚美巴黎	✓	—	✓（285726）	✓
迪奥	✓	—	✓（3341451）	✓（仅限迪奥美妆可进行交易）
芬迪	✓	✓	✓（816101）	✓（可进行交易）
古驰	✓	✓	✓（1656453）	✓（可进行交易）
路易威登	✓	✓	✓（4029648）	✓（可进行交易）
万宝龙	✓	—	✓（264683）	✓（可进行交易）
伯爵	✓	✓	✓（773307）	✓（可进行交易）
菲拉格慕	✓	✓	✓（312907）	✓（可进行交易）
蒂芙尼	✓	—	✓（795488）	✓
范思哲	✓	✓	✓（833476）	✓（可进行交易）
杰尼亚	✓	✓	✓（506816）	✓（可进行交易）
爱马仕	✓	—	✓（384350）	✓（可进行交易）

注：*截至2019年2月。
资料来源：各公司的官方网站、微信、新浪微博，由冯氏集团利丰研究中心根据公开资料整理。

腾讯的奢侈品消费洞察报告指出，奢侈品行业数字营销步入白热化时期，品牌激发消费的关键在于精准抓住消费者人群。报告指出目前已有近

50个奢侈品牌开通了微信小程序,其中76%具有销售转化能力,以迎合现今奢侈品消费者,特别是年轻一代,他们更钟情当季和新潮商品,更相信朋友的推荐,更渴求高效。

在七夕节之际,许多奢侈品牌也借着这个中国传统节日,通过微信小程序推出其节日限定款商品。例如,2018年8月3日,博柏利开设了品牌的微信小程序线上店,并推出了两款七夕主题手袋——红色"Belt Bag"和红色"Pin Clutch",两款均为中国限定款,这也是该品牌第一次推出中国限定款的产品;迈克高仕在2018年7月24日推出其微信小程序线上店后,也上架了与中国演员杨幂联合设计的限量版Whitney手提袋,庆祝七夕佳节。

另外,奢侈品品牌蔻驰也推出了一款社会化客户关系管理移动应用APP——Weclient,提供一对一的在线客户服务。Weclient已与蔻驰的微信公众号对接,让国内消费者可以通过扫描其于蔻驰的私人服务顾问的专属微信二维码,关注官方微信,并可通过微信公众号与私人服务顾问进行一对一交流。Weclient运用微信的社交功能进一步了解顾客需求,同时以一对一的专业客户服务,提升顾客的尊贵体验及增加销售。

除了微信和微信小程序,微博也是国内数字营销的重要渠道,奢侈品电商寺库联合新浪微热点、新浪时尚共同发布的《2018微博高端消费影响力白皮书》显示,在使用微博的奢侈品购买用户中,"90后""95后""00后"的总比例接近70%。报告根据线上奢侈品消费群体的年龄进行的一系列行为分析显示,"00后"与明星偶像、KOL互动的概率较高,因此,随着奢侈品消费人群的年轻化、"00后"奢侈品人群作为主流受众,奢侈品牌在微博上的互动营销活动更具意义。

(三)中国奢侈品消费者更钟情于线下渠道消费

虽然线上购物成为一种趋势,但是大多数的中国消费者仍较喜欢在实体店选购奢侈品。根据腾讯和波士顿咨询集团的报告,2017年,95%的奢侈品销售来自线下。线下选购的好处就是可以触摸和试用商品,而且一般奢侈品线下店都能提供高端购物体验,比如酒水点心、私人品鉴专区、专属定制

服务等。过去的一年,一些奢侈品牌还开设了快闪店,搭配上最新的零售科技以及创新的推广内容,以促销产品吸引眼球。2018年,奢侈品牌如香奈儿、Miu Miu、YSL圣罗兰等均陆续在国内开设了其品牌的快闪店以吸引人流。例如,2018年3月,Miu Miu于南京德基广场开设了一家以迪斯科为主题的Miu Miu Disco限时店,展售品牌特别精选的手袋、鞋履、小型皮具配饰及珠宝产品。2018年4月,香奈儿在上海的K11开设了一家游戏厅式的快闪店,这家"香奈尔游戏厅"是继东京店、首尔店、台北店之后第四家游戏厅快闪店。COCO Game Center里设置了多个可以实际操作的游戏机,如"ROUGE COCO GAME"复古像素游戏、"THE BEAUTY RIDE"赛车、"THE BUBBLE GAME"抓娃娃机等。现场还有专门的卡座,沙发上也有快闪店主题风格的抱枕,顾客可以在这里免费试用各款化妆品。2018年12月,奢侈品美妆品牌YSL圣罗兰于上海开设了#YSLBEAUTYHOTEL#快闪酒店,融合时尚、美妆与音乐,为顾客带来沉浸式的体验。这家快闪店由多个产品主题房间共同打造而成,灵感源自YSL圣罗兰美妆产品。YSL圣罗兰还安排了不同风格的歌手或乐队演出,让彩妆与音乐相融。店内还有专业彩妆团队为顾客进行试妆服务。

(四)国际奢侈品牌推出中国主题产品

考虑到中国消费者是奢侈品消费的主力军,全球奢侈品零售商,尤其是来自美国和欧洲的品牌,都在全力争取中国消费者的青睐,推出了中国主题产品。例如,2019年2月中国春节期间,奢侈品零售商如古驰、路易威登、Chloé蔻依和Tory Burch汤丽柏琦为吸引中国消费者推出了一系列以猪年为主题的商品(见表6)。

表6 部分奢侈品牌推出的猪年特别版商品系列

品牌	猪年特别版商品系列
古驰	推出了一系列以小猪为主题的配饰,包括卫衣、T恤、鞋、手表、围巾和手拿包,当中一款手拿包运用了动漫《三只小猪》的元素,还有一款整个外形就是一只猪的猪猪包

续表

品牌	猪年特别版商品系列
路易威登	推出了猪年主题的金色手链、项链、钥匙扣和围巾
蔻依	推出了2019年中国新年特别系列,以女艺术家Rithika Merchant为蔻依首创春夏图案为基底,为中国猪年创作同系列图案的中国新年特别系列配饰,包括手提包、运动鞋、T恤、裙装
汤丽柏琦	推出了主题钥匙扣和数款造型逼真的猪猪包,当中金色造型的猪猪包更显壕气
艾绰	推出了猪脸图案小牛皮单肩包
珑骧	与中国时尚博主Mr. Bags包先生联名合作,推出限量包袋系列,包括2019年1月初推出了Le Pliage小羊皮系列与猪鼻系列的皮革款式,2月初再上架猪鼻系列的透明托特包
蔻驰	推出了小金猪和小粉猪两款猪年主题钥匙扣
江诗丹顿	推出了两款Metiers d'Art猪年限量腕表
萧邦	为其L. U. C XP Urushi系列新增特别表款,推出十二生肖之一的猪年莳绘腕表
伯爵	推出了一款Altiplano猪年限定版掐丝珐琅腕表

资料来源:由冯氏集团利丰研究中心根据公开资料整理。

(五)国内奢侈品牌掀起收购浪潮

为提升国际影响力及增加自身的品牌组合,一些国内领军奢侈品牌和大公司开始逐步向海外扩张,投资一些国外的奢侈品牌。例如,2018年2月,号称"中国版LVMH"的山东如意集团收购了瑞士奢侈品牌Bally的绝大部分股权。虽然双方没有公布任何交易细节,但据知情人士透露,这次交易金额约为7亿美元。此前,山东如意集团还收购在香港上市的高级男装零售公司利邦控股51.4%的股份,借此获得英国奢华男士服装品牌Gieves & Hawkes、Kent & Curwen等的经营权。另外,山东如意集团还收购了法国轻奢时尚品牌Sandro、Maje、Claudie Pierlot,以及英国奢侈品牌Aquascutum。另外一个例子来自中国投资公司复星国际。2018年2月,复兴控股收购了法国传统时尚品牌Lavin。此外,复星国际还斥资收购了意大利高端品牌Caruso的股权。

京东也通过与英国奢侈品电商Farfetch的合作加快提升其于奢侈品行业内的知名度。2017年6月,京东以3.97亿美元收购了Farfetch的股份并成为其最大的股东。京东将利用自身的科技和大数据帮助Farfetch在中国建立一个数字化的营销系统。对于Farfetch而言,这个伙伴关系可以将其直接引入中国市场。Farfetch的顾客也可以利用京东的高端快递服务以及京东支付系统和京东白条进行购物。

(六)奢侈品牌下调中国区部分产品价格

自中国政府公布于2018年7月1日起调低消费品进口关税后,一些国际奢侈品牌先后下调其中国区产品价格。例如,博柏利和路易威登均下调其中国区部分产品价格,其中博柏利自2018年7月14日起,下调其中国区部分服装及箱包产品价格,下降幅度为4%,而路易威登亦于2018年6月底下调其中国官网及线下实体店内部分产品的售价,调价范围为300~1500元不等,下降幅度相当于3%~5%。随后,古驰也宣布于中国市场启动降价,其中国直营门店销售的所有产品,包括其新款及经典系列产品,将全面调低价格,降价幅度约5%。

三 结语

笔者认为全球环境的不稳定因素为中国经济增长增添了不确定性,并且一定程度上影响了中国消费者的消费信心。即便如此,不少正面因素,如家庭可支配收入增加、千万富翁和高净值人群数量上升,还有政府最新的减税方案,令中国市场获得全球众多奢侈品零售商的垂青。中国奢侈品市场未来几年将保持稳定发展。

为适应中国奢侈品消费者快速变化的需求,特别是年轻消费者的需求,全球奢侈品零售商需要不断评估自身的商业策略和市场计划,保持创新,迎接新科技,从而更好地满足消费者。同时,随着新一代消费群体趋向更多样化和数字化,全球的奢侈品零售商也应采取更综合性的数字化策略,务求为消费者创造无缝购物体验,而利用社交媒体为自家的产品进行推广也成为当下之需。

B.15
中国跨境进口电商发展现状及趋势

李晓怡　林诗慧*

摘　要： 中国消费者对进口产品需求渐大，近年来在政府政策的支持下，跨境电商成为网络零售市场的新增长点，也成为传统零售商转型的一个新出路。本报告阐述了跨境进口电商近年来的发展概况，介绍了政府推动跨境进口电商发展的政策，以及跨境进口电商的运作模式等，并对跨境进口电商的最新发展及未来发展趋势做出预测分析。

关键词： 跨境进口电商　网络购物　直购进口　保税进口　跨境新政

一　市场概况

跨境电商近年来发展迅猛，跨境电商平台广为中国消费者欢迎，成为购买国外正品的主要渠道之一。对于很多品牌和零售商而言，跨境电商渠道是试水中国市场的切入点。过去几年，越来越多的电商和传统零售商都开始构建自己的跨境进口电商业务。政府也对跨境电商的发展提供了强而有力的支持。

---

* 李晓怡，冯氏集团利丰研究中心高级研究经理，香港中文大学工商管理学院学士、香港中文大学日本研究文学硕士；林诗慧，冯氏集团利丰研究中心副总裁，伦敦大学政治及经济学院经济系学士、香港理工大学管理系哲学硕士。

（一）跨境电商稳步发展，但增长趋缓

中国跨境进口电商市场近年来保持稳步增长，主要受惠于消费升级带来的正面影响。越来越多的中国消费者通过跨境电商平台购买高质和独特的海外商品。根据艾瑞咨询的统计，2017年跨境进口零售电商市场的规模为1113亿元，同比增长49.6%，预计2021年规模将超过3500亿元（见图1）。不过，跨境电商市场发展受政策影响较大，行业发展存在较大的不确定性。

图1 2014~2021年中国跨境进口零售电商市场规模

注：*预计值。
资料来源：艾瑞咨询，由冯氏集团利丰研究中心整理。

（二）B2C模式成为主流

跨境电商进口业务可以分为B2C和C2C两种模式。根据Moda Data的数据，B2C模式已经超过C2C模式成为最主要的跨境电商进口业务模式。2017年，B2C在跨境电商中占比达到64.4%（见图2）。B2C模式使监管方可以较容易在平台上监控交易活动，适时地采取相应的措施。

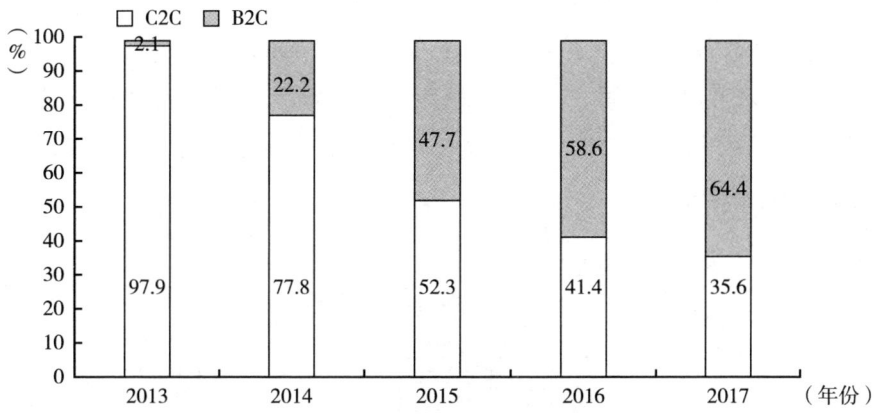

图2 2013~2017年中国跨境电商不同进口业务模式占比

资料来源：Moda Data，由冯氏集团利丰研究中心整理。

（三）跨境进口电商平台主要类型：整合型平台、垂直型平台

目前，跨境进口B2C平台主要有两种：综合跨境电商平台，这类电商以平台或自营方式运营；另外一种是垂直型平台，以平台和自营结合的方式运营。前者主要销售多种类别的产品，后者则主要销售几个品类的产品。表1列出了部分主要的跨境电商平台及其运营模式。

表1 主要跨境电商平台运营模式比较

公司	综合跨境电商平台			垂直型平台		
	天猫国际	海囤全球[①] （前：京东全球购）	唯品国际	网易考拉	小红书	蜜芽
运营模式	平台	平台及自营	自营	平台及自营	平台及自营	平台及自营
核心能力	产品类别丰富	物流服务	售后服务	自营为主，正品保证	内容社区	主营母婴用品

资料来源：艾瑞咨询，由冯氏集团利丰研究中心整理。

---

① 京东全球购在2018年11月更改名字为海囤全球。

1. 天猫国际、网易考拉、海囤全球继续领跑跨境进口电商

根据易观的统计,在跨境进口电商中,天猫国际排名第一,份额为31.7%;网易考拉排名第二,份额为24.5%;海囤全球排名第三,份额为11.5%;唯品国际排名第四,份额为9.7%,亚马逊海外购排名第五,其份额为6.0%(见图3)。

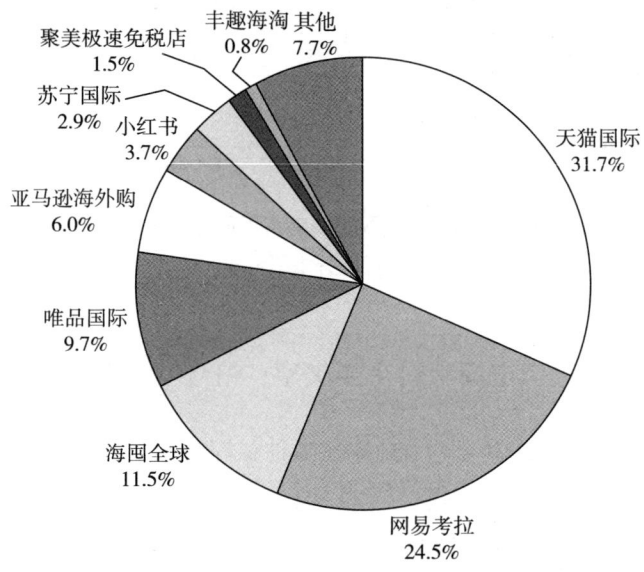

图3　2018年中国跨境进口电商平台市场份额

资料来源:易观,由冯氏集团利丰研究中心整理。

2. 29~39岁的消费群体以沿海地区消费者为跨境电商的消费主力军

艾瑞2018年3月的一份调查显示,超过一半(56.3%)的受调查消费者年龄为29~39岁;21.7%的消费者年龄为24~28岁;40岁及以上的消费者占比则为17.8%(见图4)。大多数的跨境电商消费者居住在沿海地区,13.2%的受调查用户居住在北京,10.1%居住在上海,19%居住在广东。许多跨境电商消费者为常客,69.1%的人每个月至少购买一次。

3. 食品、美妆个护、服装鞋帽及箱包为跨境进口电商市场热卖商品类目

中国消费者更重视产品安全,同时也增加了对进口产品的需求。一些品类的进口产品一直以来被认为比国产商品在质量方面更有保障。图5为

中国跨境进口电商发展现状及趋势

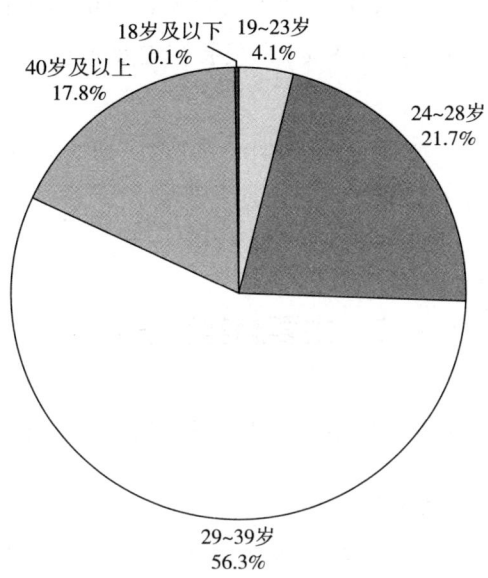

图4 中国跨境网购用户年龄分布（2018年3月）

资料来源：艾瑞咨询；由冯氏集团利丰研究中心整理。

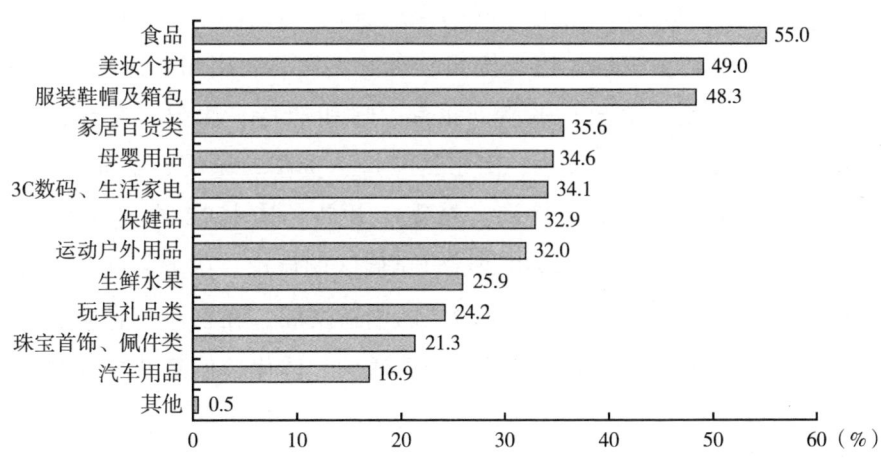

图5 2018年中国跨境电商用户经常购买的品类（2017年3月至2018年3月）

资料来源：艾瑞咨询，由冯氏集团利丰研究中心整理。

2017年3月至2018年3月，消费者通过跨境进口电商平台购买的品类，其中食品（55%）、美妆个护（49%）、服装鞋帽及箱包（48.3）为最常购买品类。

跨境电商消费者主要从日本、美国、韩国、澳大利亚、德国、新西兰、荷兰、法国、英国及中国香港购买商品。

二 主要趋势和发展

（一）政府推出多项跨境零售政策扶持跨境电商

1. 政府建立更多跨境电商试点区

海关总署自2012年以来推出跨境电商试点城市，之后国务院也推出了跨境电子商务综合试验区。这些综合试验区先行先试，为推动全国跨境电商健康发展探索新的经验及做法，包括交易、支付、物流、清关、汇率计算、检验检疫等诸多范畴，推动了电商进口业务的发展。根据海关总署，截至2018年11月，适用"网购保税进口"政策的城市共有37个，包括天津、上海、重庆、大连、杭州、宁波、青岛、广州、深圳、成都、苏州、合肥、福州、郑州、平潭、北京、呼和浩特、沈阳、长春、哈尔滨、南京、南昌、武汉、长沙、南宁、海口、贵阳、昆明、西安、兰州、厦门、唐山、无锡、威海、珠海、东莞、义乌。其中22个是国务院于2018年8月7日批准新设跨境电商综合试验区的城市。国务院同时也敦促相关政府部门支持跨境电商综合试验区的创新发展，在物流、仓储、通关等方面进一步简化流程、精简审批，完善通关一体化、信息共享等配套政策，推进包容审慎有效的监管创新，推动国际贸易自由化、便利化和业态创新。

2. 推出跨境零售进口监管新政，完善监管工作

2016年3月至4月，政府出台了一系列跨境电商政策，平衡跨境电商对传统进口商及现有销售渠道的冲击。政策的核心为以跨境电子商务零售进

口税取代以往的行邮税①，制定正面清单等②，但政府考虑到跨境电商平台的顺利过渡，政策过渡期两次延长至2018年底。2018年11月21日，国务院常务会议决定延续和完善跨境电子商务零售进口政策并扩大适用范围，扩大开放更大地激发了消费潜力；部署推进物流枢纽布局建设，促进提高国民经济运行质量和效率。会议决定，从2019年1月1日起，延续实施跨境电商零售进口现行监管政策，对跨境电商零售进口商品不执行首次进口许可批件、注册或备案要求，而按个人自用进境物品监管。

此外，2018年11月30日，商务部、财政部等十几个部委联合发布了三份跨境电商进口政策文件，分别为：商务部等六部委《关于完善跨境电商零售进口监管有关工作的通知》；财政部等三部委《关于完善跨境电子商务零售进口税收政策的通知》；财政部等十三部委《关于调整跨境电商零售进口商品清单的公告》。此外，我国提高享受税收优惠政策的商品限额上限，扩大清单范围。

《关于完善跨境电商零售进口监管有关工作的通知》（以下简称《通知》）重点包括：

> 《通知》明确了有关跨境电子商务零售进口的相关监管措施，包括对跨境电商企业、跨境电商平台、境内服务商、消费者及政府部门的相关监管措施。根据《通知》，对跨境电商零售进口商品按个人自用进境

---

① 财政部、海关总署、国家税务总局发布跨境通过电子商务零售平台进口税收政策，自2016年4月8日起，跨境电子商务零售进口商品将不再按邮递物品征收行邮税，而是按照货物征收关税和进口环节增值税、消费税。跨境电子商务零售进口商品的单次交易限值为人民币2000元，个人年度交易限值为人民币20000元。在限值以内进口的跨境电子商务零售进口商品，关税税率暂设为0；进口环节增值税、消费税取消免征税额，暂按法定应纳税额的70%征收。超过单次限值、累加后超过个人年度限值的单次交易，以及完税价格超过2000元限值的单个不可分割商品，均按照一般贸易方式全额征税。

② 中国政府于2016年4月7日和2016年4月16日分别公布《跨境电子商务零售进口商品清单》和《跨境电子商务零售进口商品清单（第二批）》。只有清单上列出的税号商品，才能按照跨境电商的税制进口和通过跨境电商平台进行销售，其他商品则需要按一般贸易进口。第一批清单共包括1142个8位税号商品，第二批清单包括151个8位税号商品，其中包括部分食品饮料、服装鞋帽、家用电器以及部分化妆品、纸尿裤、儿童玩具、保温杯等。

物品监管，不执行有关商品首次进口许可批件、注册或备案要求，但对相关部门明令暂停进口的疫区商品等除外。《通知》适用于北京、天津、上海、唐山、厦门、广州、深圳、南京、苏州等37个城市（地区）的跨境电商零售进口业务，自2019年1月1日起执行。

资料来源：http：//www.gov.cn/xinwen/2018-12/01/content_ 5345041.htm。

《关于完善跨境电子商务零售进口税收政策的通知》重点包括：

将跨境电子商务零售进口商品的单次交易限值由人民币2000元提高至5000元，年度交易限值由人民币20000元提高至26000元。已经购买的电商进口商品属于消费者个人使用的最终商品，不得进入国内市场再次销售；原则上不允许网购保税进口商品在海关特殊监管区域外开展"网购保税+线下自提"模式。

资料来源：http：//www.chinatax.gov.cn/n810341/n810755/c3929562/content.html。

《关于调整跨境电商零售进口商品清单的公告》重点包括：

《跨境电子商务零售进口商品清单（2018年版）》共包括1321项商品类别，于2019年1月1日生效。根据跨境电商消费新情况，国家继续扩大享受优惠进口税率的商品范围，新增葡萄汽酒、麦芽酿造啤酒、健身器材等63个消费需求旺盛的税目商品。清单实施后，《财政部等11个部门关于公布跨境电子商务零售进口商品清单的公告（2016年第40号）》和《财政部等13个部门关于公布跨境电子商务零售进口商品清单（第二批）的公告（2016年第47号）》所附的两批清单同时废止。

资料来源：http：//www.chinatax.gov.cn/n810341/n810755/c3929521/content.html。

2018年11月公布的跨境零售进口监管新政是《电子商务法》发布后的第一个实施细则，对跨境电商零售进口是重大利好。除适用范围扩大、限额提高外，新政首次明确了跨境电商零售进口主要参与主体的责任与义务；要求电商企业建立防止跨境电商零售进口商品虚假交易及二次销售的风险控制体系；建立健全网购保税进口商品质量追溯体系，鼓励向上游溯源；限制网购保税进口商品在海关特殊监管区域外开展"网购保税+线下自提"模式等，政策持续利好进口跨境电商。

（二）跨境电商开设线下实体店售卖保税区进口商品

前几年开始，一些跨境电商开设线下体验店展示海外商品，让消费者在购买之前看得到实物，但消费者仍然需要从跨境电商网站购买，再等待发货。不过，近年来有一些跨境电商获得了有关部门的批准，开设了一种全新模式的线下实体店，消费者可以从这些实体店直接购买跨境进口产品，在前台立即清关，现场提货（"保税区进口+线下实体店"模式）。2017年，深圳海关就推出"保税+实体新零售"模式试点平台，由深圳前海电商供应链管理有限公司（e码头）经过与国家监管部门的多次研究沟通，并在监管部门的支持下，于2017年7月在天虹保利店落地，经营面积达到3000平方米。消费者可以直接在店内选购跨境进口产品，结账的时候提供身份证号、电话之后，就可以进行付款，之后商品立即清关，整个过程只需几分钟。消费者会收到短信提示清关完成，之后将短信出示给店员即可提货，免去等待产品送货的时间。

这种线下店本质上是保税区进口模式的延伸，本来在中国保税仓储存的跨境进口商品能够直接在获批的线下体验店直接购买。图6对比了跨境电商商品通过保税区进口模式和"保税区进口+线下实体店"模式在流程上的区别。值得一提的是，财政部等发布的《关于完善跨境电子商务零售进口税收政策的通知》明确规定：原则上不允许网购保税进口商品在海关特殊监管区域外开展"网购保税+线下自提"模式，预期很多未得到海关批准而开设的线下店将会受到打击，这一模式将会更加规范。

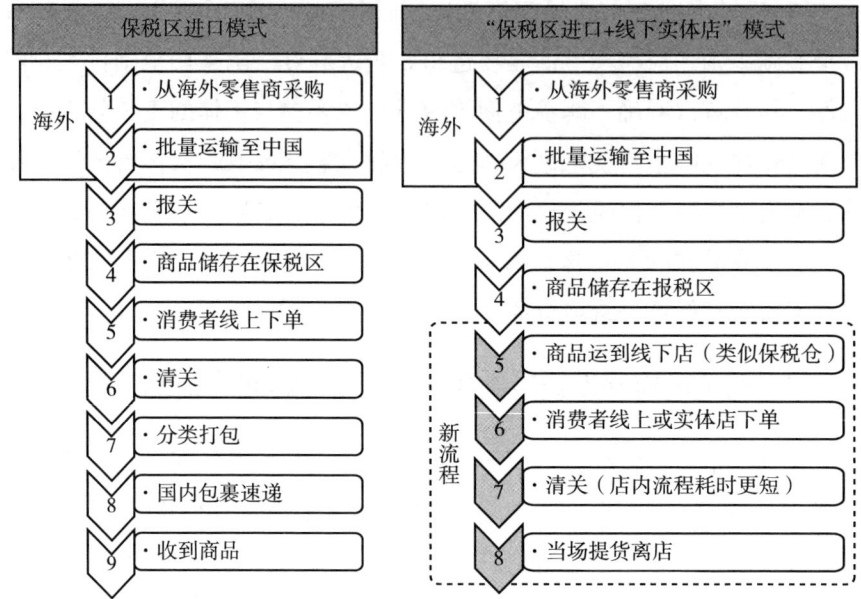

图6　跨境电商货品流程，对比保税区进口模式和"保税区进口+线下实体店"模式

资料来源：冯氏集团利丰研究中心。

（三）建立海外仓，提高物流效率

近年来，很多跨境电商平台包括京东、唯品会、网易考拉、小红书等，都在建立更多的海外仓从而降低跨境物流成本及节约商品运输耗时。2018年5月，唯品会宣布其跨境电商分部唯品国际将与海囤全球合作，运营跨境电商供应链和海外仓。唯品会将会为海囤全球提供海外仓和物流服务，包括其12个海外仓（其中8个海外仓由唯品会自营）。这也使得唯品会能够更好地利用其海外仓以及运输服务，从而降低成本，提供物流效率。

跨境电商设立海外仓可以看作对直邮模式的改进（见图7），海外的零售商可以将商品直接运输到海外仓，将包裹集中在海外仓之后，再集运至中国国内的仓库，再配送到消费者手上。对于消费者而言，主要的优势就是海外仓可以帮助他们减少运费成本，因为消费者可以与其他买家一起平摊运输费用。但是，海外仓的运输时间就要比直邮的时间长。对于跨境电商而言，建立海外仓需要大量的投资，而且需要很长时间来了解当地的相应规则。表2列举了海外仓的优势和面临的挑战。

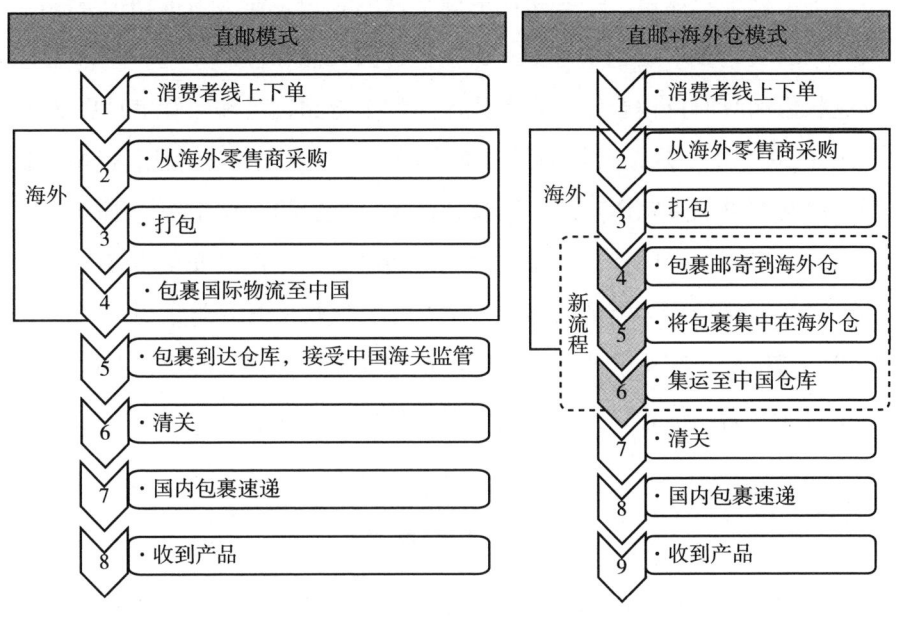

图7 跨境电商商品流程，直邮与"直邮+海外仓"模式对比

资料来源：冯氏集团利丰研究中心。

表2 海外仓的优势和挑战

优势	挑战
①对于消费者而言，物流成本较低——通过海运或者空邮将包裹集运到海外仓，之后再通过海外仓转运至中国的仓库，据悉，跟传统直邮相比，使用海外仓可以减少30%~50%的物流费用 ②更好的售后服务——申请退换货之后，消费者可以将货品退还至海外仓，方便了消费者的同时也增加了他们对平台的忠诚度及黏性	①当地政策——建立和运营海外仓受到当地政府政策的影响。任何当地政策的变化都会影响整个仓库的运营 ②较高的投资和运营成本——建立海外仓和日常的管理费用较高 ③海外仓运营者需要较长时间去熟悉和适应当地的做法 ④由于跨境电商平台建立和使用自己的海外仓，当品牌和零售商在不同平台上销售时，就需要跟不同的仓库接洽，对品牌和零售商而言相对不便 ⑤跟传统的直邮方式相比，海外仓的配送时间较长

资料来源：冯氏集团利丰研究中心。

（四）看重产品追溯系统

为了优化客户体验，一些跨境电商平台的龙头企业大力推动跨境商品溯源服务，区块链技术正越来越受到这些平台的关注和应用。有一些跨境电商与行业联盟和政府机构合作，力图让产品的全链路物流和监管信息更加透明化。比如2017年8月，天猫国际全面启动全球溯源计划，利用区块链和大数据，消费者可以追踪原产地、物流、清关、检验检疫申报等详细信息。中国检验认证集团、中国标准化研究院、跨境电子商务商品安全质量国家监测中心也参与了该计划。笔者认为在未来几年，区块链技术将被更广泛地应用到跨境电商领域。区块链的应用将使跨境电商能够收集、整合以及向消费者透明化地展示商品信息，提高消费者的信任度及忠诚度。

三 主要挑战

（一）潜在的政策变革影响业务运营

目前，跨境电商业务面临的最大挑战之一就是政策风险。跨境零售新政一方面可以令行业更规范地发展，另一方面也为不少企业带来挑战。对跨境电商企业来说，需要面对更多新的规定、义务和责任，如政府要求电商企业建立防止跨境电商零售进口商品虚假交易及二次销售的风险控制体系、建立健全网购保税进口商品质量追溯体系等，也会相应地增加营运成本。跨境电商企业需要随时留意政策动向的转变，做好相应的准备。

（二）中美贸易摩擦带来的长期负面影响

中美贸易摩擦的持续时间很可能比预想中长，预计要持续到2019年下半年。这有可能给中国经济增长和人民的消费意愿带来负面影响，同时影响跨境电商中长期的业务运营。过去一年里，在与美国的贸易摩擦逐渐升级的同时，中国一直以降低进口关税来增加进口。2018年7月，中国降低了部分日用消费品的进口关税，包括服装、日化用品、家用电子，以及体育健身用品。2018年9月，财政部宣布进一步对包括纺织品在内的1585项商品降低进口关税，2018年11月正式生效。总体的关税水平将从2017年的9.8%降低到2018年的7.5%。当前，中国各级政府都十分重视促进进口，一般进口产品和跨境电商产品的价格差将在这个大背景下进一步缩小。

（三）竞争日趋激烈，汰弱留强

跨境电商平台的成功，有赖于与上游供货商合作，确保货源。现阶段大多数跨境电商平台都以售卖某些热卖的母婴用品、日化产品、保健品为主，竞争相当激烈。为了能够在众多竞争对手中突围而出，平台供应链中各个业务流程包括产品采购、物流、付款及售后服务都需要良好配合，避免供应链断层，影响购买流程及消费者体验。面对2019年实行的新跨境零售政策，行业将会进一步规范，加速行业洗牌，汰弱留强。一些供应链不够灵活、盲目打价格战、库存过剩的平台商，很可能逐渐被淘汰，跨境进口模式的门槛也会提高。

四 结论

中国跨境电商业务近年来蓬勃发展，市场竞争也日趋激烈。消费者对高品质和正品的需求越来越多，但是仍然喜欢在不同跨境电商平台之间比价。笔者认为，跨境电商平台也需要把重点放在优化跨境供应链、提高采购能力、增加产品多样性、确保商品质量上。

虽然中美贸易摩擦可能会带来一些潜在的负面影响，但是中国消费者对于高品质外国商品的需求仍然旺盛，因此跨境电商市场仍将保持向上态势。同时，新的跨境电商运营模式将逐渐兴起，政府对行业的鼓励及进一步规范也将促进行业的健康成长。与此同时，中国的首部《电子商务法》于2019年1月1日起实行，这部法律从报关、缴税、检验检疫等方面进一步提高了跨境电商的监管效率，与跨境零售新政互相配合，优化监管流程。

B.16
中国城市商业发展报告

袁平红*

摘　要： 随着中国经济的发展，中国城市的发展呈现多元化格局，这些城市的商业发展各有千秋。走入新时代的中国，正朝着中华民族伟大复兴的方向迈进。在此背景下，立足中国、面向全球，打造具有中国特色的全球城市势在必行。衡量全球城市的指标之一就是全球城市的连接能力以及匹配全球生产和消费的能力。这种能力恰恰就是商业发展水平的具体体现。基于此，本报告选择中国最具有竞争力的城市之一——上海展开分析。从上海城市商业发展现状出发，对上海城市商业发展的机遇进行分析，指出上海商业发展面临的挑战，最后对上海商业发展的前景进行预测。

关键词： 全球城市　新零售　老龄化　商业模式创新　商业品牌

2018年中国热烈庆祝改革开放40周年的伟大成就，2019年中国将迎来新中国成立70周年。在2018~2019年交替之际，中国大大小小不同层级城市的商业发展呈现不同的态势。回顾过去的2018年，中国哪座城市能较好地反映中国日新月异的商业发展？面向2019年，展望2020年，中国哪座城市又能作为中国城市商业发展的排头兵，引领中国商业发展新潮流？

---

* 袁平红，安徽财经大学国际经济贸易学院副教授，中国社会科学院财经战略研究院博士后。

在《中国城市流通竞争力报告2017—2018》的35个目标城市排名中，上海市因流通规模指数、流通投资指数、流通便利指数以及流通组织指数优势突出，居于榜首。结合对现实的观察以及对未来的展望，本报告认为，2018~2019年中最能作为中国城市商业发展样本的莫过于上海市。本报告将以上海为中国城市商业发展的典型代表进行分析。

一 上海城市商业发展现状

（一）社会消费品零售总额持续增加，占全国比重维持在3％以上水平

社会消费品零售总额是衡量城市消费力的重要指标。作为中国的直辖市之一，上海市的社会消费品零售总额呈现逐年增加态势。从图1可以看出，从2000年开始，上海市社会消费品零售总额从不足2000亿元起步，先后在2008年突破4000亿元，在2015年突破10000亿元大关。2018年上海市社会消费品零售总额突破12000亿元大关，达到12668.69亿元，位居全国城市榜首。

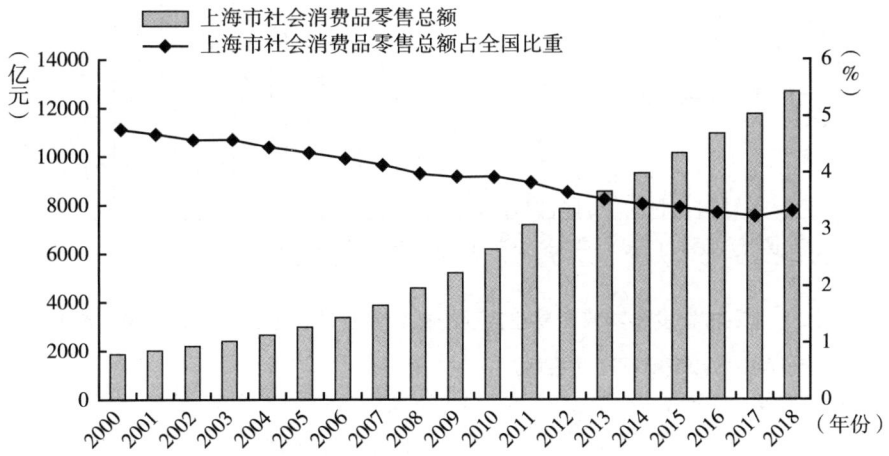

图1　上海市社会消费品零售总额情况（2000~2018年）

资料来源：上海统计局官方网站。

值得关注的是，上海市社会消费品零售总额占全国社会消费品零售总额的比重从2000年的4.77%持续下降，但是总体维持在3%以上的水平。2018年上海市社会消费品零售总额占全国的3.33%，略低于同期上海市地区生产总值占全国国内生产总值的比重（该比重为3.63%）。①

上海市社会消费品零售总额主要由两部分构成，一部分是批发和零售业，另一部分是住宿和餐饮业。从图2可以看出，2000~2018年，上海市批发和零售贸易业实现的社会消费品零售总额呈现逐年增加态势，从2000年的1493.13亿元增加到2018年的11568.83亿元。

值得关注的是，从总体来看，批发和零售贸易业实现的社会消费品零售总额占上海市社会消费品零售总额的比重也随之提升。2000~2004年该比重在80%左右，2005年迅速提升到88.51%，此后一直缓慢提升，到2018年达到91.32%。这些数据说明，批发和零售贸易业在上海市社会消费品零售总额实现中的主导地位已经形成并且不断巩固。

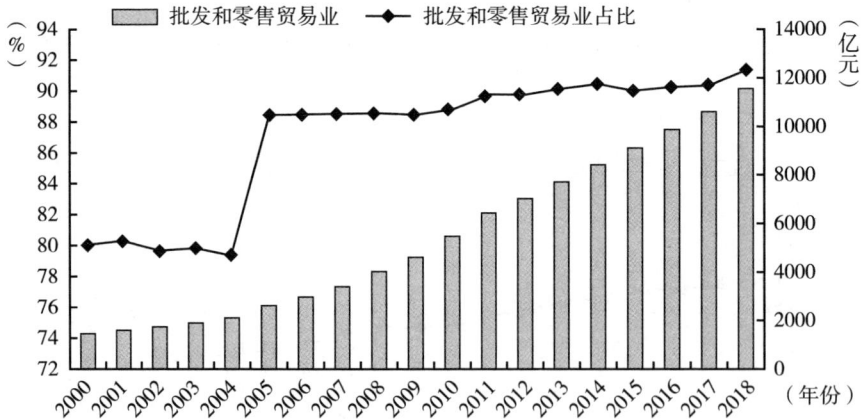

图2 上海市批发和零售贸易业实现的社会消费品零售额（2000~2018年）

资料来源：上海统计局官方网站。

---

① 2018年上海市完成地区生产总值32679.87亿元，全国国内生产总值实现900309亿元，上海市地区生产总值占国内生产总值的3.63%。

（二）无店铺零售发展迅速，但有店铺零售主导地位尚未动摇

上海被称为中国经济的引擎，包括电视购物和网上商店在内的无店铺零售发展迅速（见图3）。

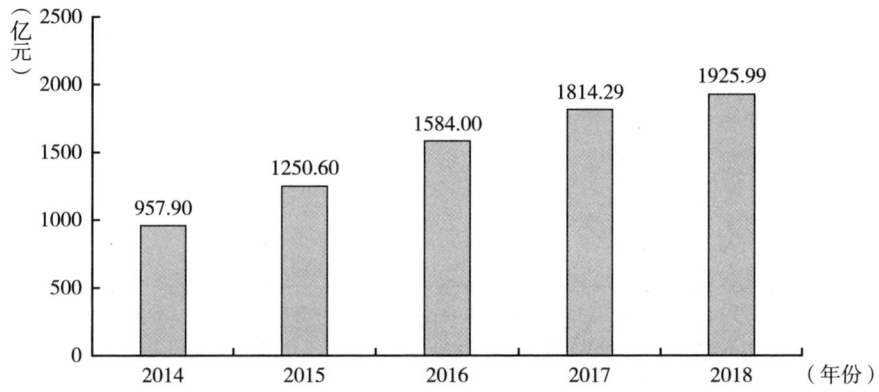

图3 上海市无店铺零售总额（2014~2018年）

资料来源：上海统计局官方网站。

从图3可见，2014年上海市的无店铺零售额为957.9亿元。2015年上海市无店铺零售额持续增长，突破1000亿元，实现1250.6亿元，随后几年持续增长。2018年上海市无店铺零售业态实现零售额1925.99亿元，占上海市当年社会消费品零售总额的15.2%，占当年全国网络零售总额的2.14%。①

尽管上海市无店铺零售发展迅猛，但是上海市有店铺零售的主导地位并没有发生变更。从表1可以看出，在上海市限额以上零售企业中，包括便利店、超市、大型超市、仓储会员店、百货店、专业店、专卖店为主的有店铺零售实现的零售额远远超过无店铺零售额。以2017年为例，仅专业店的销售额就比当年网上商店销售额高出18亿元。

---

① 2018年中国网上零售额实现90065亿元。

表 1　上海市限额以上零售企业主要业态零售额（2015～2017 年）

单位：亿元

零售业态	2015 年	2016 年	2017 年
有店铺零售			
便利店	126.47	140.25	159.17
超市	38.21	39.59	52.51
大型超市	560.77	549.45	537.56
仓储会员店	214.79	223.79	227.41
百货店	606.21	592.5	619.79
专业店	1069.75	991.7	1032.40
专卖店	1860.84	2192.29	2478.05
无店铺零售			
电视购物	83.44	75.39	76.46
网上商店	750.21	870.23	1014.39

资料来源：《表 16.10　限额以上零售企业主要业态零售额（2015～2017）》，http://www.stats-sh.gov.cn/tjnj/nj18.htm?d1=2018tjnj/C1610.htm。

（三）国内与国际商业企业共同角逐，商业领域竞争激烈

对许多跨国公司尤其是商业品牌来说，进入中国市场首先选择进入上海。随着中国首届进口博览会落户上海，伴随"一带一路"倡议的推进，以上海为窗口进而全面打开中国市场正成为国际商业资本的首选。

上海一直是外商在中国开展直接投资的主要目的地之一。上海统计局的数据显示，截至 2017 年底，上海市签订的外商直接投资合同项目累计 91518 个，涉及合同金额 4242.25 亿美元，实到金额 2231.5 亿美元。外商在上海的直接投资方式以独资企业为主，所投资的产业以第三产业为主。以 2017 年为例，当年外商直接投资合同项目中有 3084 个通过独资企业方式开展，投向第三产业的合同项目达到 3848 个，分别占当年外商直接投资合同项目总数的 78.76%、97.42%。①

外商对上海第三产业的直接投资包括流向批发和零售贸易业的投资，这

---

① 《表 8.13　外商直接投资合同项目和金额（2017）》，http://www.stats-sh.gov.cn/tjnj/nj18.htm?d1=2018tjnj/C0813.htm。

可以从上海限额以上批发贸易业、零售贸易业产业活动单位和从业人员结构中外商投资占比看出来。从表2可见，2017年批发贸易业中，外资法人企业达到1086个，占比23.70%；产业活动单位数为2537个，占比32.66%，高于同时期私营企业占比。在零售贸易业中，外商投资企业数118个，产业活动单位数则为1897个，从业人员为83502人。在内资企业中，私营企业无论在批发贸易业还是零售贸易业中，绝对数量和相对比重都远远高于其他内资企业。由此可见，在上海商业发展中，外资企业、私营企业已经成为商业竞争的主要力量。不仅如此，私营企业也提供了大量的就业机会，其从业人员在整个上海市批发和零售业从业人数中的占比超过90%[①]，成为吸纳批发和零售业就业的主体。

自2013年上海自由贸易试验区成立以来，随着外商投资负面清单从原有的190条缩减到2018年的45条，包括商贸流通在内的中国三次产业全面放宽领域，上海更是成为国际商业资本的投资热土。2017年10月27日，冯氏集团首个全球智能供应链系统展示服务平台——利程坊在上海成立。2018年10月耐克首家全球旗舰店在上海开业。2019年1月7日特斯拉超级工厂在上海临港产业区正式开工建设。雅诗兰黛、欧莱雅等化妆品企业则把中国总部设立在上海。

表2 限额以上批发贸易业、零售贸易业的法人企业、
产业活动单位和从业人员（2017年）

单位：个，人

类别	批发贸易业			零售贸易业		
	法人企业	产业活动单位数	从业人员	法人企业	产业活动单位数	从业人员
总计	4583	7767	466146	1870	11809	356857
内资	2987	4165	169768	1569	8294	190317

---

① 根据上海统计局官方网站数据，按照登记注册类型分，当年整个批发和零售业从业人员为131.31万人。排除国有、集体、港澳台及外商投资单位，其他类型批发和零售企业从业人员为121.09万人，占当年整个批发和零售业从业人员的92.22%。2006年其他类型批发和零售企业从业人员为124.23万人，占当年整个批发和零售业从业人员的92.25%。

续表

类别	法人企业	产业活动单位数	从业人员	法人企业	产业活动单位数	从业人员
国有	32	43	1629	36	66	1747
集体	5	5	133	18	82	1274
股份合作	3	3	58	10	59	193
联营	2	2	462	19	20	289
有限责任公司	925	1471	71630	663	4613	97632
股份有限公司	98	551	20509	59	746	18564
私营	1920	2088	75308	761	2685	70547
其他	2	2	39	3	23	71
港澳台商投资	510	1065	107723	183	1618	83038
外商投资	1086	2537	188655	118	1897	83502
外商占比(%)	23.70	32.66	40.47	6.31	16.06	23.40
私营企业占比(%)	41.89	26.88	16.16	40.70	22.74	19.77

资料来源：上海统计局官方网站；其中：批发贸易业数据来自：http://www.stats-sh.gov.cn/tjnj/nj18.htm?d1=2018tjnj/C1602.htm；零售贸易业数据来自：http://www.stats-sh.gov.cn/tjnj/nj18.htm?d1=2018tjnj/C1603.htm。

（四）传统商业与现代商业并存，新零售发展势头迅猛

和国内许多城市一样，城市商业综合体是上海商业发展的主要组织形式之一。《上海城市商业综合体发展情况报告（2017—2018）》显示，上海目前已经拥有 241 家城市商业综合体，其中近一半为 5 万平方米以下的小型企业。超过一半的商业综合体分布在浦东、闵行、黄浦和静安四个区，其中浦东新区最多，占比近两成。①

随着科技进步、消费者观念的转变，通过改造等方式，对传统商业存量资源进行整合、盘活，使传统商业能够在新的商业环境下存活下来，保持上海传统商业的特色，这是上海商业发展的一大特点。从 2013 年至今，上海开始改造或者计划启动改造的存量商业项目超过 60 个。② 位于市级重点商

---

① 《上海城市商业综合体最新发展情况报告出炉》，http://www.linkshop.com.cn/web/archives/2018/415180.shtml。
② 《2018 上海存量商业改造十大最值得关注的项目》，http://www.ebrun.com/20180218/265047.shtml。

圈和区级商圈的相关改造项目,比如上海世贸广场、瑞安广场、一百商业中心等引起了广泛关注。

走在上海的大街小巷,人们既可以看到传统商业老街,同时也被扑面而来的新型商业业态吸引。随着新零售的发展,上海凭借其独特的区位、便利的投资环境、多元的文化等优势,在新零售发展中取得先机。在2018年8月全联房地产商会商业地产研究会与RET睿意德联合发布的《2018中国新商业城市研究报告》中,上海的盒马鲜生指数①、星巴克指数遥遥领先,位于全国首位。②

盒马鲜生既是中国较早的生鲜新零售品牌,也被视为新零售业态的代表性品牌。继2017年9月28日、2018年4月28日两次大规模开店③后,盒马鲜生已经在中国16个城市相继开店。截至2018年8月,盒马鲜生在全国共开设了66家门店,其中仅在上海就开设了20家,居全国之首。④ 2018年末至2019年初,盒马鲜生继续加大在上海市场的投资力度。截至2019年2月20日,盒马鲜生在上海共开设了24家门店(见表3),其中有6家位于浦东新区。

表3 上海市的盒马鲜生门店具体分布

序号	门店名称	地址	所在区域
1	金桥店	张杨路3611号金桥国际商业广场1座B1层	浦东新区
2	上海湾店	浦东南路1138号上海湾广场B1层	浦东新区
3	杨高南店	北艾路1782号大华锦绣国际1层	浦东新区
4	长泰店	金科路2889号长泰广场B1层	浦东新区
5	三林印象城店	东明路2719号	浦东新区
6	KiNG88店	长宁路88号KiNG88广场B1层	长宁区

---

① 盒马指数通过盒马鲜生的门店城市分布、所在城市的面积及常住人口等数据综合计算而得,一定程度上代表城市当前的零售创新活跃度。
② 《盒马鲜生、亚朵和星巴克三大指数透露了哪些秘密?成都成为新一线城市商业创新领头羊!》,https://wemedia.ifeng.com/74575663/wemedia.shtml。
③ 《盒马鲜生大规模开店,都开在什么地方?》,http://baijiahao.baidu.com/s?id=1599130537455696202&wfr=spider&for=pc。
④ 《盒马鲜生已在全国开出66家店 下一家店会开在哪里》,http://www.linkshop.com.cn/web/archives/2018/408317.shtml?sf=wd_search。

续表

序号	门店名称	地址	所在区域
7	星空店	虹桥路1665号星空广场B1层	长宁区
8	大宁店	万荣路777号大宁音乐广场B1层	静安区
9	汇阳店	田林东路75号汇阳广场B1层	徐汇区
10	裕德路店	裕德路165号南洋1931商场B1层	徐汇区
11	虹桥店	金汇路538号金汇四季广场B1层	闵行区
12	红点城店	七莘路1809号红点城B1层	闵行区
13	星宝店	漕宝路1574号星宝购物中心B1层	闵行区
14	新荟城店	莲花南路1388弄7号新荟城购物中心1层	闵行区
15	宝地店	昆明路555号宝地广场C座B1层	杨浦区
16	新江湾店	淞沪路1660号悠方购物公园B1层	杨浦区
17	F2白金湾店	公平路99号白金湾商业广场1层	虹口区
18	搜乐城店	广粤路299号搜乐城	虹口区
19	平高店	松江区九峰路118号平高广场2层	松江区
20	南翔店	银翔路609号南翔东方伟业广场B115室	嘉定区
21	国展店	崧泽大道333号国家会展中心7号馆	青浦区
22	189购物中心	长寿路189号189弄购物中心	普陀区
23	盈嘉店	曹安公路1688号	嘉定区
24	浦永乐广场店	康桥镇上南路6717号2楼	浦东新区

资料来源：https：//www.freshhema.com/。

二 上海城市商业发展的机遇

（一）"一带一路"为上海商业向全球城市迈进打造了国际通道

与国内的北京、广州、深圳相比，上海城市商业发展在许多方面遥遥领先。但是，与纽约、巴黎、伦敦等全球一线城市相比，上海还存在很大的差距。建设全球城市，不仅是上海自身发展的需要，同时也是国家发展的需要。《上海市城市总体规划（2017—2035年）》明确提出，上海将以卓越全球城市建设作为目标。

对标世界一线城市，上海要建设全球城市，就要在体现综合实力的国际经济中心、体现资源配置功能的国际金融中心、体现策源能力的国际科技创新中心、体现枢纽功能的国际贸易中心以及体现高端服务功能的国际航运中心上能够有新的突破。① 在上海城市建设的五个中心里，国际贸易中心和国际航运中心与上海市商业发展关系最为密切。在全球经济格局变化的大背景下，上海全球城市建设的目标能否顺利实现，在很大程度上取决于中国经济发展尤其是中国在全球范围内是否能为上海走上国际舞台提供机会。

对于上海来说，到目前为止，2013年习近平总书记提出的"一带一路"倡议是上海走向国际舞台最重要的平台。随着"一带一路"倡议的逐步落实，尤其是2018年11月在上海顺利闭幕的中国国际进口博览会，上海已经成为中国和世界众多经济体尤其是"一带一路"沿线国家进行广泛深度合作的重要平台。中国（上海）自由贸易试验区自2013年9月正式成立以来，通过2014年12月的扩区，占地面积从成立之初的28.78平方公里扩展至120.72平方公里。2015年上海自由贸易试验区成为世界自由贸易区联合会荣誉会员，逐步走入国际舞台。2019年1月，商务部则提出将推进上海自贸区新片区设立与方案制订。这些举措将为上海加快对外开放步伐，依托"一带一路"倡议走向世界舞台打造通道。

打造全球城市，从商业发展的角度来看，要求上海商业发展具有国际视野，能够引领国际潮流，并且成为国际商业企业的全球总部所在地。从当前发展来看，上海虽然成为一部分跨国企业的中国总部所在地甚至亚太总部所在地，但尚未成为全球总部所在地。这些对于上海来说，就是上海与国际一流城市之间的差距。这个差距对于发展中的上海来说，恰恰是其城市商业发展的历史机遇。

作为中国的重要城市之一，上海是国际旅游入境者的重要目的地。受到多种因素的影响，上海的国际旅游入境人数从2010年的851.12万人次逐步

---

① 《定了！上海建设卓越的全球城市要这么干！》，http://www.sh.xinhuanet.com/2018-06/29/c_137289917.htm。

下降到2013年的757.4万人次。值得关注的是,随着中国经济的发展,尤其是"一带一路"倡议的提出,上海市每年的国际旅游入境人数在增加(见图4)。

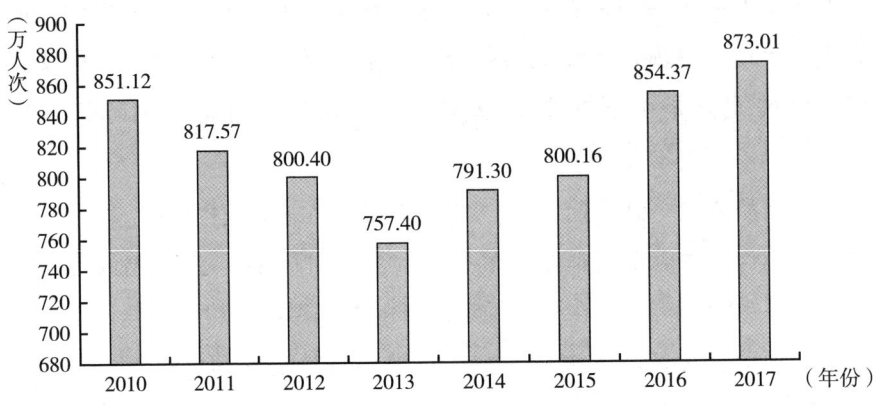

图4 上海市国际旅游入境人数(2010~2017年)

资料来源:上海统计局官网。

2014年上海的入境旅游人数达到791.3万人次,随后逐年增加,到2017年达到873.01万人次,创历史新高。2018年1~10月,上海市接待入境游客737.63万人次,同比增长2.24%。①

在上海入境游客增加的同时,上海的经济潜力、文化氛围等也吸引了不少外国人前来就业或者学习。其中比较明显的就是上海市外国常住人口数量的变化。从图5可以看出,2005年上海的外国常住人口为100011人,随后逐步增加,到2015年达到178335人。2017年上海的外国常住人口为163363人。

虽然上海的外国常住人口下降,但是上海永久居留的外国人在此期间却迅速增加。从图6可以看出,2006~2017年,上海永久居留外国人从不

---

① 《2018年1~10月上海市入境旅游数据统计:入境游客同比增长2.24%》,https://baijiahao.baidu.com/s?id=1621516503132507397&wfr=spider&for=pc。

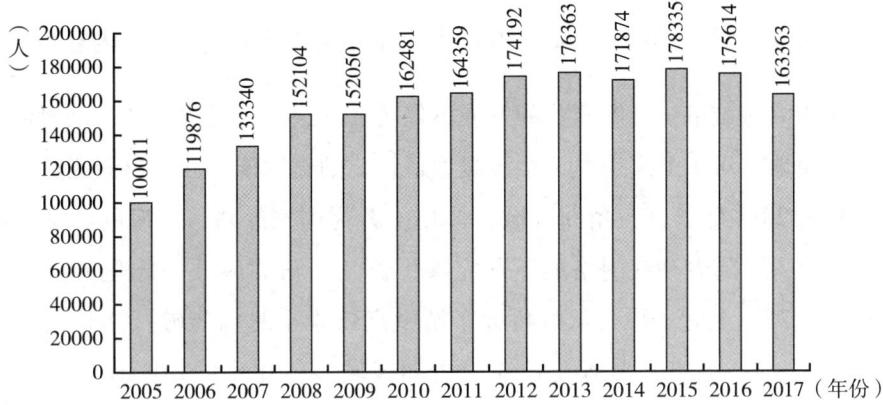

图5　上海市外国常住人口（2005～2017年）

资料来源：上海统计局官网。

足300人迅速增加至2017年的5439人，增加了17.44倍。逐年增加的入境游客、总体规模相对稳定的外国常住人口尤其是永久居留外国人口的增加，也为上海商业带来了新的消费需求。这些不仅有利于活跃上海本地商业，同时也刺激上海本地商业不断推陈出新，向着多元化、包容化、人性化的方向发展。

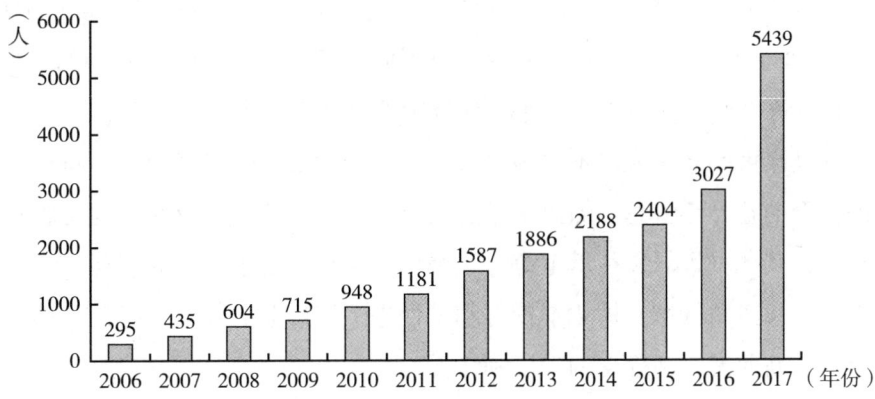

图6　上海市永久居留外国人（2006～2017年）

资料来源：上海统计局官网。

（二）长江三角洲区域一体化为上海商业发展开拓了国内空间

作为沿海城市，上海商业的发展不仅需要立足于自身的经济，也要依托其经济腹地。对于上海来说，经济腹地最重要的莫过于长江三角洲区域。

随着2018年长江三角洲区域一体化上升为国家战略，上海的经济腹地也随之扩大。随着高铁网络的不断完善，长江三角洲区域一体化的步伐也在加快。对于上海来说，从虹桥火车站坐高铁半小时内能够抵达长三角地区的16个核心城市。上海在长江三角洲区域一体化中的核心地位日益提升。《苏州市城市轨道交通第三期建设规划（2018—2023年）》也提出未来要接轨上海地铁，目前苏州首条市域轨道交通S1线主动与上海轨道交通网对接，上海、杭州、宁波三地则开启了地铁刷码互联互通。①随着以上海为核心的长三角都市圈不同圈层之间轨道交通网络的建设与相互连接甚至无缝对接，上海无疑将具备更大的从长三角地区集聚人力、物力和财力的能力。

在过去的18年里，上海吸引了来自全国各地的劳动力流入。从图7可以看出，上海在2000~2017年持续保持人口的净流入。根据上海市常住人口与户籍人口统计数据测算，2000年上海的净流入人口不到300万人，2014年却达到986.99万人。之后有所下降，但是2017年上海人口净流入仍旧保持在900万人以上的水平，实际值为963.2万人。

规模庞大的外来人口不仅为上海三大产业发展提供了劳动力，同时也为上海社会消费品零售总额做出了重要贡献。不仅如此，快速便捷的交通网络为长三角其他城市居民往返上海购物消费等出行提供了极大的便利。对于上海来说，长三角区域一体化不仅有利于促进上海商业的繁荣，而且有利于上海市商业新业态、新理念的发展和传播。

除了长三角一体化，长江经济带的发展也将为上海商业发展提供新的空

---

① 《长三角打造强大轨道交通网！上海至16个核心区城市半小时到达》，https://baijiahao.baidu.com/s?id=1620049350128053504&wfr=spider&for=pc。

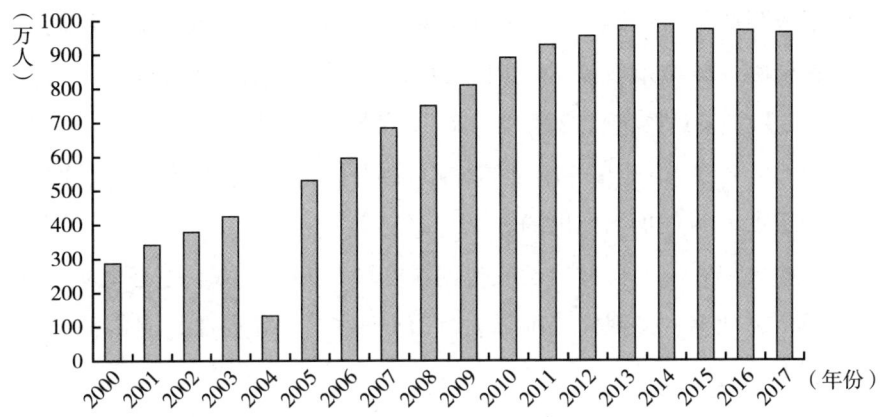

图7 上海城市人口净流入（2000～2017年）

资料来源：上海统计局官网。

间。在长江经济带中，上海是龙头，也是驱动力所在。随着长江经济带环境治理工作的进一步推进、产业结构转型升级，尤其是随着长江经济带交通基础设施网络互联互通能力的提升，长江经济带将进入可持续发展阶段，长江经济带经济将焕发新的活力，位于长江下游的上海能更好地发挥自身在金融、贸易、航运等多方面的优势，这将为上海商业发展提供新的能量。

（三）《上海市城市总体规划（2017—2035年）》为上海城市商业发展指明了方向

上海作为中国重要的直辖市之一，其城市发展方向及品质不仅关系到中国城市的国际地位，不仅对长江三角洲一体化的其他兄弟省份和城市产生影响，而且对一直生活在上海这座城市以及正在涌入或将要涌入的上海市民产生深远影响。

商业作为一个城市的基础产业，其发展水平不仅关系到上海的宏观经济，更关系到上海市民的日常生活。小到买菜做饭，大到生病住院，从食品流通到药品流通，商品流通服务与上海市民的生活息息相关。

从全国范围来看，上海稳居一线城市，但是从全球范围来看，上海整个

城市的层级与能量与纽约、伦敦甚至东京等国际大都市尚有一定的距离。上海在对标国际一线城市发展的同时，也要兼顾城市发展对上海市民的获得感、幸福感的深远影响。2018年1月发布的《上海市城市总体规划（2017—2035年）》正是在顺应全球城市发展潮流、响应国家号召、回应上海市民的重大关切背景下推出的。

按照中央部署，上海将建设成为创新之城、人文之城、生态之城、卓越的全球城市和社会主义现代化国际大都市。[①] 在这个定位下，上海商业发展将迎来历史机遇。

根据《上海市城市总体规划（2017—2035年）》，中心城为外环线以内区域，其面积约为664平方公里，主城片区面积约466平方公里，涵盖虹桥、川沙、宝山、闵行4个区，两者共同构成上海的主城区，常住人口规模规划为1400万人。包括小陆家嘴、外滩、人民广场、南京路、淮海中路、西藏中路、四川北路、豫园商城、上海不夜城、世博—前滩—徐汇滨江地区、徐家汇、衡山路—复兴路地区、中山公园、虹桥开发区、苏河湾、北外滩、杨浦滨江（内环以内）、张杨路等区域在内的75平方公里区域[②]，被规划为城市主中心（中央活动区），该区域将成为上海全球城市功能的核心承载区。这个区域内将实现金融、商务、商业、文化、休闲、旅游等功能的高度融合。《上海市城市总体规划（2017—2035年）》对上海城市主中心、上海主城区的明确规划，将为上海市未来商业发展指明方向。

在提升上海城市主中心在全球商业领域地位的基础上，突出上海主城区商业优势地位，进而提升上海主城区对新城、新市镇和乡村的辐射与带动，提升上海商业发展的综合效能。对于上海来说，以《上海市城市总体规划（2017—2035年）》为指南，以上海城市商业规划为基准，更好地服务于上

---

① 《上海市城市总体规划（2017—2035年）》，http：//www.shanghai.gov.cn/newshanghai/xxgkfj/2035002.pdf，第4页。
② 《上海市城市总体规划（2017—2035年）》，http：//www.shanghai.gov.cn/newshanghai/xxgkfj/2035002.pdf，第32~33页。

海经济发展，更好地引领长三角地区商业发展，更好地推动长江经济带商业协调发展，更好地服务于中国商业发展，更好地发挥上海商业对"一带一路"沿线国家的影响力，正成为上海商业发展的方向。

三 上海城市商业发展面临的挑战

（一）上海城市商业发展与全球城市存在较大差距

上海以建设全球城市为目标，落实到商业领域，上海城市商业发展迫切需要大力提升。《上海市商业网点布局规划（2014—2020年）》曾指出，上海将通过新业态的培育、新模式的发展、新平台的搭建、新空间拓展的方式，形成"万商云集、商通天下、繁荣繁华、安居乐业"的国际大都市商业发展格局。从目前发展现状来看，上海要实现这一目标，依旧面对重重挑战。

随着全球经济格局的调整，全球价值链也在重构之中。与世界发达国家的全球一线城市相比，上海城市商业发展的特色并不明显，媒介全球生产和消费的功能有待大力增强。以上海的航运服务为例，上海港口的吞吐量居于全国前列。2017年上海港口货物吞吐量为75051万吨[1]，国际标准集装箱吞吐量为4023.3万TEU[2]；2017年上海港位列全国第二，仅次于宁波舟山港。值得关注的是，尽管上海的国际集装箱吞吐量在全国居于前列，但是国际中转箱量占总箱量的比重不足10%，中转集拼业务远不及香港港、釜山港及新加坡港。[3]

上海城市商业发展能否打造具有特色的商业品牌，也将成为上海打造全

---

[1] 《表15.8 主要年份港口货物吞吐量》，http：//www.stats – sh.gov.cn/tjnj/nj18.htm？d1＝2018tjnj/C1508.htm。

[2] 《表15.9 主要年份国际集装箱吞吐量（按进出港分）》，http：//www.stats – sh.gov.cn/tjnj/nj18.htm？d1＝2018tjnj/C1509.htm。

[3] 2016年新加坡港中转集装箱拼箱量占比85%，香港港为60%，上海港仅为7%。资料来源：http：//info.jctrans.com/news/hyxw/20166142251490.shtml。

球城市的一大挑战。按照《上海市城市总体规划（2017—2035年）》，到2035年上海要实现年入境境外旅客总量达到1400万人次左右的目标。① 届时上海能否吸引到如此多的入境境外旅客，既取决于中国的国际吸引力，更取决于上海城市商业发展的魅力。

从目前状态来看，上海虽然现代和传统零售业态并存，但是真正具有中国特色或者说上海特色的大型商业企业集团并不多见。从某种程度上说，上海是跨国零售集团登陆中国市场的重要跳板。在上海市场上的批发零售企业中，私营企业尽管数量众多并且提供了大量的就业机会，但是总体竞争力却有待提升。

对于零售竞争力的衡量，入围全国零售百强排行榜的企业数量和排名是重要指标之一。2018年6月，中国商业联合会发布了包含零售商和平台在内的2017年度中国零售企业百强排行榜，其中前十名企业中没有一家为来自上海的零售企业。在2017年度中国零售企业百强排行榜名单中，来自上海的上榜企业包括：上海豫园旅游商城股份有限公司，以年销售额160亿元位列第45名；上海福满家便利有限公司（全家便利），以年销售额80.2亿元位列第74名；上海（IFC）国金中心，以年销售额70.0亿元位列第79名；恒隆广场（上海），以年销售额50.9亿元位列第97名。②

与纽约、伦敦等全球一线城市相比，上海要想在商业领域中占有一席之地，迫切需要依托上海本土商业企业的迅速发展，在提高对国内市场品牌号召力的同时，逐步扩大国际市场影响力。否则，即使上海能云集全球众多商业品牌，也难以形成对入境游客的强大吸引力，难以将这些入境游客的购买力成功转化为在上海的商业消费。

---

① 《上海市城市总体规划（2017—2035年）迈向卓越的全球城市（公众读本）》，http：//www.shanghai.gov.cn/newshanghai/xxgkfj/2035004.pdf，第21页。
② 天猫、京东、大商集团、苏宁易购、国美零售、华润万家、大润发、沃尔玛中国、唯品会和永辉超市名列前十位。资料来源：《2017年度中国零售企业百强排行榜》，https：//www.sohu.com/a/237120760_460357。

（二）人口老龄化、外来人口减少导致上海商业从业人员短缺

尽管上海一直保持着相对庞大的净人口流入，但是上海户籍人口老龄化现象日益严重的问题并没有从根本上解决（见图8）。2005～2017年，上海60岁及以上人口从260.78万人增加到483.6万人，户籍人口老龄化比重从19.17%提高到2017年的33.23%。预计到2020年，上海户籍人口中60岁及以上老年人将超过540万人，其比重将超过36%。①

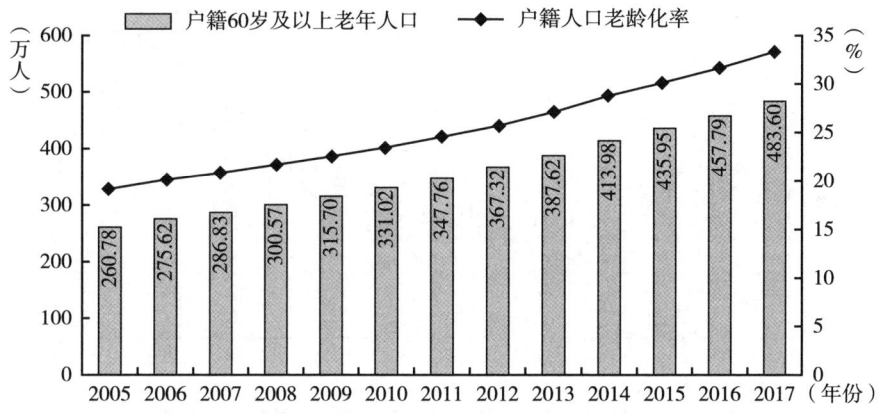

图8　上海户籍60岁及以上老年人口（2005～2017年）

资料来源：上海统计局官方网站。

上海要降低户籍人口老龄化率，其中一个解决办法就是增加户籍人口中的新生儿数量。但是从目前来看，新生儿数量增加并非易事。中国从2016年开始全面放开二孩政策，但是新生儿数量并没有预期中的大规模增长。2017年全国出生人口1723万人，2018年出生人口1523万人。如果中国妇女的总和生育率一直保持在1.6的水平，预计2027年中国人口将出现

---

① 冯叔君：《上海商业发展新动向及未来方向》，《上海商学院学报》2018年第1期，第29～38、64页。

负增长。①

在全国生育率相对低迷的情况下，原本少子化现象比较严重的上海要实现新生儿的大规模增长也不太现实。图9显示了上海2005~2017年17岁及以下户籍人口的变化。与60岁及以上老年户籍人口绝对、相对规模持续变大所不同的是，17岁及以下户籍人口的绝对数量相对稳定，2017年为173.05万人，占当年上海市户籍总人口的11.89%。

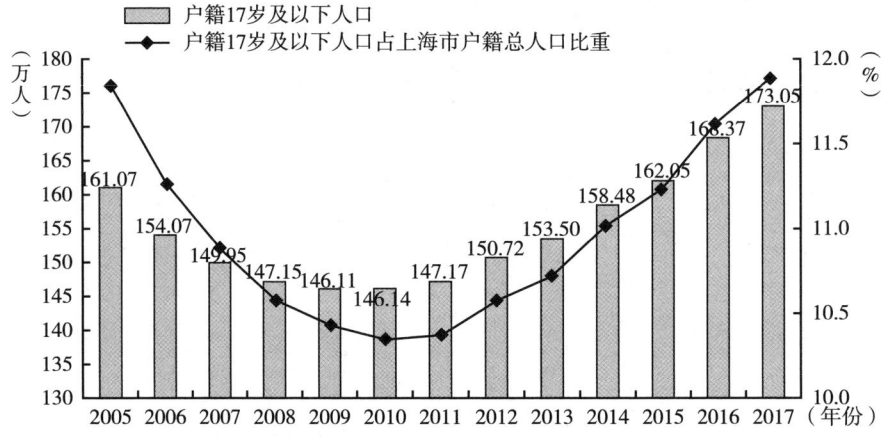

图9　上海市户籍17岁及以下人口数量（2005~2017年）

资料来源：上海市统计局官网。

对于上海来说，人口老龄化是制约当地商业发展的重要因素之一。人口老龄化既对上海商业的用工产生影响，同时也要求上海商业增加对社区商业设施和服务的投资。银发消费将成为上海商业发展的重要细分市场。

在上海户籍人口中17岁及以下人口数量相对稳定的情况下，要解决上

---

① 根据联合国中方案预测，中国人口将在2029年达到峰值14.42亿人，从2030年开始进入持续的负增长，2050年减少到13.64亿人，2065年减少到12.48亿人，即缩减到1996年的规模。但如果中国总和生育率一直保持在1.6的水平，人口负增长将提前到2027年出现，2065年人口减少到11.72亿人，相当于1990年的规模。参见：《人口负增长加速到来！2018年地方公布二孩数大幅下降》，《21世纪经济报道》，http://news.ifeng.com/a/20190103/60223088_0.shtml。

海老龄化引发的产业劳动力供给不足等问题,保持上海经济总体活力,就需要保持相对的人口净流入,这对于上海来说尤为迫切。在上海现有的三大产业中,第三产业吸纳的劳动力最多,2017年高达899.7万人,占总就业人数的65.54%(见图10)。在第三产业中,批发和零售业从业人数最多,仅2017年就有240.39万人,占第三产业总就业人数的26.72%,占上海所有行业从业人数的17.51%(见图11)。这相当于在上海每6名从业人员中,就有1人从事批发和零售业;在上海第三产业每4名从业人员中,就有1人从事批发和零售业。①

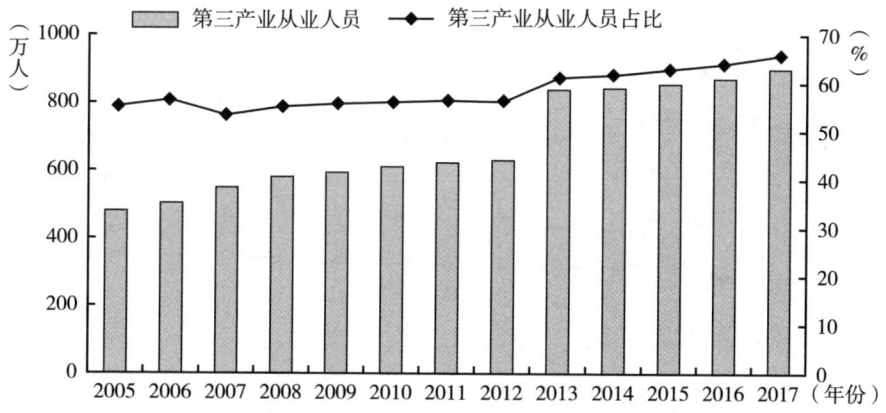

图10 上海第三产业从业人员占比(2005~2017年)

资料来源:上海统计局官方网站。

由此可见,上海市户籍人口中老龄化和少子化叠加短期内难以解决,要想保持现有的产业发展态势和商业发展活力,接下来的问题就是上海能否吸引到足够多的外来人口,成为上海市的常住人口,并且这些外来人口中绝大部分会进入批发和零售业工作。2017年末,上海市常住人口为2418.33万

---

① 2017年末深圳就业人员合计9432922人,其中第三产业5223559人,从事批发和零售业的1866941人。批发和零售业就业人数占第三产业就业人数的35.74%,占所有行业就业人数的19.79%。资料来源:深圳市统计局,http://tjj.sz.gov.cn/xxgk/zfxxgkml/tjsj/tjnj/201812/P020181229639722485550.pdf。

人。到 2035 年，上海市常住人口控制在 2500 万人左右，建设用地总规模不超过 3200 平方公里。① 从 2017 年和 2035 年的常住人口规模来看，人口增量为 82 万人左右，但是从全国的人口结构变化来看，这个缺口实际上远不止 82 万人。这和全国不同层级的城市大规模"抢人"行动相关。

随着 2018 年武汉、成都、北京、天津、长沙、杭州、深圳等城市纷纷加入"抢人"行动，上海能否保持对来自全国乃至全球劳动力的吸引力，进而为城市发展提供劳动力供给和消费支持，对于上海商业发展来说无疑是严峻的挑战之一。

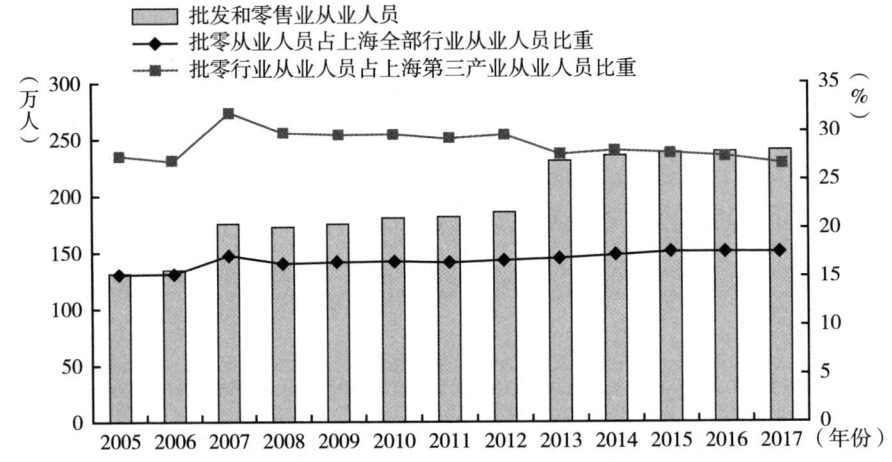

图 11　上海批发和零售业从业人员情况（2005～2017 年）

资料来源：上海统计局官方网站。

（三）商业研究领域人才匮乏，难以为上海商业发展提供智力支持

上海城市商业发展面临的第三个挑战则来自理论研究方面。从一般意义上来说，上海作为中国商业发展领先的城市，理应在商业研究领域人才济济。但从目前发展来看，上海商业研究领域出现人才匮乏现象。

---

① 资料来源：http://www.shanghai.gov.cn/newshanghai/xxgkfj/2035002.pdf。

相比较来说,浙江杭州在商业研究领域尤其是新零售研究中走在全国前列。这主要归功于阿里巴巴在新零售方面的研究。阿里巴巴不仅实现了学术研究合作的国际化,而且开创了企业商业实践与理论研究同步的局面。理论与实践相辅相成,也许是杭州零售业尤其是电子商务在全国独树一帜的原因之一。相比较来说,上海的商业发展以传统商业为主导,在全国的网络零售中来自上海的电商企业相对较少。虽然上海商业发展强调传统零售与网络零售的结合,但是理论研究相对匮乏,上海商业发展缺乏来自学术界的智力支持。

四 上海城市商业发展预测

(一)上海城市商业规模预测

1. 上海商品销售规模预测

2016年上海商品销售总额为100793亿元,比2015年增长7.9%。[①] 2017年上海批发和零售贸易业商品销售总额为113133.19亿元,比2016年增长12%。[②] 2018年上海商品销售总额为119461.28亿元,在2017年的基础上增长5.6%。综合2016~2018年这三年上海商品销售总额的发展态势,本报告按照相对保守的估计[③],采用年增长5%的速度,预测到2020年上海商品销售总额为131706.06亿元。简言之,如果按照年增速5%测算,到2020年上海商品销售总额会突破130000亿元。

2. 上海社会消费品零售规模预测

以2018年上海社会消费品零售总额12668.69亿元为基数,根据《上海

---

① 《2016年上海商品销售总额首次突破10万亿元》,2017-02-16,上海证券报·中国证券网(上海),http://money.163.com/17/0216/17/CDDOMCF4002581PP.html。
② 《表16.7 批发零售贸易业商品销售、库存总额(2017)》,http://www.stats-sh.gov.cn/tjnj/nj18.htm?d1=2018tjnj/C1607.htm。
③ 《上海市商业网点布局规划(2014—2020年)》中针对商品销售总额是按照年均增长10%以上的速度进行预测的。

市商业网点布局规划（2014—2020年）》设定的年均增长8%~10%的速度，可以预测到2020年上海社会消费品零售总额将达到14776.76亿~15329.11亿元区间。简而言之，到2020年上海社会消费品零售总额将在15000亿元左右。

（二）上海市商业网点预测

1. 商业存量资源优化加速，核心商圈商铺租金上涨

上海市区内部交通网络的进一步优化、上海与周边城市公共交通网络无缝对接能力的增强，将为上海带来源源不断的劳动力和客流。随着上海在全球城市网络中层级的提升，上海的国际吸引力也会提高，境外旅游客流也将不断涌入上海。国内客流和国际客流的叠加，加上上海市常住人口内环人口密度＞外环内人口密度＞中心城区人口密度＞郊区新城人口密度的分布特点，将成为上海市商业存量资源优化的重要推动力。

根据《上海市商业网点布局规划（2014—2020年）》，预测至2020年，上海市商业网点建筑总量控制在7000万~7500万平方米。随着《全力打响"上海购物"品牌加快国际消费城市建设三年行动计划（2018—2020年）》的逐步落实，未来两年里上海将进一步加快对传统商业的改造。

商业存量资源优化加速的同时，城市主中心的商铺租金将出现大幅上涨。上海主城区的商铺租金也将随之上涨。《上海市城市总体规划（2017—2035年）》指出，包括嘉定、青浦、松江、奉贤、南汇在内的5个上海新城，将打造成全球城市区域中具有综合性辐射带动能力的节点城市。这意味着在不久的将来，这5个新城的核心城区将出现高端商业综合体。对于新市镇和乡村来说，商业存量资源优化的压力相对较小。

2. 非核心功能疏解提上日程，部分批发市场将外迁，商业网点重构加速

《上海市城市总体规划（2017—2035年）》明确提出，将做强城市核心功能，逐步推动城市非核心功能向郊区以及更大区域范围疏解。从全国来看，北京疏解非首都功能已有先例，上海疏解非核心功能正在提上日程。在疏解的过程中，更多的是强调空间置换、业态升级。对于上海商业发展来

说，既涉及传统零售业态的空间结构调整，也涉及占地面积较大的部分批发市场或者商品市场的外迁。

在上海非核心功能疏解的同时，如何兼顾传统文化与现代商业理念的融合，如何兼顾市容市貌的整齐与当地居民生活的舒适度，有待从多个方面进行权衡。2018年上海对洪江路地区范围（涵盖中州路、虹江路、龚家宅路、罗浮路等）进行综合整治、对昌里路夜市实施全面关停等都引发了不小的社会反响。"酒吧到衡山路"曾经是上海市民的一大消费习惯。受交通制约和业态低端的影响，2016年徐汇区经历20年辉煌的衡山路酒吧一条街被规划为高端文化创意区。原有商业街的重新整顿、低端业态的升级，意味着上海商业网点重构加速。

随着上海户籍人口老龄化加速、外来人口涌入，上海在疏解相关非核心功能、整治自发形成的夜市的同时，也要从方便当地居民一日三餐外购食品与日常采购生活所需入手，提供价格亲民、品质优良的便利服务。可以预计，在未来几年中，上海的便利店将快速发展，尤其是融合早中晚餐服务、同时集社区养老功能于一体的社区型商店等将在上海部分地区出现。对于人流比较集中、人口年龄结构相对年轻化的地区，合理引导早市、夜市发展，构建15分钟生活圈，也是上海商业网点重构中的重要工作。

（三）上海市商业业态预测

1. 实体零售增幅较为稳定，网络零售发展提速

依托庞大的人口规模、产业基础和具有较强购买力的当地居民、外地游客及外来务工人员和国际往来人员，上海的实体零售业预计将保持相对稳定的增速。

随着全球电子商务的迅猛发展，尤其是受到杭州电子商务发展的影响，上海的网络零售发展也将提速，但是短期内难以成为上海的主要销售方式。实体店铺销售依旧是上海社会商品消费的主要渠道。

2. 本土商业创新力量增强，国际资本抢滩登陆上海

基于全球城市建设的需要，上海将引导本地商业企业在与外资商业企

业、中国其他地区商业企业竞争的同时，打造具有上海特色的商业区域品牌，提升竞争力。

依托数量庞大的本地商业企业尤其是私营企业，借助上海多元化、个性化的细分市场，以及中国国际进口博览会提供的平台，上海本土商业创新能力将逐渐增强。

随着上海自贸区改革的推进，上海在航运服务领域的能力将大幅增强，中转箱率将得以大幅提升，上海在全球航运服务中的地位将明显提高。国内宏观经济稳定可持续发展，加之上海独特的区位与市场潜力，吸引国际资本纷纷抢滩登陆上海。在未来几年里，预计会有更多的跨国公司将其中国总部设立在上海，有的甚至将亚太总部迁移到上海。国际商业领域的新兴力量会将亚太地区首家店铺或者最新业态率先引入上海，希望以上海为中心，进而向中国其他地区以及整个亚太地区辐射。总而言之，在未来几年中，上海将继续引领中国商业的发展，成为国际商业资本角逐的大舞台。

B.17
中国服务消费现状、问题及政策建议

马彦华*

摘　要： 中国消费形态正从实物消费加快向服务消费转变，促进服务消费对拉动经济增长、提升国家软实力、满足人民美好生活需要具有重要意义。当前，服务消费持续较快增长，"互联网+服务"蓬勃发展，支出占比稳步提高，成为社会经济发展的重要力量。但服务消费领域存在体制机制障碍，服务供给不平衡不充分、部分领域供需矛盾突出，消费者保护机制不完善、权益受损普遍，统计体系不健全、难以反映消费全貌等突出问题，今后应着力加强服务领域改革开放，增加服务供给、提高服务质量、优化消费环境、健全统计体系，推动服务消费稳步增长。

关键词： 服务消费　服务供给　体制机制　统计监测

服务消费是指居民全部消费支出中用于支付社会提供的各种非实物性的服务费用总和，包括餐饮、旅游、文化、体育、健康、养老、家政、教育培训、交通通信消费等。随着经济社会发展，服务消费日益成为推动经济增长、满足人民美好生活需要的重要力量。2018年党中央、国务院印发的《关于完善促进消费体制机制进一步激发居民消费潜力的若干意见》明确要求"居民消费结构持续优化升级，服务消费占比稳步提高，全国居民恩格尔系数逐步

---

* 马彦华，商务部国际贸易经济合作研究院高级经济师，研究方向为消费经济、商贸流通。

下降"。加快发展服务消费是切实增强消费对经济发展的基础性作用,不断满足人民日益增长的美好生活需要的迫切要求,对社会经济发展意义重大。

一 促进服务消费的重大意义

(一)服务消费是拉动经济增长的重要力量

增强消费基础性作用,培育和壮大经济增长新动能,是推动经济稳步发展的关键一环。2018年我国最终消费支出47万亿元,对国内生产总值增长的贡献率为76.2%,比上年提高18.6个百分点,高于资本形成总额43.8个百分点,连续五年成为经济增长第一动力(见图1)。服务消费作为总消费的重要组成部分,进一步发挥其兼具消费和服务的双重作用,对于扩大消费和培育壮大经济增长新动能具有重要意义。

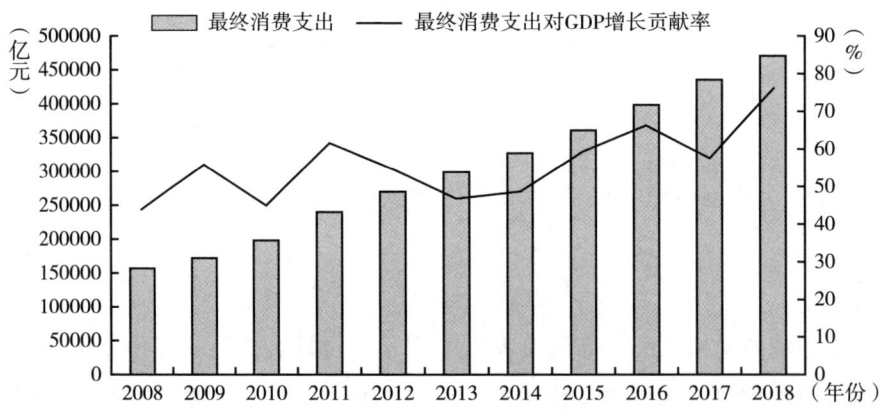

图1 2008~2018年最终消费支出对经济增长的贡献

资料来源:相关年份《中国统计年鉴》。

(二)服务消费是经济转型升级的主要引擎

近年来,我国服务业发展不断迈上新台阶,2012年服务业占GDP比重首次超过第二产业，2015年首次超过50%，2018年达到52.2%，服务业成为拉动经济增长的主要引擎。随着服务业快速发展，服务贸易持续扩大，2018年我国服务贸易进出口实现52402亿元，占对外贸易总额的17.2%，但依然低于全球24%的平均水平。促进服务消费是进一步壮大服务业占主导的经济结构，提高服务贸易出口比重、优化贸易结构，推动我国从服务大国迈向服务强国的重要途径。

（三）服务消费是提高国家软实力的重要载体

我国已经成为世界第二大经济体，但在美国南加州大学发布的2018年全球软实力排名中，我国国家软实力仅位列第27位，进一步提升国家软实力是全面体现大国综合实力、国际影响力的重要着力点。旅游、教育、文化、餐饮等凝聚着中国传统文化、价值理念，代表的是国家软实力，不仅可以直观地展示国家良好形象，还能够扩大国家在全球的影响力。扩大服务消费是展示国家形象、提升我国国际影响力和国家软实力的重要载体。

（四）服务消费是人民美好生活的切实体现

党的十九大报告指出，我国社会主要矛盾已经转化为人民日益增长的美好生活需要与不平衡不充分发展之间的矛盾。人们对美好生活的向往更加强烈，对美好生活的需要日趋多样化，服务消费水平的高低成为反映居民生活质量的一个重要标志。进一步扩大服务消费符合消费升级趋势，有利于更好地满足居民消费升级的需要，也有利于更充分地满足人民日益增长的美好生活需要，提升人民的获得感和幸福感。

二 服务消费总体状况分析

（一）服务消费持续较快增长

我国正处于从物质型消费向服务型消费加快转型的阶段，服务消费快速增长，既是我国经济转型升级的最大亮点，也是经济转型的重要推动力量。从人均消费看，2013年全国居民人均服务消费4959.5元①，2016年提升至6858.9元（见表1），2014~2016年年均增长11.4%，比同期人均消费支出年均增长高2.4个百分点，比同期社会消费品零售总额年均增长高0.4个百分点。其中，其他服务年均增长14.5%，医疗服务年均增长13.1%，交通通信年均增长12.8%，教育文化娱乐年均增长11.1%。从服务消费规模来看，2013年服务消费规模为67499亿元，2016年增长至94859亿元，接近10万亿元规模，年均增长12%（见表2）。2018年全国居民人均交通通信消费2675元，人均教育文化娱乐消费2226元，人均医疗保健服务（含医疗器具及药品）消费1685元，同比分别增长7.1%、6.7%和16.1%，人均饮食服务支出增长21.7%，人均家庭服务支出增长32.1%，人均其他服务支出增长14.9%，远高于人均食品烟酒消费支出4.8%和人均衣着消费支出4.1%的增长速度。

表1 2013~2016年全国居民服务消费支出情况

单位：元/人

服务消费项目	2013年	2014年	2015年	2016年
饮食服务	664.4	725.4	814.4	884.8
租赁房房租	160.8	158.4	149.1	155.4
住房维修及管理	353.1	383.1	419	469
家庭服务	39	42	44.1	51.8
交通通信	1627.1	1869.3	2086.9	2337.8
教育文化娱乐	1397.7	1535.9	1723.1	1915.3

---

① 国家统计局将全国居民消费支出划分为食品烟酒、衣着、居住、生活用品及服务、交通通信、教育文化娱乐、医疗保健、其他用品及服务等八大类。服务消费支出包括食品烟酒支出项中的"饮食服务"，居住支出项中的"租赁房房租"和"住房维修及管理"，生活用品及服务支出项中的"家庭服务"，医疗保健支出项中的"医疗服务"、其他用品及服务支出项中的"其他服务"以及"交通通信"、"教育文化娱乐"等八项支出。2013年新统计口径前，食品加工服务、衣着加工服务等也属于服务消费，2013年之后不再公布具体数据，本报告所指服务消费不包含这两项支出。这两项支出占比较低，不影响相关分析及结论。其他服务包括住宿、美容美发等支出。

续表

服务消费项目	2013年	2014年	2015年	2016年
医疗服务	593.4	675.5	759.5	858.9
其他服务	124	146.9	162.7	185.9
合计	4959.5	5536.5	6158.8	6858.9

资料来源：《中国住户调查年鉴2017》，中国统计出版社。

表2 2013~2016年服务消费规模

	2013年	2014年	2015年	2016年
全国人均服务消费（元）	4959.5	5536.5	6158.8	6858.9
总人口（亿人）	13.61	13.68	13.75	13.83
服务消费规模（亿元）	67499	75739	84684	94859

资料来源：根据《中国住户调查年鉴2017》有关数据测算。

（二）服务消费形成多个新的增长点

服务消费涵盖内容广泛，热点趋向多元，形成体育、文化、旅游、健康等多个新的增长点。有关数据显示，2017年全国共举办规模赛事1102场，涉及234个城市，参赛人数498万人次，赛事规模7年增长50倍。我国体育产业增加值占GDP比重接近1%，体育消费约1万亿元，体育服务业增加值占体育产业增加值的比重达到57%，体育竞赛表演活动、体育健身休闲活动增长突出，增长速度分别达到39.2%和47.5%，航空、击剑、山地户外等体育消费蓬勃发展，成为体育消费的新热点。国家电影局公布的数据显示，2018年我国银幕总数达60079块，超越美国成为世界上电影银幕最多的国家，全国电影票房总收入609亿元，同比增长9.1%。旅游消费快速增长，2018年国内旅游人数达55.4亿人次，旅游收入达5.99万亿元，同比分别增长10.76%和10.9%。中国互联网协会发布的报告显示，2018年我国信息消费约5万亿元，同比增长11%，信息服务消费规模首次超过信息产品消费，信息消费市场出现结构性改变。

（三）服务消费支出占比稳定提升

随着服务消费持续较快增长，服务消费占总消费的比重不断提升。2013年全国居民服务消费支出占比为37.5%，2016年增加到40.1%，提高2.6个百分点。从服务消费具体项目看，全国居民人均商品性支出占比不断下降，食品烟酒（含饮食服务）、衣着消费支出占比从2013年的31.2%、7.8%，分别下降到2016年的30.1%、7.0%，分别下降1.1个和0.8个百分点，恩格尔系数接近联合国划分的20%~30%的富足标准。交通通信、教育文化娱乐、饮食服务、医疗服务消费支出占比分别从2013年的12.3%、10.6%、5.0%和4.5%，分别提高到2016年的13.7%、11.2%、5.2%和5.0%，分别提高了1.4个、0.6个和0.2个和0.5个百分点（见表3），这四项服务消费占服务消费总额的85%以上。2018年交通通信、教育文化娱乐消费支出占比分别为13.5%和11.2%，与2016年基本相当。

表3 2013~2016年全国居民服务消费支出

单位：%

消费支出占比	2013年	2014年	2015年	2016年
食品烟酒	31.2	31	30.6	30.1
衣着	7.8	7.6	7.4	7.0
服务消费	37.5	38.2	39.2	40.1
其中:饮食服务	5.0	5.0	5.2	5.2
租赁房房租	1.2	1.1	0.9	0.9
住房维修及管理	2.7	2.6	2.7	2.7
家庭服务	0.3	0.3	0.3	0.3
交通通信	12.3	12.9	13.3	13.7
教育文化娱乐	10.6	10.6	11.0	11.2
医疗服务	4.5	4.7	4.8	5.0
其他服务	0.9	1.0	1.0	1.1

资料来源：《中国住户调查年鉴2017》，中国统计出版社。

（四）"互联网+服务消费"蓬勃发展

当前互联网与经济社会各领域深度融合，广泛渗透到餐饮、旅游、教育、交通出行、医疗健康、家政等诸多领域，"互联网+服务消费"快速发展，推动服务方式创新、服务效率提升、生活方式转变。根据中国互联网络信息中心发布的第42次《中国互联网络发展状况统计报告》，截至2018年6月，在线旅行预订用户规模39285万人，网民使用率达到49.0%；网上订外卖用户规模36387万人，网民使用率为45.4%；网约出租车、网约专车或快车用户规模分别达34621万人和29876万人，网民使用率分别为43.2%和37.3%，半年增长率均超过20%。互联网教育赋能持续落地，网络学习空间建设加快、资源共享力度加大，涌现出学而思网校、新东方在线、VIPKID、智慧树等一批在线教育平台，满足多层次、多样化需求，在线教育用户规模持续攀升，达到17186万人，网民使用率为21.4%，半年增长率超过10%，详见表4。"互联网+医疗健康"不断优化和提高医院诊疗（远程会诊）、检查检验、结算、健康信息等服务流程与效率，探索诊前、诊中、诊后的线上线下一体化医疗服务模式。乌镇互联网医院每天为5万多人提供挂号、会诊、咨询等服务。

表4 我国各类服务消费互联网应用的用户情况

单位：万人，%

应用	用户规模	网民使用率	半年增长率
旅行预订	39285	49.0	4.5
网上订外卖	36387	45.4	6.0
在线教育	17186	21.4	10.7
网约出租车	34621	43.2	20.8
网约专车或快车	29876	37.3	26.5
共享单车	24511	30.6	11.0

资料来源：中国互联网络信息中心：第42次《中国互联网络发展状况统计报告》。

（五）服务消费增长潜力巨大

从国际经验看，居民消费结构升级的趋势主要按照"衣食—住行—康

乐"路径演进。人均GDP突破3000美元后,服务支出迅速增加,服务消费将成为消费主导力量。1970年美国人均名义GDP增长至5246美元时,个人消费支出中服务消费支出327.9美元,占比50.7%,首次超过商品消费;2017年美国个人消费支出中服务消费支出9165.3美元,占消费总支出的68.8%(见表5)。我国不到45%的服务消费占比不仅与美国存在较大距离,与欧盟等发达经济体64%的占比也有不小差距。从时间维度看,目前我国服务消费占比仅相当于美国20世纪60年代末以及欧盟70年代中期的水平,我国服务消费仍有较大提升空间。从国内社会经济发展看,我国服务消费需求巨大、消费升级加快。2018年我国恩格尔系数下降到28.4%,人均GDP接近1万美元,正处于迈向富足、步入新一轮消费升级的关键时期。从中长期看,伴随经济稳步发展,我国居民收入持续增长,中等收入群体不断壮大,城镇化水平继续提高,服务消费还有巨大的扩张空间。国家统计局测算,2018年我国中等收入群体已超过3亿人(年收入2.5万~25万元),约占全球中等收入群体的30%以上。如此庞大的中等收入群体已成为服务消费增长的强大动力。

表5 美国服务消费比例变动

项目	人均GDP 3000~5000美元	人均GDP 5000~10000美元	人均GDP 10000~30000美元	人均GDP 30000美元以上
时间段	1960~1969年	1970~1978年	1979~1996年	1997~2017年
服务消费占比	46.6%~49.5%	50.7%~53.3%	53.5%~61.4%	63.8%~68.8%

资料来源:人均GDP数据来源于世界银行数据库,美国服务消费数据来自美国经济分析局公开发布的资料。

三 当前服务消费面临的突出问题与障碍

近年来,服务消费持续增长,但仍面临行业准入限制较多、行业监管理念及体制机制滞后、相关法律法规不完善等体制机制障碍,同时也面临有效供给不足、供给质量相对较低、服务供给不平衡不充分、消费者权益受损、统计体系不健全等突出问题。

（一）体制机制障碍亟待破除，影响消费制度性因素较多

目前服务消费领域还存在体制机制障碍，突出表现为教育、医疗、养老、文化等领域准入限制相对较多；配套法规不完善、相关法律之间不协调，一些法律法规不适应服务业新业态、新模式的迅速发展，如共享单车、网约车、短租民宿等新兴服务缺乏明确的法律规范；服务质量和标准体系不健全，滞后于消费提质扩容需要；行业监管理念及体制机制滞后，部分行业监管归属不明确，政府部门职能交叉、监管协调困难，如对于快递行业新能源车应用，交通、环保部门相互掣肘，难以协调一致，又如对于便利店即食餐饮服务，工商、食药监、环保等部门监管权责不清，餐饮业各地消防执法标准不一，体制机制障碍影响服务业健康发展。同时，影响消费的制度性因素也比较多，尽管社会保障已基本实现全覆盖、社会公共服务加快均等化，但大部分城乡居民依然面临住房、教育、医疗、养老等多重压力，挤压消费空间。收入分配机制不合理，居民部门收入占比长期较低、贫富差距日益扩大，不利于消费能力提升和潜力释放。

（二）服务供给不平衡不充分，部分领域供需矛盾突出

当前服务消费领域存在有效供给不足、供给质量相对较低等问题。一是服务供给发展不充分，服务水平不高。家政、养老服务人员短缺，从业人员素质和管理水平参差不齐，服务不规范现象明显，供给质量整体上相对较低，消费者满意度不高。2018年，我国60周岁及以上人口2.49亿人，占总人口的17.9%，其中65岁及以上人口1.67亿人，占总人口的11.9%，养老服务需求旺盛，服务规范、价格适中的养老机构严重短缺，养老消费缺口较大。托幼服务及优质教育供给相当短缺，西南大学教育政策研究所预测，2021年幼儿园缺口近11万所，幼儿教师和保育员缺口超过300万人，学前教育经费供给远不能满足消费需求。医疗健康服务供不

应求，2017年我国每千人医生数、护士数分别为2.4人、2.7人，不能满足庞大医疗需求，同时高端服务短缺，近年来我国海外就医患者数量迅速增长，去日本精密体检、去韩国美容整形、去瑞士注射羊胎素等高端医疗美容服务正在成为热潮。

二是服务供给发展不平衡，城乡服务消费差距较大。2013年城镇人均服务消费7041.9元，农村人均服务消费2691.9元，城镇是农村的2.62倍，二者差距高于当年人均消费支出差距（城镇是农村的2.06倍）（见图2）。之后几年，城镇、农村服务消费差距有所缩小，但2016年二者差距仍达2.46倍之多。从服务消费占比看，城镇和农村服务消费占比差距逐渐扩大，2013年城镇居民服务消费支出占总消费的45.6%，农村为36.0%，城镇比农村高9.6个百分点，而后逐年扩大，2016年差距达11.1个百分点。从消费具体项目看，2016年城镇饮食服务支出是农村的5.30倍，家庭服务支出是农村的5.42倍，教育文化娱乐支出是农村的2.46倍（见表6、表7）。这主要是由于农村自给自足，中小城市教育文化和娱乐市场发展不充分，基础设施、人才缺乏等，农村服务消费显著落后于城镇。

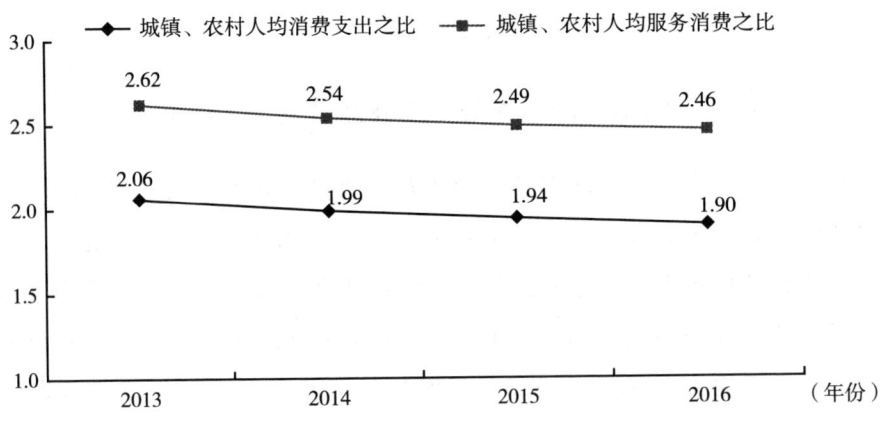

图2 2013~2016年城镇、农村人均服务消费对比

资料来源：根据《中国住户调查年鉴2017》有关数据测算。

中国服务消费现状、问题及政策建议

表6 2013~2016年城镇居民服务消费支出

单位：元/人，%

消费项目	2013年	2014年	2015年	2016年
饮食服务	1106.7	1185.9	1311	1413.4
租赁房房租	282.2	276	256.4	261.5
住房维修及管理	398.1	429	489.1	568.8
家庭服务	63.7	67.6	70	83
交通通信	2317.8	2637.3	2895.4	3173.9
教育文化娱乐	1988.3	2142.3	2382.8	2637.6
医疗服务	693.2	800.4	892.9	1021.8
其他服务	191.9	225.5	250.4	283.9
合计	7041.9	7764	8548	9443.9
服务消费支出占比	45.6	46.5	47.8	49.0

资料来源：《中国住户调查年鉴2017》，中国统计出版社。

表7 2013~2016年农村居民服务消费支出

单位：元/人，%

消费项目	2013年	2014年	2015年	2016年
饮食服务	182.8	211.8	246.9	266.5
租赁房房租	28.7	27.2	26.5	31.3
住房维修及管理	304.1	331.9	338.9	352.3
家庭服务	12.2	13.5	14.5	15.3
交通通信	874.9	1012.6	1163.1	1359.9
教育文化娱乐	754.6	859.5	969.3	1070.3
医疗服务	484.6	536.1	607.2	668.3
其他服务	50	59.3	62.4	71.2
合计	2691.9	3051.9	3428.8	3835.1
服务消费支出占比	36.0	36.4	37.2	37.9

资料来源：《中国住户调查年鉴2017》，中国统计出版社。

（三）消费者权益受损普遍存在，保护机制不健全

服务消费涉及领域广泛、服务标准不一、虚假宣传、强制消费等侵害消费者权益问题时有发生。2017年全国工商和市场监管部门共受理服务类投

诉 119.41 万件，占总投诉量的 49.7%；全国消协组织共受理服务类投诉 38 万件，占总投诉量的 52.3%。投诉主要集中在生活社会服务、销售服务、互联网服务、电信服务和文化/娱乐/体育服务、租赁服务等领域。具体来看，健身、餐饮、美发、教育培训、家政等领域会员制预付式消费广泛存在，企业经营困难、门店关闭后无法退款现象较为普遍，致使消费者权益受损。在房屋租赁等消费领域，消费者通过经营者推荐的金融机构贷款，当出现商家不履行承诺、服务缩水，甚至关门跑路等情况时，才发现金融信贷条约中含有各种高额违约条款，消费者不仅享受不到服务，而且仍需继续偿还金融贷款，消费者权益受到严重损害。通信领域收费名目繁多且强制性消费、诱导性消费、捆绑式消费等问题依然存在。旅游领域，预订行程不兑现，低价团费加价游，旅游变购物且商品以次充好、价格虚高，合同条款设陷阱，甚至人身受到伤害等问题显著。2018 年，全国消协组织共收到旅游类消费投诉 8487 件，占服务类投诉的 2.30%，比上年同期上升了 1.23%。

（四）服务消费统计体系不健全，难以反映消费全貌

数据统计是研究消费现状、预判消费趋势的重要基础。在我国目前统计体系中，支出法 GDP 的居民最终消费支出、社会消费品零售总额、住户调查的居民消费支出都涉及消费统计，三个统计指标口径范围、主要用途、数据表现有所区别。社会消费品零售总额统计以商品消费为主，主要用于反映商品市场零售情况，不包括教育、医疗、文化、旅游等服务消费。支出法 GDP 中的居民最终消费支出主要用于反映消费需求及其在最终需求中所占比重，外界难以获得服务消费相关数据。住户调查中的居民消费统计为人均消费，所有数据均为个体微观数据，难以反映服务消费全貌。从现有统计体系来看，缺少服务消费规模、结构等宏观数据，往往只能用旅游、教育、文化等个别市场消费对服务消费整体情况做出粗略判断。北京将社会消费品零售总额调整为总消费，涵盖商品消费和服务消费，上海积极开展服务消费统计探索，其他地区服务消费统计的实践经验依然十分匮乏。随着服务消费日益成为推动经济增长的重要力量，健全服务消费统计体系迫在眉睫。

四 促进服务消费的政策建议

（一）破除体制机制障碍，释放服务消费潜力

进一步完善法律法规体系，加强相关法律之间的衔接，支持新兴服务模式发展，增强市场活力。加强监管部门之间协调合作，解决服务业发展的突出问题。优化配套制度保障，坚持房住不炒总基调不动摇，完善住房市场体系和住房保障体系，大力发展住房租赁市场，构建房地产市场健康发展长效机制，推动房地产市场稳定发展，缓解购房焦虑，释放消费潜力。进一步完善医疗、教育、养老保障体系，改善居民消费预期，让消费者更敢于消费。加快收入分配制度改革，推动形成工资正常增长机制，提高城镇居民可支配收入，增强服务消费能力。稳步推进农村土地流转，强化对低收入群体的转移支付，增加农村居民收入，提升农村居民消费能力。

（二）深化服务领域改革，增加服务消费供给

深化服务领域改革开放，放宽旅游、文化、健康、养老等领域市场准入，清理、废除妨碍统一市场和公平竞争的各项规定和做法，全面实施准入前国民待遇加负面清单管理制度，加大服务领域有效有序开放力度，逐步放宽、放开对外资的限制，吸引社会投资增加服务供给。在文化服务领域，加快事业单位改革，开展行政审批标准化试点，拓展数字影音、动漫游戏、网络文学等数字文化内容。在旅游领域，逐步放开中外合资旅行社业务范围，鼓励邮轮旅游、游艇旅游等新兴旅游方式。在养老领域，加快公办养老机构转制与公建民营进程，进一步简化行政审批程序，支持各类市场主体增加养老服务供给。在托幼培训领域，加大政府购买服务力度，增加非营利性优质教育供给。在通信领域，尽快推进服务价格机制改革，形成市场决定服务价格的新机制。

(三)开展质量提升行动,全面提高服务质量

全面开展质量提升行动,建立健全体育、旅游、餐饮、住宿、家政、养老等国家服务标准和服务规范,修订完善行业标准,培育发展团体标准,形成系统配套的服务标准体系。积极开展服务标准化试点示范建设、探索开展服务标准准入试点,研究开展教育、体育等服务认证。加强服务质量制度建设,进一步完善服务质量社会监督平台、服务质量治理体系。大力培育服务品牌,推广实施优质服务承诺标识和管理制度,引导企业树立服务质量意识,积极运用互联网、大数据、人工智能等现代信息技术,创新服务方式,改进服务流程,加强服务规范和监督管理,不断提高服务质量和水平。

(四)整顿规范市场秩序,优化服务消费环境

加强服务消费市场监管,重点整治保健服务、文化娱乐、旅游、交通通信等领域虚假宣传、捆绑销售、强制消费等问题。强化医疗、教育、文化、旅游等领域诚信建设,建立健全市场主体信用记录,推动信用信息公开公示,建立跨地区、跨部门、跨领域的守信联合激励、失信联合惩戒机制,引导服务企业和从业人员强化诚信意识。健全消费者维权机制,保护消费者合法权益。简化消费者维权程序,降低维权成本,通过法律援助等方式为消费者维权提供支撑,提高消费者消费安全保障,使其能够放心消费,进一步释放消费潜力。

(五)完善统计监测体系,科学评估服务消费

研究制定服务消费统计范围、统计分类、统计指标,将社会消费品零售总额调整为全社会消费总额,形成涵盖商品消费、服务消费的消费统计指标体系,切实反映文化娱乐、旅游、体育、健康、养老、家政、交通通信、教育培训等服务消费规模及结构,科学评估服务消费的地位作用,为经济形势分析、预测预警提供依据。进一步完善住户统计调查制度,激发调查住户数据填报积极性,提高统计数据质量。完善服务行业统计,为消费支出核算提供重要数据支撑。

B.18 中国消费者行为分析

程 敏*

摘 要： 在一系列政策引导和良好的经济环境影响下，我国消费规模稳定增长，消费水平不断提升，消费升级持续加速，消费已成为促进经济增长的第一驱动力。中国消费者行为越来越趋于理性，消费理念转变，高品质、体验性、绿色共享、智慧化消费备受关注，消费者行为呈现越来越多元化的特征。"90后"消费者迅速成长，消费行为更追求个性、开放、多元化，但对商品品质的追求呈现整体一致性。未来，年轻消费和互联网消费将成为主要力量，绿色共享理念更深入人心，消费趋势更多元化，地区间差距缩小，但经济形势放缓和供给相对不足对消费扩大起到一定阻碍作用。

关键词： 消费 消费者 消费政策 消费者行为

一 中国总体消费现状

在一系列消费促进政策和经济发展、居民收入水平提高的影响下，我国消费规模稳定增长，消费水平不断提升，消费升级持续加速，消费已成为促进经济增长的第一驱动力。

---

* 程敏，经济学博士，曲阜师范大学副教授，主要研究方向为流通贸易。

（一）消费政策作用显著

在国内投资、出口长期乏力的背景下，消费成为拉动国内经济持续增长的主要引擎。为扩大内需、增强消费对经济发展的基础性作用，近年来政府出台了一系列刺激消费的政策（见表1）。2019年1月29日，国家发展改革委会同有关部门研究制定了《进一步优化供给推动消费平稳增长 促进形成强大国内市场的实施方案（2019年）》。由于互联网经济的发展和移动支付的普及，网络消费的重要性越来越突出，为了进一步完善消费体制，规范消费支付市场，中国人民银行印发了《条码支付安全技术规范（试行）》和《条码支付受理终端技术规范（试行）》，并已于2018年4月1日实施，央行还与支付宝、财付通等45家机构签署《网联清算有限公司设立协议书》，进一步规范网络支付。政府对市场的引导取得了显著成效，从2011年开始，消费支出对经济增长的贡献率逐渐超过投资与出口，2018年，消费对经济增长的贡献率达76.2%，同比增长18.6个百分点，已连续5年成为促进经济增长的第一驱动力（见图1）。

表1 2016～2019年促进消费主要政策

序号	政策
1	国务院办公厅关于开展消费品工业"三品"专项行动营造良好市场环境的若干意见（国办发〔2016〕40号）
2	国务院办公厅关于发挥品牌引领作用推动供需结构升级的意见（国办发〔2016〕44号）
3	国务院办公厅关于印发消费品标准和质量提升规划（2016—2020年）的通知（国办发〔2016〕68号）
4	关于印发促进消费带动转型升级行动方案的通知（发改综合〔2016〕832号）
5	国务院关于新形势下加强打击侵犯知识产权和制售假冒伪劣商品工作的意见（国发〔2017〕14号）
6	国务院办公厅关于加快发展冷链物流保障食品安全促进消费升级的意见（国办发〔2017〕29号）
7	国务院办公厅关于印发完善促进消费体制机制实施方案（2018—2020年）的通知（国办发〔2018〕93号）
8	中共中央、国务院关于完善促进消费体制机制 进一步激发居民消费潜力的若干意见（2018年9月20日）
9	关于印发进一步优化供给推动消费平稳增长促进形成强大国内市场的实施方案（2019年）的通知（发改综合〔2019〕181号）

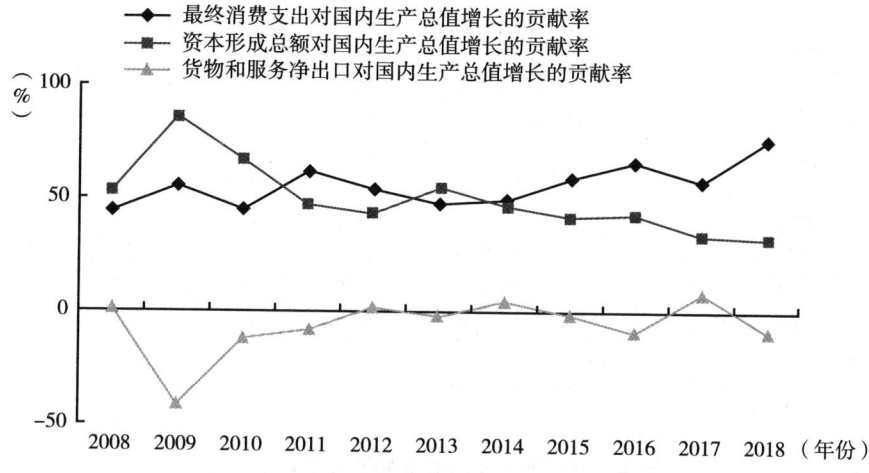

图1　三大需求对国内生产总值增长的贡献率

资料来源：国家统计局，http://www.stats.gov.cn/。

（二）消费水平不断提升

经济发展和一系列政策的颁布实施，使人们收入水平不断提升。经过几次修改，最新的《中华人民共和国个人所得税法》于2019年1月1日起施行，新税法提高了免征额，增加了专项附加扣除等新规定，有利于居民人均工资收入的增加。随着人均可支配收入的增加，我国居民消费水平也不断提升，消费支出持续增长（见图2）。特别是2018年，全国居民人均可支配收入达28228元，比上年名义增长8.7%，扣除价格因素，实际增长6.5%，同比下降0.8个百分点。全国居民人均消费支出19853元，比上年名义增长8.4%，扣除价格因素，实际增长6.2%，同比上升0.8个百分点。虽然人均可支配收入增长率同比下降，但人均消费支出增长率却上升，一定程度上说明居民整体消费意愿有所提升。

（三）消费规模稳定增长

我国消费规模持续增长（见图3）。2018年，社会消费品零售总额达

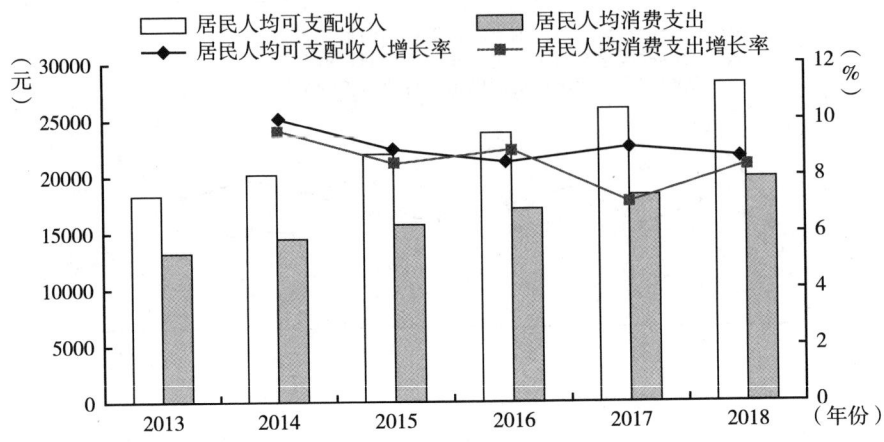

图 2　中国居民人均可支配收入与消费支出

资料来源：国家统计局，http://www.stats.gov.cn/。

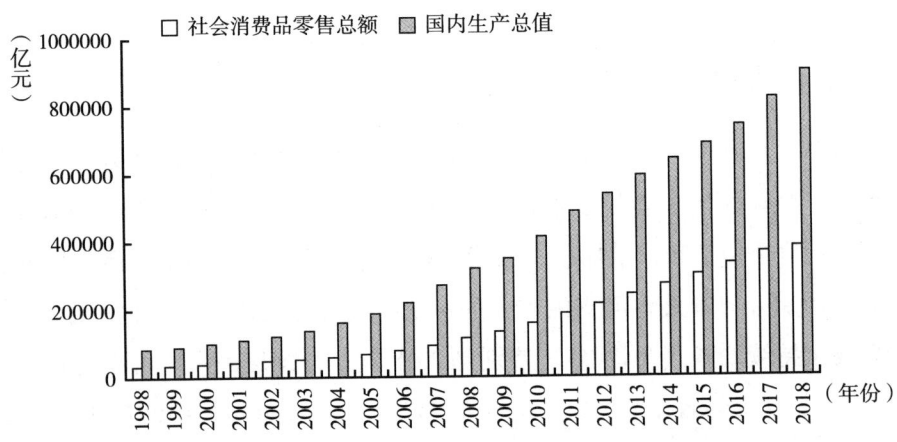

图 3　1998~2018 年社会消费品零售总额与国内生产总值

资料来源：国家统计局，http://www.stats.gov.cn/。

38.1 万亿元，比上年增长 9%，高于同期 GDP 增速。消费市场规模正稳步扩大，消费潜力不断释放。特别是网购规模的急速增长，对消费的增长贡献巨大。经过多年的发展，中国的互联网经济规模在国际上已首屈一指，截至 2018 年 6 月，中国网民规模达到 8.02 亿人，互联网普及率达 57.7%，网络支付用户数比例达到71%。① 在此背景下，网上消费迅速增长，2018年全国网上零售额为90065亿元，同比提高23.9%（见图4），其中，实物商品网上零售额占社会零售总额比重达18.4%，同比增长3.4%②，不过，其增速趋于平缓。

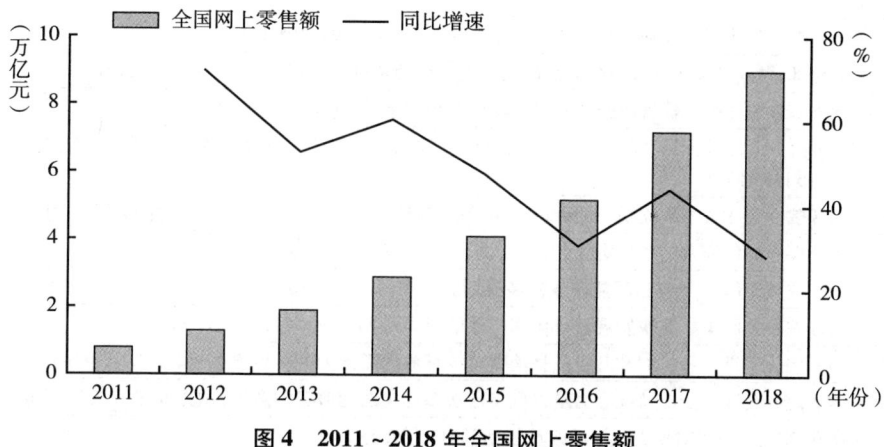

图4 2011~2018年全国网上零售额

资料来源：中国产业信息网，http://www.chyxx.com。

（四）消费升级持续加速

经济的增长、技术的发展、政策的加持（见表2）和人们观念的改变，促进消费升级持续加速。首先，商品消费结构不断优化，消费品质不断提升。我国恩格系数不断下降，至2017年，首次降至30%以下，2018年为28.4%，同比下降了0.9个百分点，下降速度不断加快（见图5）。其次，服务消费占比稳定增长，居民生活水平不断提高。2018年，服务消费已占到居民人均消费支出的44.2%，同比提高1.6个百分点。更多的消费者购买网络视频、课程等付费项目。再次，农村与城镇地区的消费差异逐渐缩小。农村消费品零售总额增长快于城镇1.3个百分点。最后，新零售带动消

---

① 中国互联网络信息中心：第42次《中国互联网络发展状况统计报告》，http://www.cnnic.net.cn/。
② 国家统计局，http://www.stats.gov.cn/。

费升级。新零售促进形成新的消费形式,线上线下紧密联系,消费更现代化、科技化、便捷化,进一步推动消费品质提升。

表2 2016~2018年促进消费升级的部分政策

序号	政策
1	国务院办公厅关于加强旅游市场综合监管的通知(国办发〔2016〕5号)
2	文化部、财政部关于开展引导城乡居民扩大文化消费试点工作的通知(文产发〔2016〕6号)
3	国务院办公厅关于促进医药产业健康发展的指导意见(国办发〔2016〕11号)
4	国务院办公厅关于进一步扩大旅游文化体育健康养老教育培训等领域消费的意见(国办发〔2016〕85号)
5	国务院办公厅关于建立统一的绿色产品标准、认证、标识体系的意见(国办发〔2016〕86号)
6	关于促进绿色消费的指导意见的通知(发改环资〔2016〕353号)
7	国务院关于印发"十三五"旅游业发展规划的通知(国发〔2016〕70号)
8	国务院办公厅关于加快发展健身休闲产业的指导意见(国办发〔2016〕77号)
9	国务院关于进一步扩大和升级信息消费持续释放内需潜力的指导意见(国发〔2017〕40号)
10	国务院办公厅关于支持社会力量提供多层次多样化医疗服务的意见(国办发〔2017〕44号)
11	文化部"十三五"时期文化发展改革规划(2017年2月23日)
12	国家卫生计生委关于印发进一步改善医疗服务行动计划(2018—2020年)的通知(2018年1月3日)
13	国务院办公厅关于促进"互联网+医疗健康"发展的意见(国办发〔2018〕26号)
14	国务院办公厅关于印发文化体制改革中经营性文化事业单位转制为企业和进一步支持文化企业发展两个规定的通知(国办发〔2018〕124号)

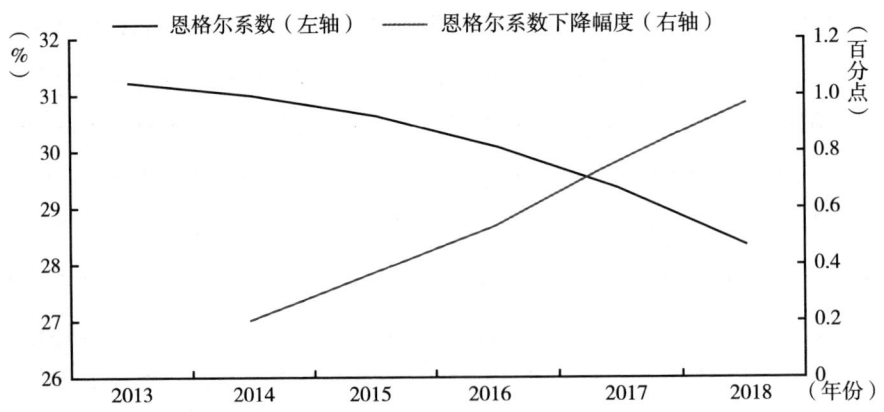

图5 2013~2018年中国恩格尔系数及其变化

资料来源:国家统计局,http://www.stats.gov.cn/。

二 中国消费者行为特征分析

中国消费者行为越来越趋于理性,更加关注产品品质和消费体验,倡导绿色环保的消费理念,智慧化消费成趋势。粉丝经济经历大爆发后,运行逐渐规范,社交"圈"对消费者影响加深。同时,消费理念更国际化,跨境消费不断增长。总之,消费者行为呈现越来越多元化的特征。

(一)消费者购买行为趋于理性

消费者正经历从单纯追求物质升级向多元化追求精神升级转变的过程,消费也更趋于理性。从2005年海外代购潮开始,众多消费者对"贵"和"大牌"的商品十分追捧,消费理念奢侈化和高档化。但近年来,消费者开始减少对大牌产品的关注,甚至出现"去品牌化"现象,转而更注重产品品质和体验感受,消费平价化、实用化,追求高品质、个性化。例如,一些高品质、高性价比国货受到了追捧,2018年,中国手机市场销量前四位都是国产手机品牌,位列第一的华为手机出货量达1.05亿台,市场占有率达26.4%[1],远高于其他国外品牌。

(二)"90后"成为线上消费主体

虽然线下消费仍以"70后""80后"人群为主,但是在线上消费领域,年龄更迭加速。实际上,"90后"的线上消费者人数占比在2015年就已经超过了"80后",2017年更达到42%。[2] 同时,"90后"的线上人均消费也不断增加,根据《2018年淘宝数据报告》,"90后"线上成交金额相比于"80后"高出1/4,"95后"购买效率最高[3],刚成年的"00后"开始初露锋芒。年轻群体对于消费的贡献愈加突出。

---

[1] 《IDC中国季度手机市场跟踪报告,2018年第四季度》,https://www.idc.com/cn/。
[2] 《2018中国互联网消费生态大数据报告》,https://www.cbndata.com。
[3] 《2018年淘宝数据报告》。

（三）智慧化、体验化消费受关注

近年来，移动互联网接入流量加速增加（见图6），智能应用软硬件井喷式增长，2018年，我国市场上监测到的APP数量净增42万款，总量达到449万款；其中，我国本土第三方应用商店的APP超过268万款，苹果商店（中国区）移动应用数约181万款。① 这些都带来了信息消费的快速提升，为体验消费的实现奠定了基础。首先，智能化产品受到更多关注。智能音箱、家居、家用电器等众多AI智能产品受到消费者的青睐，2018年智能数码3C产品销售同比增长288%，其中智能音箱销售增长上万倍。② 其次，信息消费大规模增长。智能技术创新与应用和移动网络技术的成熟，使得线上课程、网络订餐等消费形式层出不穷，信息消费大规模增长，2018年我国信息消费规模已达约5万亿元，同比增长13%。最后，消费体验不断升级。阿里、京东等企业利用其先进技术，依托其智能供应链和大数据等优势，将线上线下精准融合，推动"新零售"发展。不仅是实物商品，基因检测、保险项目、运动课程都可以通过移动端浏览并"私人定制"，使消费者获得了对服务的全新体验。基于此，虽然网上零售额在增长，但其增长速度却在放缓。

（四）品质、绿色消费成主流

随着生活水平的提高，消费者越来越关注产品品质。一方面，旅游、教育、保健等提升生活品质的产品和服务更加得到消费者的追捧。在居民人均消费中，食品烟酒消费不断下降，而教育文化娱乐、医疗保健、交通通信、生活用品及服务等消费支出不断上升。虽然收入增长放缓，房贷压力增加，但2018年，医疗保健和生活用品及服务消费支出占人均消费支出的比例仍不断增加（见图7）。人们更注重健康生活，各类保健器械、食品等销售量

---

① 中华人民共和国工业和信息化部，http://www.miit.gov.cn/。
② 《中国居民消费升级指数报告（2018）》，http://sif.suning.com/article/detail/1543196663164。

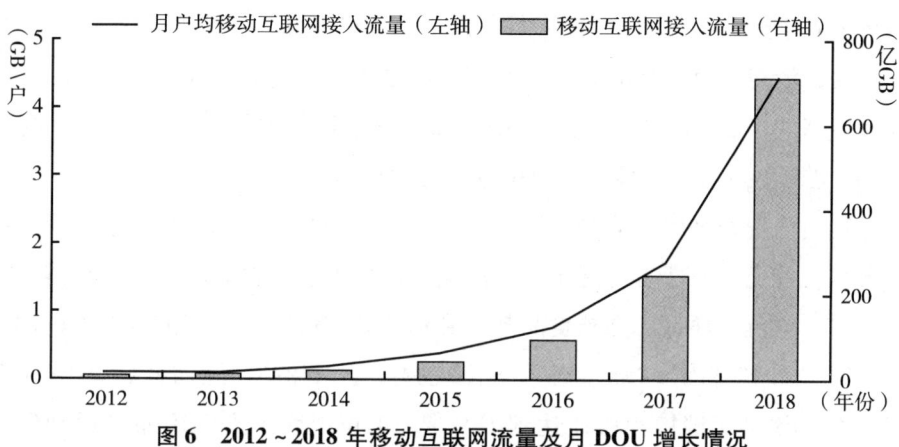

图6 2012~2018年移动互联网流量及月DOU增长情况

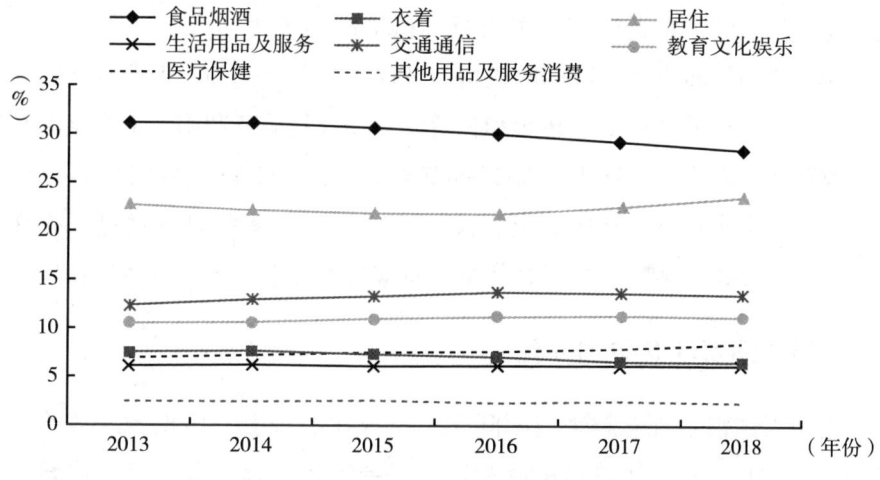

图7 各类消费在人均消费支出中占比

资料来源：国家统计局，http://www.stats.gov.cn/。

大涨，以保健品牌Swisse为例，2018年，其销售量增长263%。① 教育文化娱乐消费仍保持繁荣，以电影为例，国家电影局数据显示，2018年中国银幕总数达到60079块，跃居世界首位，电影票房达到609.76亿元，同比增长9%。电影业空前繁荣，至2018年底，票房前十的电影中，年内上映的

---

① 《中国居民消费升级指数报告（2018）》，http://sif.suning.com/article/detail/1543196663164。

电影占到了近一半,2019年春节档电影《流浪地球》已跃居票房第二。另一方面,消费者对产品的高性能和实用性更关注。例如,购买生活用品时更青睐中高端产品,2018年上半年中高端大家电销售平均增长154%①,高画质4K电视受到消费者喜爱,销售量同比增长263%。②

物质消费升级后,消费者更关注自身和对精神的追求,"绿色"理念不断加强。首先,消费者对健康产品的关注度增加。在食品消费支出整体下降的同时,绿色、环保、高档食品却受到消费者的青睐,在淘宝搜索关键词中"有机""非转基因""原生态"等出现频率越来越高。运动鞋从2016年至2018年的滚动年销售额增速达到18%③,也正说明了人们想通过运动保持健康的意愿。其次,消费者更注重环保、资源节约,低碳生活理念正在形成。越来越多的消费者选择低碳出行、租赁商品等生活方式,购买环保产品,同时将旧物转卖个人或回收机构,环保不浪费。例如,消费者在选择纸品时更关注环保成分;通过转卖和租赁,让旧衣物循环利用。上海金融与法律研究院数据显示,2018年我国租赁市场交易额超过了63000亿元④。消费者更具有社会责任感,在闲鱼上,仅"90后"消费者每月就通过二手交易等收集了超过305吨的蚂蚁森林能量,对应7.4万平方米的自然保护地⑤。

(五)消费理念更国际化

消费者的消费理念越来越国际化,反映在消费上,体现为跨境购物数量的迅速增长。得益于跨境电商和社交平台等数字化手段的日益成熟和政策的支持,近年来,我国相关商品进口额总体呈上升趋势(见图8),消费品进口额在进口总额中占比逐年攀升,至2017年已达13%,2018年跨境电商进口产品零售额达786亿元,同比增长39.8%。⑥ 国务院常务会议决定,

---

① 苏宁金融研究院数据,http://sif.suning.com/article/detail/1543196663164。
② 《中国居民消费升级指数报告(2018)》,http://sif.suning.com/article/detail/1543196663164。
③ 《2018中国互联网消费生态大数据报告》:https://www.cbndata.com/。
④ 《2019新租赁经济报告》:http://www.sifl.org.cn。
⑤ 《2018国民"轻生活"报告》:https://www.cbndata.com/。
⑥ 《2018跨境进口消费洞察报告》:https://www.cbndata.com/。

从 2019 年 1 月 1 日起，延续和完善跨境电子商务零售进口政策并扩大适用范围，这一决定将进一步激发跨境消费潜力。跨境消费产品类型也越来越多样化，以天猫国际为例，至 2018 年，其细分类目增加约 200 个，入驻品牌更是近 20000 个，除了传统的美妆、母婴和医药保健项目外，宠物、数码家电和个护等其他产品进口量也迅速增长。

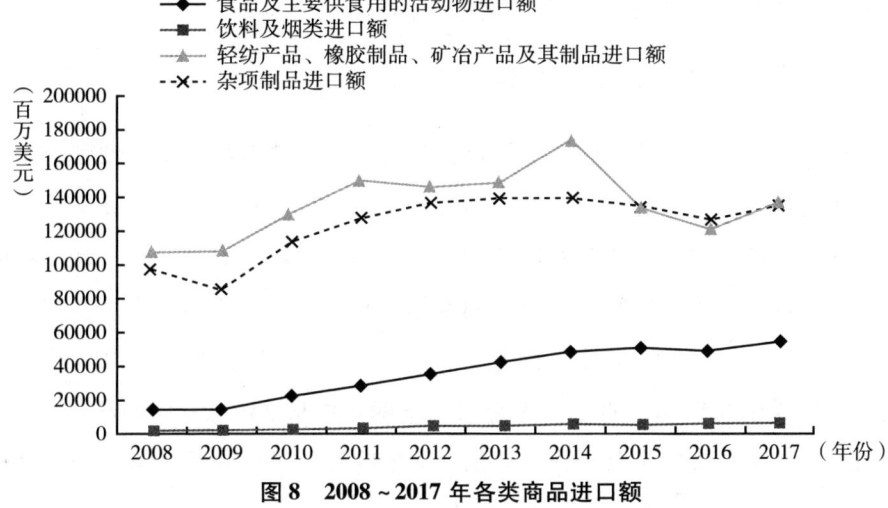

图 8　2008~2017 年各类商品进口额

资料来源：国家统计局，http://www.stats.gov.cn/。

（六）粉丝经济消费趋于规范

微博、短视频、直播等领域"网红"带动消费持续增长。截至 2018 年 4 月，中国网红粉丝总人数达到 5.88 亿人，同比增长 25%，其涉及的领域也在不断扩大。① 2018 年，"抖音"成为下载量排名第一的短视频 APP，带动出现大量网红短视频作品，使短视频成为 2018 年最重要的网红作品展示方式之一。网红产品大量流行，甚至有网红自己建立了品牌。为了规范这一市场，国家出台了《国家新闻出版广电总局关于加强网络直播答题节目管理的通知》《关于进一步规范网络视听节目传播秩序的通知》《互联网直播

---

① 《2018 中国网红经济发展洞察报告》，http://www.iresearch.cn/。

服务管理规定》等一系列政策法律法规，对于引导消费者起到一定作用。流量明星对消费者影响仍然比较强，但情况有所转变。通过产品代言、街拍路透、直播种草等形式，占据新闻热搜榜的话题明星带货能力依然比较强，明星同款、爆款市场成交量巨大。但受各类明星事件和舆论宣传等的影响，流量明星影响力正在下降，如《战狼》《我不是药神》等非流量明星电影的大火，反映出消费者行为正回归理性。

（七）社交圈对消费影响较大

移动社交兴起带动互联网经济进一步腾飞，为消费者提供了便利的交流平台，跑步、旅游等各类社交圈不断细分，特别是年轻一代，对社交圈的依赖加强，口碑、评分和推荐对消费的影响仍然巨大。各类社交圈、社交媒体通过认同机制、内化机制和互动机制的作用驱动消费者购买行为。特别是年轻人，更乐于借鉴他人的购买意见。例如，CBNData数据显示，"90后"对票房贡献度超过57%，观影后评分渗透率两年内从24%提升到66%，社交渠道的广告营销价值十分突出，微信、微博等社交平台对跨境消费的促进作用显著。① 社交消费越来越"圈子"化。

三 中国消费者行为分类分析

受到生活环境的影响，不同年龄消费者的消费需求存在差异，但对商品品质的追求一致提高。由于收入差距等原因影响，不同地区消费者水平区别较大，但农村消费升级速度相对更快，西部地区消费潜力巨大。

（一）不同年龄消费者行为分析

"90后"后来居上，"00后"初露锋芒。"00后""90后"天然具有互联网基因，他们的消费主要在网上。作为在较好物质条件下成长起来的更年轻

---

① 《2018中国互联网消费生态大数据报告》，https：//www.cbndata.com/。

的"00后",他们的兴趣更为多元化,不盲目追随主流,对产品要求较苛刻,要求品质与个性化。他们更注重个性新潮,对时尚、科技、娱乐前沿尤为敏感。

"90后"虽然初入社会,人均消费能力较低,但已成为网购主力,"90后"消费需求趋于"国际化""享受型""便捷型""个性化"。对于他们来说,第一,"贵"不一定好,要能体现自己的个性和品位,有理念、有个性、有设计感的小众高品质原创品牌更受其喜爱。CBNData 大数据显示,2018年中国线上原创产业较上一年增长33%,其中"90后"贡献达40%,消费金额同比增长近50%。其中,"90后"对国潮服饰的消费较 2017 年激增450%。[1] 并且,"90后"更具版权意识,是网络内容付费的主要消费群体,如40%年轻人出于对版权的尊重愿意为在线内容付费。第二,"90后"更注重消费升级,对数码、宠物、个护、旅行、娱乐等领域更关注。"90后"对票房贡献度超过57%。[2] 第三,"90后"的消费理念也更开放,是跨境电商消费的绝对主力人群。在天猫国际跨境消费人数和金额中,"95后"的占比最高,"90后"排名第二。[3] 第四,在消费意识上,"90后"有明显的超前消费意识,信用消费比较普遍,大量采用线上分期付款消费形式。第五,"90后"更追求便捷,体现在"懒"文化上,懒人家居、手机下单外卖、速食等体现了"90后"的生活新方式。此外,"90后"也是线上问诊的主要用户,占比达63%。[4]

"70后""80后"仍是线下消费主力。"80后"大都成家立业,消费支出主要用于房贷、车贷、孩子费用和交友费用等各项支出,在所有年龄层中消费支出最高;同时,品质升级对于"80后"也很重要,如他们对高科技智能产品比较关注,更加喜欢购买智能家居。"70后"已步入中年,收入相对稳定,在生活状态稳定的同时追求精神生活的升级。他们一方面比较关注一般生活用品,另一方面也追求更高端消费,如珠宝、娱乐享受等。"60后"女性则更注重自我形象的提升,而男性则更关注社交的扩展,不愿与社会脱节。

---

[1] 《2018 中国互联网消费生态大数据报告》,https://www.cbndata.com/。
[2] 《2018 中国互联网消费生态大数据报告》,https://www.cbndata.com/。
[3] 《2018 跨境进口消费洞察报告》,https://www.cbndata.com/。
[4] 《2018 中国互联网消费生态大数据报告》,https://www.cbndata.com/。

（二）不同地区消费者行为分析

从城镇与农村地区看，首先，城乡间消费差距正在缩小。随着居民消费水平的提升，农村与城镇居民消费水平都呈现快速增长趋势。由于城乡收入的巨大差异，农村居民人均消费支出相比城镇较低，但消费支出占比和消费支出增长率却高于城镇（见图9）。2018年城镇居民人均消费支出26112元，增长6.8%，而农村居民人均消费支出12124元，增长10.7%。其次，农村居民消费升级相对更快。近年来，农村居民消费水平指数增长相对更快（见图10），而且，虽然食品烟酒消费占比相比城镇更高，但降低的速度却快于城镇（见图11）。从东西部地区来看，消费差距极大。以上海为例，2018年上半年上海居民人均消费支出为21321元，而西藏只有4799元。①不过，随着西部经济的发展和收入的增加，西部地区消费潜力十分巨大。

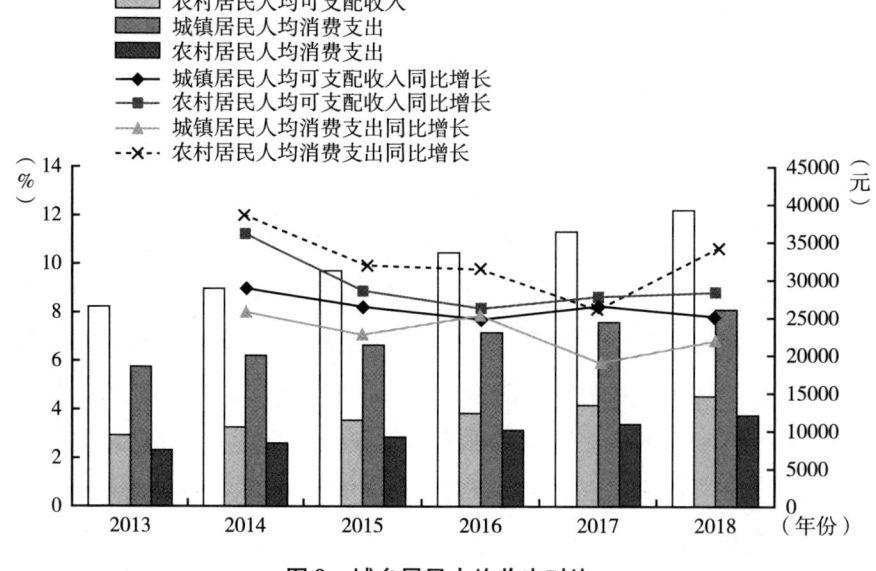

图9　城乡居民人均收支对比

资料来源：国家统计局，http://www.stats.gov.cn/。

---

① 国家统计局，http://www.stats.gov.cn/。

中国消费者行为分析

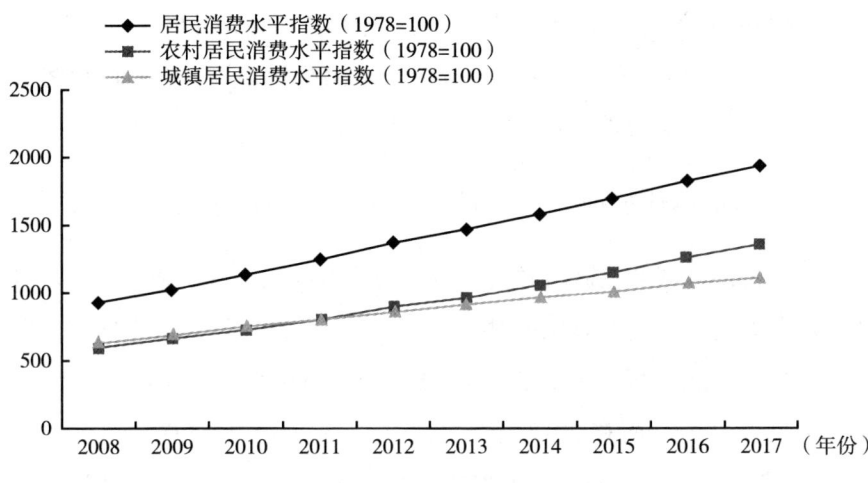

图 10　城乡居民消费水平指数

资料来源：国家统计局，http://www.stats.gov.cn/。

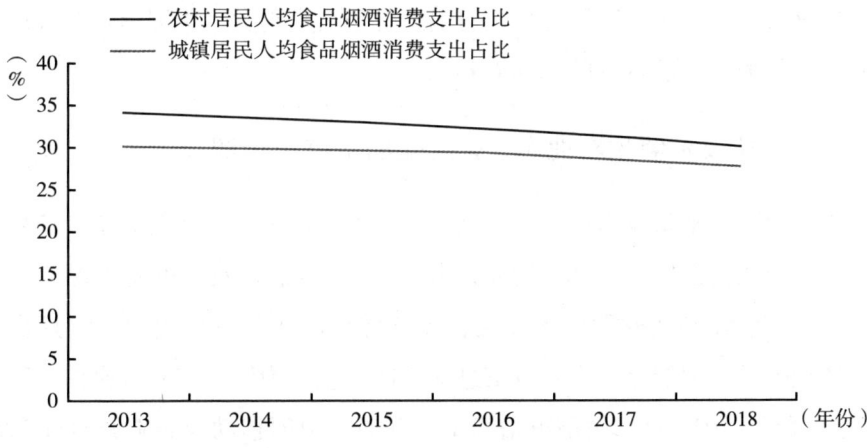

图 11　城乡居民人均食品烟酒消费支出占比

资料来源：国家统计局，http://www.stats.gov.cn/。

四　中国消费者行为的趋势分析

可预见的是，在未来，年轻消费和互联网消费将成为主要力量，消费更

351

多元化，绿色共享理念更深入人心，原创消费、内容付费、颜值经济、"圈"消费、租经济、懒人经济等将成为未来消费新趋势，但经济形势放缓和供给相对不足对消费扩大具有一定阻碍作用。

（一）消费迭代加速，"95后""00后"消费潜力巨大

由于经济的发展和互联科技的加持，消费者的消费观念越来越开放且多元化。消费者的年龄更迭越来越快，甚至不再是以10年为一个周期，即使同一年龄层也可能出现差异化，分化成不同的消费群。2010年，"80后"逐渐成为消费主力，而在2015年，"90后"就在网上消费中超过了"80后"；近两年，"95后"在跨境消费中表现更为突出，处于求学和进入社会过渡期的"95后"，开始逐渐形成消费力；"00后"开始成人并进入大学阶段，自主消费增加，消费潜力巨大。新生代带来新需求，"90后""00后"生活较富裕，成长于互联网时代，对消费升级需求更大，中国消费升级加速的时代将伴随年轻消费力的崛起而到来。

（二）新技术催生新业态，智慧化消费进一步增长

创新加速带来新技术爆发式发展，新技术又催生出更多新业态。信息技术为实现智能化提供了基础，例如，未来5G技术的普及有可能实现"万物互联"，加速AI和物联网深入发展，突破传统商业与物理空间，实现真正的智能化生活。智能化又意味着信息流动的加速，为此，国家多次提倡网络"提速降费"，2018年，中国电信、中国联通、中国移动等企业累计让利超过1200亿元，2018年第二季度，我国固定宽带和4G网络用户下载速率双双超越20Mbit/s。① 同时信息服务业快速发展，2018年，互联网和相关服务业企业完成信息服务收入达8594亿元，比上年增长20.7%，占互联网业务收入比重为89.4%。软硬件的完善带来信息消费的大规模增长，2019年春

---

① 国务院国有资产监督管理委员会，http://www.sasac.gov.cn/。

节假日期间，移动互联网流量消费195.7万TB，同比增长130%。① 可预见的是，随着新业态、新技术的不断涌现，未来我国信息消费潜力巨大。根据相关发展规划，到2020年，我国信息消费规模预计达到6万亿元，年均增长11%以上，并拉动相关领域产出达到15万亿元。② 2019年发布的《进一步优化供给推动消费平稳增长促进形成强大国内市场的实施方案》中明确要扩大升级信息消费，将AI智能技术和设备等中高端消费产品列为支持重点，这将进一步推动智慧化消费增长。

（三）新理念带来新需求，未来消费趋势更为多元化

由于年轻一代消费观念的多元化，其消费需求也更多元化，原创、颜值、懒人、圈子、宠物等正成为消费的关键词。第一，颜值经济。《2018跨境进口消费洞察报告》显示，除美妆外，美容美体仪、口服美容产品盛行，相关新型保健品进口量迅速增长。第二，内容付费。教育、出版、传媒产业与互联网的紧密结合，使新兴内容付费业务、自媒体、付费专栏、网络课程、付费阅读等多种形式逐渐出现，多元化趋势明显。第三，原创消费。年轻一代越来越重视个性、原创，尊重知识产权，原创消费大众化。第四，懒人经济。对便捷的需求促进了懒人火锅等懒人产品流行、懒人家居畅销，外卖规模增长，懒人经济全面展开。2018年上半年，我国网上外卖用户规模达到3.64亿人，较2017年末增长6.0%，保持增长态势。③ 第五，"圈"文化。"90后""00后"对互动性要求更高，显现出明显的群体特征，圈子对消费的影响还在增加。

（四）租赁经济潜力巨大，信用消费兴起

随着绿色、共享理念的普及，年轻一代乐于体验共享，近60%的年轻人"不介意是否是新的"④，网络二手市场崛起。据统计，二手交易平台闲

---

① 中华人民共和国工业和信息化部，http://www.miit.gov.cn/。
② 《关于进一步扩大和升级信息消费持续释放内需潜力的指导意见》。
③ 中国互联网协会：《中国互联网产业发展报告（2018）》，http://www.isc.org.cn/。
④ 《2018中国互联网消费生态大数据报告》，https://www.cbndata.com/。

鱼上的活跃卖家已达1600万，而45万个鱼塘则遍布天南海北，用户活跃度达到41%，"90后"是租赁市场的主要客户，租房平台巴乐兔的数据显示，"90后"占租房人群的77%（见图12）。① 而且二手物品越来越丰富，不过，除房子和车以外，曾租用过其他品类商品的用户尚不足三成，未来租赁市场潜力巨大。"柠檬市场"存在信息不对称的问题，会带来道德风险和逆向选择，为解决这一问题，信用租借、免押租赁等新形式出现。绝大多数"90后"都开通了芝麻分来使用共享、租借等服务（见图12）。截至2018年底，芝麻信用为用户累计的免押金额已超1000亿元。② 同时，国家政策明确要壮大绿色消费，大力发展住房租赁市场。在未来，租赁经济发展潜力巨大，信用体系将愈加完善。

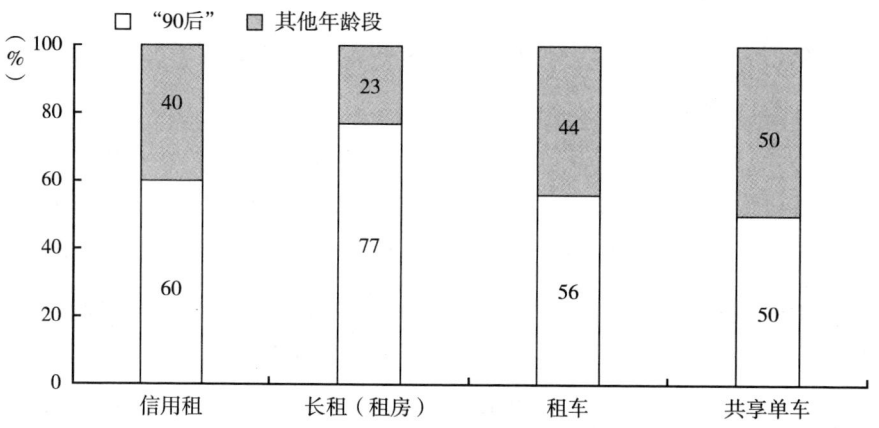

图12　2018年芝麻信用业务中"90后"用户数占比

资料来源：《2018中国互联网消费生态大数据报告》，https：//www.cbndata.com/。

（五）消费价格上涨，影响消费继续增长

居民收入增加的同时，消费价格也保持上涨，从2010年至今，我国消

---

① 第一财经商业数据中心，https：//www.cbndata.com/。
② 第一财经商业数据中心，https：//www.cbndata.com/。

费价格指数一直高于100（见图13）。2018年上半年，全国居民消费价格同比上涨2.0%。特别是住房价格，近两年来增长迅速，对其他消费造成了一定挤压，居民消费价格指数高于商品零售价格指数，2018年，衣着、教育文化娱乐、交通通信消费比例相对有所下降。2019年1月，全国居民消费价格同比又上涨1.7%。① 加之全球与国内经济增速放缓，可能会对刺激消费增长形成一定阻碍。

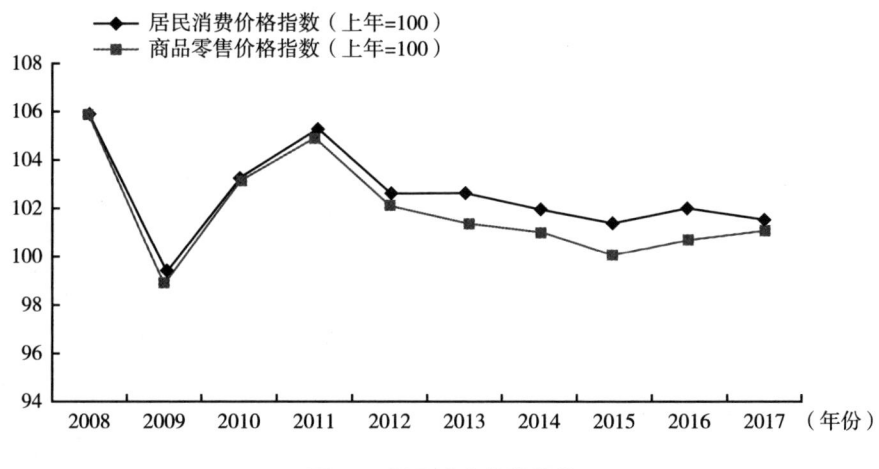

图13 居民消费价格指数

资料来源：国家统计局，http://www.stats.gov.cn/。

（六）品质消费供给相对不足，服务消费潜力仍待挖掘

首先，高品质商品和服务有效供给相对不足。近几年虽然出现了网易严选等高品质商品供应商和品牌，但服务的供给还远远跟不上发展的需要，其增长速度明显低于人们对品质商品需求的增长速度，在一定程度上导致进口增加。2018年我国进口140874亿元，增长达12.9%，尤其是服务贸易，逆差达2916亿美元，同比增长18.7%，服务贸易逆差占服务贸易总额的

---

① 国家统计局，http://www.stats.gov.cn/。

38.52%，服务贸易逆差总额及占比均创历史新高。① 其次，居民服务性消费增长潜力巨大。2018年我国服务性消费支出占比为44.2%，远低于发达国家，随着经济的发展，我国服务性消费潜力巨大。因此，为了刺激消费，应该扩大品质产品供给，进一步挖掘消费潜力。

---

① 国家统计局，http://www.stats.gov.cn/。

社会科学文献出版社　　　　　　　　　　　　　　**皮书系列**

❖ 皮书起源 ❖

"皮书"起源于十七、十八世纪的英国，主要指官方或社会组织正式发表的重要文件或报告，多以"白皮书"命名。在中国，"皮书"这一概念被社会广泛接受，并被成功运作、发展成为一种全新的出版形态，则源于中国社会科学院社会科学文献出版社。

❖ 皮书定义 ❖

皮书是对中国与世界发展状况和热点问题进行年度监测，以专业的角度、专家的视野和实证研究方法，针对某一领域或区域现状与发展态势展开分析和预测，具备原创性、实证性、专业性、连续性、前沿性、时效性等特点的公开出版物，由一系列权威研究报告组成。

❖ 皮书作者 ❖

皮书系列的作者以中国社会科学院、著名高校、地方社会科学院的研究人员为主，多为国内一流研究机构的权威专家学者，他们的看法和观点代表了学界对中国与世界的现实和未来最高水平的解读与分析。

❖ 皮书荣誉 ❖

皮书系列已成为社会科学文献出版社的著名图书品牌和中国社会科学院的知名学术品牌。2016年，皮书系列正式列入"十三五"国家重点出版规划项目；2013~2019年，重点皮书列入中国社会科学院承担的国家哲学社会科学创新工程项目；2019年，64种院外皮书使用"中国社会科学院创新工程学术出版项目"标识。

权威报告·一手数据·特色资源

皮书数据库
ANNUAL REPORT(YEARBOOK) DATABASE

当代中国经济与社会发展高端智库平台

所获荣誉

- 2016年，入选"'十三五'国家重点电子出版物出版规划骨干工程"
- 2015年，荣获"搜索中国正能量 点赞2015""创新中国科技创新奖"
- 2013年，荣获"中国出版政府奖·网络出版物奖"提名奖
- 连续多年荣获中国数字出版博览会"数字出版·优秀品牌"奖

成为会员

通过网址www.pishu.com.cn访问皮书数据库网站或下载皮书数据库APP，进行手机号码验证或邮箱验证即可成为皮书数据库会员。

会员福利

- 已注册用户购书后可免费获赠100元皮书数据库充值卡。刮开充值卡涂层获取充值密码，登录并进入"会员中心"—"在线充值"—"充值卡充值"，充值成功即可购买和查看数据库内容。
- 会员福利最终解释权归社会科学文献出版社所有。

社会科学文献出版社 皮书系列
SOCIAL SCIENCES ACADEMIC PRESS (CHINA)
卡号：638368696853
密码：

数据库服务热线：400-008-6695
数据库服务QQ：2475522410
数据库服务邮箱：database@ssap.cn
图书销售热线：010-59367070/7028
图书服务QQ：1265056568
图书服务邮箱：duzhe@ssap.cn

S 基本子库
SUB DATABASE

中国社会发展数据库（下设12个子库）

全面整合国内外中国社会发展研究成果，汇聚独家统计数据、深度分析报告，涉及社会、人口、政治、教育、法律等12个领域，为了解中国社会发展动况、跟踪社会核心热点、分析社会发展趋势提供一站式资源搜索和数据分析与挖掘服务。

中国经济发展数据库（下设12个子库）

基于"皮书系列"中涉及中国经济发展的研究资料构建，内容涵盖宏观经济、农业经济、工业经济、产业经济等12个重点经济领域，为实时掌控经济运行态势、把握经济发展规律、洞察经济形势、进行经济决策提供参考和依据。

中国行业发展数据库（下设17个子库）

以中国国民经济行业分类为依据，覆盖金融业、旅游、医疗卫生、交通运输、能源矿产等100多个行业，跟踪分析国民经济相关行业市场运行状况和政策导向，汇集行业发展前沿资讯，为投资、从业及各种经济决策提供理论基础和实践指导。

中国区域发展数据库（下设6个子库）

对中国特定区域内的经济、社会、文化等领域现状与发展情况进行深度分析和预测，研究层级至县及县以下行政区，涉及地区、区域经济体、城市、农村等不同维度。为地方经济社会宏观态势研究、发展经验研究、案例分析提供数据服务。

中国文化传媒数据库（下设18个子库）

汇聚文化传媒领域专家观点、热点资讯，梳理国内外中国文化发展相关学术研究成果、一手统计数据，涵盖文化产业、新闻传播、电影娱乐、文学艺术、群众文化等18个重点研究领域。为文化传媒研究提供相关数据、研究报告和综合分析服务。

世界经济与国际关系数据库（下设6个子库）

立足"皮书系列"世界经济、国际关系相关学术资源，整合世界经济、国际政治、世界文化与科技、全球性问题、国际组织与国际法、区域研究6大领域研究成果，为世界经济与国际关系研究提供全方位数据分析，为决策和形势研判提供参考。

法律声明

"皮书系列"(含蓝皮书、绿皮书、黄皮书)之品牌由社会科学文献出版社最早使用并持续至今,现已被中国图书市场所熟知。"皮书系列"的相关商标已在中华人民共和国国家工商行政管理总局商标局注册,如LOGO( )、皮书、Pishu、经济蓝皮书、社会蓝皮书等。"皮书系列"图书的注册商标专用权及封面设计、版式设计的著作权均为社会科学文献出版社所有。未经社会科学文献出版社书面授权许可,任何使用与"皮书系列"图书注册商标、封面设计、版式设计相同或者近似的文字、图形或其组合的行为均系侵权行为。

经作者授权,本书的专有出版权及信息网络传播权等为社会科学文献出版社享有。未经社会科学文献出版社书面授权许可,任何就本书内容的复制、发行或以数字形式进行网络传播的行为均系侵权行为。

社会科学文献出版社将通过法律途径追究上述侵权行为的法律责任,维护自身合法权益。

欢迎社会各界人士对侵犯社会科学文献出版社上述权利的侵权行为进行举报。电话:010-59367121,电子邮箱:fawubu@ssap.cn。

社会科学文献出版社